Die Landrechte indigener Völker unter besonderer Bezugnahme auf Mexiko und Nicaragua

AF815072

Europäische Hochschulschriften
Publications Universitaires Européennes
European University Studies

Reihe II
Rechtswissenschaft

Série II Series II
Droit
Law

Bd./Vol. 3858

PETER LANG
Frankfurt am Main · Berlin · Bern · Bruxelles · New York · Oxford · Wien

Christina Binder

Die Landrechte indigener Völker unter besonderer Bezugnahme auf Mexiko und Nicaragua

PETER LANG
Europäischer Verlag der Wissenschaften

Bibliografische Information Der Deutschen Bibliothek
Die Deutsche Bibliothek verzeichnet diese Publikation in der Deutschen Nationalbibliografie; detaillierte bibliografische Daten sind im Internet über <http://dnb.ddb.de> abrufbar.

Zugl.: Innsbruck, Univ., Diss., 2003

Gedruckt mit Unterstützung des Bundesministeriums
für Bildung, Wissenschaft und Kultur in Wien
und der Universität Innsbruck.

ISSN 0531-7312
ISBN 3-631-51348-8

© Peter Lang GmbH
Europäischer Verlag der Wissenschaften
Frankfurt am Main 2004
Alle Rechte vorbehalten.

Das Werk einschließlich aller seiner Teile ist urheberrechtlich geschützt. Jede Verwertung außerhalb der engen Grenzen des Urheberrechtsgesetzes ist ohne Zustimmung des Verlages unzulässig und strafbar. Das gilt insbesondere für Vervielfältigungen, Übersetzungen, Mikroverfilmungen und die Einspeicherung und Verarbeitung in elektronischen Systemen.

www.peterlang.de

„Um den Wert des Fremden zu fühlen, müssen wir uns erst in die Gesinnung und die geistige Richtung eines anderen Volkes versetzen lernen. Das wird nicht ohne Arbeit und Mühe erreicht."

Wilhelm Grimm, Einleitung zur Vorlesung über Gudrun

Vorwort

Die vorliegende Untersuchung wurde im März 2003 an der Universität Innsbruck als juristische Dissertation approbiert. Der Weg bis dahin war etwas mühevoller und steiniger, als gemeiniglich zur Erarbeitung einer rechtlichen Doktorarbeit nötig ist. Doch dies hängt mit dem Thema, der schwierigen Quellenfindung und der erforderlichen Brauchbarmachung der diversen Rechtstexte zusammen, die großteils nur in der jeweiligen Originalsprache (zumeist spanisch, aber auch englisch und französisch) zugänglich waren. Die hiebei gemachten Erfahrungen und Eindrücke sollen kurz wiedergegeben werden.

Mein Interesse an der Thematik indigener Völker und ihrer Territorien rührt von einer Reise nach Mexiko im Sommer 1999 her. Bei einem Halt in San Cristóbal de las Casas in Chiapas kam ich mit einigen indigenen Vertretern ins Gespräch. Die von ihnen berichteten Ungerechtigkeiten über den „Guerra de baja intensidad" der mexikan. Regierung sowie die strukturelle Diskriminierung der zapatistischen Gemeinden ließen mich nicht mehr wirklich los. Erste Recherchen in Österreich gestalteten sich allerdings kompliziert, da in den universitären Bibliotheken wenig über die Rechte indigener Völker zu finden ist. Das Projekt konnte sodann jedoch dank eines Doktorandenstipendiums der Akademie der Wissenschaften realisiert werden, das mir weitere Aufenthalte in **Mexiko** und **Nicaragua** ermöglichte. Forschungen an der Universidad Nacional Autónoma de México (UNAM) sowie Interviews mit Vertretern der mexikanischen Menschenrechtskommission, denen ich hiemit allen danken möchte, bildeten – zunächst vom akademischen Standpunkt aus – wertvolle Bausteine für die Analyse der nationalen mexikan. Situation. Zurück in Österreich halfen mir sodann die spezifisch indigen ausgerichtete Bibliothek und der freundschaftliche Rat von Prof. *René Kuppe* an der Universität Wien weiter, wofür ich ihm ebenso herzlich Dank sage.

Weitere aktuelle Einblicke in die Lage der indigenen Völker bekam ich durch meine Mitarbeit in der NGO „Mexikoplattform". Besonders eindrucksvoll war die Teilnahme an dem Congreso Indígena Nacional in Nurio (Michoacán/ Mexiko) im März 2001, wo Gespräche mit indigenen Vertretern die Möglichkeit eröffneten, ein kompletteres Bild von der Gesamtsituation zu gewinnen. Bezeichnend war auch, wie oft das Autonomiestatut der Atlantikküste Nicaraguas als Beispiel und erstrebenswertes Modell für Mexiko angeführt wurde. Ein Aufenthalt in Nicaragua im Sommer 2001 vermittelte sodann die nötigen praktischen Erfahrungen in Bezug auf die nicaraguanischen Verhältnisse. Den Vertretern der indigenen

Universität URACCAN sei an dieser Stelle herzlich für die gewährte Unterstützung gedankt. Einblicke in die Situation der indigenen Gemeinden der Atlantikküste konnte ich hiebei in Managua, in der dezentralisierten universitären Einrichtung in Puerto Cabezas und unmittelbar vor Ort erhalten. Insbesondere der Anwältin *Lottie Cunningham* und ihrer NGO sei gedankt: Sie ermöglichte mir nicht nur, den Hintergrund des Awas Tingni-Falles aus erster Hand zu erfahren (sie wurde u.a. als Expertin in das Verfahren vor dem Interamerikan. Gerichtshof für Menschenrechte eingebunden), sondern auch die praktische Arbeit in den indigenen Gemeinden mitzuerleben.

Nach einer ersten Verarbeitung der so gesammelten Information bot dann das European Master-Programme in Human Rights and Democratization in Venedig (**Italien**), das ich ab September 2001 absolvierte, die Möglichkeit, die Problematik indigener Rechte in den menschenrechtlichen Gesamtkontext zu betten. Insbesondere das zweite Semester am Raoul Wallenberg Institut in Lund (**Schweden**), die ausgezeichnete Bibliothek des Instituts ebenso wie der geduldige Rat von Prof. *Gudmundur Alfredsson* ermöglichten weitere und letzte Dokumentation. Ein Besuch der UN-Working Group on Minorities in Genf (**Schweiz**) und eine Summer School on Indigenous Peoples' Rights des Irish Centre for Human Rights der National University of Ireland in Galway (**Irland**) boten im Mai/ Juni 2002 weiter Gelegenheit, für meine Dissertation auf dem Laufenden zu bleiben. Ein Studienaufenthalt in Lappland erweiterte die lateinamerikanische Perspektive um den europäischen Blickwinkel und die Rechte der Sami. Vor allem Prof. *Timo Koivurova*, dem Direktor des Northern Institute for Environmental and Minority Law in Rovaniemi, sei hier für seine wertvolle Hilfe gedankt. Nach einem abschließenden Minderheitenkurs am Menschenrechtsinstitut der Åbo Akademi University in Åbo (**Finnland**) im November 2002, der insbesondere durch die Expertenmeinung von Prof. *Martin Scheinin* (der auch Mitglied des UN-Menschenrechtsausschusses ist) zu einer sehr wertvollen letzten Ergänzung meiner Untersuchung wurde, kam die vorliegende Dissertation im Jänner 2003 zum Abschluss.

Ganz besonders möchte ich mich natürlich dafür bedanken, dass mir Prof. *Peter Pernthaler* (Innsbruck) und Prof. *Richard Potz* (Wien) die Chance gaben, diese Arbeit als Dissertation einzureichen und durch deren Publikation einem breiteren Publikum zugänglich zu machen. Ihre wohlwollende Unterstützung hat mir den nötigen Mut und das Durchhaltevermögen gegeben, diese Untersuchung trotz der Vielzahl zu sichtender Materialien zu einem erfolgreichen Ende zu führen. Abschließend gebe ich der Hoffnung Ausdruck, dass irgendwann auch hinsichtlich der Rechte der indigenen Völker „law will reflect justice" (*G. Alfredsson*)!

Innsbruck, im Juli 2003 Christina Binder

Inhaltsverzeichnis

A. Übersicht

B. Detaillierte Ausführung

Abkürzungsverzeichnis

1. Abschnitt: Grundproblematik

2. Abschnitt: Reformkonzept zum Schutz indigener Landrechte

3. Abschnitt: Internationale Schutzstandards indigener Landrechte

4. Abschnitt: Die Landrechte der indigenen Völker Mexikos

5. Abschnitt: Die Landrechte der indigenen Gemeinden der Atlantikküste Nicaraguas

6. Abschnitt: Ergebnisse

Anhang:

Abkürzungsverzeichnis

Abs	Absatz
ACHR	American Convention on Human Rights, Amerikanische Menschenrechtskonvention
Acuerdos de San Andrès	Acuerdos de San Andrés de Larránizar
AEMR (UDHR)	Allgemeine Erklärung der Menschenrechte, Universal Declaration on Human Rights
AG	Arbeitgeber
American Decl(aration)	American Declaration of the Rights and Duties of Man, Amerikanische Deklaration der Rechte und Pflichten des Menschen
AN	Arbeitnehmer
Applications Committee	(ILO) Conference Committee on the Application of Standards
Art	Artikel
brasilian.	brasilianisch
bzw	beziehungsweise
ca	cirka
CALPI	Centro de Asistencia Legal a Pueblos Indígenas
CAT	Convention Against Torture and Other Cruel, Inhuman or Degrading Treatment or Punishment
CCPR (PBPR)	International Covenant on Civil and Political Rights; Internationaler Pakt bürgerlicher und politischer Rechte
CEACR	(ILO) Committee of Experts on the Application of Conventions and Recommendations; Expertenausschuss
CERD	International Convention on the Elimination of all Forms of Racial Discrimination; Internationales Übereinkommen zur Beseitigung jeder Form der Rassendiskriminierung
CESCR (PWSKR)	International Covenant on Economic, Social and Cultural Rights, Internationaler Pakt wirtschaftlicher, sozialer und kultureller Rechte
CIESAS	Centro de Investigaciones y Estudios Superiores en Antropología Social
COCOPA	Comisión de Concordia y Pacificación
Const	Constitución, Verfassung

CS	Supreme Court, Corte Suprema; oberster Gerichtshof
Decl	Declaration
dh	das heißt
Draft UN-Decl	Draft UN-Declaration, Draft United Nations Declaration on the Rights of Indigenous Peoples
ECOSOC (WSR)	Economic and Social Council; Wirtschafts- und Sozialrat
EMRK	Europäische Menschenrechtskonvention
ENAH	Escuela Nacional de Antropología y Historia
etc	etcetera
EZLN	Ejército Zapatista de Liberación Nacional, Zapatisten
FP	Fakultativprotokoll zum Pakt bürgerlicher und poltischer Rechte
Gesetzesentwurf 2000	Gesetzesentwurf zur Reglementierung des kommunalen Eigentums der indigenen Völker und ethnischen Gemeinden der Atlantikküste, der Flüsse Bocay, Coco und der Maiz-Inseln, *Ley del Régimen de la Propiedad Comunal de los Pueblos Indígenas y Comunidades Étnicas de la Costa Atlántica, de los Ríos Bocay, Coco e Indio Maíz*, eingebracht von den Regionalparlamenten im September 2000
GG	Gesetzgeber
ha	Hektar
HR	Human Rights
HRC, MRA	Human Rights Committee; Menschenrechtsausschuss
Hr(s)g	Herausgeber
IACHR	Inter-American Commission on Human Rights; Interamerikanische Menschenrechtskommission
idF	in der Fassung
IGH	Internationaler Gerichtshof
ILO (OIT)	International Labour Organisation; Internationale Arbeitsorganisation
IMF	International Monetary Fund
INDISCO	Interregional Programme to Support Self-Reliance of Indigenous and Tribal Communities through Cooperatives and other Self-Help Organizations
INRA	Instituto Nicaraguense de Reforma Agraria
insbes	insbesondere
Inter-American Court	Inter-American Court on Human Rights

	Interamerikanischer Gerichtshof für Menschenrechte
Inter-American Decl	Proposed Inter-American Declaration on the Rights of Indigenous Peoples
interamerikan.	interamerikanisch
km^2	Quadratkilometer
kolumbian.	kolumbianisch
Konv 107	ILO Konvention (Nr) 107
Konv 169	ILO Konvention (Nr) 169
LA	Amparogesetz, *Ley de Amparo*
MADENSA	Maderas y Derivados de Nicaragua S.A.
MARENA	Ministerio del Ambiente y los Recursos Naturales (Ministerium für Umwelt und natürliche Ressourcen)
mE	meines Erachtens
mex., mexikan.	mexikanisch
MNC	Multinational Company, Multinationaler Konzern
MR	Menschenrechte
MRA, HRC	Menschenrechtsausschuss, Human Rights Committee
NAFTA	North American Free Trade Agreement
NGO	Non Governmental Organisation, Nichtregierungsorganisation
nic., nicaraguan.	nicaraguanisch
OAS	Organisation Amerikanischer Staaten
PAN	Partido Acción Nacional
Para	Paragraph
PBPR (CCPR)	Internationaler Pakt bürgerlicher und politischer Rechte; International Covenant on Civil and Political Rights
PPP	Plan Puebla Panama
PRD	Partido de la Revolución Democrática
PRI	Partido Revolucionario Institucional (frühere Regierungspartei)
PROCEDE	Programa de Certificación de Derechos Ejidales y Titulación de Solares Urbanos
Proposed American Decl (on Indigenous Peoples)	Proposed American Declaration on the Rights of Indigenous Peoples

PWSKR (CESCR)	Internationaler Pakt wirtschaftlicher, sozialer und kultureller Rechte; International Covenant on Economic, Social and Cultural Rights
RAAN	Región Autónoma Atlántica Norte
RAAS	Región Autónoma Atlántica Sur
RC	Regional Council, Regionalparlament
ReglementierungsG 2003	Gesetz zur Reglementierung des kommunalen Eigentums der indigenen Völker und ethnischen Gemeinden der Atlantikküste, der Flüsse Bocay, Coco und der Maiz-Inseln, *Ley del Régimen de la Propiedad Comunal de los Pueblos Indígenas y Comunidades Étnicas de la Costa Atlántica, de los Ríos Bocay, Coco e Indio Maíz*
Res	Resolution
Rsp	Rechtsprechung
SB	Selbstbestimmung
sog	sogenannt
SOLCARSA	Sol del Caribe, S.A.
SNTE	Sindicato Nacional de Trabajadores de la Educación
StIG	Ständiger Internationaler Gerichtshof
u.a.	unter anderem
UAM	Universidad Autónoma Méxicana
UCA	Universidad Centro-Americana
UDHR (AEMR)	Universal Declaration on Human Rights, Allgemeine Erklärung der Menschenrechte
UN	United Nations, Vereinte Nationen
UNAM	Universidad Nacional Autónoma Mexicana
URACCAN	Universidad de las Regiones de la Costa Caribe Atlántica Norte
v.	versus, vom
v.a.	vor allem
Vfg	Verfassung
VfGH	Verfassungsgerichtshof
vgl	vergleiche
VN (UN)	Vereinte Nationen; United Nations
WG	Working Group
WSR (ECOSOC)	Wirtschafts- und Sozialrat, Economic and Social-Council
WWF	World Wildlife Fund
Z	Ziffer

ZaöRV	Zeitschrift für ausländisches öffentliches Recht und Völkerrecht
zB	zum Beispiel
ZÖR	Österreichische Zeitschrift für öffentliches Recht und Völkerrecht

1. Abschnitt: Grundproblematik

1. Kapitel: Fallbeispiele und Bedrohungspotential für indigene Territorien

Von der mexikan. Regierung ist im Gliedstaat Guerrero ein Wasserkraftwerk geplant und soll in den traditionellen Siedlungsgebieten der Nahuas errichtet werden; die kollektive Umsiedlung des indigenen Volkes droht. Das (damals noch geltende[1]) mexikan. Recht sieht keinerlei effektive Mechanismen zum Schutz der indigenen Territorien vor (ganz zu schweigen von einer Anerkennung indigener Eigentumsrechte), und so müssen die Nahuas über Mobilisierung der öffentlichen Meinung (u. a. durch Besetzung einer Autostraße) auf ihre Situation aufmerksam machen. (Dies hat zumindest vorübergehend Erfolg: der Bau des Wasserkraftwerks wird aufgeschoben, „aufs Eis gelegt".)

Im Falle der Shuár in Ecuador wiederum werden deren traditionelle Lebensräume durch die Ölförderung großer multinationaler Konzerne zerstört und in Mitleidenschaft gezogen. Dort bestehen zwar Gesetze, die indigene Territorialrechte anerkennen[2] und etwa eine verpflichtende Konsultation indigener Völker vorsehen, wenn eine Ressourcenförderung auf ihrem Gebiet geplant ist;[3] diese Konsultationspflicht hilft jedoch wenig, da das Gesetz keine zwingende Folge – etwa eine Vetomöglichkeit – an die indigene Meinung knüpft. So wird streng nach Vorschrift konsultiert, letztlich aber trotz der Ablehnung der Shuár Öl gefördert. Es existieren also sogar verfassungsrechtliche Garantien zum Schutz indigener Völker, sie sind aber einigermaßen „zahnlos".

Auf dem traditionellen Siedlungsgebiet der indigenen Awas Tingni Gemeinde an der Atlantikküste Nicaraguas wiederum führt das multinationale Unternehmen SOLCARSA Holzrodungen mit einer Konzession der nicaraguan. Regierung durch – dies trotz der weit reichenden verfassungsgesetzlichen Garantien, die die Gemeinden der Atlantikküste genießen. So haben die Gemeinden ein verfassungsrechtlich garantiertes (Eigentums-)Recht an ihrem Grund und Boden und die Regionalparlamente der Atlantikküste müssen zudem jede von der Zentralregierung zur Ressourcenförderung vergebene Konzession approbieren. Da jedoch

[1] Inhaltlich hat sich auch nach 2001 die mexikan. Gesetzeslage nicht wirklich verändert, wie im Abschnitt über Mexiko zu sehen sein wird.

[2] Art 83 und 84 ecuadorian. Vfg.

[3] Art 84 c) ecuadorian. Vfg.

die indigenen Territorien nicht demarkiert sind (die Gesetze also nicht umgesetzt sind) und zudem die Regionalparlamente indigene Interessen nicht adäquat vertreten, werden trotz der umfassenden verfassungsrechtlichen Anerkennung durch den nicaraguan. Staat die traditionellen Siedlungsgebiete von Awas Tingni durch Aktivitäten multinationaler Konzerne in Mitleidenschaft gezogen.

Schließlich fördert in Kolumbien, auf dem Gebiet der U'wa, der Konzern Texaco Erdöl und verseucht das Siedlungsgebiet des indigenen Volkes, welches mit kollektivem Selbstmord droht. Die U'wa waren trotz der kolumbian. Verfassungsgesetze, die indigene Territorien umfassend schützen,[4] nicht konsultiert worden. Dementsprechend verneint das kolumbian. Verfassungsgericht (die U'wa hatten ein Tutela-Verfahren zum Schutz ihrer verfassungsgesetzlich gewährleisteten Rechte angestrengt) ein Recht der kolumbian. Regierung, die Erdölbohrungen durchzuführen, gewährt also den U'wa angemessenen Rechtsschutz. Die kolumbian. Regierung jedoch ignoriert das verfassungsgerichtliche Urteil, marschiert mit Militärgewalt in das Gebiet der U'wa ein und schützt Texaco bei der illegalen Ressourcenförderung.

Die obgenannten Fälle zeigen, auf wie unterschiedlichen Ebenen Verletzungen der Landrechte indigener Völker stattfinden können. Sie stehen beispielhaft für die große Zahl der weltweit vorkommenden Missachtungen indigener Rechte. Gesetze zum Schutz indigener Territorien sind entweder gar nicht existent – wie im Falle Mexikos, sie sehen ungenügende Rechtsfolgen vor – wie im Falle Ecuadors, sie sind nicht umgesetzt – wie in Nicaragua oder sie werden von Regierungsseite schlicht ignoriert – wie in Kolumbien.

Gerade der Reichtum an natürlichen Ressourcen indigener Siedlungsgebiete macht den verschiedensten staatlichen wie nichtstaatlichen Akteuren Lust, diese auch auszubeuten. Sei es Holz- oder Erdölgewinnung (wie im Fall der Awas Tingni oder der U'wa und Shuár), sei es Gold- oder Gasförderung: es sind zumeist multinationale Konzerne, die Rohstoffe auf indigenen Gebieten ohne Rücksichtnahme auf die dort ansässigen Ureinwohner und ohne Berücksichtigung der Umweltschädlichkeit ihrer Aktivitäten fördern. Die jeweiligen staatlichen Regierungen erscheinen nur allzu oft als stillschweigende bis wohlwollende und durch die Konzessionsvergabe profitierende Partner besagter Unternehmen.

Großprojekte im öffentlichen Interesse, etwa der Bau von Kraftwerken (jener auf dem Gebiet der Nahuas) und Straßenbau im Rahmen großer Infrastrukturprojekte (der Plan Puebla Panamá der mexikan. Regierung oder der Canal Seco in Nicaragua),[5] bilden weitere Bedrohungspotentiale für die indigene Kultur. Zu-

---

[4] Vgl etwa Art 329 und 330 der kolumbian. Vfg.

[5] Die genauen Erläuterungen dieser Projekte werden in den jeweiligen Länderkapiteln folgen.

dem sind indigene Gebiete oft in Grenzgebieten gelegen, in Drogenanbau- (Zonen des *Narco-traffico*) und Kriegsgebieten. So wurden etwa die Shuár in den Grenzkonflikt zwischen Ecuador und Peru hineingezogen und die indigenen Völker Kolumbiens sind mit die Hauptleidtragenden des dortigen Bürgerkriegs und des Vorgehens gegen den Drogenanbau.

Zu guter Letzt drängen Abenteurer (Goldsucher etwa in Brasilien [Yanomami]) in indigene Territorien, Siedler (u. a. an der Atlantikküste Nicaraguas) bevölkern ebenso wie Bauern (zB in Peru) indigene Siedlungsgebiete. Sie alle qualifizieren noch heute (wiederum mit Unterstützung[6] oder in stillschweigender Billigung durch staatliche Regierungen) indigene Territorien als „no man's land", um sich ungehindert niederzulassen. Dabei wird kein Gedanke an die ursprünglichen Bewohner der so okkupierten Territorien, die indigenen Völker, verschwendet.

2. Kapitel: Geschichte

Historisch nichts Neues, reiht sich die obige Auflistung von Eingriffen in indigene Siedlungsgebiete in eine schon seit der Ära der Kolonisation dauernde Geschichte der Enteignung („depossession") und Vertreibung indigener Völker von ihren Territorien.

So waren in der frühen Zeit der spanischen und portugiesischen **Besiedlung**, im **16.** und **17. Jahrhundert,** Kriege und Eroberungsfeldzüge durch die spanischen und portugiesischen Kolonisatoren in Lateinamerika Grund für massive Enteignungen, Versklavungen und den Landverlust indigener Völker.[7] Die

---

[6] So wurden etwa bei diversen Agrarreformen indigene Siedlungsgebiete, da sie als „nicht effektiv" bewirtschaftet betrachtet wurden, erneut umverteilt (so auch in Mexiko, Nicaragua).

[7] In Nordamerika wurden weniger Kriege geführt, jedoch ungleiche Verträge geschlossen. Viele indigene Völker wurden zudem von dem ihnen verbleibenden Grund und Boden weg in Reservate umgesiedelt, ohne dass ihre spezielle Beziehung zu Grund und Boden anerkannt worden wäre. Vgl *UN-Subcommission on the Promotion and Protection of Human Rights*, Indigenous Peoples and their Relationship to Land, Final Working Paper vorbereitet von *Daes,* E/CN.4/Sub.2/2001/21, Juni 2001. (*Daes,* Indigenous Peoples and their Relationship to Land, Para 29, 30.) Weiters dazu *K. Frantz*, Indian Reservations in the United States (1999).

Vgl *Deloria*: „Treaty making was a feasible method of gaining a foothold on the continent without alarming the natives. Treating with the Indians, then, brought an air of civility and legitimacy to the white settlers' relations with the Indians and provoked no immediate retaliation by the tribes. Instead of the Indians being subjected to bondage or their lands merely seized through the use of force, which Spain eventually did, civility reigned in North America. Indian land and the rights to live in certain areas were purchased at formal treaty sessions." (*Deloria, Lytle*, American Indians, American Justice. University of Texas Press, 1983, 36; Hervorhebungen durch die Autorin.)

Folgen waren verheerend,[8] die Bevölkerungsdezimierung der Ureinwohner gewaltig.[9] Wenn auch die Spanische Krone, die indigene Arbeitskräfte brauchte,[10] in späteren Jahren der Kolonisation versuchte, die Stellung der Völker zu verbessern, indem sie sie vom Rest der Bevölkerung trennte („Crown Policy of a Dual Society"), zumindest teilweise indigene Territorien anerkannte und den indigenen Gemeinden sogar ein gewisses Ausmaß an Gemeindeautonomie bescherte, so wurden diese Versuche doch von Siedlern und anderen Mächtigen unterlaufen und der durch sie erwirkte Schutz indigener Völker teilweise zunichte gemacht.[11] [Zu beachten ist in diesem Zusammenhang die verhältnismäßige Besserstellung derjenigen indigenen Völker, die unter der Spanischen Krone in Lateinamerika als Arbeitskräfte benötigt wurden – in Relation etwa zur nordamerikan. Situation, wo indigene Völker, die nicht als Arbeitskräfte gebraucht wurden, um Vieles schlechter behandelt, brutalst ausgerottet und in Reservate gepfercht wurden.[12]]

Für die indigenen Völker, die ihre Territorien während der Kolonialzeit erhalten konnten, drohte nach der Unabhängigkeit der lateinamerikan. Staaten im **Liberalismus** des **19. Jahrhunderts** neue Gefahr. So wurde in den jungen Staaten die Idee der Gleichheit Aller großgeschrieben und das kollektive Eigentum indigener Völker und der Kirche als hinderlich für die nationale Einheit betrachtet. Unter dem Banner der aufkommenden Nationalstaatsidee wurden indigene Völker unter Berufung auf die nationale Vereinheitlichung enteignet.[13] Die liberale Politik der Privatisierung und Individualisierung von Grund und Boden bewirk-

---

[8] Vgl diesbezüglich *Daes,* Indigenous Peoples and their Relationship to Land, Para 22: „Demographic deterioration occurred through maltreatment, enslavement, suicide, punishment for resistance, warfare, malnutrition due to destruction of the natural environment or over-exploitation of natural resources, disease and outright extermination."

[9] Vgl *Stavenhagen*: „The entire population of the Americas decreased by 95 per cent in the century and a half following the first encounter" (*Stavenhagen*, The status and rights of the indigenous peoples of America, für die Interamerikan. Menschenrechtskommission im Juli 1991 vorbereiteter Bericht).

[10] Interview mit *Francois Lartigue*, Forscher von CIESAS, durchgeführt am 20. Februar 2001 in Mexiko D.F..

[11] Vgl *Grote*, The Status and Rights of Indigenous Peoples in Latin America, ZaöRV 1999, 497ff (502).

[12] *Lartigue* sieht hier einen Zusammenhang mit den unterschiedlichen **religiösen Lehren:** dem Katholizismus der Spanier in Lateinamerika und dem Protestantismus der Engländer in Nordamerika. Die Doktrin des Protestantismus stellt ja den Verdienst der *eigenen* Arbeit in den Mittelpunkt (braucht also keine indigenen Völker als Arbeitskräfte), in der u.a. hierarchischeren Struktur des Katholizismus ist die Arbeit von Dienern und Sklaven zu einem weit höheren Maß akzeptiert, notwendig und Teil der gesamten Struktur. (Interview mit *Francois Lartigue,* Februar 2001, México D.F..)

[13] *Gilbert*, The treatment of territory of indigenous peoples in international law, in *Castellino*, Title to Territory in International Law, Ashgate, 2003, 199ff.

te, dass 90% der traditionell von Indigenen gehaltenen Territorien verloren gingen.[14]

Schließlich setzen sich die Enteignungen und Vertreibungen **bis heute** fort. Neben der staatlichen Autorität sind es nun zunehmend nichtstaatliche Akteure wie multinationale Unternehmen (vgl die oben beschriebenen Fälle), die indigene Völker zwingen, mit einer Anzahl von Störungen, Bedrohungen und Verletzungen ihrer Territorien zu leben, auf denen diese von alters her („since time immemorial") siedeln. Insbes die konkurrierende moderne Nutzung indigener Gebiete („competing modern uses" mit *M. Scheinin*), Rohstoff fördernde Unternehmen und staatliche Großprojekte, bilden das Bedrohungsbild des 20. und des beginnenden 21. Jahrhunderts.

Gesetze und **rechtliche Normen** dienten historisch mehr dazu, Enteignungen und Vertreibungen zu legitimieren, als dazu, indigene Völker zu schützen. Versuche der frühen Naturrechtler, indigene Völker in Schutz zu nehmen und zu betonen, dass ihr Grund und Boden ihnen nicht einseitig entzogen werden könne, waren zu schwach, um sich durchzusetzen.[15] Diese Ansätze eines wahren Völkerrechts („law of the peoples"), das die Gleichheit aller Völker betont, scheiterten an den gegenläufigen Interessen der Mächtigen.

Vielmehr wurden ***ab dem ausgehenden 16. Jahrhundert*** (mit Unterstützung der christlichen Kirche) Enteignungen indigener Völkern damit gerechtfertigt, dass sie als Ungläubige und Heiden nicht mit Christen auf eine Stufe zu stellen wären und demzufolge nicht dasselbe Anrecht auf Grund und Boden hätten. Die „*terra nullius*" Theorie betonte, dass indigenes Land „no man's land", Niemandsland, sei und dementsprechend in Besitz genommen werden könne.[16] Die Doktrin der „discovery" gab im 17. – 19. Jahrhundert Staaten einen Besitztitel auf noch „unentdeckte" (dh „nur" von indigenen Völkern bewohnte) Gebiete.[17] Kurz, die „indigenen Völkern feindlichen" Rechtstheorien dominierten den dogmatischen Diskurs bis Ende des 20. Jahrhunderts und das **Völkerrecht** diente *unter dem Einfluss dieser Lehren* bis in das späte 20. Jahrhundert überwiegend dazu, Eingriffe in indigene Gebiete zu rechtfertigen.

---

[14] Interview mit *Jorge Gonzales Galvan,* Professor und Forscher der UNAM, durchgeführt am 25. Februar 2001 in Mexico D.F..

[15] Vgl *Daes,* Indigenous Peoples and their Relationship to Land, Para 27.

[16] Vgl die Definition der UN-Studie über die Beziehung indigener Völker zu ihrem Land zur *Terra Nullius* Theorie: „Indigenous lands are legally unoccupied until the arrival of a colonial presence, and can therefore become the property of the colonizing power through effective occupation." (*Daes*, ebda, Para 31.)

[17] Siehe die UN-Studie über die Beziehung indigener Völker zu ihrem Land zur Doktrin der *Discovery* „The doctrine of discovery gave to a discovering State of lands previously unknown to it, an inchoate title that could be perfected through effective occupation within reasonable time." (*Daes*, ebda.)

Ebenso vermieden **nationale Gesetze** zumeist jegliche Anerkennung indigener Völker; sie reflektierten die Meinung der Mehrheitsbevölkerung. *C. Taylor's*[18] berühmter Satz, dass Staatsstrukturen nicht neutral seien („the molds of the state are not neutral"), umreisst die Realität langer Perioden der Zeitgeschichte. Die lateinamerikan. Nationalstaaten des 19. und eines Gutteils des 20. Jahrhunderts betonten den monoethnischen Charakter ihrer Staaten[19] und „vergaßen" schlicht, die Existenz der indigenen Ureinwohner in rechtlichen Texten und Verfassungen zu erwähnen, geschweige denn deren Grund- und Gebietsansprüche anzuerkennen. [„Justice and law do not necessarily go together" (*G. Alfredsson*).]

Die **Konsequenzen** einer solchen verweigerten Anerkennung und die damit einher gehenden Eingriffe in ihre Lebensräume waren und sind für indigene Völker zumeist verheerend. Sie werden zurückgedrängt und oft mit Gewalt vertrieben. Eingeschleppte Krankheiten und Gewalttaten hereindrängender Siedler dezimieren die Ureinwohner, die bis dahin in relativem Frieden und von der Zivilisation unbehelligt gelebt hatten, oft bis zu deren völligen Vernichtung. Umweltverschmutzung, ökologische Katastrophen (Trockenheiten, völlige Rodungen) ebenso wie zerstörende Infrastruktur (Straßenbau etc.) häufen sich gerade in jüngerer Zeit. Die *Yanomami* in Brasilien[20] und die *Huaorani* in Ecuador sind durch Goldsucher, Siedler und Ressourcen fördernde Unternehmen beinahe ausgerottet worden.

3. Kapitel: Bedeutung von Grund und Boden für die indigene Kultur

Die gravierenden Folgen, die die oben beschriebene Zerstörung der Lebensräume für die indigene Kultur hat, sind insbes im Hinblick auf die zentrale Rolle, die Territorien und Gebiete für Leben, Kultur, Religion und Glauben besagter Völker spielen, zu verstehen und erscheinen in diesem Zusammenhang als besonders bedrohlich. So ist die Beziehung indigener Völker zu ihren Territorien

---

[18] *Taylor*, Multiculturalism and the Politics of Recognition, Princeton, N.J.: Princeton University Press, 1993, 27ff (43).

[19] So hatte etwa Mexiko 1991 zum ersten Mal die Plurikulturalität der mexikan. Nation in Art 4 mex. Vfg anerkannt, im selben Jahr wie Kolumbien.

[20] Tatsächlich hatten der Direktor der WHO und der UN-Generalsekretär *Pérez de Cuéllar* in Brasilien 1985 zu Gunsten der *Yanomami* interveniert und dieses bis dato noch unberührte Urwaldvolk letztlich vor dem Genozid gerettet. (Die brasilian. Regierung hatte auf Grund deren Vermittlung schützende Gesetze erlassen.) Die Huaorani sind bis heute bedroht; der Staatenbericht der Interamerikan. Menschenrechtskommission zu Ecuador (1997) behandelt ihre prekäre Lage ausführlich. [*IACHR*, Report on the Situation of Human Rights in Ecuador, OEA/Ser.L/V/II.96, doc. 10 rev.1 (1997), (Ecuador Bericht).]

entscheidend für die gesamte **kulturelle Identität dieser Völker**[21] und zentral für die indigene *Volks- und Stammeseinheit und Entwicklungskontinuität.* Der Special Rapporteur der Vereinten Nationen (VN, UN), *Martinez Cobo,* nimmt den intergenerationellen Aspekt in seine Definition indigener Völker auf: „They form a non-dominant sector of society and are determined to preserve, develop and transmit to future generations their ancestral territories"[22]. Land erscheint als „basis of their continued existence as peoples".[23] Es wird von vorhergehenden Generationen geerbt und an zukünftige weitergegeben. Es ist Teil des „patrimoine" und Wiege der indigenen Kultur.[24] Land und Territorium sind mit einer Vielzahl von Sinnbegriffen belegt, weswegen etwa heilige Plätze als unersetzlich für indigenen *Glauben, Religion und spirituelles Leben* gelten.[25]

Doch auch das **physische Überleben** der Völker ist eng mit der ungestörten Nutzung und dem Zugang zu ihren Territorien verbunden; sind doch die traditionellen Aktivitäten indigener Völker das Jagen und Sammeln, die Kultivierung von Ackerland in Fruchtwechselwirtschaft und das Fischen.[26] Generell können indigene Völker so als Subsistenzwirtschaftende betrachtet werden, deren ganze Wirtschaft und Überleben von der Tatsache abhängt, dass Land ihnen eine Grundlage zum Überleben bietet. Die Beziehung zu ihrem Grund und Boden durchdringt dementsprechend alle Lebensbereiche indigener Gemeinden und Völker und prägt ihre **Sozialstruktur** zu einem guten Teil. Viele indigene Institutionen entspringen der engen Verbindung zu Grund und Boden (etwa das *Síndico* in Nicaragua) und indigene Autoritäten werden über ihre Beziehung zu Naturdenkmalen und Stätten definiert. Kurz, *indigenes Gewohnheitsrecht* basiert auf und regiert gleichzeitig die Beziehung indigener Völker zu ihren Territorien; diese können

---

[21] Vgl *Williams*: „Indigenous peoples have emphasized that the spiritual and material foundations of their cultural identities are sustained by their unique relationships to their territories." (*Williams*, Encounters on the frontiers of international human rights law: redefining the terms of indigenous peoples' survival in the world. In: Duke Law Journal 1998, 681.)

[22] *Martinez Cobo*, Study of the Problem of Discrimination against Indigenous Populations, UN Doc. E/CN.4/Sub.2/1986/7, Para 379 (UN-Study on Indigenous Populations).

[23] Auch ein indigener Vertreter des Stamms der *Tupaj Katari* hat indigene Territorien als zentral für die indigene kulturelle Identität und letztlich für die gesamte Weiterexistenz der indigenen Völker bezeichnet „ [...] la existencia misma de los indígenas está ligada indisolublemente y depende de la „tierra". [...] El indio, de acuerdo a los principios cósmicos de la naturaleza, es la misma Pachamama (la tierra); la relación del hombre con la tierra es la que forma su ciencia y cultura." (*Movimiento Tupaj Katari.*)

[24] „Land is origin and seat of spirituality, it is the connection with the past, as well as with the future." (*Söfterstad*, Indigenous Peoples and Land Rights: An Overview. In: Geographica Helvetica, No 4, 1988, 12.

[25] „Land is imbued with all sorts of implied concrete and abstract meanings that make it into a centrepiece of the whole culture and societal fabric. [...] it in a very real sense contains their sense of identity and history." (*Söfterstad*, ebda.)

[26] Vgl *Söfterstad*, ebda 13.

somit als Basis für die indigene Gesellschaftsstruktur insgesamt bezeichnet werden.

Ferner haben indigene Völker einen **historisch begründeten Anspruch** auf ihre Territorien. So sind sie ja die historischen Bewohner *(historical occupants)* ihrer Territorien, die sie von alters her („since time immemorial") besiedeln, sicherlich also schon vor der Ankunft jeglicher kolonisierenden Staaten, Siedler oder Großkonzerne. Im Sinne *Donellys*[27] wären ihre Landforderungen "powerful moral claims", die eine Anerkennung indigenen Grund und Bodens auch aus *philosophisch-moralischen Motiven* notwendig machen.

4. Kapitel: Notwendigkeit gesetzlicher Anerkennung indigener Landrechte und eines rechtlichen Schutzinstrumentariums

Im Lichte des oben Gesagten wird deutlich, wie wichtig adäquate Schutzmechanismen zum Erhalt der Territorien indigener Völker sind. Sie entspringen faktischer Notwendigkeit (der drohenden Vernichtung indigener Völker) ebenso wie moralisch-philosophischen Gerechtigkeitsüberlegungen (indigene Völker haben das älteste Recht, dh die beste Berechtigung).

Eine **gesetzliche Anerkennung indigener Landrechte** gibt indigenen Völkern ein erstes Werkzeug in die Hand, mit dem sie sich gegen die starken gegenläufigen Interessen und Bedrohungsfaktoren, die von Seiten der Staaten, multinationaler Unternehmen und Siedler drohen, behaupten können. Auch wenn sie kein Allheilmittel darstellt und Gesetze stetig Gefahr laufen, nicht umgesetzt bzw manipuliert zu werden, so ist eine gesetzliche Anerkennung doch ein essentieller erster Schritt und verbrieft einen verobjektivierbaren (Gebiets-)Anspruch.[28] Bei einem etwa nur auf dem politischen Dialog beruhenden Verhandlungsmodus und Konfliktresolutionsmechanismus würden indigene Völker Gefahr laufen, perma-

---

[27] *Donnelly*, Human Rights in Theory and Practice, London: Cornell University Press 1987, 11.

[28] Eine Beschreibung der gesetzlichen Mechanismen und Verfahren allein genügt keinesfalls, um die komplexen Zusammenhänge und Interdependenzen zwischen indigenen Völkern, Regierungen, multinationalen Konzernen, internationalen Organisationen, Medien, NGOs und schließlich der globalen Zivilbevölkerung zu beschreiben. Vgl diesbezüglich *Triggs*, The Rights of Indigenous Peoples to Participate in Resource Development: An International Legal Perspective. In: *Zillman, Alastair, Pring* (Hrsg), Human Rights in Natural Resource Development. Public Participation in the Sustainable Development of Mining and Energy Resources, Oxford, New York: Oxford University Press, 2002, 123ff (124). Auf notwendige andere Mechanismen (etwa politisches Lobbying) zum Schutz der Landrechte indigener Völker wird insbes am Beispiel Nicaraguas eingegangen werden.

nent den Kürzeren zu ziehen, da es ja auf die Stärke der Verhandlungsposition ankommt und die anderen Akteure insofern „am längeren Ast sitzen".

So sind die potentiellen anderen Faktoren und Akteure, die ebenfalls an den Territorien indigener Völker interessiert sind, machtvoll und mannigfaltig. Indigene Territorien etwa für manche **strategische Interessen der Staaten** von Bedeutung, befinden sich in geopolitisch wichtigen Lagen (das Gebiet der Shuár, etwa spielte eine entscheidende Rolle im ecuadorianisch-peruanischen Krieg, indigene Gebiete in Kolumbien sind strategisch wichtig im Drogenkrieg) oder werden für Bauten des öffentlichen Wohls (wie Großprojekte, Dammbau etc.) benötigt. Gravierend ist insbes die Situation in den unter Druck stehenden Entwicklungsländern und in Staaten der zweiten Welt, in denen *wirtschaftliche Erwägungen und finanzielle Zwänge* zumeist schwerer wiegen als die noch so berechtigten Anliegen indigener Völker.[29] Die daraus entstehende Bedrohung für indigene Territorien wird durch den in der Ära der Globalisierung zunehmend stärker werdenden **Einfluss multinationaler Konzerne**, die über enormes Machtpotential verfügen, zumeist inoffiziell und auf wenig transparente Weise Lobbying betreiben und nur schwer rechtlich zur Verantwortung zu ziehen sind, verstärkt. Auch die *USA* sind in diesem Zusammenhang zu erwähnen. Die in ihrem „Hinterhof" betriebene Politik hatte zumeist verheerende Auswirkungen auf indigene Territorien. (Zwei aktuelle der mannigfaltigen diesbezüglichen Beispiele wären das Vorantreiben des „Plan Puebla Panamá" in Mexiko und der von den USA propagierte „Drogenkrieg" in Kolumbien).

Es lässt sich somit sagen: Eine gesetzliche Anerkennung indigener Territorien ist essentieller Ausgangspunkt jeglichen Schutzes. Erfreulicher Weise wird ihr auf internationaler – und zögerlicher – auf der nationalen Ebene der lateinamerikan. Staaten zunehmend mehr Relevanz beigemessen. Reflektierten und legitimierten so in der Vergangenheit (zumindest bis 1948) *rechtliche Instrumente und Gesetze* auf internationaler wie nationaler Ebene herrschende Macht- und Interessensverhältnisse und kamen sie indigenen Völkern kaum zu Gute, so ändert sich diese geschichtliche Konstellation langsam. Auch **andere Faktoren** (neben den rein staatlichen Interessen) werden von immer größerer völkerrechtlicher Relevanz. Das *Aufkommen der Menschenrechte* in der internationalen Rechtsentwicklung nach 1945 (die Allgemeine Erklärung der Menschenrechte, AEMR 1948) beginnt, internationale Rechtsinstrumente von bestehenden staatlichen Interessen

[29] Vgl in diesem Zusammenhang *Daes,* Indigenous Peoples and their Relationship to Land, Para 23: „It is safe to say that the attitudes, doctrines and policies developed to justify the taking of lands from indigenous peoples were and continue to be largely driven by the economic agendas of states."

zu lösen. „Recht“ bietet sich zunehmend als Werkzeug und Instrument an, die Anliegen indigener Völker durchsetzen zu können.

Ein neues und sehr konkretes **Bewusstsein** zugunsten der **Anerkennung** der **Rechte indigener Völker** greift insbes seit den 80-er Jahren des 20. Jahrhunderts auf nationaler wie internationaler Ebene um sich. So wird die „*terra nullius*“ Theorie im Jahr 1992 in der Bahn brechenden Entscheidung des Australischen Obersten Gerichtshofs *Mabo v. Queensland*[30] zurückgewiesen und als ungerechtfertigte und diskriminierende Doktrin gebrandmarkt, die nicht länger akzeptiert werden könne.[31] Auf Ebene der UN ist etwa die Proklamation der „UN-Decade of Indigenous Peoples“ 1995, bis zu deren Ende 2004 nach Wünschen der UN die Draft Declaration on the Rights of Indigenous Peoples (Draft UN-Decl) von der UN-Generalversammlung verabschiedet sein sollte, Ausdruck dieser neuen Strömung.[32] Elemente des Rechts auf Selbstbestimmung durchdringen den internationalen[33] wie zunehmend auch den nationalen Diskurs um die Anerkennung indigener Landrechte. So haben die meisten lateinamerikan. Staaten seit Beginn der 90-er Jahre vermehrt das Recht indigener Völker auf kulturelle Identität und auf ungestörte Beziehung zu ihren Territorien in ihren Verfassungen anerkannt. (Brasilien, Kolumbien, Bolivien, Peru und Venezuela sind nur einige derselben.)[34] In anderen Staaten (vor allem in Kanada), wo der politische Diskurs um indigene Territorialrechte schon weiter fortgeschritten ist, wird diese Frage der Anerkennung indigener Territorien noch um die Elemente der Selbstverwaltung und Selbstbestimmung der Völker angereichert. (Vgl diesbzüglich etwa die Weg weisende Entscheidung *Delgamuukw v. British Columbia*,[35] die vom kanadischen Höchstgericht 1997 gefällt wurde.)

Die Verteidigung der Interessen indigener Völker und ihrer Territorien setzt sich zunehmend als berechtigtes Anliegen durch und wird als Aufgabe und Notwendigkeit zumindest theoretisch immer mehr akzeptiert; diesbezügliches

---

[30] *Australian High Court*, Mabo and others v. the State of Queensland, 175 C.L.R., 1992.

[31] Hatte noch der Ständige Internationale Gerichtshof (StIG) seine Entscheidung im Ost Grönland-Fall (Dänemark v. Norwegen, Urteil des StIG v. 5. 4. 1933) auf den Doktrinen der *Terra Nullius* und *Discovery* gegründet, so ist im Rechtsgutachen des Internationalen Gerichtshofs (IGH) zur Western Sahara v. 16. 10. 1975 eine „Trendumkehr“ zu bemerken, wenn er feststellt, dass die Doktrin der *Terra Nullius* ungerechtfertigt gegen die „tribal peoples“ der Western Sahara angewandt worden war. (Vgl *Daes*, Indigenous Peoples and their Relationship to Land, Para 31.)

[32] Auf Details der hier angeschnittenen Entwicklungen wird zu Beginn des internationalen Teils eingegangen werden.

[33] Darauf wird noch im Zusammenhang mit der Rsp des Menschenrechtsausschusses eingegangen.

[34] Für eine detaillierte Staatenliste *Daes*, Indigenous Peoples and their Relationship to Land, Para 105.

[35] *Supreme Court of Canada*, Delgamuukw v. British Columbia, 3 S.C.R. 1010, 1997. (Siehe für Details *Triggs*, Indigenous Peoples and Resource Development, 137.)

gesetzliches *Standard Setting* ist insbes in den letzten 25 Jahren in Schwung gekommen. Die Frage des „**Ob überhaupt**" einer gesetzlichen Anerkennung indigener Landrechte scheint dementsprechend wenigstens auf internationaler Ebene und in den meisten lateinamerikan. Staaten überwiegend mit „ja" beantwortet zu sein. Vermehrt kann auf ein *internationales Referenzsystem* zurückgegriffen werden, das verpflichtende Anerkennung und entsprechenden Schutz indigener Land- und Territorialrechte als **Mindeststandard** vorgibt, an dem die gesetzlichen Bestimmungen der einzelnen Staaten zu messen sind. So wird im politischen und rechtlichen Diskurs der einzelnen *nationalen Staaten* ein Schutz indigener Territorien zunehmend als berechtigt anerkannt.

Trotz allem bleibt die Frage der Umfassendheit der Anerkennung der Landrechte und ihre konkrete gesetzliche Ausformung noch immer Ausdruck des jeweiligen politischen Klimas und spiegelt die in einem Staat vorherrschenden Interessen. Das „**Wie**", die operationale Umsetzung und konkrete Ausformung sowie der Umfang der einzelnen zuerkannten Rechte, beurteilt sich daher von Staat zu Staat unterschiedlich. Es existiert eine Vielzahl von Modellen, von denen zwei im Rahmen dieser Arbeit näher durchleuchtet werden sollen, nämlich jene von Mexiko und Nicaragua.

5. Kapitel: Konzeptuelle Fragen und Begriffsklärungen

Ein Brennpunkt und entscheidender Faktor bei der Anerkennung von Land- bzw Territorialrechten ist das Recht auf **Selbstbestimmung**. Dogmatisch (theoretisch konzeptuell) situieren sich Landrechte ja mitten im Spannungsfeld zwischen Privatrecht und öffentlichem Recht;[36] zwischen zivilen Eigentumsansprüchen an Grund und Boden und dem Recht auf Selbstbestimmung des Art 1 der Menschenrechtspakte, das sowohl als Recht auf politische Selbstbestimmung [Art 1(1)] wie auch als Oberhoheit der Völker über ihre natürlichen Ressourcen [Art 1(2)] hoheitsrechtlich konstruiert ist und von Völkern ausgeht, die über ihre Territorien und Ressourcen auch öffentlich rechtliche Entscheidungsgewalt haben.

Im internationalen Recht wird jedoch der Begriff der Selbstbestimmung – insbes der **Trägerkreis** des Rechts – heiß debattiert und indigenen Völkern blieb ebenso wie anderen Minderheiten bislang größtenteils die Berufung auf das Recht verwehrt. So wäre zwar idealtypisch eine Zuerkennung des Rechts auf Selbstbestimmung für indigene Völker (im Sinn einer *gleichen* Wahrung der Rechte *aller*

[36] Vgl *Joshua Castellino*, Summer School on Indigenous Peoples' Rights, National University of Galway, 8. - 15. Juni 2001.

Völker) sicherlich das gerechteste Entwicklungsmodell.[37] Tatsächlich sollten ja vom *moralisch-philosophischen Gesichtspunkt* alle Völker im ethnologisch-kulturellen Sinn das Recht haben, über ihren eigenen Entwicklungsprozess zu entscheiden.[38] *Realpolitisch* bleiben indigene Völker jedoch vom Recht auf Selbstbestimmung ausgeschlossen. Insbes die im völkerrechtliche Diskurs lang dominante und noch immer vorherrschende Meinung, dass das Recht auf Selbstbestimmung prinzipiell auch die äußere Selbstbestimmung, also Sezession mit einschließt,[39] erschien vielen Staaten als Bedrohung ihrer territorialen Integrität. Dies ließ sie den Art 1 der Pakte sehr restriktiv handhaben und nur Staaten bzw Völkern im Dekolonisierungsprozess[40] das Recht auf Selbstbestimmung zuerkennen.[41] Dementsprechend heftig klafften die Forderungen indigener Völker auf das Recht auf Selbstbestimmung und der traditionell völkerrechtlich staatlich-politischen Diskurs, der indigenen Völkern den „Volksstatus" nicht zuerkennen will, auseinander. Der Kampf um das „s" beim Begriff „peoples" symbolisiert diese Differenzen vielleicht am Besten.[42] Gerade in jüngerer Zeit eröffnen jedoch

---

[37] Indigene Völker sind von ihrer ethnologischen Charakterisierung her unzweifelhaft „Völker", was auch der in der Literatur herrschenden Auffassung entspricht. Vgl diesbezüglich etwa *Heintze*, Völkerrecht und Indigenous Peoples, in: ZaöRV 50 (1990), 39ff (46).

[38] Vgl in diesem Sinn etwa *Ermacora*, der bemerkt, dass das Recht auf Selbstbestimmung mittlerweile allgemeine Gültigkeit besitze, also nicht nur auf den Entkolonialisierungsprozess beschränkt werden könne und dass „tatsächlich jedes Volk im Genuss dieses Rechtes steht" (*Ermacora*, Autonomie als innere Selbstbestimmung, in *Kunig et. al.* (Hrsg), Archiv des Völkerrechts, Bd 38 (2000), Heft 3, 285ff (288).

[39] Vgl in diesem Sinn *Hilpold*, Sezession und humanitäre Intervention – völkerrechtliche Instrumente zur Bewältigung innerstaatlicher Konflikte? In: ZÖR 54 (1999), 529ff (537).

[40] Auch die Entscheidung des IGH im Ost-Timor Fall, in der der IGH das Recht auf Selbstbestimmung des Volkes von Ost-Timor bestätigt, ist im kolonialen Kontext zu sehen. [*IGH*, East-Timor (Portugal v. Australia), 30. 6. 1995, in: ICJ Reports 1995 90ff, 102.] So war 1975 Indonesien als neuer Kolonialherr an die Stelle der ehemaligen Kolonialmacht Portugal getreten.

[41] Vgl auch *Hannum*, der feststellt, dass Staatenpraxis und UN-Recht bis 1990 nur sehr limitierte Rechte auf Selbstbestimmung kannten, nämlich die Freiheit von kolonialer Macht und die Freiheit der Bevölkerung eines Staates vor fremder Intervention und Einflussnahme. (*Hannum*, Self-Determination in the Post Colonial Era. In: *Clark, Williamson*, Self-Determination: International Perspectives. Houndmills, Mac Millan Press, 1996, 108.) In diesem Sinn auch *Kingsbury*: „Analysis of practice since 1945 along traditional international law lines suggests the standard view that self-determination accord to the people of certain territorially-defined units the right to determine the political future of the territory." [*Kingsbury*, Restructuring self-determination: a relational approach. In: *Aikio, Scheinin* (Hrsg), Operationalizing the Right of Indigenous Peoples to Self-Determination, 2000, 19ff (20).]

[42] So sträubten sich die *Staaten* auf der Weltkonferenz über Menschenrechte in Wien 1993 gegen die Pluralform des Begriffs „people", da sie verhindern wollten, dass mit dem Wort „peoples" ein materieller Bezug zum Recht auf Selbstbestimmung des Art 1 beider Menschenrechtspakte (PBPR, PWSKR) hergestellt wird. Vgl dazu *Santler*, Der Kampf um das „S". In: Gesellschaft für bedrohte Völker (Hrsg), Land ist Leben. Bedrohte Völker im Kampf gegen die Umwelt, 1993, 248ff.

neue Entwicklungen des Konzepts der Selbstbestimmung[43] neue Perspektiven der Zuerkennung und eine mögliche Erweiterung des Trägerkreises des Rechts.[44]

Unabhängig von dieser möglichen Ausweitung des Trägerkreises des Rechts auf Selbstbestimmung auch auf indigene Völker, finden sich **inhaltliche Aspekte** des Rechts auf Selbstbestimmung in verschiedenen Bereichen der Anerkennung indigener Landrechte, ohne dass sie notwendig als „Recht auf Selbstbestimmung" bezeichnet werden und würden.[45] (Detaillierter erörtert werden diese inhaltlichen Teilbereiche des Selbstbestimmungsrechts ebenso wie die unterschiedlichen Komponenten des strittigen Selbstbestimmungsbegriffs im Abschnitt 2.)

Ein anderer „Knackpunkt" bei der Beurteilung des jeweiligen Gesetzeskonzepts ist seine Kapazität, auf die **vielschichtige Beziehung** indigener Völker zu Grund und Boden einzugehen und diese zu schützen. Die indigenen Zugangsweisen zu ihren Territorien unterscheiden sich ja zu einem guten Teil von westlichen, wie dies etwa in den folgenden Worten eines indigenen Vertreters zum Ausdruck kommt.

> „The Earth is the foundation of indigenous peoples. It is the seat of spirituality, the fountain from which our cultures and languages flourish. The Earth is our historian, the keeper of events and the bones of our forefathers. Earth provides us food, medicine, shelter and clothing. It is the source of our independence; it is our Mother. We do not dominate Her: we must harmonize with Her."[46]

---

[43] Vgl *Heintze*: „Die Norm des Selbstbestimmungsrechts wird im modernen Völkerrecht nicht mehr automatisch mit Unabhängigkeit gleichgestellt, sondern mit einem Teilhaberecht der jeweiligen Volksgruppe am Leben innerhalb eines bestehenden Staates." [*Heintze*, Wege zur Verwirklichung des Selbstbestimmungsrechts der Völker innerhalb bestehender Staaten. In: *Heintze* (Hrsg), Selbstbestimmung der Völker – Herausforderung der Staatenwelt, 1997, 16ff (20).] *Myntti* bezeichnet etwa das Recht auf innere Selbstbestimmung als sich konstitutierendes Recht der Staatengemeinschaft: „It may be concluded that the right of peoples to internal self-determination is at least an emerging right of international law. [*Myntti*, The right of indigenous peoples to self-determination and effective participation. In: *Aikio, Scheinin* (Hrsg), Operationalizing the Fight of Indigenous Peoples to Self-determination, 2000, 85ff (109).]

[44] Vgl in diesem Sinn etwa *Hilpold*: „Dennoch scheinen sich seit geraumer Zeit Entwicklungstendenzen abzuzeichnen, die – wenn auch allein auf indirektem Wege – ethnische Minderheiten in den Genuss von Ansprüchen aus dem Selbstbestimmungsrecht kommen lassen können. Der Weg dazu führt über die Anerkennung und den inhaltlichen Ausbau des „internen" Selbstbestimmungsrechts, [...]" (*Hilpold*, Sezession und humanitäre Intervention, 2001, 545.)

[45] So können etwa die in verschiedenen Rechtstexten zuerkannten Selbstverwaltungs- und Autonomierechte indigener Völker über ihre Territorien mit dem Recht auf interne Selbstbestimmung gleichgesetzt werden, siehe dazu im Detail im Reformkonzept des 2. Abschnitts.

[46] *Burger*, Report from the frontier. The State of the World's indigenous Peoples. London: Zed, 1987, 14.

Neben der profunden Bedeutung ihres Grund und Bodens für indigene Völker, wird so auch die indigene holistische Weltsicht in einem adäquaten Gesetzeskonzept zu berücksichtigen sein. Gerade die Komplexität dieser Beziehung stellt gesteigerte Anforderungen an ein wirklich geeignetes gesetzliches Modell zum Schutz indigener Territorien.[47] Mit Worten *Söfterstads*:

> „Indigenous life is fundamentally characterized by a strong emphasis on coherence and interconnectedness. While international declarations and conventions on human rights discuss indigenous culture and life compartmentalized, the reality is a strongly integrated unity. As an example, land rights should not be reduced to a determining factor only, but be understood in its true interrelation with economic, political, cultural and social rights. The basic understanding of indigenous life needs to be grasped."[48]

Tatsächlich besteht ja die prinzipielle Gefahr, beim Versuch eines gesetzlichen Schutzes indigener Landrechte, **westliche Konzepte** eins zu eins für indigene Völker zu übernehmen, ohne dass diese dem indigenen Weltbild unbedingt entsprechen würden. So ist das westliche Eigentumskonzept, welches auf Privateigentum beruht und Grund und Boden als Ware ansieht, nicht direkt auf die indigene Beziehung zu Grund und Boden anwendbar (vgl auch Abschnitt 2, Reformkonzept).[49]

Die Grundproblematik, eine Brücke zwischen zwei Welten zu schlagen, wird dann auch bei der Frage der geeigneten **Terminologie** zur Bezeichnung indigener Siedlungsgebiete deutlich. „Grund und Boden", „Land", „Territorium" oder „Erde" – all diese Begriffe spiegeln rein sprachlich unterschiedliche Weltkonzepte und sind Ausdruck einer ganz bestimmten Beziehung zu Grund und Boden, Gebiet[50] bzw Territorium.[51] Die rechtlich-gesetzliche Begriffswahl könnte

---

[47] Im unten erarbeiteten Eigentumskonzept soll sich diese Einbeziehung des indigenen Standpunkts etwa in der notwendigen ausdrücklichen Anerkennung indigenen Grund und Bodens als „indigener" spiegeln. Diese geforderte gesetzliche Bezugnahme eröffnet die Möglichkeit, indigene Wertungen in die Anerkennung einzubringen (Details siehe unten).

[48] *Söfterstad,* Indigenous Peoples and Land Rights, 12.

[49] Die besondere Bedeutung der Territorien für indigene Völker, die sie von westlichen Eigentumskonzeptionen unterscheidet, unterstreicht auch *Martinez Cobo*: „For such peoples, the land is not merely a possession and a means of production. The entire relationship between the spiritual life of indigenous peoples and Mother earth, and their land, has a great many deep-seated implications. Their land is not a commodity which can be acquired, but a material element to be enjoyed freely." (*Martinez Cobo*, UN-Study on Indigenous Populations, Para 197.)

[50] „Gebiet" wird hier verstanden als die „gesamte Umwelt der von indigenen Völkern besiedelten und anderweitig genutzten Flächen" (im Sinn des Art 13 ILO Konv 169). Es ist ebenso wie der Begriff „Territorium" das inhaltlich und sprachtechnisch breitere Konzept und drückt die

dementsprechend schon über das Ausmaß der zuerkannten Rechte entscheiden. Tatsächlich werden jedoch im Diskurs des internationalen Rechts die Begriffe „Land“, „Grund und Boden“, „Gebiet“ und „Territorium“ alternativ gebraucht, ohne eine diesbezügliche Unterscheidung zu treffen.[52] In dieser Arbeit wird ebenso verfahren und die Begriffe werden grundsätzlich ähnlich behandelt und verwendet. Lediglich in dem vorgestellten Reformkonzept eines kulturell adäquaten Schutzes indigenen Grund und Bodens wird getrachtet, den vielschichtigen Begriff des Territoriums zu Grunde zu legen und die Merkmale des geforderten Reformkonzepts darauf abzustimmen (zB die indigene Selbstkontrolle, etc.).

All diese konzeptuellen Probleme und Schwierigkeiten führen somit an die Grenzen des rechtlichen Diskurses und positiven Rechts. Trotzdem kann gerade durch einen adäquaten Schutz indigener Territorien unser System der Menschenrechte, welchem ja wiederholt vorgeworfen wird (vgl die Strömung des „cultural relativism“), Ausdruck westlicher Werte zu sein, seine wahre Universalität beweisen. Wir argumentieren im Sinne einer weltweit möglichen Geltung der Menschen- (bzw hier der Territorial-)rechte und versuchen somit ein adäquates Schutzkonzept für indigene Territorialrechte zunächst aufzustellen und dann an internationalen wie nationalen rechtlichen Normen sowie an der Realität zu überprüfen.

6. Kapitel: Gliederung der Arbeit

Ausgangspunkt der Arbeit wird – gerade im Hinblick auf die erwähnten Herausforderungen eines Schutzes indigener Territorien durch westliche Eigentumskonzepte – zunächst die Erarbeitung eines kulturell adäquaten Systems zum Schutz indigener Territorien sein, auf dessen Basis dann internationale Standards und die nationalen Beispiele Mexikos und Nicaraguas analysiert werden.

Nach der bereits erfolgten Einführung in die Grundproblematik *(erster Abschnitt)* setzt sich diese Arbeit in einem *zweiten Abschnitt* also zur Aufgabe, die notwendigen **Merkmale** („notwendige gesetzliche Reformschritte“) eines **kultu-**

---

besondere Beziehung indigener Völker zu ihren Gebieten wohl am besten aus. Im indigenen Diskurs besteht eine eindeutige Präferenz für das Wort „territory“.

[51] Vgl hier auch *Söfterstad*, der betont, dass sprachlich keine geeigneten Begriffe existieren, die indigene Beziehung zu ihrem Grund und Boden auszudrücken. „Reviewing the indigenous position on ‘land’ is difficult, partly because it is so many-faceted and stemming from so many cultures as to be almost vague, and partly because the very word is non-indigenous and has a limited meaning.” (*Söfterstad*, Indigenous Peoples and Land Rights, 11.)

[52] Vgl in diesem Zusammenhang *Gilbert*, Territory of Indigenous Peoples in International Law, in *Castellino* 299 ff.

rell adäquaten Schutzes indigener Territorien zu erarbeiten. Es wird gewissermaßen der soziologische Hintergrund und die Basis geliefert, an der die in den folgenden Abschnitten diskutierten internationalen wie nationalen Instrumente und Gesetzesmodelle gemessen werden. Auf der Basis eines Idealmodells (des „Reformkonzepts") wird so der Frage nachgegangen: Wie sind die von alters her besiedelten Gebiete indigener Völker angemessen zu schützen?

In einem *dritten großen Abschnitt* wird dann auf die **internationalen Standards** zum Schutz indigener Territorialrechte eingegangen. Inwieweit spiegeln sie die im möglichen Reformkonzept erarbeiteten Merkmale eines angemessenen Schutzes? Drei große Normen- und Judikaturkomplexe werden in diesem Zusammenhang analysiert. Ausgangspunkt und hauptsächlicher Bezugspunkt werden die Standards der *speziell auf indigene Völker bezogenen Instrumente* der ILO Konvention 169 und der Draft UN-Declaration on the Rights of Indigenous Peoples sein. In einem weiteren Kapitel wird dann erläutert, welche Bestimmungen in *allgemeinen menschenrechtlichen Verträgen* (auf universaler wie regionaler Ebene) zum Schutz indigener Territorien nutzbar gemacht werden können. Es werden insbes Bestimmungen des Schutzes von Eigentum (etwa Art 21 ACHR, Art 5 CERD) untersucht und wird auf den Schutz der indigenen kulturellen Identität (Art 27 PBPR) und das Recht auf Privat und Familienleben (Art 17, 23 PBPR etc.) eingegangen. In einem dritten Kapitel dieses Abschnitts wird die *Judikatur der internationalen Überwachungsorgane* durchleuchtet: Inwieweit schützen insbes das MR-Komitee und das CERD-Komitee auf universaler Ebene sowie die interamerikan. Überwachungsorgane auf regionaler Ebene indigene Territorien durch ihre Rechtsprechung? (Die steigende Relevanz des Rechts auf Selbstbestimmung des Art 1 PBPR wird insbes auf universaler Ebene von Relevanz sein.)

Insgesamt soll belegt werden, dass vor allem die sich entwickelnde Rechtsprechung der internationalen Menschenrechtsüberwachungsorgane bei der Anwendung allgemeiner Menschenrechtsverträge indigene Territorien zunehmend adäquat schützt. Diese Rsp universalisiert gleichsam den Schutz, der aus speziell auf indigene Völker bezogenen Verträgen gewonnen werden kann. Existierende und entstehende internationale Standards schaffen somit einen Ausgangspunkt und eine rechtlich verbindliche Basis, auf der nationale Systeme beurteilt werden und Staaten auf internationaler Ebene zur Verantwortung gezogen werden können.

In einem *vierten Abschnitt* wird vor dem Hintergrund der so detaillierten internationalen Standards der Schutz indigener Landrechte in Mexiko untersucht. Inwieweit kann etwa die **mexikan.** Verfassungsreform von 2001 indigene Territorien gegen eine Störung von außen schützen? Inwieweit schaffen mexikan. Agrarnormen, die eine Reihe indigener Völker als Subsistenzbauern direkt betreffen, und die im Rahmen der Landreform anerkannten Gebiete Schutz? Bieten mexikan. Normen ein adäquates Mittel und Werkzeug für die indigenen Völker Mexikos, ihre von alters her besiedelten Territorien gegen unrechtmäßig von außen kommende Einflüsse [wie sie von Entwicklungsmodellen der mexikan. Regierung wie dem Plan Puebla Panamá (PPP) ausgehen] zu schützen?

Hier wird argumentiert, dass die nationalen mexikan. Gesetze (insbes die Reform von 2001) auf die Land- und Territorialrechte der indigenen Völker Mexikos zu wenig Bedacht nimmt und eher den PPP vorzubereiten scheinen, denn eine mögliche „Waffe" gegen ihn zu sein. Kurz, die Gesetzeskonzeption national mexikan. Gesetze erscheint ungenügend und auch von Mexiko ratifizierte internationale Verträge (wie die Konvention 169) verbessern dieses Schutzdefizit – aufgrund mangelnder Umsetzung – nicht.

In einem *fünften Abschnitt* wird schließlich mit **Nicaragua** ein Staatenbeispiel vorgeführt, bei dem ein durch verfassungsrechtliche Normen und das Autonomiestatut der Atlantikküste erwirkter und auf dem Papier adäquat erscheinender Schutz indigenen Grund und Bodens realisiert wird. Im Gegensatz zu Mexiko schützen nicaraguan. Normen die Eigentumsrechte der Gemeinden der Atlantikküste in ihren traditionellen Siedlungsgebieten relativ umfassend; trotzdem kommen Verletzungen indigener Territorien wie etwa die Rodungen des multinationalen Konzerns SOLCARSA auf dem Gebiet der indigenen Awas Tingni Gemeinde vor. Es wird demzufolge der Frage nachgegangen, welche Faktoren und Akteure die Umsetzung und Rechtsdurchsetzung der gesetzlich sehr wohl anerkannten Landrechte der Gemeinden der Atlantikküste verhindern. Ebenso wird erörtert, warum die Regionalparlamente, die eigentlich die Interessen der Gemeinden der Atlantikküste vertreten sollten, diese nicht angemessen repräsentieren und weshalb das Autonomiestatut der Atlantikküste den dort lebenden indigenen Völkern nur bedingt zu Gute kommt.

Das Beispiel Nicaraguas schließt dementsprechend den Kreis dieser Analyse, indem zusätzliche Ebenen, Faktoren und Akteure eines wirklich adäquaten Landrechtsschutzes expliziert werden. Gesetzliche Normen erscheinen als notwendiger Ausgangspunkt eines effektiven Schutzes, in der nicaraguan. Realität kommen jedoch andere Faktoren (fehlende Demarkierung indigener Territorien, ungenügende Infrastruktur, Unerreichbarkeit von Gerichten etc.) hinzu, die ihre Realisierung und Umsetzung verhindern. Wird anhand der Schutzdefizite in Mexiko die Notwendigkeit eines adäquaten gesetzlichen Systems zum Schutz indigener Rechte deutlich (gerade weil es in Mexiko fehlt), so erteilt Nicaragua eine Lektion über die *sonstigen* Faktoren, die nötig sind, um indigene Rechte wirklich adäquat umzusetzen.

Dementsprechend werden die einleitend allgemein erwähnten Grundprobleme (übermächtige Interessen anderer Akteure, notwendige Elemente eines adäquaten Schutzes etc.) im Rahmen der Analyse Mexikos und Nicaraguas in ihrer praktischen Ausformung diskutiert werden. Die Analyse der gesetzlichen Schutzmodelle und Realitäten in Mexiko und Nicaragua wird der Veranschaulichung der zuvor erarbeiteten theoretischen Standards dienen und die Elemente für die Erarbeitung eines wirklich umfassenden Konzepts zum Schutz indigener Landrechte liefern, verdichten und an der Realität überprüfen.

Ein *sechster und letzter Abschnitt* wird die gewonnenen Erkenntnisse zusammenfassen und stellt gewissermaßen das Resümee der Arbeit dar.

Zunächst soll nun aber mit dem Reformkonzept ein so genanntes „Idealmodell“ eines adäquaten Schutzes indigener Territorien erarbeitet werden.

2. Abschnitt: Reformkonzept zum Schutz indigener Landrechte

1. Kapitel: Einleitung

Bei der Erarbeitung eines Systems zum Schutz indigener Territorialrechte stellen sich unterschiedliche **An-** und **Herausforderungen**. Auf die beiden mE Wichtigsten soll in diesem Zusammenhang nochmals hingewiesen werden.[53] Neben der schon erwähnten notwendigen Berücksichtigung der *speziellen Beziehung indigener Völker zu ihren Territorien*, deren Komplexität, Vieldimensionalität und Allumfassendheit in rechtliche „Normen/ Formen" zu gießen ist,[54] wird gleichzeitig ein besonderes Augenmerk auf die speziellen Gefahren, Faktoren und oft übermächtigen Akteure zu richten sein, die in der heutigen Zeit eine Bedrohung für indigene Territorien darstellen. So geht ja eine Hauptgefahr für indigene Siedlungsgebiete nicht von Staaten, sondern von multinationalen Unternehmen aus: Die Bedeutung eines adäquaten *Schutzes* auf *horizontaler Ebene* gegenüber *Drittpersonen*, der möglichst schon im Gesetzeskonzept angelegt sein sollte,[55] wird insofern zunehmen.

Zwei Varianten und **gesetzliche Modelle eines Schutzes** der indigenen Beziehung zu ihren Territorien stehen hiebei prinzipiell zur Verfügung: Der Schutz indigener Territorien wird durch positivrechtliche Anerkennung indigenen Grund und Bodens als im *Eigentum* indigener Völker stehend gewährleistet. (Diese wird hauptsächlich im interamerikan. Rechtssystem schlagend: So ist ein Recht auf Eigentum in Art 21 ACHR normiert; ebenso erkennt die nicaraguan. Verfassung auf nationaler Ebene kollektives Eigentum indigener Völker an ihren Siedlungsgebieten an.) Zum anderen kann aber auch ein (zumindest negativer) Schutz

---

[53] Andere Herauforderungen eines guten Schutzkonzepts werden im weiteren Verlauf der Arbeit erläutert werden.

[54] Der primär „westliche" Zugang, der Grund und Boden letztlich auf dessen Warenqualität reduziert und hauptsächlich als Produktionsfaktor betrachtet, der Geldwert hat, kann ja – wie ebenfalls schon erwähnt – die indigene holistische Sicht und enge Verbindung zu ihren Territorien nicht voll erfassen und beschützen. So ist beispielsweise in der geltenden internationalen Ordnung eine angemessene finanzielle Entschädigung in Verbindung mit einem legitimen öffentlichen Interesse und die Wahrung des Verhältnismäßigkeitsprinzips im Fall einer Enteignung oder Umsiedlung ausreichend. Für indigene Völker wird jedoch eine monetäre Abgeltung in der überwiegenden Zahl der Fälle aufgrund ihrer engen Verwurzeltheit mit ihrem Grund und Boden nicht genügen. (Die ILO Konv 169 trägt dem auch Rechnung, in dem im Fall einer Umsiedlung in Art 16 primär eine Naturalrestitution in Form von Grund und Boden gleicher Güte vorgesehen ist.)

[55] In diesem Sinn ist etwa in Art 17(3) ILO Konv 169 vorgesehen, dass Staaten Drittpersonen hindern müssen, indigene Völker zu übervorteilen (im Detail dazu unten).

der Landrechte indigener Völker durch die *Untersagung und Abwehr von Störung* von außen erreicht werden. Ein Schutz indigener Territorien kann bei letztbezeichneter Variante ohne eine explizite positivrechtliche Anerkennung indigener Eigentumsrechte etwa auf Basis anderer Rechte (zB das Recht auf kulturelle Identität, das Recht auf Privat- und Familienleben etc.) erfolgen. Diese Rechte beruhen ja auch auf einer unbehinderten Beziehung indigener Völker zu ihren Territorien und werden bei einer zu starken Störung derselben oder einer fehlenden Einbeziehung (Konsultation) der betroffenen Völker im Falle einer Störung notwendigerweise verletzt. [Der Rechtsschutz durch den Menschenrechtsausschuss (MRA) folgt beispielsweise diesem Ansatz[56] und auch die Sami in Finnland genießen kein Eigentumsrecht an ihren traditionellen Homelands und Siedlungsgebieten, sie haben jedoch sehr wohl ein Recht auf Mitsprache und Kontrolle, wenn eine relevante Störung derselben droht.]

Aufbauend auf diesen beiden Modellen – *der Anerkennung positiver Eigentumsrechte wie des Schutzes vor Störung auf Basis anderer Normen* – werden wir in der Folge gesetzliche Schutzkonzepte zur Wahrung der Territorialrechte indigener Völker entwerfen. Welche **Merkmale („legal features")** muss ein Gesetz haben, um einerseits der besonderen Beziehung indigener Völker zu ihren Territorien gerecht zu werden und um diese andererseits auch gegen Einflussnahme von außen zu verteidigen?

Der Focus des Schutzes indigener Territorien wird auf der Anerkennung indigenen *Eigentums* liegen – als in diesem Zusammenhang wichtigeren Prinzip. Der Schutz indigener Territorien über das Modell einer Untersagung von Störungen bzw eines Eingriffs wird nur am Rande angeschnitten; detaillierter wird auf Letzteres bei der Behandlung der Judikatur des MRA im internationalen Teil eingegangen werden.

---

[56] So ist ja kein Recht auf Eigentum im PBPR zu finden; der MRA leitet den Hauptschutz über Art 27 PBPR ab.

2. Kapitel: Reformkonzept zum adäquaten Schutz der Landrechte indigener Völker[57]

A. Anerkennung indigenen Grund und Bodens als „indigen"

Bei einem Schutzmodell, welches auf der Anerkennung von Eigentumsansprüchen beruht, ist zunächst eine Anerkennung indigener Siedlungsgebiete als „**indigenes Eigentum**" nötig. Auf diese Weise werden nämlich die kulturelle Identität indigener Völker ebenso wie ihre besondere Beziehung zu Grund und Boden als tatsächliche Faktoren und rechtlich fassbare Parameter in den Schutz von indigenen Rechten an Grund und Boden mit einbezogen. Dieses indigene „Etikett" ist bei der Anerkennung von Grund und Boden von Relevanz, da indigene Völker normalerweise mehr bzw anderes Land benötigen (mit religiösen Stätten etc.) als im Falle einer rein agrarrechtlichen Anerkennung.[58] Zudem besteht die Notwendigkeit des indigenen „Etiketts/ Labels", um bei möglichen *Gesetzesreformen* (Stichwort: Die Aufhebung der Verfügungsbeschränkungen im Rahmen agrarrechtlicher Bestimmungen in Mexiko 1992) sicherzustellen, dass indigene Interessen gewahrt bleiben.

Besonders deutlich wird der Bedarf nach einer Klassifizierung („Labelisierung") des indigenen Landes als indigenes jedoch, wenn es um die „**soziale Dimension**"[59] des Eigentums geht, dh um die Beschränkungen von Eigentum im öffentlichen Interesse, die der Einzelne/ das Kollektiv zum Wohle der Allgemeinheit auf sich nehmen muss. Im Fall einer Enteignung etwa wird ja die aus dem Eigentumseingriff resultierende Belastung des Einzelnen dem gesamtgesellschaftlichen Nutzen gegenüber gestellt. Sind nun Minderheiten bzw indigene Völker von dem drohenden Eingriff betroffen (soll etwa ein Wasserkraftwerk in indigenen Territorien gebaut werden), wird diese Interessensabwägung zwischen dem

---

[57] Tatsächlich wird bei der hier diskutierten Eigentumskonzeption von der im lateinamerikan. Raum herrschenden ausgegangen. Ein Eingehen auf die mögliche Anerkennung eines „native title", der als „Bürde" auf dem originären Recht der Krone liegt (etwa in Australien) oder auf die Kategorisierung indigener Landrechte als Eigentumsform „sui generis" „[which] must be understood by reference to both common law and aboriginal perspectives" (*Supreme Court of Canada*, Delgamuukw v. British Colombia, at 1081), wie dies in Kanada vorgesehen ist, würden den Rahmen dieser Arbeit sprengen.

[58] Eine Anerkennung indigenen Grund und Bodens nur in Form von Agrarrechten (wie dies in Mexiko erfolgte) genügt nicht. Dementsprechend hatten Agrarreformen in Mexiko und Nicaragua teilweise negative Folgen für indigene Völker: es wurde u. a. zu wenig Grund und Boden zuerkannt, um indigenen Bedürfnissen zu genügen.

[59] Vgl auch die Ausführungen in *Krause, Alfredsson,* Article 17, in *Alfredsson, Eide* (Hrsg.), The Universal Declaration of Human Rights, 1999, 359ff (360) zur „social dimension of property". Dementsprechend wären Begrenzungen (limitations) von Eigentum, die für das gesamtgesellschaftliche Interesse – etwa für das gesellschaftliche Wohl oder aus sozialen Erwägungen – notwendig sind, hinzunehmen.

Einzelnen und der Gesellschaft um eine Dimension erweitert bzw erschwert. Es stehen dann die *Minderheiten*interessen der speziellen Gruppe dem *gesamtgesellschaftlichen* Wohl und Nutzen gegenüber und die Entscheidung wird anders auszugehen haben (andere Parameter, etwa die Bedeutung, die Grund und Boden für das kulturelle Fortbestehen eines indigenen Volkes hat etc., werden mit einzubeziehen sein) als in jenen Fällen, wo die zu enteignenden Personen oder Gemeinden Angehörige der Mehrheit sind. Dies deswegen, als ja beispielsweise besondere Orte (religiöse etc.) von dem geplanten Eingriff betroffen sein können, deren Störung die indigene Kultur grundlegend und unverhältnismäßig beeinträchtigt, deren Bedeutung der Mehrheit der Bevölkerung jedoch gleichgültig ist. Um diese Bedachtnahme auf Minderheiteninteressen rechtlich abzusichern und zu garantieren, muss demgemäß schon bei der Eigentumsanerkennung auf sie Bezug genommen werden. Kurz: Indigenes Eigentum ist als solches zu benennen und anzuerkennen.

Eine ähnliche Interessensabwägung zwischen Minderheits- und Mehrheitsinteressen hat bei einem **Schutz** indigener Gebiete vor **Störung von außen** stattzufinden, dem zweiten der oben erwähnten Modelle. Demzufolge ist zu entscheiden, ob ein Eingriff in indigene Siedlungsgebiete die indigene Kultur[60] in ihrer Gesamtheit gravierend beeinträchtigt („Sustainability"-Element im Test des MRA), ein Eigentumsrecht der indigenen Völker am besagten Gebiet ist nicht ausschlaggebend. [Hier hat der MRA in einer sehr fortschrittlichen Rechtsprechung etwa im Staatenbericht zu *Chile*[61] vertreten, dass eine Berufung auf Mehrheitsinteressen *nicht* genügt und niemals ausschlaggebend sein kann, um einen Eingriff in die Minderheitenkultur zu rechtfertigen, der so schwerwiegend ist, dass er deren Existenz bedroht. Bei einer substantiellen Beeinträchtigung der indigenen Kultur wird also etwa der Bau eines Wasserkraftwerks zu unterlassen sein. Eine solche Untersagung jedes allzu gravierenden Eingriffs wäre etwa mit der Wesensgehaltstheorie des österr. VfGH vergleichbar, die Grundrechtseingriffe untersagt, wenn sie den Kern des Grundrechts verletzen (sog Wesensgehaltssperre).]

Neben der notwendigen Anerkennung indigenen Grund und Bodens explizit als *indigener* Grund und Boden oder einer im Resultat vergleichbaren Untersagung von zu gravierenden Eingriffen in indigene Territorien, die die Minderheitenkultur beeinträchtigen, sind jedoch noch andere Gesetzesmerkmale zum adä-

---

[60] Je nach verwendeter Norm (Art 27 PBPR oder Art 17, 23 PBPR) wird der Focus leicht verschieden sein. Tatsächlich bringt jedoch auch eine Berufung auf andere Normen (Privat- und Familienleben des Art 17 und 23 PBPR etwa) einen Schutz für die indigene Kultur.

[61] *MRA*, Staatenbericht von Chile, CCPR/C/79/Add.104, 1999, Para 22.

quaten Schutz indigener Länder und Territorien notwendig, die im Folgenden erläutert werden.

B. Anerkennung der „Besiedlung von alters her“ als Rechtsentstehungsgrund

Ein weiteres entscheidendes gesetzliches Merkmal zum Schutz indigener Rechte an ihren Territorien ist die rechtliche Anerkennung des Tatbestandes der **traditionellen Besiedlung** als **Rechtsentstehungsgrund**, die losgelöst von dem Erfordernis eines formalen Titels oder einer offiziellen Anerkennung durch den Staat zu sein hat. So ist der Tatsache, dass indigene Völker zwar auf ihren traditionellen Territorien von alters her („since time immemorial“) leben, eine tatsächliche (formalrechtliche) Anerkennung im Sinne einer Bestätigung durch den Staat jedoch in den seltensten Fällen stattgefunden hat, auf rechtlich/ gesetzlicher Ebene Rechnung zu tragen. Die Grenzen der jeweiligen indigenen Gebiete haben sich bei dieser Art der Eigentumsanerkennung nach dem Faktum der indigenen Siedlungsmuster zu richten und werden dementsprechend nach indigenem *Gewohnheitsrecht* und traditionellen Normen zu ziehen sein;[62] eine Autodemarkierung durch die Gemeinden selbst ist nützlich, wobei diese Demarkierung nachträglich von „offizieller Seite“, etwa durch einen Anthropologen,[63] zu bestätigen ist.[64]

Es sei in diesem Zusammenhang jedoch betont, dass die indigenen Eigentumsrechte schon *vor* der offiziellen und formellen Bestätigung durch den jeweili-

---

[62] Beachte, dass nicht alle indigenen Siedlungsmuster gleich sind; die genauen Grenzen müssen von Fall zu Fall gezogen werden und können variieren. Vgl *Anaya, Williams*: „ [...] it should be emphasized that indigenous communities in the Americas as elsewhere will define property rights according to their own unique traditions and customs. There is no „universal or one-size-fits-all definition of indigenous property rights", that the Inter-American system can arbitrarily settle upon. [...] each community creates its own customary laws for governing its lands and resources." [*Anaya, Williams*, The Protection of Indigenous Peoples' Rights over Lands and Natural Resources under the Inter-American Human Rights System. In: Harvard Human Rights Journal 14, 2001, 33ff (44).] Auch kann es zu Überlappungen zwischen den Territorien der einzelnen indigenen Gemeinden kommen: Jagd- und Sammelgebiete können sich beispielsweise überschneiden. (Vgl *Anaya Williams,* ebda, 45.)

[63] *Anaya, Williams* schlagen etwa vor, dass die Expertenmeinung eines Anthropologen und Geographen offiziell die traditionellen Siedlungsgebiete der jeweiligen indigenen Völker anerkennen und bestätigen könnte. (*Anaya, Williams,* Protection of Indigenous Peoples' Rights under the Inter-American Human Rights System, 46.) Als staatlich anerkannte Autoritäten könnten diese Experten die offizielle (staatliche) Anerkennung indigenen Gewohnheitsrechts, dem gemäß die Eigentumsgrenzen zu ziehen sind, erleichtern.

[64] Vgl diesbezüglich auch die Entscheidung des kanadischen Obersten Gerichtshofs, der in Delgamuukw v. British Colombia mündliche Überlieferung („oral history“) als Basis der indigenen Eigentumsrechte anerkannt hatte. [*Supreme Court of Canada*, Delgamuukw v. British Colombia (1997) 3 S.C.R., 1071ff.]

gen Staat bestehen. Die staatliche Anerkennung hat lediglich deklarativen Charakter. So ist ein formeller Titel für indigene Siedlungsgebiete zwar wünschenswert, da er für Rechtsklarheit sorgt und die offizielle Dokumentierung es den jeweiligen indigenen Völkern erleichtert, ihren Besitzanspruch etwa bei Rechtsstreitigkeiten durchzusetzen. Die Ausstellung dieser Dokumente ist jedoch keinesfalls ausschlaggebend für die Entstehung des Eigentumsrechts an sich.[65] In diesem Sinn unterstreicht auch UN-Special Rapporteur *Martinez Cobo* die *rein verfahrensrechtliche Dimension* der Registrierung indigener Siedlungsmuster: „Recognition here means acknowledgment of a de facto situation that provides the basis for the existence of a right. Official recognition and subsequent registration should follow as a matter of course, once possession and economic occupation are proved."[66] Der Rechtsfigur der Ersitzung vergleichbar ist der Eigentumsentstehungsgrund der Besiedlung von alters her jedoch letztlich mit noch größerer Legitimität ausgestattet, da indigener Grund und Boden ja zumeist schon seit Jahrhunderten besiedelt ist.

C. Anerkennung kollektiver Rechte

Ein quer durch die verschiedenen indigenen Siedlungsmuster zu findendes Charakteristikum ist die Tatsache, dass der besiedelte Grund und Boden der gesamten Gemeinde üblicherweise gemeinsam – **kollektiv** – „gehört". Tatsächlich sind indigene Territorialrechte gemäß dem sie regierenden Gewohnheitsrecht und im Gegensatz zu den eher individualistisch ausgerichteten Eigentumsrechten der westlichen Zivilisation Gruppenrechte.[67]

Es bestehen jedoch auch derivative **Rechte der einzelnen Mitglieder der Gemeinde,**[68] die etwa mit der Rechtsfigur des *Ususfructus* vergleichbar sind. Beispielsweise kommt gemäß dem Gewohnheitsrecht der Navajo dem einzelnen Mitglied ein Fruchtgenussrecht, ein „possessory use interest", an Teilen des Landes zu, das dem Navajo Volk in seiner Gesamtheit gehört; der Umfang und die Aus-

---

[65] Vgl diesbezügliche *Anaya, Williams*: „The existence of indigenous property systems does not depend on prior identification by the state but rather may be discerned by objective evidence that includes indigenous peoples' own accounts of traditional lands and resource tenure." (*Anaya, Williams*, Protection of Indigenous Peoples' Rights in the Inter-American System, 46.)

[66] *Martinez Cobo*, UN-Study on Indigenous Populations, Para 217.

[67] Vgl *Martinez Cobo*: „Group, communal or co-operative rights of property ownership and land tenure are fundamental aspects of indigenous peoples' relationship to land." (Ebda, Para 185.)

[68] Vgl *Anaya, Williams*: „Within the corresponding system of indigenous peoples' customary norms, traditional land tenure generally is understood as establishing the collective property of the indigenous community and derivative rights among community members." (*Anaya, Williams*, Protection of Indigenous Peoples' Rights in the Inter-American System, 44)

maße des dem einzelnen Mitglied zustehenden Nutzungsrechts werden nach der Tradition und der Nutzung seiner Vorfahren bestimmt.[69]

Etwa mit dem westlichen System von Agrarkooperativen (zB dem *Ejido* in Mexiko) vergleichbar, wird eine **gesetzliche Anerkennung** indigener Siedlungsmuster dementsprechend die kollektiven Rechte eines Volkes anzuerkennen und zu schützen haben. Zudem werden die Fruchtgenussrechte der einzelnen Gemeindemitglieder zu berücksichtigen sein.[70]

D. Veräußerungs- und Verfügungsbeschränkungen

Das gesetzliche Schutzelement der Veräußerungs- und Verfügungsbeschränkungen dient schließlich dazu, die schon mehrfach erwähnte besondere Bedeutung des Territoriums für indigene Völker als Ursprung und Wiege ihrer Kultur („patrimonio, patrimoine"), gegen den steigenden marktwirtschaftlichen Druck der kapitalistischen Gesellschaft, die Grund und Boden primär als Produktionsfaktor sieht, abzusichern.[71] Gleichzeitig laufen absolute Veräußerungs- und Verfügungsbeschränkungen jedoch Gefahr, indigene Mitglieder oder Gemeinden zu entmündigen.[72]

Das Konstrukt der Veräußerungs- und Verfügungsbeschränkungen als Schutzmechanismus indigenen Eigentums (entfernt mit konsumentenschutzrechtlichen Zielsetzungen vergleichbar) situiert sich dementsprechend in einem gewissen **Spannungsverhältnis** zwischen einem legitimen und adäquaten Schutz des *patrimoines* indigener Völker (das ein völliges Verfügungsverbot erfordern würde) und der Möglichkeit jedes einzelnen Mitglieds ebenso wie der Gemeinde als

---

[69] Vgl diesbezüglich *Anaya, Williams*: „An individual normally confines his use and occupancy of land to an area traditionally occupied by his ancestors." (Ebda, 45.)

[70] Beispielsweise kritisiert *Scheinin* die Draft UN-Declaration on the Rights of Indigenous Peoples dahingehend, dass sie die Individualrechte der einzelnen indigenen Angehörigen gegenüber den ausführlichst normierten Kollektivrechten vernachlässige. (*Martin Scheinin*, Vorlesung die auf dem Minority Rights Course am 29. November 2002 in Åbo gehalten wurde.)

[71] Vgl diesbezüglich *Gonzalez Galvan*, der den grundsätzlichen Unterschied zwischen der westlichen und der indigenen Eigentumskonzeption beschreibt: „L'homme de l'état a désacralisé la nature. En effet, pour un chrétien, le divin ne se trouve pas sur terre mais ailleurs, dans le ciel, et selon les scientifiques, l'homme est maître de la nature puisqu'elle peut être expliquée et modifiée. Pour les indigènes d'Amérique, la terre est donc sacrée, et elle est la raison d'être de leur vie communautaire. Pour les indigènes d'Europe la terre est au contraire une marchandise, un moyen d'assurer leur vie individualiste. Ces deux visions du monde coexistent depuis cinq siècles." (*Gonzales Galvan,* La Conception socio juridique de la Relation de l'Etat et les Ethnies nationales au Mexique. Eléments pour la Compréhension du Droit étatique et du Droit coutumier. Thèse pour le Diplôme d'Etude Doctorales, Paris: Université Pantheon-Assas Paris II, 1993, 189.)

[72] So hatten etwa die (allerdings sehr paternalistischen) brasilian. Gesetze der 60-er Jahre die Kritik der dortigen indigenen Völker hervorgerufen. Sie würden die einzelnen Mitglieder ihrer Gemeinschaft entrechten und unter der Tutela des Staates halten.

ganzer, auch in die Marktwirtschaft einzutreten und dort tätig zu werden (sogar unter Gefahr des Verlusts der jeweiligen Territorien).[73] Mit Worten *R. Plants*: „Under such land reform programmes, the key question is how to provide a special protective status for indigenous lands, while at the same time enabling indigenous communities to develop their lands productively and to survive within the wider market economy."[74] Wie ist nun in diesem Dilemma zwischen Schutzbedürfnis und Entmündigungsgefahr zu verfahren?

ME ist es – insbes im Hinblick auf die oft übermächtigen Konzerne, denen indigene Völker, die mit den Gesetzen der Marktwirtschaft häufig sehr unerfahren sind, gegenüberstehen – angebrachter, indigene Gebiete und Territorien einer **absoluten Verfügungsbeschränkung** zu unterwerfen.[75] Daneben sollte aber eine Möglichkeit zum Abschluss gewisser zeitlich begrenzter Pacht- und Nutzungsverträge zwischen indigenen Völkern und Drittpersonen (Konzernen, etc.) bestehen bleiben.[76] Gerade die vitale und lebenswichtige Beziehung indigener Völker zu ihrem Grund und Boden macht ja eine Lösung, die keine absoluten und dauerhaften Konsequenzen hat, erstrebenswert. Eben dies wäre bei zeitlich beschränkten und genau ausgehandelten Ressourcennutzungsmöglichkeiten (die etwa Leasing und Pacht umfassen könnten) erreicht. Indigene Völker hätten dementsprechend Möglichkeiten, ihre Territorien auch finanziell zu nutzen; gleichzeitig blieben jedoch – da ja Verträge nur zeitlich begrenzt möglich sind – diese Territorien für ihre Kinder und Nachkommen erhalten.[77]

Im Folgenden soll nun auf die positiven staatlichen Handlungspflichten eingegangen werden, die nötig sind, um das oben beschriebene Gesetzeskonzept auch umzusetzen.

---

[73] So können, auch wenn Grund und Boden in traditionell indigenen Kulturen prinzipiell keine Ware ist, die gekauft oder verkauft werden kann, sehr wohl auch indigene Völker (oder deren Mitglieder) Wollens und Willens sein, etwa bei dem westlichen Spiel der Marktwirtschaft „mitzumischen" und ihre Territorien zu veräußern.

[74] *Plant*, Land Rights and Minorities, London: MRG, 1994, 36. Die hier beschriebene Situation am Übertritt zwischen Moderne und Tradition trifft etwa auf die indigenen Gemeinden der Atlantikküste zu. Genauer wird noch im Abschnitt über Nicaragua auf diese Situation eingegangen werden.

[75] Vgl die ähnlich lautenden Forderungen der indigenen Völker Mexikos, die etwa gegen eine Beweglichmachung des mexikan. Ejidaleigentums im Zuge der Agrarreform 1992 protestierten. (Details siehe im Abschnitt über Mexiko.)

[76] Vgl auch die Appelle indigener Gemeinden in Chiapas, die sich gegen eine zu leichte Veräußerung des indigenen Grund und Bodens im Zuge des NAFTA-Beitritts wehren.

[77] Im 5. Abschnitt zu Nicaragua wird im Rahmen der Behandlung des trilateralen Vertrages zwischen Awas Tingni, MADENSA und MARENA (Ministerium für Umwelt und natürliche Ressourcen) auf ein praktisches Beispiel eines solchen Ressourcennutzungsvertrages eingegangen.

3. Kapitel: Staatliche Verpflichtungen/ Positive Handlungspflichten des Staates[78]

Die positiven Handlungspflichten des Staates umfassen zum einen die Pflicht zur Umsetzung der gesetzlichen Bestimmungen („duty to implement"), ebenso wie zum anderen eine adäquate Rechtsdurchsetzungsmöglichkeit („duty to enforce") gewährleistet sein muss.

A. Implementierungspflicht (Duty to implement)

Im Detail bedeutet dies die Ergreifung aller Maßnahmen die nötig sind, damit die Landrechte indigener Völker realisiert und ein effektiver Schutz indigener Territorien sichergestellt werden kann. Dies erfordert ein aktives Tätigwerden des Staates.

So ist etwa eine **Identifizierung** und **Demarkierung** indigener Gebiete wichtig, um eine klare Eigentumssituation zu schaffen, die das „A" und „O" jedes adäquaten Schutzes darstellt. Ausführungsgesetze zur Regulierung und Konkretisierung der verfassungsrechtlichen Normen sind zu erlassen und verwaltungsrechtliche Verfahren zu etablieren, um eine Demarkierung auch wirklich durchführen zu können. Zudem sind finanzielle Mittel erforderlich und entsprechend bereitzustellen. Faktum ist nämlich, dass die Nichtdemarkierung indigener Territorien – wie dies auch in der im Folgenden zitierten UN-Studie zu den Landrechten indigener Völker betont wird – eines der größten Probleme indigener Völker in der heutigen Zeit ist.

"In terms of frequency and scope of complaints, the greatest single problem today for indigenous peoples is the failure of States to demarcate indigenous lands. Demarcation of lands is the formal process of identifying the actual locations and boundaries of indigenous lands or territories and physically marking those boundaries on the ground. Purely abstract or legal recognition of indigenous lands, territories or resources can be practically meaningless unless the physical identity of the property is determined and marked."[79] (Hervorhebungen durch die Autorin.)

Über eine notwendige Identifizierung indigener Territorien hinausgehend, muss der Staat noch weitere Maßnahmen ergreifen, um auf **horizontaler Ebene**, gegenüber Drittpersonen, den Schutz indigener Territorien zu gewährleisten (etwa indem diese daran gehindert werden, in indigene Gebiete einzudringen).[80] Dies ist insbes im Hinblick auf das Bedrohungspotential, welches den Territorien indige-

---

[78] „As a corollary of the affirmation of indigenous peoples' rights in lands and natural resources, states have the obligation to take the measures necessary to make these rights effective." (*Anaya, Williams*, Protection of Indigenous Peoples' Rights in the Inter-American System, 74)

[79] *Daes,* Indigenous Peoples and their Relationship to Land, Para 47.

[80] Vgl etwa Art 18 ILO Konv 169.

ner Völker von Seiten großer Unternehmen und eindringender Siedler droht, von Nöten. Auch der MRA umreißt diese horizontale Schutzpflicht des Staates in seinem *General Comment* Nr 23 zu Art 27: „Positive measures of protection are [...] required not only against acts of the State party itself whether through its legislative, judicial or administrative authorities, but also against the acts of other persons within the State party."[81]

Vom nunmehr international rundweg anerkannten[82] substantiellen Gleichheitsprinzip ausgehend (Gleichheit des Resultats, im Gegensatz zur rein formellen Gleichheit vor dem Gesetz), ist im Rahmen des Diskriminierungsverbots zu guter Letzt auch eine Pflicht des Staates zur Restituierung ungerechtfertigt verlorener Territorien zu befürworten. (Diese könnte mit einer positiven staatlichen Pflicht zur **„affirmative action"** verglichen werden.)

„Where the rights to land or the use of land have been arbitrarily taken away or where other discriminatory patterns exist to the detriment of the property rights of an indigenous people, it can be argued that a State Party is under an obligation to eliminate such discrimination in such a way as benefits the group concerned. Such action may include, when necessary, the introduction of special and positive measures to correct any results of discriminatory actions."[83] (Hervorhebungen durch die Autorin.)

Tatsächlich haben viele indigene Völker ihren Grund und Boden, ihre Territorien ja in der Vergangenheit durch ungerechtfertigte Akte verloren. Gleichzeitig führt ihre Minderheitenstellung zu einer insgesamt schwachen Stellung in der Gesamtbevölkerung, die auch statistisch belegbar ist.[84] Eben diese indigene Verwundbarkeit (vgl das Merkmal der „fragility") wird dementsprechend relativ häufig spezielle Maßnahmen (Stichwort: „affirmative action") – wie etwa die Zuerkennung von Land – notwendig machen, um indigenen Völkern die gleiche Effektivität ihrer Rechte wie dem Rest der Bevölkerung zu garantieren.[85] [Bei der Be-

---

[81] *HRC*, General Comment No. 23 (60) on Art 27, 6. April 1994, Para 6.1.

[82] Vgl etwa Art 1(4) CERD. Vgl auch die Rsp des *MRA* in Diergaardt v. Namibia, der bei der festgestellten Verletzung des Art 26 PBPR durch Namibia von einem Prinzip der substantiellen Gleichheit ausgegangen war.

[83] Vgl *Krause, Alfredsson*, Article 17, in *Alfredsson, Eide*, The Universal Declaration of Human Rights 374.

[84] Anhand von offiziellen Statistiken ist feststellbar, dass indigene Völker generell schlechteren Zugang zur Grundversorgung haben und öfter in Armut leben als der Rest der Bevölkerung. Eine Anerkennung von Landrechten kann diesen diskriminierenden Mustern („patterns of discrimination") Einhalt gebieten.

[85] Vgl in diesem Sinn *Anaya, Williams*, Protection of Indigenous Peoples' Rights in the Inter-American System, 74. Siehe auch die Interamerikan. Menschenrechtskommission im Ecuador-Bericht (die *F. Capotorti*, UN Study on the Rights of Persons belonging to Ethnic, Religious and Linguistic Minorities, 1991, Para 585 zitiert): „The prevention of discrimination, on the one hand, and the implementation of special measures to protect minorities, on the other, are merely two aspects of the same problem: that of fully ensuring equal rights of all persons." [*IACHR*, Re-

sprechung der International Convention on the Elimination of all Forms of Racial Discrimination (CERD) im internationalen Teil wird noch auf diese Problematik zurückzukommen sein.]

Nach dieser Übersicht wird deutlich, dass unterschiedlichste positive Handlungspflichten des Staates, die von einer Pflicht zur Demarkierung über einen Schutz vor dem Eindringen von Drittpersonen bis hin **zur verpflichtenden Rückgabe ungerechtfertigt enteigneter Territorien** reichen, zur wirklich effektiven Wahrung indigener Territorialrechte notwendig sind.[86] Doch die Liste der staatlichen Pflichten geht noch weiter und umfasst etwa auch die mögliche Geltendmachung der Verletzung indigener Landrechte vor Gerichten.

B. Rechtsdurchsetzung (Duty to enforce)

Adäquate Rechtsdurchsetzungsmechanismen sind ein unerlässliches Korrelat aller verliehenen Rechte. Gerade die oft interessensmäßige Involvierung von Staaten (Stichwort: Ressourcennutzung mit staatlicher Konzessionsvergabe) macht das Bestehen von unabhängigen Organen, die – von der Exekutive (und auch von der Legislative) getrennt – neutrale Rechtsdurchsetzung gewähren, erforderlich. Indigene Völker müssen also jedenfalls die Möglichkeit haben, ihre Landrechte im Fall einer Verletzung auch vor **Gerichten** geltend zu machen und einfordern zu können.

Es ist jedoch zu beachten, dass – obwohl das Kriterium der Unparteilichkeit bei der Streitschlichtung in der Regel am ehesten von Gerichten erfüllt wird – auch hier Probleme mit einer mangelnden Objektivität des entscheidenden Organs auftreten können. Dies gilt insbes für Staaten, in denen das Prinzip der Rechtsstaatlichkeit und Gewaltentrennung nicht konsequent verwirklicht ist.

Endziel und Vision wäre dementsprechend – zusätzlich zu staatlichen Rechtsdurchsetzungsverfahren – eine Etablierung von **Konfliktresolutionsmechanismen**, wie dies beispielsweise in Art 39 Draft UN-Decl vorgesehen ist. Gerade in Fragen der Territorial- und Landrechte scheinen derartige Schiedsverfahren, die auf Basis vertraglich normierter gegenseitiger Rechte und Pflichten auch vor internationale Organe gebracht werden können, der zu befürchtenden Benachteiligung indigener Völker aufgrund einer fehlenden Unparteilichkeit staatlicher Gerichte vorzubeugen. Zudem gehen diese Verfahren von einer Gleichrangigkeit der Völkerrechtssubjekte und damit von einer Anerkennung der indigenen

---

port on the Situation of Human Rights in Ecuador, OEA/Ser.L/V/II.96, doc. 10 rev.1, (1997), at 106.]

[86] Eine noch detailliertere Auflistung der staatlichen Pflichten ist bei der Besprechung des Schutzsystems der ILO Konv 169 im internationalen Teil der Arbeit zu finden.

Völker als „Völker" aus, die ihr Recht nicht vor Gericht, sondern in einem gewissermaßen *völkerrechtlichen* Verfahren einlösen.

Trotz alledem bleiben diese Verfahren der Streitschlichtung zwischen indigenen Völkern und Staaten zumindest in Lateinamerika noch Zukunftsmusik, weswegen an dieser Stelle einzig die notwendigen Charakteristika nationaler gerichtlicher Verfahren erläutert werden sollen.

I. Notwendige konzeptuelle Voraussetzungen der Klagseinbringung

Prinzipiell müssen die zu etablierenden nationalen Verfahren auf die besonderen Eigentumscharakteristika der Landrechte indigener Völker zugeschnitten sein und eine Geltendmachung derselben ermöglichen. Sie sollten dementsprechend zur Geltendmachung auch *kollektiver* Rechte ergriffen werden können. Zudem sind indigene *Gemeinden* als Kollektiv – in welcher Rechtskonstruktion auch immer (etwa als juristische Personen über ihre Vertreter etc.) – als Kläger zuzulassen.

Insgesamt bieten die Prozesskriterien des Rechts auf faires Verfahren (Art 14 PBPR beispielsweise), die jedenfalls einzuhalten sind, einen angemessenen Prüfungsmaßstab, ob gerichtliche Verfahren, indigene Territorien betreffend, angemessen durchgeführt werden.

II. Notwendige Prämissen faktischer Art

Neben den theoretischen Notwendigkeiten zur Ermöglichung einer Klagseinbringung müssen die jeweiligen Gerichte und Verfahren auch *tatsächlich* für indigene Völker erreichbar sein.

Zunächst müssen indigene Völker um ihre Rechte und ebenso um die Verfahren wissen, dh **Aufklärungsarbeit** bezüglich indigener Landrechte prinzipiell, sowie betreffs deren gerichtlicher Durchsetzbarkeit speziell, ist notwendig. (Lokale NGOs können hier eine entscheidende Rolle spielen und sind zu unterstützen!) Auch die **finanzielle Erschwinglichkeit** der oft teuren Gerichtsverfahren spielt eine Rolle; ebenso eine Antwort darauf, wie den potentiellen Sprachproblemen indigener Völker, die der Sprache des Gerichts oft nicht mächtig sind, durch Beistellung von Dolmetschern etc. abzuhelfen ist. Zu guter Letzt ist noch die **geographische Erreichbarkeit** des nächsten Gerichts für die erfolgreiche Geltendmachung indigener Ansprüche von entscheidender Relevanz. (Näheres dazu im Abschnitt über Nicaragua.)

Eine Geltendmachung von gerichtlichen Ansprüchen wird insbes dann entscheidend sein, wenn eine Verletzung indigener Landrechte schon stattgefunden hat oder unmittelbar droht. Zudem wird über effektive Rechtsdurchsetzungsmechanismen auch eine gewisse *abschreckende Wirkung im Voraus* erzielt, die potentielle Störer indigener Landrechte durch die Inaussichtstellung von Strafen und wirksamer Rechtsdurchsetzung zurückschrecken lässt.

Dieser auf die Wahrung *zukünftiger* indigener Territorialinteressen ausgerichtete Aspekt kommt noch verstärkt in der Möglichkeit einer indigenen Mitsprache, Selbstkontrolle und Partizipation zum Ausdruck, die schlagend werden, wann immer staatliche Entscheidungen indigene Territorien berühren. Auf diese Mitwirkungsrechte soll in der Folge eingegangen werden.

4. Kapitel: Notwendige Partizipation, Konsultation und Selbstkontrolle

A. Notwendigkeit indigener Partizipation und Selbstkontrolle

Eine adäquate Selbstkontrolle bzw Partizipation indigener Völker erfüllt letztlich **zwei Funktionen:** Jene einer *Abwehr von Verletzungen* indigener Landrechte *ex-ante*, etwa durch eine verpflichtende und institutionalisierte Einbindung indigener Völker in den Entscheidungsprozess bevor sich die Störung ereignet hat (diese notwendige Einbindung ist von einer Anerkennung indigener Eigentumsrechte unabhängig).[87] Zudem sind adäquate Selbstkontroll- und Partizipationsmechanismen Voraussetzung für einen *selbstbestimmten Entwicklungsprozess*. So werden ja indigene Prioritäten und Präferenzen, wenn es um die Entwicklung ihrer Territorien geht, relativ häufig von jenen der Mehrheitsbevölkerung verschieden sein (wie etwa das Auseinanderklaffen zwischen dem von der mexikan. Regierung propagierten PPP und dem indigenen Entwicklungsmodell der auf Selbstversorgung ausgerichteten Subsistenzwirtschaft bezeugt).[88]

Eine indigene Selbstkontrolle in Territorialangelegenheiten und, falls diese in vollem Umfang nicht möglich ist, eine indigene Mitbestimmung als Minimalgarantie, sind dementsprechend essentielle *Ergänzungen zu allen Landrechten*. So ist jede noch so weit reichende Zuerkennung von Landrechten praktisch wertlos, wenn Regierungen sie nach ihrem Gutdünken wieder rückgängig machen bzw beschränken können (zB durch Enteignungen, Konzessionen zur Ressourcenaus-

[87] Eine indigene Mitbestimmung beugt dementsprechend Verletzungen indigener Landrechte vor und macht im besten Fall eine gerichtliche Geltendmachung und Verstärkung im Nachhinein unnötig. Die Störung indigener Rechte wäre so im positivsten Fall schon abgewehrt bzw in Einklang mit indigenen Interessen gebracht, bevor sie sich ereignet hat. (Stichwort: Vetomöglichkeit der Regionalparlamente in Nicaragua gemäß Art 181 nic. Vfg vor jeglicher Konzessionsvergabe.)

[88] Für Details siehe den Abschnitt zu Mexiko.

beutung etc.). Dies wird auch in der UN-Studie über die Beziehung indigener Völker zu ihrem Land betont:

„83. An important dimension in affirming indigenous land rights is the exercise of a measure of control over lands, territories and resources by indigenous peoples through their own institutions. Though rights to lands, territories and resources may be affirmed, the exercise of internal self-determination, in the form of control over and decision-making concerning development, use of natural resources, management and conservation measures is often absent. For example, indigenous people may be free to carry out their traditional economic activities such as hunting, fishing, gathering or cultivating, but may be unable to control development that may diminish or destroy these activities."[89] (Hervorhebungen durch die Autorin.)

Auch im Reformmodell des Schutzes vor Störung erfüllt die indigene Partizipation eine ähnliche Funktion der Wahrung indigener Territorialinteressen. Dieses Partizipationsrecht steht in Unabhängigkeit von etwaigen Eigentumsrechten indigener Völker. So kann eine indigene Einbindung in den Entscheidungsprozess auch hier dafür sorgen, dass der jeweilige Eingriff in größtmöglicher Übereinstimmung mit indigenen Interessen abgewickelt wird. Die Adäquanz eines Konsultations- bzw Partizipationsverfahrens bildet insofern ein Element bei der Beurteilung, ob der jeweilige Eingriff in indigene Territorien legitim ist oder nicht (vgl das „consultation Element" im sustainability Test des MRA).[90]

B. Mögliche Varianten der indigenen Selbst- bzw Mitbestimmung

In der Folge soll nun auf die **Mechanismen** eingegangen werden, die zur Verfügung stehen, um adäquate Einflussnahme- und Entscheidungsmöglichkeiten indigener Völker zu gestatten. So soll im Folgenden zwischen der Selbstkontrolle, der Partizipation im gesamtstaatlichen politischen Prozess und der materien- und fachspezifischen Partizipation und Konsultation, die etwa in Angelegenheiten, die indigene Territorien konkret betreffen, zum Tragen kommt, unterschieden werden. [Genauer wird dann noch im Abschnitt über internationale Schutzstandards auf diese einzelnen Bereiche eingegangen werden.]

---

[89] *Daes,* Indigenous Peoples and their Relationship to Land, Para 83.

[90] So kommen den Sami in Finnland keine Eigentumsrechte an ihren Homelands zu; sie haben aber über die Institution des Sami Parlaments sehr wohl ein Mitspracherecht, wenn staatliche Entscheidungen diese Homelands betreffen.

I. Zum Begriff der Selbstbestimmung

Wie einleitend erläutert, ist das Recht auf **Selbstbestimmung**, trotz der neueren Entwicklungen des Begriffs,[91] international-rechtlich noch immer nicht umfassend auf indigene Völker anzuwenden. Zudem erzeugen die inhaltlichen Kontroversen[92] um den Begriff der Selbstbestimmung staatliche Gegenreaktionen, die einem adäquaten Schutz indigener Territorialrechte hinderlich sein können.[93]

Bei der **Begriffswahl** im später vorgestellten Reformkonzept wurde so ganz bewusst weitestgehend auf den politisch vielschichtig beladenen Begriff der *Selbstbestimmung* verzichtet. Hiedurch wird versucht, das historische Legat der staatlichen Furcht vor Sezession (die mit dem Begriff der Selbstbestimmung mitschwingt) und eine dadurch erzeugte staatliche Ablehnung der geforderten Rechte zu vermeiden. So wurden etwa je nach Bedarf die Begriffe der „Selbstkontrolle", „Selbstverwaltung" und „Autonomie" indigener Völker gewählt, um Teilbereiche des Rechts auf wirtschaftliche Selbstbestimmung des Art 1(2) der Menschenrechtspakte (PBPR, PWSKR)[94] zu benennen oder den Begriff der „internen Selbstbestimmung" zu ersetzen.[95]

---

[91] Vgl zu den inhaltlichen Entwicklungen des Konzepts, die auch Auswirkungen auf die potentiellen Träger des Rechts auf Selbstbestimmung haben, die einleitende „Grundproblematik". So bringt etwa die Dimensionsbeschränkung auf ein Recht interner Selbstbestimmung gleichzeitig eine Erweiterung des Trägerkreises mit sich. Näheres zum Selbstbestimmungsrecht der Völker vor allem bei *Pernthaler*, Allgemeine Staatslehre und Verfassungslehre^2, 1996, 52ff.

[92] Vgl etwa *Thornberry*, der Selbstbestimmung als für indigene Völker inhaltlich zu weites Konzept ansieht: „When indigenous peoples invoke a general concept such as self-determination, they inevitably take on board its non-indigenous dimensions [...] Self-determination is a general principle. [...] The fact that the principle is universally recognized is also the beginning of a problem, [...] This is the difficulty of using general concepts which were not generated in their dominant contemporary forms by those who claim under them." [*Thornberry*, Self-Determination and Indigenous Peoples. In: *Aikio, Scheinin* (Hrsg), Operationalizing the Right of Indigenous Peoples to Self-determination, 2000, 39ff (40).]

[93] So ist zB nach Meinung *Alfredssons* das in Art 3 Draft UN-Decl normierte Recht auf Selbstbestimmung ein Mitgrund, dass die UN-Declaration on the Rights of Indigenous Peoples bis heute noch nicht angenommen wurde und nicht einmal die UN-Menschenrechtskommission passiert hat. (*Alfredsson*, Vorlesung zu indigenen Rechten, die am 23. April 2002 in Lund gehalten wurde.)

[94] Art 1(2) der Menschenrechtspakte: „All peoples may, for their own ends, freely dispose of their natural wealth and resources [...] In no case may a people be deprived of its own means of subsistence [...]"

Diese Arbeit folgt hier *Scheinins* Einteilung, der – der Struktur des Art 1 entsprechend – das Recht auf Selbstbestimmung in eine politische [Art 1(1)], wirtschaftliche [Art 1(2)] und eine solidarische [Art 1(3)] Dimension unterteilt. (*M. Scheinin*, Vorlesung, die auf dem Minority Rights Course am 29. November 2002 in Åbo gehalten wurde.

[95] Auch in Art 15 Proposed American Decl on Indigenous Peoples ist das Recht auf Selbstbestimmung inhaltlich definiert und wird sogar mit dem Recht auf Autonomie gleichgesetzt. Argument: Das Adverb „accordingly" lässt das Recht auf Autonomie als direkten Ausfluss und

Unabhängig von diesen politisch-pragmatisch motivierten Terminologieentscheidungen (die eben eine möglichst weitgehende Akzeptanz des vorgeschlagenen Reformmodells von Seiten der Staaten sichern sollen) sei jedoch betont, dass die Idee einer möglichst weitgehenden *selbst*bestimmten Entwicklung *immer* interpretatorische „Guideline" und Richtline für einen möglichst umfassenden Schutz sein sollte.

II. Selbstkontrolle, Selbstverwaltung, Autonomie[96]

Die *Selbstverwaltung* indigener Siedlungsgebiete und ihrer Ressourcen könnte gewissermaßen als ein verwirklichter Teilbereich des Rechts auf Selbstbestimmung bezeichnet werden.[97] Idealerweise wäre diese Selbstkontrolle, bei der indigene Völker autonom über ihre Ressourcen und eigenen Angelegenheiten entscheiden und ihren Entwicklungsprozess dementsprechend selbst gestalten können, ja die bestmögliche Form einer indigenen Verwaltung von Land und Territorien. *Praktisch durchsetzbar* (politisch realistisch) kann diese Selbstkontrolle in Bezug auf natürliche Oberflächenressourcen und in Territorialangelegenheiten von lokaler Bedeutung sein.[98] Bei der Förderung von unterirdischen Ressourcen etwa wird sich der Staat das letzte Wort und die Ausbeutung derselben wohl vorbehalten, ebenso wie das indigene Recht auf Selbstkontrolle bei Angelegenheiten von nationalem und regionalem Interesse wohl nur begrenzt gewährt werden wird. [Details und Beispiele der Verteilung der Kompetenzbereiche zwischen Staat und indigenen Völkern werden noch ausführlicher im Teil über *internationale Schutzstandards* sowie in den Abschnitten zu *Mexiko und Nicaragua* erörtert werden.]

Aus indigener Perspektive wäre bei der Entscheidung über die **territoriale Reichweite des Autonomiemodells** einer Regionalautonomie wohl gegenüber einer Kommunalautonomie der Vorzug zu geben. Ein Autonomiemodell auf regionaler Ebene hat nämlich durch seine größere flächenmäßige Ausdehnung den Vorteil, dass die Vertretung indigener Interessen nach außen und ihr Schutz im

---

exklusive Folge des Rechts auf Selbstbestimmung erscheinen. (Art 15 Proposed American Decl: „Indigenous peoples have the right to freely determine their political status and to freely pursue their economic, social, spiritual and cultural development and <u>accordingly</u> they have the right to autonomy or self-government [...]." (Hervorhebung durch die Autorin.)

[96] Die Begriffe werden *a priori* austauschbar gebraucht. Es könnte sich jedoch eine Nuancierung daraus ergeben, dass Selbstkontrolle in Zusammenhang mit den natürlichen Ressourcen und in Landrechtsangelegenheiten verwendet wird; der Begriff der Autonomie hingegen primär auf politisch etablierte Modelle im staatlichen Rahmen (wie Regionalautonomie etc.) verweist. Der Begriff der Selbstverwaltung ist wiederum inhaltlich zu verstehen und wird in den unterschiedlichen Kontexten verschieden verwendet.

[97] Vgl auch diesbezüglich Art 30 Draft UN-Decl.

[98] Vgl die inhaltlich ähnlichen Bestimmungen der ILO Konv 169.

Innenverhältnis leichter zu bewerkstelligen sind. [Die *kulturelle* Autonomie, die nicht auf territorialer Zuordnung beruht und die etwa die Sami in Finnland genießen, wird in dieser Arbeit nicht näher behandelt, da sie in diesem Untersuchungskontext von nur geringer Relevanz ist.]

III. Allgemeine Partizipationsrechte

Die erläuterten Selbstkontrollrechte indigener Völker sind durch Partizipationsrechte am allgemeinen staatlichen Entscheidungsprozess zu ergänzen. Indigene Völker müssen ja auch die Möglichkeit haben, bei Entscheidungen auf übergeordneter (regionaler und nationaler) Ebene, die ihren Grund und Boden betreffen und auch in Mitleidenschaft ziehen können, mitzureden und etwa an der Ausarbeitung eines überregionalen (dh „überindigenen") Entwicklungsplanes beteiligt zu sein.

Je nach Staatssystem kann diese Einbindung indigener Völker auf *unterschiedlichen Ebenen* stattfinden: auf gesamtstaatlicher, gliedstaatlicher oder Munizipalebene. Wichtig für eine adäquate Durchsetzung indigener Territorialinteressen wird hiebei eine mögliche Teilnahme indigener Völker auf der Stufe sein, auf der die für Länder und natürliche Ressourcen relevanten Entscheidungen getroffen werden. (Eine Teilnahme auf Munizipalebene erscheint beispielsweise als relativ nutzlos, wenn alle die Territorien betreffenden wichtigen Entscheidungen auf nationaler Ebene fallen.)[99]

Demokratiepolitisch realisierbar und auf **institutioneller Ebene umsetzbar** ist das allgemeine Partizipationsrecht beispielsweise über eine *feste Zuteilung von Sitzen* in nationalen aber auch in gliedstaatlichen Parlamenten bzw Vertretungskörpern. Diese Form der indigenen Teilnahme am politischen Prozess, die das Mitentscheidungsrecht der indigenen Völker *sichert,* ist etwa in Kolumbien vorgesehen.

Weniger sicher für indigene Völker, jedoch auch vorstellbar, ist – beim *Mehrheitswahlrecht* – eine Einteilung der *Wahlkreise* unter Berücksichtigung indigener (demographischer) Siedlungsmuster. Eine gelungene Wahlkreiseinteilung (indigene Personen stellen dann in bestimmten Wahlkreisen die Mehrheit dar) müsste entsprechend gewährleisten, dass ein indigenes Volk Vertreter seiner Wahl (eben jene der Wahlkreise mit indigener Mehrheit) ins Parlament entsenden kann. Beim *Verhältnismäßigkeitswahlrecht* könnte es wiederum notwendig sein, eine Teilnahme von indigenen Völkern zu ermöglichen, indem diverse Zugangs- und

---

[99] Tatsächlich kann aber eine materienbezogene Mitwirkungskompetenz (etwa im Falle von Ressourcennutzung, Konzessionsvergaben etc.) das allgemeine Partizipationsrecht wertvoll ergänzen und Lücken desselben ausgleichen.

Sperrklauseln (das Erfordernis einer Mindestanzahl von Stimmen für einen Einzug ins Parlament beispielsweise) speziell bezüglich indigener Parteien aufgehoben werden.

Abgeschwächtere Arten und **Modelle** einer indigenen Teilnahme am allgemeinen staatlichen Entscheidungsprozess, die beispielsweise bei einer geringeren Dichte von indigenen Völkern im Verhältnis zur Gesamtbevölkerung zum Tragen kämen, stellen die Einbindung indigener Völker in Form einer *beratenden* Tätigkeit bei politischen Entscheidungen dar. So könnten Sitze in Parlamentsausschüssen und Expertenkomitees an indigene Vertreter vergeben werden, wodurch es diesen zumindest ermöglicht würde, ihre Stimme hören zu lassen.

IV. Spezielle Partizipationsrechte

Eine weiterreichende sach- und gegenstandsbezogene indigene **Partizipation**, die immer dann schlagend wird, wenn (staatliche u. a.) Entscheidungen indigene Völker bzw ihre Territorien *konkret* betreffen, wird die aufgezeigten allgemeinen politischen Mitwirkungsrechte indigener Völker zusätzlich zu ergänzen haben. So bilden ja gerade Ressourcennutzungsprojekte und Entwicklungspläne, die *direkt* in den Lebensraum indigener Völker eingreifen, das größte Bedrohungspotential für indigene Territorien. Die durch sie drohenden Eingriffe und Rechtsverletzungen können durch spezifische indigene Konsultations- und Teilnahmerechte zumindest beschränkt werden.

Im Rahmen einer *institutionalisierten und generellen Einbindung* könnten so indigene Völker in nationale und regionale Entwicklungsprogramme eingebunden oder bei der Ausarbeitung von Gesetzen, die ihre Länder und Ressourcen speziell betreffen, beteiligt werden. Dies könnte etwa durch eine Zusammenarbeit von indigenen und staatlichen Vertretern in Kommissionen und Ausschüssen, die über solche Angelegenheiten entscheiden, geschehen.

V. Konsultation

Bei Projekten (Kraftwerksbau, etc.), die die Interessen indigener Völker unmittelbar und direkt berühren, ist zudem ein konkreter *Konsultationsmechanismus* vorzusehen. Dieser sollte eine Art „Sicherheitsnetz" bei Angelegenheiten bilden, wo ein unmittelbarer Eingriff in indigene Rechte in Bereichen droht, bei denen indigenen Völkern keine Selbstkontrollrechte zugestanden werden können. In diesem Sinn ist etwa bei der Ausbeutung natürlicher unterirdischer Ressourcen (Bodenschätze) oder bei großen Regierungsprojekten (Staudämmen zur Elektrizitätsgewinnung, Straßenbau etc.) *zumindest* eine verpflichtende Konsultation indigener Völker durchzuführen, die auch bestimmte **qualitative** Anforderungen erfüllen muss. Welches sind nun diese **Kriterien**, die auch durch Entscheidungen von obersten nationalen Gerichten zunehmend rechtlich fixiert werden?

Zunächst wird ein angemessener Konsultationsprozess jedenfalls eine staatliche *Informationspflicht* (die Bereitstellung von „clear, complete und accurate information“[100]) umfassen müssen. Im Detail wird eine Offenlegung aller voraussehbaren Konsequenzen der beabsichtigten Tätigkeiten (dh etwa eine Aufklärungspflicht über mögliche umweltschädliche Folgen eines geplanten Kraftwerks) von dieser Informationspflicht erfasst sein. Zudem ist bei Konsultationen auf die *kulturellen Gebräuche indigener Völker Rücksicht* zu nehmen, dh diese sind in einer *ihnen verständlichen* Art und Weise aufzuklären. Sonst könnten Firmen beispielsweise angeben, sie hätten konsultiert, obwohl ihr „Fachjargon“ von den indigenen Völkern praktisch nicht verstanden wurde. (Dies war in Ecuador geschehen.) Auch müssen indigene Völker die Möglichkeit haben, *unter sich* (!), ohne Außenpersonen, über den geplanten Eingriff zu *beraten.*

In einer Entscheidung des kolumbian. Verfassungsgerichts, die die Ölförderung auf dem Gebiet der U'wa als Bedrohung für deren kulturelle Identität ansieht und die Suspendierung der Förderung fordert, sind die obgenannten Elemente einer sinnvollen Konsultation „meaningful consultation“ indigener Völker gleichermaßen zusammengefasst.[101] Folgende Kriterien sind zu erfüllen:

> „Full disclosure [of information] regarding proposed projects; full disclosure of possible effects of the proposed projects; the opportunity to freely and privately (without outside interference) discuss the proposed projects within the entire community or among its authorized representatives; the opportunity to have their concerns heard and to take a position on the viability of the project."[102] (Hervorhebungen durch die Autorin.)

Als weiteres notwendiges Merkmal eines adäquaten Konsultationsprozesses muss indigenen Völkern zudem eine angemessene Möglichkeit zukommen, die *nachfolgende Entscheidung*, deretwegen sie konsultiert wurden, zu *beeinflussen.* Eine *Vetomöglichkeit* indigener Völker wäre hier die absoluteste und im Sinne indigener Völker beste Lösung. Ist diese durch staatlichen Widerstand nicht möglich, so muss zumindest durch *verfahrensrechtliche Auflagen* beim Konsultationsprozess versucht werden, eine möglichst weitreichende Wahrung der Interessen indigener Völker zu erreichen. Neben den schon oben diskutierten Elementen (Informationspflicht etc.) sieht so die ILO Konvention 169 eine Konsultation im „guten Glauben“ vor, die im Hinblick darauf durchgeführt werden muss, eine Ei-

---

[100] *Anaya, Williams*, Protection of Indigenous Peoples' Rights in the Inter-American System, 80f.

[101] Sentencia SU-039, febrero 3 de 1997 [Corte Constitucional] 655 (Colombia).

[102] Ebda.

nigung herbeizuführen.[103] Der kanadische oberste Gerichtshof hat in *Delgamuukw v. British Columbia* eine staatliche Pflicht statuiert, im „besten Interesse indigener Völker“ zu entscheiden. Diese Pflicht kann – so der kanadische Oberste Gerichtshof – so weit gehen, dass bei manchen Projekten (vor allem bei Gesetzen bezüglich Jagd und Fischfang) eine Zustimmung („full consent“) indigener Völker eingeholt werden müsse.[104]

Der Umfang der indigenen Konsultation wird also auch vom jeweiligen *Projekt* abhängen. Bei Bodenschätzen und strategisch wichtigen Ressourcen wie Erdöl werden Vetomöglichkeiten indigener Völker sicherlich schwerer durchsetzbar sein, als bei Gesetzen, die Jagd- und Fischfang betreffen.

Wichtig ist zudem, dass die Konsultationen durchgeführt werden *bevor* mit der Ausführung der Projekte begonnen wird. Hiedurch werden Schäden an indigenen Gebieten vermieden, die eventuell nur schwer wieder rückgängig zu machen sind. Zudem sind Projekte leichter zu beeinflussen, die noch nicht begonnen sind, da ja in solche noch keine finanziellen Mittel und Ressourcen etc. investiert wurden.

VI. Resümee

Prinzipiell kann man bei den indigenen Selbstkontroll- und Partizipationsrechten davon ausgehen, dass das *Subsidiaritätsprinzip* anzuwenden ist. Der Staat hat indigenen Völkern einen selbstbestimmten Raum zuzugestehen, der so weit wie möglich reichen muss, jedoch keinesfalls einen bestimmten Minimalstandard (der im Rahmen dieser Arbeit bei Besprechung der internationalen Instrumente im dritten Abschnitt genauer behandelt wird) unterschreiten darf. Bei Angelegenheiten von überregionalem und nationalem Interesse sind also zumindest indigene Konsultations- und Partizipationsrechte zu gewähren, während bei Lokalangelegenheiten eine Selbstkontrolle indigener Völker zu fordern ist.

Jedenfalls werden jedoch **indigene Autoritäten und Institutionen („authorities and institutions“)** von staatlicher Seite als notwendige Vorbedingung und Voraussetzung einer angemessenen Mitbestimmung anzuerkennen sein. Indigene Völker können ja ohne eine staatliche Anerkennung ihrer selbst gewählten Vertreter nicht angemessen am politischen Prozess teilnehmen.

---

[103] Vgl in diesem Zusammenhang wieder die Entscheidung des kolumbian. Verfassungsgerichts im U'wa Fall, der festhält: „[t]hose conducting such consultations should make every effort to reach an agreement or accord with the indigenous community." [Sentencia SU-039, febrero 3 de 1997 (Corte Constitucional) 655 (Colombia).]

[104] Vgl *Supreme Court of Canada,* Delgamuukw v. British Columbia, 3 S.C.R. at 1113. Für Details siehe *Triggs*, Indigenous Peoples and Resource Development, 137ff.

5. Kapitel: Reformkonzept im Überblick

Die oben erwähnten Merkmale – die Anerkennung indigener Eigentumssysteme *sui generis* (mit kollektivem Eigentumsbesitz, einem Eigentumstitel der durch faktische Besiedlung entsteht, Verfügungsbeschränkungen, positiven staatlichen Pflichten, Rechtsdurchsetzungsmechanismen und indigenen Kontroll- und Partizipationsrechten) – sind mE die Voraussetzungen für jeden angemessenen gesetzlichen Schutz indigenen Grund und Bodens. Sie sind notwendig, um indigene Territorien gegen konkurrierende moderne Nutzung unter Wahrung der kulturellen Identität indigener Völker zu verteidigen und einen weitest möglichen selbstbestimmten Entwicklungsprozess der indigenen Völker auf diesen Territorien zu gewähren.[105]

Abschließend soll nun noch auf den Bericht der *Brundtland Commission* in „Our Common future" verwiesen werden, der die oben erarbeiteten Kriterien in etwas andere Worte gekleidet zusammenfasst:

> „The starting point for a just and humane policy for such groups is the recognition and protection of their traditional rights to land and other resources that sustain their way of life – rights they may define in terms that do not fit into international legal systems. These groups' own institutions to regulate rights and obligations are crucial for maintaining harmony with nature and environmental awareness characteristic of the traditional way of life. Hence, the recognition of traditional rights must go hand in hand to protect the local institutions that enforce responsibility in resource use. And this recognition must also give local communities a decisive voice in the decisions about resource use in their areas."[106] (Hervorhebungen durch die Autorin.)

Zur besseren Übersichtlichkeit wird das erarbeitete **Reformkonzept** zum Schutz indigener Landrechte in Form zweier Schemata dargestellt.

---

[105] Vgl in diesem Zusammenhang *Navarro*, der die Kontrolle indigener Völker über Land und Territorium als essentiell für ihren *Eintritt in die Modernität* unter Aufrechterhaltung ihrer kulturellen Identität betrachtet. „Que la reivindicación y constitución de territorios indígenas en América Latina forma parte de una estrategia de las sociedades indígenas de hacer frente a la modernidad, or implementar formas propias de entrada en la modernidad." [*Navarro*, Los Procesos de Constitución de Territorios Indígenas en América Latina. In: Nueva Sociedad 153, 141ff (141).] Auch *Plant* betont, wie sehr das *Recht* „anders" zu sein (eine eigene kulturelle Identität zu haben) vom Territorium abhängt. „In all cases [claims related to land rights and control over territory], however, the premise behind special land rights for indigenous and tribal peoples is the right „to be different" from the remainder of national society, taking account both of historical factors and of a special relationship with lands, territories and the surrounding environment." (*Plant*, Land Rights and Minorities, 35.)

[106] *Brundtland*, Our Common Future, Oxford University Press, 1987.

A. REFORMKONZEPT ZUM SCHUTZ DER LANDRECHTE INDIGENER VÖLKER

(über positive Anerkennung und Eigentumsschutz)

(ILO Konvention 169, Art 21 ACHR, Nicaragua)

I. Gesetzliche Merkmale (features) eines Schutzes „sui generis"

1. **Anerkennung** der indigenenTerritorien **als indigenen Grund und Boden.**
2. **Anspruchsgrundlage** des Eigentumsrechts: **Faktum der Besiedlung von alters her.**
3. **Kollektives Eigentumsrecht.**
4. **Unveräußerlichkeit** bzw **Verfügungsbeschränkungen** indigenen Grund und Bodens.

II. Positive staatliche Pflichten: Implementierung und Rechtsdurchsetzung

„Effektivität der Landrechte": Negative staatliche Unterlassungspflicht, aber auch positive Pflicht zu schützen, zu implementieren und durchzusetzen.

Implementierung und Umsetzung

1. Regulierung und Erlassung von **Ausführungsgesetzen, die Verfahren zur formellen Anerkennung und Identifizierung indigenen Grund und Bodens** schaffen.
2. Bereitstellung verwaltungsrechtlicher **Verfahren zur Demarkierung.**
3. **Horizontaler Schutz gegen unberechtigte Störung** durch Drittparteien/-personen.
4. Eventuell: Affirmative Action in Form der **Rückgabe ungerechtfertigt enteigneter Territorien.**

Rechtsdurchsetzung: Effektive Rechtsmittel **vor unabhängigen Behörden (Gerichten); Recht auf faires Verfahren.**

III. Indigene Selbstverwaltung, Partizipation und Konsultation der indigenen Institutionen

1. **Selbstkontrolle über Länder und Oberflächenressourcen**; allenfalls Selbstbestimmung.
2. Teilnahme und **„effektive Konsultierung" bei Entscheidungen über unterirdische Ressourcen** (wenn sich der Staat das Eigentum und die Nutzung vorbehält) und bei Entscheidungen von nationalem/ regionalen Interesse.
3. **Anerkennung indigener Institutionen** (Autoritäten).

B. REFORMKONZEPT ZUM SCHUTZ VOR STÖRUNG
(Negativer Schutz durch Abwehr von ungebührender Einflussnahme)
(Art 27 PBPR, Finnland: Sami Land Rights Council)

I. „Sustainability Element“; Nachhaltigkeit/Fortbestand der indigenen Kultur

1. **Erfassung der Bedeutung des gestörten Lebensraums/Territoriums** für die indigene kulturelle Identität (religiöse Plätze, wichtige Pflanzen).
2. **Bestimmung der Beeinträchtigung der indigenen Kultur** durch den geplanten/ schon erfolgten Eingriff (Ausmaß der Störung).
3. Eventuell: **Verhältnismäßigkeitsprinzip/Nutzenabwägung** – und zwar öffentliches Wohl, gesamtgesellschaftlicher Nutzen versus Ausmaß der Beeinträchtigung der indigenen Kultur.

BEACHTE aber: Nach Rsp des Menschenrechtskommitees (Lubicon Lake Band Case, Staatenbericht: Chile) darf ein Eingriff niemals die indigene Kultur in ihrem Kern beeinträchtigen (**Wesensgehaltssperre**); potentielle Weiterentwicklung (Mahuika v. New Zealand): Land wird als Teil der indigenen Spiritualität geschützt; danach ist *kein Eingriff legitim.*

II. Umsetzung/Implementierung und Rechtsdurchsetzung

Umsetzung/Implementierung: **Sicherstellung der Nichtstörung von außen** bezüglich der zum Erhalt der indigenen kulturellen Identität notwendigen Siedlungsgebieten (Demarkierung, verwaltungsrechtliche Abgrenzung, etc).

Rechtsdurchsetzung: **Mögliche Rechtsdurchsetzung des Rechts der indigenen Völker** an diesen für den Erhalt ihrer kulturellen Identität notwendigen Territorien **vor Gerichten.**

III. „Participation Elements“ (Konsultation und Partizipation)

1. Generelle **weitestmögliche indigene Selbstkontrolle und Teilnahme an Entscheidungen** ihr Siedlungsgebiet betreffend (Sicherstellung selbstbestimmter Entwicklung).
2. (Zumindest) **Konsultation vor unmittelbaren und direkten Eingriffen.**

Überleitung: Der Aufbau der folgenden Abschnitte entspricht den dargestellten Übersichten. Obige Schemata können also – der Einfachheit halber - zum weiteren Lesen und zum Vergleich der gesetzlichen (internationalen wie nationalen) Modelle untereinander, im weiteren Verlauf der Arbeit herangezogen werden.

In der Folge soll nun zunächst das internationale Normensystem zum Schutz indigener Landrechte analysiert werden.

3. Abschnitt: Internationaler Schutzstandard der Landrechte indigener Völker

1. Kapitel: Einleitung

In diesem Teil soll belegt werden, dass internationale Instrumente in ihrer Anwendung durch die Rechtsprechung der internationalen Menschenrechtsüberwachungsorgane die Territorien indigener Völker in immer adäquaterer Weise schützen. Die im vorigen Kapitel erarbeiteten Rechtsfiguren und gesetzlichen Merkmale des Reformkonzepts finden sich zunehmend als rechtlich verbindliche Standards auf internationaler Ebene verankert. Mit Worten *J. Anayas*: „In contemporary international law, [...] modern notions of cultural integrity and self-determination join property precepts in the affirmation of sui generis indigenous lands and resource rights".[107]

Eine überblicksartige Zusammenschau der vorhandenen internationalen Schutzmechanismen zeigt hiebei, dass indigene Territorien zunächst durch eine Anzahl von *Instrumenten* gesichert sind, die sich *speziell auf indigene Völker* beziehen. [Dies sind zum einen die beiden ILO Konventionen Nr 107 und 169 aus 1957 und 1989, sowie die „soft law" Instrumente, die Deklarationen indigener Völker („Draft UN-Declaration on the Rights of Indigenous Peoples") sowie die „Proposed American Declaration on the Rights of Indigenous Peoples" (Proposed American Decl on Indigenous Peoples).]

Der aus den obgenannten speziellen Instrumenten gewonnene Schutz für die Territorien indigener Völker wird durch eine Anzahl von *Bestimmungen* aus *allgemeinen Instrumenten* unterstützt und flankiert. Es sind insbes Bestimmungen zum Schutz von Eigentum sowie zur Bewahrung der kulturellen Identität und des physischen Wohls, die zur Wahrung der Landrechte indigener Völker nutzbar gemacht werden (können). Vorrangig gebrauchte Rechtsinstrumente sind die AEMR der PBPR sowie die CERD auf universaler Ebene;[108] auf regional latein-

---

[107] *Anaya*, Indigenous Peoples in International Law, 1996, 105.

[108] Der Internationale Pakt wirtschaftlicher, sozialer und kultureller Rechte (PWSKR) wird auf Grund seiner geringen Bedeutung für den Schutz indigener Territorien nicht behandelt. Auch die Dokumente des Gipfels von Rio, das rechtsverbindliche Übereinkommen über die Biologische Vielfalt (Convention on Biological Diversity) und die „Soft Law Instrumente", die Deklaration von Rio über Umwelt und Entwicklung [Rio Declaration on Environment and Development, UN Conference on Environment and Development, Rio de Janeiro, June 13, 1992, UN Doc. A/CONF.151/26 (vol.1, Annex 1, 1992) und die Agenda 21, UN Conference on Environment and Development, Rio de Janeiro, June 13, 1992, UN Doc. A/CONF.151/26 (vols. 1,2&3, Annex 2, 1992)] bergen Potential zum Schutz indigener Völker. So betont die Agenda 21 etwa in ihrem

amerikan. Ebene bewirken die „American Declaration of the Rights and Duties of Man“ (American Decl) und die „American Convention on Human Rights“ (ACHR) den Schutz indigener Siedlungsgebiete.

Diese Bestimmungen werden in der *Rechtsprechung* internationaler Menschenrechtsüberwachungsorgane (MRA, CERD-Komitee, etc) für einen immer besseren Schutz indigener Völker und ihrer Territorien nutzbar gemacht. Es sind vor allem die Judikatur des MRA auf universaler Ebene sowie die Staatenberichte der Interamerikan. Menschenrechtskommission und die Judikatur des Interamerikan. Gerichtshofes für MR auf regionaler Ebene, die indigene Landrechte immer umfassender und angemessener schützen. Wie ist dieser Schutz im Detail zu bewerten?

2. Kapitel: Schutzinstrumente, die sich speziell auf indigene Völker beziehen

A. Überblick und geschichtliche Entwicklung des Schutzes indigener Völker

I. Entwicklung auf universaler Ebene

Der Schutz indigener Landrechte durch internationale Instrumente spiegelt in seiner Genesis die relativ (bzw sehr) untergeordnete Position, die indigene Völker in der völkerrechtlichen Entwicklung spielen.[109] Bis zur Mitte des 20. Jahr-

---

Kapitel 26 die Rolle und Wichtigkeit indigener Völker und sieht vor, dass ihre Territorien vor umweltschädlichen Aktivitäten zu schützen sind. Ebenso wird die notwendige aktive Teilnahme indigener Völker am gesamten Entwicklungsprozess betont. Auch in „Principle 22“ der Rio Deklaration wird die wichtige Rolle und notwendige Teilnahme indigener Völker für einen nachhaltigen Entwicklungsprozess hervorgehoben. Beide Erklärungen können, auch wenn sie nicht rechtsverbindlich sind, so doch als „emerging rights of environmental law“ (*Triggs*, Indigenous Peoples and Resource Development, 135) betrachtet werden. Sie sichern indigenen Völkern jedenfalls das Recht auf Konsultation und Partizipation an jedem Entwicklungsprozess, der ihre Territorien berührt.

Das Übereinkommen über die Biologische Vielfalt (seit 1993 in Kraft), das von 187 Staaten ratifiziert wurde (Stand: Juli 2003; Quelle: Website des Übereinkommens: http://www.biodiv.org/world/parties.asp), enthält insbes in Art 8 j) eine ausdrückliche Bestimmung zur notwendigen Berücksichtigung indigener Völker. Tatsächlich vermindern die schwachen Formulierungen bei der Festlegung staatlicher Pflichten [Staaten haben nur „as far as possible and as appropriate“ (Art 8) traditionelles indigenes Wissen zu respektieren und zu wahren] jedoch die praktische Bedeutung des Übereinkommens über die Biologische Vielfalt.

[109] „Indigenous rights, unlike the rights of religious and other minorities, were never recognized as a separate issue of international concern.“ (*Hannum,* Indigenous Rights in the Inter-American System, 324.)

hunderts war die Wahrung der Interessen indigener Völker nationale Angelegenheit und ausschließlich den einzelnen Staaten überlassen.[110] Eine umfassendere Beschäftigung mit indigenen Angelegenheiten sowie die Verankerung indigener Rechte auf internationaler Ebene hat erst um 1957 begonnen, und zwar mit der Ausarbeitung der *Konvention Nr 107*[111] (Konv 107) durch die internationale Arbeitsorganisation (ILO),[112] einer Spezialorganisation der Vereinten Nationen.[113] Obwohl die Konv 107 wegen ihres integrationistischen und assimilatorischen Charakters kritisiert wird – die kulturelle Identität indigener Völker wurde in der Konv 107 noch nicht als eigenständiger Wert anerkannt, Hauptziel der Konvention war ihre möglichst diskriminierungsfreie Eingliederung in die herrschende Gesellschaft[114] – so sind doch einige Rechte indigener Völker schon umfassend

---

[110] Dies mit Ausnahme von Verträgen mit indigenen Völkern etwa im angelsächsischen und im US-amerikan. Raum und dem Kongress von *Patzcuaro* 1940, der zur Gründung des *Instituto Indigenista* in Mexiko führte.

[111] Die ILO Konv 107 („Übereinkommen über den Schutz und die Eingliederung eingeborener Bevölkerungsgruppen und anderer in Stämmen lebender oder stammesähnlicher Bevölkerungsgruppen in unabhängigen Ländern") aus 1957 (in Kraft getreten am 2. Juni 1959) wurde von *27 Staaten ratifiziert* und ist noch bei jenen 18 Staaten in Geltung (Stand Dezember 2002, Quelle: Website der ILO, http://www.ilo.org/ilolex/english/newratframeE.htm), die der Konv 169 noch nicht beigetreten sind. Im lateinamerikan. Raum gilt die Konv 107 noch in der Dominikan. Republik, El Salvador, Haiti, Kuba und Panama. Für neue Ratifikationen steht die Konv 107 nicht mehr offen.

[112] Die Befassung mit den Angelegenheiten indigener Völker auf der Ebene der *internationalen Arbeitsorganisation* (*ILO, OIT*) wurde u. a. durch ihre vom Rest der UN-Organe unterschiedliche *dreigliedrige Organisationsstruktur* ermöglicht, die neben Regierungsvertretern auch Arbeitnehmer und Arbeitgeber in den Prozess des Draftens miteinbezieht und so gestattet, dass zusätzlich zu Regierungsinteressen auch andere Standpunkte im Vertragstext Berücksichtigung finden. Vgl diesbezüglich *Olguín Martínez*: „El carácter Tripartito de la Organización [...] permite la elaboración de programas y políticas que no son exclusivamente del interés nacional de los Estados." (*Olguín Martínez*, Los mecanismos de control de la OIT en materia de derechos indígenas, 2000, 17.)

[113] Tatsächlich hatte sich die *ILO* schon in *anderen Konventionen* indirekt mit dem *Schutz indigener Völker* beschäftigt, allerdings nicht mit ihren Landrechten. So hatte etwa Ende der zwanziger Jahre des 20. Jahrhunderts ihr Bemühen um einen Schutz indigener Arbeitnehmer vor Ausbeutung in den Exkolonialgebieten, in ein Verbot von Zwangsarbeit der eingeborenen Bevölkerung gemündet. Siehe Übereinkommen Nr 29 über Zwangs- oder Pflichtarbeit *(Forced Labour Convention)* v 1930.

[114] Vgl etwa den Wortlaut der Präambel der ILO Konv 107: „Die Konferenz geht davon aus [...], dass in verschiedenen unabhängigen Ländern eingeborene und andere in Stämmen lebende und stammesähnliche Bevölkerungsgruppen bestehen, die noch nicht in die nationale Gemeinschaft eingegliedert sind und deren soziale, wirtschaftliche oder kulturelle Lage sie daran hindert, in den vollen Genuß der den anderen Bevölkerungsgruppen zugute kommenden Rechte oder Vorteile zu gelangen." (Hervorhebung durch die Autorin.)

geschützt, ihre *Landrechte* beispielsweise werden recht weit reichend anerkannt.[115]

Eine Veränderung des auf bestmögliche Integration abzielenden Ansatzes der Konv 107 hat sich in der Folge durch die *Studie* des UN-Special Rapporteur *Martinez Cobo* (begonnen im Jahr 1975) ergeben. In seiner 10-jährigen Untersuchung über die Situation indigener Völker auf der ganzen Welt, wird die Bedeutung der Bewahrung ihrer kulturellen Identität als eigenständige Völker („peoples") zunehmend in den Mittelpunkt gerückt.[116] Mit dieser neuen, veränderten Sichtweise wurde 1981 von der *Sub-Commission on Prevention of Discrimination and Protection of Minorities* eine aus fünf Experten bestehende „Working Group on Indigenous Populations" gegründet.[117] 1985 begann die Working Group (Arbeitsgruppe bestehend aus fünf unabhängigen Experten) mit der Erarbeitung der *Declaration on the Rights of Indigenous Peoples*.

Im Licht dieser veränderten Sichtweise indigener Völker (ihr Recht auf kulturelle Identität wird mehr und mehr anerkannt) wurde 1987 auf der Ebene der ILO auch die Konv 107, deren auf bestmögliche Integration und Assimilierung abzielender Ansatz nicht mehr zeitgemäß erschien, einem Revisionsprozess unterzogen.[118] Die Verabschiedung der *ILO Konvention Nr 169* im Jahre 1989[119] (seit 1991 in Kraft) war das Ergebnis. Im Gegensatz zur Konv 107 ist die Konv 169 auf der Achtung und Gleichheit der indigenen Kultur gegründet, der Schutz der indi-

---

[115] Es werden die Eigentumsrechte indigener Völker an traditionell von ihnen besiedeltem Land normiert, die unabhängig davon bestehen, ob sie Individual- oder Kollektivrechte darstellen (Art 11 Konv 107); Art 13 Konv 107 schützt indigene Völker vor Übervorteilung durch Drittpersonen.

[116] Tatsächlich war der UN-Special Rapporteur zunächst dem Ansatz der Konv 107 gefolgt und hatte indigene Bevölkerungsgruppen (populations) (!) als temporäres vorübergehendes kulturelles Phänomen und als Diskriminierungsproblem betrachtet.

[117] *Sub-Commission on Prevention of Discrimination and Protection of Minorities*, Res 2 (XXXIV) vom 8. September 1981.

[118] Etwas problematisch am gesamten Revisionsprozess ist jedoch die nur sehr geringe Beteiligung indigener Vertreter und Repräsentanten. Diese hatten – wenn überhaupt – nur über die Umwege der Arbeitgeber- und Arbeitnehmerorganisationen Möglichkeit, ihre Meinungen und Sichtweisen einzubringen. (Vgl *Defranceschi*, Indigene Völker und ihr Menschenrechtsschutz im Lichte der ILO-Konvention Nr 169, Diplomarbeit der Rechtswissenschaftlichen Fakultät der Universtität Innsbruck, 2000, 32f.)

[119] Die Konv 169 [Übereinkommen über eingeborene und in Stämmen lebende Völker in unabhängigen Ländern, *Convention (No 169) concerning Indigenous and Tribal Peoples in Independent Countries*] aus 1989 (in Kraft getreten am 5. September 1991) wurde bisher (Stand Dezember 2002) von 17 Staaten ratifiziert. Diese sind hauptsächlich im lateinamerikan. Raum zu finden: So traten neben Dänemark, Fiji, den Niederlanden und Norwegen, Argentinien, Bolivien, Brasilien, Costa Rica, Dominica, Ecuador, Guatemala, Honduras, Kolumbien, Mexiko, Paraguay, Peru und Venezuela der Konv 169 bei. (Quelle: Website der ILO: http://www.ilo.org/ilolex/english/newratframeE.htm.)

genen Kultur wird als eigenständiger Wert für sich anerkannt,[120] indigenen Völkern wird das Recht auf eigene Entscheidung ihrer Angelegenheiten im Entwicklungsprozess gewährt.

Dieser Prozess einer zunehmend besseren Anerkennung indigener Interessen erreicht einen vorläufigen *inhaltlichen* Höhepunkt 1994, als der Entwurf der *Declaration on the Rights of Indigenous Peoples* (Draft UN-Decl) nach 13 Jahren Ausarbeitungszeit von der Arbeitsgruppe der Sub-Commission an die UN-Menschenrechtskommission weitergereicht wurde. (Dort wird sie allerdings bis heute in der „Working Group on the Draft Declaration on the Rights of Indigenous Peoples" diskutiert.) Die lange Ausarbeitungszeit und die große mögliche Einflussnahme indigener Völker und Gruppen (ebenso der zuvor erstellte sehr ausführliche Bericht *Martinez' Cobos*) machen aus der Draft UN-Decl ein Instrument von beeindruckender Ausgewogenheit und sorgen für weitreichende Akzeptanz auch unter indigenen Vertretern.[121] [So sind in der Draft UN-Decl indigene Völker als gleichwertige Völker mit dem Recht auf Selbstbestimmung (Art 3) und eigenbestimmte Entwicklung anerkannt, ihr Grund und Boden und ihre Territorien sind umfassend geschützt.]

War mit der Draft UN-Decl ein inhaltlicher Durchbruch in Richtung einer Wahrung indigener Rechte gelungen, so kann das *Permanent Forum on Indigenous Issues*, welches im Mai 2002 seine Arbeit in New York aufgenommen hat, als ein *institutioneller* Höhepunkt im Schutz indigener Rechte bezeichnet werden.[122] Das zuvor genannte Forum ist direkt dem Wirtschafts- und Sozialrat (WSR, Economic and Social Council, ECOSOC) unterstellt[123] und bedeutet ein „Aufrücken" der indigenen Völker in der UN-Hierarchie. Das Forum ist aus acht indigenen Vertretern sowie acht indigenen Repräsentanten zusammengesetzt und stellt somit eine in der UN-Geschichte einzigartige Möglichkeit des direkten insti-

---

[120] Vgl etwa die Präambel der Konv 169, die besagt, dass „die Bestrebungen dieser Völker, [...], ihre Identität, Sprache und Religion zu bewahren und zu entwickeln" von der ILO anerkannt werden.

[121] Vgl *Thornberry*: „The draft is perhaps the best available statement of indigenous claims. Although it was prepared by the independent experts of the Working Group on Indigenous Populations under Chairperson Mme Daes, the text is strongly imprinted with indigenous principles in consequence of persistent lobbying at the UN since the Working Group's formation in 1982." (*Thornberry*, Self-Determination and Indigenous Peoples, 42.)

[122] Trotz allem gibt es hier auch kritische Stimmen. So bezweifelt etwa *G. Alfredsson*, dass das Forum starke Erklärungen abgeben werde, da die Hälfte desselben Regierungsmitglieder sind. *Alfredsson* befürchtet, dass die Etablierung dieses Forums ein erster Schritt in Richtung einer Demontage der UN-Working Group on Indigenous Populations bedeute, die – aus unabhängigen Experten bestehend – insbes unter dem Vorsitz von *E. Daes* politisch sehr durchschlagskräftige Positionen vertreten und sehr viel für die Rechte indigener Völker getan hatte. (Vorlesung zu indigenen Rechten, die am 23. April 2002 in Lund gehalten wurde.)

[123] Das *Permanent Forum on Indigenous Issues* wurde mit der ECOSOC-Res E/RES/2000/22 am 28. Juli 2000 etabliert.

tutionalisierten Dialogs zwischen Regierungsvertretern und indigenen Vertretern dar.

International ist somit ein Wandel in der Sichtweise indigener Angelegenheiten zu verzeichnen:[124] Wird zunächst der individuelle Menschenrechtsschutz indigener Völker unter dem Gesichtspunkt einer bestmöglichen diskriminierungsfreien Eingliederung in die staatliche Gesellschaft forciert (Konv 107, ursprünglicher Ansatz der *Martinez-Cobo* Studie), so steht nunmehr das Recht indigener Völker als von der staatlichen Bevölkerung unterschiedenen „peoples“ im Mittelpunkt und wird als Gruppenrecht auf kulturelle Identität zunehmend umfassend geschützt (Konv 169, Draft UN-Decl).[125]

Dieser Paradigmenwechsel (von Nichtdiskriminierung bei der Eingliederung zum Recht auf kulturelle Andersartigkeit) ist insbes für die mit den **Landrechten** verbundenen Selbstbestimmungs- und Kontrollrechte entscheidend. Waren also auch in der Konv 107 die Landrechte indigener Völker rechtlich adäquat verankert (Art 11 Konv 107 entspricht grob Art 14 Konv 169), so sind in der Konv 169 insbes die *Selbstkontrollrechte* indigener Völker entscheidend verbessert worden.[126]

II. Entwicklung auf regionaler Ebene

Auf regional lateinamerikan. Ebene ist die Beschäftigung mit den Anliegen indigener Völker gerade in den letzten Jahrzehnten vermehrt in Schwung gekommen. Angefangen hatte die Bezugnahme auf die Rechte indigener Völker in Lateinamerika *1972* mit der Verabschiedung einer *Resolution on „special protection for indigenous peoples“* durch die Interamerikan. Menschenrechtskommission.[127] Die praktische Bedeutung der Resolution blieb jedoch gering. 1989 wurde

[124] Vgl diesbezüglich etwa die von *Marquardt* aufgezeigte Entwicklung. *Marquardt*, International law and indigenous peoples. In: International Journal on Group Rights 3, 1995, 47ff (48ff).

[125] Dieser unterschiedliche Zugang spiegelt sich schon im Begriffswechsel von „Bevölkerungsgruppen“ („populations“) in Konv 107 zu „Völker“ („peoples“) in Konv 169 und der Draft UN-Decl. Indigene Völker werden im Gegensatz zur Konv 107 nun nicht mehr als Bevölkerungsgruppen gesehen, die einzugliedern sind, sondern als eigenständige Völker mit dem Recht auf eigene kulturelle Identität, auf kulturelle Andersartigkeit („derecho a la diferencia).

[126] Ist in der Konv 107 noch die selbstbestimmte Kontrolle des Entwicklungsprozesses der bestmöglichen Eingliederung in die staatliche Gesellschaft untergeordnet [vgl etwa Art 7(2) Konv 107: „Die Bewahrung indigener Bräuche und Eingliederungen sind zu gestatten, solange sie weder mit der innerstaatlichen Rechtsordnung noch mit den Zielen der Eingliederungspläne unvereinbar sind.“], so anerkennt die Konv 169 in Art 6 und 7 eine möglichst weitgehende Selbstkontrolle und Mitbestimmung indigener Völker in eigenen Angelegenheiten.

[127] Obgenannte Resolution erklärt den Schutz indigener Völker zum „sacred committement” der OAS-Mitgliedstaaten und „calls upon states, in particular to train and monitor public

dann im Auftrag der OAS mit der Ausarbeitung der nunmehrigen *Proposed American Declaration on the Rights of Indigenous Peoples* begonnen.[128] Nach ihrer Billigung durch die Interamerikan. Menschenrechtskommission am 26. Februar 1997 ist diese nunmehr durch die Generalversammlung der OAS anzunehmen.

Inhaltlich ist die Proposed American Decl on Indigenous Peoples eng an die Draft UN-Decl angelehnt. Sie steht ihr zwar an Reichweite und Detailliertheit etwas nach, ihr Schutzumfang auf Landrechte und die Anerkennung der Selbstverwaltung indigener Völker bezogen ist jedoch fast ident mit der Draft UN-Decl.

Zieht man nun in Betracht, wie viele indigene Völker gerade in Lateinamerika leben,[129] so erscheinen die regionalen, speziell zum Schutz indigener Völker erlassenen Rechtsinstrumente noch immer relativ dürftig.[130] Dieses rechtliche Schutzdefizit wird jedoch zumindest teilweise dadurch ausgeglichen, dass die Mehrzahl der lateinamerikan. Staaten die ILO Konventionen 107 und 169 ratifizierten und auch die Interamerikan. Menschenrechtskommission und der Interamerikan. Gerichtshof für MR indigene Interessen immer besser wahren.

Es lässt sich somit festhalten, dass sich auf universaler wie auf regionaler Ebene immer mehr Institutionen und Instrumente mit den Anliegen indigener Völker befassen. Die beiden ILO Konventionen 107 und 169 sind hiebei bislang die einzigen *rechtsverbindlichen* Instrumente geblieben, die sich speziell auf indigene Völker beziehen. Die beiden Erklärungen zum Schutz indigener Rechte sind – obschon noch nicht angenommen und generell rechtsunverbindlich –, schon heute als „instruments of standard and reference", als Standard-setting Instrumente, die das Ideal eines adäquaten Schutzes in der Ferne gleichsam als Vision projezieren, zu gebrauchen.

Wie gestaltet sich nun der inhaltliche Schutz besagter Instrumente im Detail?

---

official so that they will deal with indigenous people appropriately." (*IACHR* Annual Report 1972, at 63-5.)

[128] Genau genommen wurde die Interamerikan. Menschenrechtskommission von der OAS-Generalversammlung mit der Vorbereitung eines „juridical instrument defining indigenous rights" beauftragt. (*IACHR*, Annual Report 1988-9, at 245-52.)

[129] Nach dem Jahresbericht der Interamerikan. Menschenrechtskommission sind über 30 Millionen Bewohner (aufgeteilt in über 400 verschiedene Gruppen) des amerikan. Kontinents indigen, was ca. 10 Prozent der Gesamtbevölkerung der „Amerikas" ausmacht. (*IACHR*, Annual Report, 1988-9, at 247.)

[130] Diesbezüglich problematisiert *Hannum* die bisherige mangelnde Befassung mit indigenen Gruppen, insbes im interamerikan. Kontext: "The Organization of American States (OAS), within the jurisdiction of whose members many of the worlds indigenous peoples are found, adopted only one formal instrument concerned with indigenous peoples prior to the adoption of the Draft American Declaration on the Rights of Indigenous Peoples [...]." (*Hannum,* Indigenous Rights in the Inter-American System, 324.)

B. Materieller Schutzstandard

In diesem Abschnitt wird der Schutz indigener Landrechte durch die ILO Konv 169 – als der am weitesten gehende rechtlich verbindliche Schutzstandard – behandelt. Die Draft UN-Decl wird als ideales (visionäres) Alternativmodell vergleichend erörtert.[131] Anhand der Analyse der Bestimmungen der Konv 169 wird dargestellt, dass auf internationaler Ebene sehr wohl ein Schutzsystem existiert, welches die meisten Elemente eines kulturell adäquaten Schutzes indigener Rechte an Grund und Boden auf rechtsverbindliche Weise normiert.

I. Überblick

Das Schutzsystem der *Konv 169*[132], indigene Landrechte betreffend, stellt (wie ja die Konvention überhaupt) eine Weiterentwicklung des Systems der Konv 107 dar. Ihr gesamter zweiter Teil (Art 13–19) ist unter dem Titel „Grund und Boden" speziell indigenen Landrechten gewidmet.[133] Des Weiteren sind insbes die zentralen Bestimmungen der Art 6 und 7, die indigene Konsultation, Partizipa-

---

[131] Der Schutz indigener Landrechte durch die ILO Konv 107 wird aufgrund ihrer nunmehr geringen Bedeutung und des in seinen Grundzügen der ILO Konv 169 sehr ähnlichen (wenn auch weniger weitreichenden) Schutzsystems nicht eigens behandelt; ebenso wenig wird auf die Proposed American Decl on Indigenous Peoples aufgrund ihrer inhaltlichen Nähe zur Draft UN-Decl eingegangen.

[132] Vgl dazu Internet:<http://gfbv.de/voelker/indigene/ilo.htm#BM3>. Art 1 Konv 169 umschreibt den *Adressatenkreis* der ILO Konvention 169 und stellt hiebei die Definition der geschützten (indigenen) Völker auf deren Sozialstrukturen und kulturelle Traditionen sowie auf ihre *anteriorité* (Begriff von *Schultze-Tenckhoff*) ab. „1. Dieses Übereinkommen gilt für a) in Stämmen lebende Völker in unabhängigen Ländern, die sich infolge ihrer sozialen, kulturellen und wirtschaftlichen Verhältnisse von anderen Teilen der nationalen Gemeinschaft unterscheiden und deren Stellung ganz oder teilweise durch die ihnen eigenen Bräuche oder Überlieferungen oder durch Sonderrecht geregelt ist; b) Völker in unabhängigen Ländern, die als Eingeborene gelten, weil sie von Bevölkerungsgruppen abstammen, die in dem Land oder in einem geographischen Gebiet, zu dem das Land gehört, zur Zeit der Eroberung oder Kolonisierung oder der Festlegung der gegenwärtigen Staatsgrenzen ansässig waren und die, unbeschadet ihrer Rechtsstellung, einige oder alle ihrer traditionellen sozialen, wirtschaftliche, kulturellen und politischen Einrichtungen beibehalten." (Hervorhebungen durch die Autorin.)

[133] Die ILO Konv 169 besteht aus 10 Teilen (Allgemeine Grundsätze; Grund und Boden; Anwerbung und Beschäftigungsbedingungen; Berufsbildung, Handwerk und ländliche Gewerbe; Soziale Sicherheit und Gesundheitswesen; Bildungswesen und Kommunikationsmittel; Grenzüberschreitende Kontakte und Zusammenarbeit; Verwaltung; Allgemeine Bestimmungen; Schlussbestimmungen), welche sich wiederum in drei Hauptteile unterteilen lassen: Allgemeine Grundsätze (Art 1–12), verschiedene themenspezifische Bestimmungen (Art 13–32) und allgemeine Verwaltungsbestimmungen (Art 33–44). Aus der systematischen Stellung der Landrechte in der Konvention – das Kapitel über Grund und Boden steht ganz zu Beginn der themenspezifischen Bestimmungen – ist schon die Bedeutung zu erkennen, die dem Thema „Land" für indigene Völker von Seiten der Drafter beigemessen wird.

tion und Selbstkontrolle behandeln, für die ungestörte Beziehung indigener Völker zu ihrem Grund und Boden von Relevanz.

Die *Draft UN-Decl* geht dabei einen Schritt weiter als die Konv 169 und schützt die Territorien indigener Völker noch mehr aus der Sicht der betroffenen Völker selbst. Das Kapitel VI über Land und Territorialrechte (Art 25–30) bildet gleichermaßen das „Herzstück" des Dokuments, Anspielungen und Bezugnahmen auf Land und Territorialrechte sind in der gesamten Erklärung zu finden.[134] Auch die Komponenten der Selbstverwaltung und Eigenkontrolle indigener Völker über ihr Land werden in der Draft UN-Decl prinzipiell betont.

Letztlich legt also die Draft UN-Decl den Schwerpunkt auf Autonomie und Selbstkontrolle, während die ILO Konvention 169 primär auf den staatlichen Schutz indigener Territorien abstellt. Wie *R. Plant* betont: „While the ILO places emphasis on protection by the state, however, the UN tends to stress the linkage between land rights and political autonomy."[135]

Nun zum inhaltlichen Schutzstandard im Einzelnen.

II. Spezielle Charakteristika des „*regimen sui generis*" indigener Landrechte

Die ILO Konv 169 schützt die spezielle Beziehung indigener Völker zu ihrem Grund und Boden, indem das westliche Eigentumskonzept in gelungener Weise an indigene Verhältnisse angepasst wird (ganz den von uns oben identifizierten Merkmalen eines kulturell adäquaten Schutzes entsprechend). So anerkennt Art 14 Konv 169 ausdrücklich indigene Eigentums*rechte* an Grund und Boden[136] und modelliert sie auf indigene Bedürfnisse um, u. a. indem die kollektiven Rechte indigener Völker an ihrem historischen Siedlungsgebiet garantiert werden.

---

[134] So ist im Kapitel 2 der Draft UN-Decl, das letztlich hauptsächlich Bestimmungen zur Anerkennung indigener Völker als „distinct peoples" enthält, auch ein Schutz indigener Völker vor zwangsweisen Umsiedlungen normiert. (Art 10 Draft UN-Decl: „Indigenous peoples shall not be forcibly removed from their lands or territories [...]".) Im Kapitel 3, dessen Schwerpunkt auf dem Erhalt der kulturellen Integrität indigener Völker liegt, ist in Art 13 Draft UN-Decl das Recht auf Zugang zu religiösen Orten festgehalten, als „right to maintain, protect and have access in privacy to their religious and cultural sites". Auch indirekt wird auf ihr Land Bezug genommen, etwa als „means of subsistence" in Art 21 Draft UN-Decl bei der Anerkennung indigener Sozialsysteme.

[135] *Plant*, Land Rights and Minorities, 7.

[136] Vgl hier den ausdrücklichen Verweis auf „Eigentums- und Besitz*rechte* in Art 14 Konv 169, der von rights of „ownership", „possession" und „use" spricht. (Vgl diesbezüglich: *Krause, Alfredsson,* Article 17, in: *Alfredsson, Eide*, The Universal Declaration of Human Rights 374.)

1. Verbindung zwischen indigener Kultur und Landrechten

Der wichtigen Stellung von Land und Territorium für indigene Völker wird in einem eigenen Artikel, dem **Art 13 Konv 169** Rechnung getragen.

Art 13 Konv 169: „1. Bei der Durchführung der Bestimmungen dieses Teils des Übereinkommens haben die Regierungen die besondere Bedeutung, die die Beziehung der betreffenden Völker zu dem von ihnen besiedelten oder anderweitig genutzten Land oder den von ihnen besiedelten oder anderweitig genutzten Gebieten, oder gegebenenfalls zu beiden, für ihre Kultur und ihre geistigen Werte hat, und insbes die kollektiven Aspekte dieser Beziehung, zu achten.

2. Die Verwendung des Ausdrucks „Land" in den Artikeln 15 und 16 schließt den Begriff der Gebiete ein, der die gesamte Umwelt der von den betreffenden Völkern besiedelten und anderweitig genutzten Flächen umfasst."

Die in Art 13 Konv 169 generell normierte Regierungsverpflichtung, die Beziehung indigener Völker zu ihrem Grund und Boden zu achten, kann als leitende Interpretationslinie der Landrechtsbestimmungen der gesamten Konvention gelesen werden.[137] Sie ist insofern wichtig, als sich ja – wie oben erarbeitet – die indigene Beziehung zu Grund und Boden von der westlichen unterscheidet, und eben eine ausdrückliche Bezugnahme und Berufung auf indigene Rechte notwendig ist, um Modifikationen an herkömmlichen Sichtweisen und Rechtsfiguren (etwa in Bezug auf Enteignungsvoraussetzungen etc.) zu bewirken.

Diese schon in der Konv 169 eröffnete indigene Perspektive wird in der Draft UN-Decl weiter ausgebaut. Dies kommt bei einem Normenvergleich der einander entsprechenden Art 13 Konv 169 mit 25 Draft UN-Decl zum Ausdruck. Während die Konv 169 insbes auf den *staatlichen* Schutz abstellt („die Regierungen haben zu achten", Art 13), betont Art 25 Draft UN-Decl das *Recht* indigener Völker, die besondere Beziehung zu ihrem Grund und Boden aufrecht zu erhalten: „Indigenous peoples have the right to maintain and strengthen their distinctive spiritual and material relationship with the lands territories, waters, coastal seas and other resources which they have traditionally owned or otherwise occupied or used…" (Art 25 Draft UN-Decl). Die Draft UN-Decl gibt dementsprechend indigenen Völkern selbst das Recht und Werkzeug, die besondere Beziehung zu ihrem Grund und Boden einzufordern (Stichwort „empowerment, rights as tools"; Eigenverantwortung versus staatlichen Schutz).

2. Kollektive Rechte

Sowohl die Konv 169 als auch die Draft UN-Decl normieren ausdrücklich und wiederholt den kollektiven Anspruch indigener Völker auf Grund und Boden.

---

[137] *Barsh*, An Advocate's Guide to the Convention on Indigenous and Tribal Peoples. In: Oklahoma City University Law Review 15, 1990, 209ff (229).

Dementsprechend verweist Art 14 Konv 169 explizit auf die „Eigentums- und Besitzrechte [...] der *Völker*“ (wobei im Begriff „Volk“ der Gruppenaspekt notwendigerweise inkludiert ist), Art 13 Konv 169 betont nochmals die Wichtigkeit, die „*kollektiven* Aspekte dieser Beziehung“ zu achten; die Draft UN-Decl wiederum erwähnt fortwährend die Rechte der „Völker“ (etwa in Art 25–27 Draft UN-Decl). Diese Verweise auf indigene Völker als kollektive Rechtsträger anerkennen die Gruppendimension des Eigentumsrechts und tragen der Tatsache Rechnung, dass indigene Völker ihren Grund und Boden eben als Gruppe (Kollektiv) besitzen.[138]

3. Anspruchsgrundlage: Besiedlung von alters her (traditional occupancy)

a) Rechtsentstehungsgrund

Von besonderer Bedeutung im System der Konv 169 ist die ausdrückliche Anerkennung des tatsächlichen Besitzes indigener Völker an ihren historischen Siedlungsgebieten als Rechtsentstehungsgrund. Das Faktum der traditionellen Besiedlung *per se* begründet infolgedessen schon den Rechtsanspruch, was auch ausdrücklich in *Art 14* Konv 169 hervorgehoben wird.[139] Im Schutzsystem der Konv 169 sind also weder eine formale Anerkennung durch den Staat noch irgendein sonstiger (*offizieller*) Rechtstitel notwendig, um den indigenen Anspruch – der, wie oben erwähnt, ein volles Eigentumsrecht darstellt – entstehen zu lassen.

Staaten haben nach der Konv 169 und in Übereinstimmung mit den oben erarbeiteten Merkmalen eines kulturell adäquaten Schutzes, dementsprechend einzig indigene Siedlungsgebiete zu *identifizieren* [vgl Art 14(2) Konv 169[140]] und die schon existierenden Rechte offiziell zu zertifizieren. (Auch der Begriff der „Anerkennung” in Art 14(1) Konv 169 verweist auf die schon *vor* der staatlichen Titulierung bestehenden indigenen Eigentumsrechte; die staatliche Anerkennung ist eindeutig rechtsbekundend, also nicht konstitutiv, für das Ent- bzw Bestehen des jeweiligen Rechts.) Hiedurch ist im System der Konv 169 indigenes Gewohnheitsrecht, nach welchem ja die Siedlungsgebiete indigener Völker notwendiger-

[138] Die Bedeutung des kollektivrechtlichen Aspekts zur Stärkung der gruppenrechtlichen Verbürgungen wird insbes von *Hilpold*, Modernes Minderheitenrecht 24ff, betont.

[139] Art 14 Konv 169: „1. Die Eigentums- und Besitzrechte der betreffenden Völker an dem von ihnen von alters her besiedelten Land sind anzuerkennen [...].“

[140] Art 14 Konv 169: „2. Die Regierungen haben, soweit notwendig, Maßnahmen zu ergreifen, um das von den betreffenden Völkern von alters her besiedelte Land zu bestimmen und um den wirksamen Schutz ihrer Eigentums- und Besitzrechte zu gewährleisten.“

weise zu bemessen sind, zum einen implizit und zudem in Art 8 Konv 169 auch explizit anerkannt.[141]

b) Partielle Eigentumsrechte

Feinheiten des ILO Schutzsystems sind die Anerkennung von sowohl **partiellen** wie auch **vollen Eigentumsrechten**, die sich aus der Verwendung der Mehrzahl in Art 14 Konv 169 ergibt (Art 14 spricht von „Eigentums- und Besitzrecht*en*"). Diese teilweisen Eigentumsrechte sind insofern von Bedeutung, als sie etwa die Möglichkeit eröffnen, dass zwei Völker ein gleiches Stück Land gemeinsam nutzen, wenn dies traditionell so üblich war.

Ein weiterer wichtiger Aspekt ist die Dimension der „**Nutzung**" (use) der Länder und Territorien, welche als *zusätzliches* Recht anerkannt wird,[142] jedoch keineswegs als Alternative zum jeweiligen Eigentumsrecht (vgl die Formulierung des Art 14 „außerdem") gesehen werden darf. Dieses Recht der Nutzung kann insofern von Bedeutung sein, als viele indigene Völker von alters her Zugang zu Territorien haben (etwa ein Jagdrecht), die offiziell im Eigentum anderer Personen stehen.[143]

c) Umfang des Anspruchs: occupied versus lost territories

Wie in Art 14 Konv 169 deutlich gemacht, entsteht der mögliche Rechtsanspruch auf einen legitimen Eigentums- bzw Besitztitel mit der *Besiedelung* eines Gebietes durch ein Volk, in Verbindung mit einem noch andauernden Landbesitz.[144] Eine Verpflichtung zur Restituierung von Territorien, aus denen indige-

---

[141] Tatsächlich verankert Art 8 ILO Konv 169 ausdrücklich die Anerkennung indigenen Gewohnheitsrechts. (Art 8 Konv 169: „1. Bei der Anwendung der innerstaatlichen Gesetzgebung auf die betreffenden Völker sind deren Bräuche oder deren Gewohnheitsrecht gebührend zu berücksichtigen [...]".)

[142] Art 14 Konv 169: „1. [...] Außerdem sind in geeigneten Fällen Maßnahmen zu ergreifen, um das Recht der betreffenden Völker zur Nutzung von Land zu schützen, das nicht ausschließlich von ihnen besiedelt ist, zu dem sie aber im Hinblick auf ihre der Eigenversorgung dienenden und ihre traditionellen Tätigkeiten von alters her Zugang haben."

[143] Die Dimension der *indigenen Nutzungsrechte* wird von *Tomei, Swepston* folgendermaßen ausgelegt: "It is meant to safeguard existing hunting and gathering rights." (Vgl *Tomei, Swepston*, Indigenous and Tribal Peoples: A Guide to ILO Convention No. 169, 1996, 19.) Die als potentielle Beschränkung zu lesende Formulierung „in geeigneten Fällen" (Art 14 Konv 169) wird tatsächlich auf Grund Gesamtinterpretation der Konvention in Verbindung mit Art 23 Konv 169 auszulegen sein, der für die Anerkennung traditioneller Aktivitäten wie Jagen, Fischen, Fallenstellen und Sammeln wirbt. Der staatliche Ermessensspielraum wird hiedurch begrenzt und ein Maximalschutz erreicht.

[144] So setzt die Gegenwartsform des Verbes („occupy"), in Art 14(1) Konv 169, eine noch bestehende Verbindung, einen noch andauernden Landbesitz indigener Völker voraus, damit ein Rechtsanspruch besteht. Vgl diesbezüglich *Anaya*, der betont: „Use of the words „traditionally occupy" in article 14 (1) as opposed to use of the past tense of the verb, suggests that the occu-

ne Völker unrechtmäßig vertrieben wurden, sieht die Konv 169 *nicht* vor. Anders als die Draft UN-Decl, die die Eigentumsrechte indigener Völker auch an Gebieten anerkennt, die sie unrechtmäßig verloren haben,[145] knüpft die Konv 169 also den Eigentumsanspruch an die momentane Besiedlung und setzt einen noch andauernden Landbesitz für die Rechtsentstehung voraus.[146] Beachte in diesem Zusammenhang jedoch, dass der Begriff der „noch andauernden Beziehung" *unterschiedlich weit ausgelegt* werden kann. So geht *J. Anaya* im Lichte des Art 13 davon aus, dass auch Landrechte und Besitzrechte von indigenen Gruppen anzuerkennen sind, die noch eine aufrechte spirituelle, kulturelle Verbindung zu ihrem Land haben, insbes dann, wenn sie erst vor kurzem enteignet worden sind. „(A) sufficient present connection with lost lands may be established by a continuing cultural attachment to them, particularly if dispossession occurred recently."[147]

Kurz, die Landrechte indigener Völker an ihren historischen Siedlungsgebieten sind – wenn sie noch darauf siedeln – jedenfalls von der Konv 169 geschützt, ein weiterreichender Anspruch ist strittig. Die Draft UN-Decl anerkennt in Art 26 und 27 jedenfalls auch ein Recht indigener Völker auf Restitution, wenn die Enteignung ihrer Gebiete unrechtmäßig geschah.

---

pancy must be connected with the present in order for it to give rise to possessory rights." (*Anaya*, Indigenous Peoples in International Law, 106.)

[145] Vgl Art 26 Draft UN-Decl: „Indigenous peoples have the right to own, […] lands and territories [...] they have traditionally owned or otherwise occupied or used. [...]" Die Vergangenheitsform der Verben „own", „occupy" und „use" bezieht sich auf die Notwendigkeit, dass die besagten Länder im Besitz oder Eigentum der besagten Völker gewesen sind, als Grundlage für die Entstehung des Eigentumsrechts, woraus dann eine entsprechende *Restitutionspflicht* resultiert. Diese wird auch in Art 27 Draft UN-Decl ausdrücklich festgehalten: „Indigenous peoples have the right to the restitution of the lands territories and resources which they have traditionally owned or otherwise occupied or used, and which have been confiscated, occupied, used or damaged without their free and informed consent." (Hervorhebung durch die Autorin.)

[146] Allerdings normiert Art 14(3) ILO Konv 169, wenn auch keine substantiell anspruchsbegründende, so doch eine verfahrensrechtliche Verpflichtung von Staaten, indem festgelegt wird, dass die Landforderungen indigener Völker über angemessene Verfahren zu regeln seien. Historische Ansprüche müssten gemäß der Bestimmungen der Konv 169 also zumindest verfahrensmäßig angemessen behandelt werden.

[147] *Anaya*, Indigenous Peoples in International Law, 106.

d) Begleitende/flankierende Rechte

aa) Schutz vor Enteignung (Zwangsumsiedlung)

Einen gleichermaßen noch detaillierteren Schutz und somit eine „Verstärkung" der Eigentumsrechte bringt Art 16 Konv 169, der einen verfahrensmäßigen Schutz indigener Völker vor *Zwangsumsiedlungen* etabliert. Der Artikel ist insofern von relativ großer Relevanz, als er indigenen Völkern eine gewisse Sicherheit im Falle von Enteignungen bietet, die im Rahmen von Großprojekten auf indigenen Gebieten (etwa bei Dammbau, Wasserkraftwerken, Straßenbau etc) leider relativ häufig vorkommen.

Art 16 Konv 169: „Vorbehaltlich der nachstehenden Absätze dieses Artikels dürfen die betreffenden Völker aus dem von ihnen besiedelten Gebiet nicht ausgesiedelt werden. 2. Falls die Umsiedlung dieser Völker ausnahmsweise als notwendig angesehen wird, darf sie nur mit deren freiwilliger und in voller Kenntnis der Sachlage erteilter Zustimmung stattfinden. Falls ihre Zustimmung nicht erlangt werden kann, darf eine solche Umsiedlung nur nach Anwendung geeigneter, durch die innerstaatliche Gesetzgebung festgelegter Verfahren, gegebenenfalls einschließlich öffentlicher Untersuchungen, stattfinden, die den betreffenden Völkern Gelegenheit für eine wirksame Vertretung bieten. 3. Wann immer möglich, müssen diese Völker das Recht haben, in ihr angestammtes Land zurückzukehren, sobald die Umsiedlungsgründe nicht mehr bestehen. 4. Ist eine solche Rückkehr nicht möglich, wie einvernehmlich oder mangels Einvernehmens durch geeignete Verfahren festgestellt, ist diesen Völkern in allen in Frage kommenden Fällen als Ersatz für ihren früheren Landbesitz Grund und Boden von mindestens gleich guter Beschaffenheit und mit mindestens gleich gutem Rechtsstatus zuzuweisen, dessen Ertrag ihre gegenwärtigen Bedürfnisse deckt und ihre künftige Entwicklung sicherstellt. Ziehen die betreffenden Völker eine Entschädigung in Form von Geld- oder Sachleistungen vor, so ist ihnen eine solche Entschädigung unter Gewährung angemessener Garantien zuzusprechen. 5. Den auf diese Weise umgesiedelten Personen ist für jeden durch die Umsiedlung entstandenen Verlust oder Schaden voller Ersatz zu leisten." (Hervorhebungen durch die Autorin.)

Anders als Art 10 Draft UN-Decl, der jede Umsiedlung indigener Völker an ihre prinzipielle Zustimmung knüpft, was faktisch einem Vetorecht gleichkommt, normiert Art 16 Konv 169 dementsprechend *Verfahrensgarantien* zur bestmöglichen Wahrung indigener Interessen. Das ILO Schutzsystem eröffnet letztlich *keine* Möglichkeit für indigene Völker, sich einer Zwangsumsiedlung zu widersetzen; es ist der Staat, der – unter weitestgehender Einbeziehung indigener Interessen – doch über eine Umsiedlung entscheiden kann.[148]

---

[148] Art 16 Konv 169 erscheint insofern *realistisch*, als Staaten ein absolutes Veto indigener Völker wohl nicht akzeptiert hätten: käme es doch einer Verhinderungsmöglichkeit von öffentlichen Projekten auf ihren Territorien gleich und wäre damit ein Eingriff in staatliche Agenden, der mit der Idee der Staatssouveränität im Widerspruch steht.

bb) Recht auf Nutzung der natürlichen Ressourcen

Zusätzlich zu den allgemeinen Eigentumsrechten indigener Völker etabliert die Konv 169 Rechte auf *Nutzung der natürlichen Ressourcen.* Dies ist insofern wichtig, als ja indigene Gebiete oft sehr rohstoffreich sind und insofern eine Störung der indigenen Eigentumsrechte durch Ressourcenabbau – wie schon einleitend ausgeführt – ein Bedrohungspotential darstellt.

Neben den Ressourcennutzungsrechten, die schon im Rahmen der indigenen Eigentums- und Besitzrechte in den nationalen Rechtsordnungen entstehen,[149] wird so in einem eigenen Art 15 Konv 169 noch einmal ausdrücklich auf die Rechte indigener Völker an ihren natürlichen Ressourcen eingegangen. *Art 15 (1)* normiert zunächst ein *generelles Recht* indigener Völker auf Ressourcennutzung: „Die Rechte der betreffenden Völker an den natürlichen Ressourcen ihres Landes sind besonders zu schützen. Diese Rechte schließen das Recht dieser Völker ein, sich an der Nutzung, Bewirtschaftung und Erhaltung dieser Ressourcen zu beteiligen."

In *Art 15 (2)* wird dann ein besonderes Regime für *mineralische und unterirdische Ressourcen* gleichsam als Minimalschutz für den Fall etabliert, dass sich der Staat die Nutzung an unterirdischen Ressourcen vorbehält; wobei diese eigentlich als Ausnahme normierte Situation (Argument: „in Fällen") *de facto* die Regel darstellt.

Art 15(2) ILO Konv: „In Fällen, in denen der Staat das Eigentum an den mineralischen oder unterirdischen Ressourcen oder Rechte an anderen Ressourcen des Landes behält, haben die Regierungen Verfahren festzulegen oder aufrechtzuerhalten, mit deren Hilfe sie die betreffenden Völker zu konsultieren haben, um festzustellen, ob und in welchem Ausmaß ihre Interessen beeinträchtigt werden würden, bevor sie Programme zur Erkundung oder Ausbeutung solcher Ressourcen ihres Landes durchführen oder genehmigen. Die betreffenden Völker müssen wo immer möglich an dem Nutzen aus solchen Tätigkeiten teilhaben und müssen einen angemessenen Ersatz für alle Schäden erhalten, die sie infolge solcher Tätigkeiten erleiden."

---

[149] So ist in den meisten nationalen Rechtsordnungen der Eigentümer zur Nutzung der Oberflächenressourcen (Holzabbau, Jagdrecht, Fischfang etc.) berechtigt (zB Mexiko), wenn ihm nicht überhaupt das volle Eigentum an besagten Ressourcen zukommt (zB Nicaragua). Die Ressourcennutzungsrechte indigener Völker dürfen also schon aufgrund des Diskriminierungsverbots nicht hinter jenen von „normalen" Eigentümern zurückstehen und sind dementsprechend gleichberechtigt anzuerkennen. Sind indigene Völker nun Eigentümer oder Nutzungsberechtigte des von ihnen besiedelten Landes, so kommt ihnen schon aufgrund des Antidiskriminierungsgrundsatzes des Art 3(1) Konv 169 („Die eingeborenen und in Stämmen lebenden Völker müssen in den vollen Genuss der Menschenrechte und Grundfreiheiten ohne Behinderung oder Diskriminierung kommen[...]") eine Nutzungsberechtigung an diesen zu, die nicht geringer als jene anderer Eigentümer im jeweiligen Staat an ihrem Grund und Boden sein darf.

Muten die Bestimmungen der Konv 169 zur Ressourcenausbeutung etwas vage an,[150] so normiert die *Draft UN-Decl* in *Art 26* demgegenüber ein Eigentumsrecht indigener Völker an den Ressourcen, über die sie *traditionell verfügt* haben.

Art 26 Draft UN-Decl: „Indigenous peoples have the right to own, develop, control and use the lands and territories, including the total environment of the lands, air, waters, coastal seas, sea ice, flora and fauna and other resources which they have traditionally owned or otherwise occupied or used."

Das Schutzregime der Draft UN-Decl stellt insofern auf die gewohnheitsmäßige Nutzung indigener Völker an Ressourcen ab: An diesen kommt ihnen weiterhin das ausschließliche Eigentums- und Nutzungsrecht zu. (Die Ausrichtung der Draft UN-Decl auf die Perspektive der indigenen Völker selbst, bewahrheitet sich also auch hier). Bei Ressourcen, die *nicht* von indigenen Völkern verwendet wurden (etwa Erdöl) ist *kein* Eigentumsrecht vorgesehen.

Art 30 Draft UN-Decl,[151] der eine Zustimmung („free and informed consent") indigener Völker für Entwicklungsprojekte auf ihrem Land und Territorium *allgemein* für notwendig erklärt, gilt jedoch ausdrücklich für alle Ressourcen. Dies kommt einem Vetorecht indigener Völker gleich: Die Draft UN-Decl legt somit die Entscheidungen über Art und Umfang der Nutzung ALLER Ressourcen auf ihrem Siedlungsgebiet in indigene Hände. Der Staat hat demgemäß *keinesfalls* die Möglichkeit, ohne Zustimmung der indigenen Völker Ressourcenabbau vorzunehmen.

cc) Resümee

Die oben normierten Bestimmungen über Schutz vor Enteignung und bei Ressourcennutzung stärken insofern die Eigentumsrechte indigener Völker an von ihnen traditionell besiedeltem Land. Art 15 und 16 der Konv 169 nehmen ja ausdrücklich auf „Spezialfälle" der modernen Zeit Bezug, wenn „competing modern uses" indigenen Völkern ihre Territorien streitig machen, und versuchen so, auch diese Bedrohungspotentiale in den Schutzradius der Konv 169 mit einzubeziehen.

---

[150] Diese Unbestimmtheit bedeutet jedoch *keine Verminderung des Schutzes* [vgl die Formulierung des Art 15 (1) Konv 169, dass die Rechte indigener Völker an ihren Ressourcen *besonders* zu schützen seien, was einen größtmöglichen Schutzumfang indiziert], sondern ist mit der weltweiten Vielzahl der unterschiedlichen nationalen Regime zur Ressourcenausbeutung zu erklären, denen die Konv 169 gerecht werden muss.

[151] Art 30 Draft UN-Decl: „Indigenous peoples have the right to determine and develop priorities and strategies for the development or use of their lands, territories and other resources, including the right to require that States obtain their free and informed consent prior to the approval of any project affecting their lands, territories and other resources, particularly in connection with the development, utilization or exploitation of mineral, water or other resources." (Hervorhebung durch die Autorin.)

4. Veräußerungs- und Verfügungsbeschränkungen

Eine weitere flankierende Maßnahme und – wie oben erarbeitet – ein weiteres notwendiges Gesetzesmerkmal zur adäquaten Wahrung indigener Eigentumsrechte, ist der Schutz indigener Völker vor leichtfertiger Veräußerung ihres Grund und Bodens an Drittpersonen. Art 17 Konv 169 normiert hier keinen absoluten Verfügungsschutz, sondern etabliert ein System der Konsultation und Partizipation der gesamten Gemeinde, ebenso wie eine staatliche Schutzpflicht, um indigene Völker vor Übervorteilung durch Drittpersonen zu schützen.

Vgl Art 17 Konv 169: „2. Die betreffenden Völker sind zu konsultieren, wenn ihre Befugnis geprüft wird, ihr Land zu veräußern oder auf andere Weise ihre Rechte daran an Personen außerhalb ihrer eigenen Gemeinschaft zu übertragen. 3. Personen, die diesen Völkern nicht angehören, sind daran zu hindern, deren Bräuche oder deren Gesetzesunkenntnis auszunützen, um Eigentums-, Besitz- oder Nutzungsrechte an deren Grund und Boden zu erwerben."

ME ist die Bestimmung des Art 17 Konv 169 etwas problematisch, da sie staatlichen Organen einen Ermessensspielraum einräumt, *wann* Drittpersonen die Unkenntnis indigener Völker „ausnützen" und zu Lasten der Völker Eigentums- und Nutzungsrechte erwerben. So kann Art 17(3) Konv 169 – insbes wenn staatliche Behörden an einer Veräußerung interessiert sind[152] – zu Lasten indigener Völker interpretiert und auf die staatliche Schutzpflicht quasi „verzichtet" werden. Es besteht demzufolge die Gefahr, dass es von staatlicher Seite im Eigeninteresse unterlassen wird, Drittpersonen daran zu hindern, Eigentumsrechte an indigenem Grund und Boden zu erwerben.

Die Draft UN-Decl enthält *keine* ausdrücklichen Verfügungsverbote oder Verfügungsbeschränkungen zum Schutz der Territorien indigener Völker. Dies ist insofern erklärlich, als die Erklärung indigenen Völkern ohnehin die absolute und unbeschränkte Entscheidungsfreiheit über ihre Länder und Territorien einräumt. Eine Einschränkung dieser Freiheit etwa über Verfügungsbeschränkungen, die durch andere (staatliche) Instanzen kontrolliert würden, widerspräche der Philosophie der Draft UN-Decl.

Die oben besprochenen gesetzlichen Merkmale werden im System der Konv 169 durch ausdrücklich normierte staatliche Verpflichtungen verstärkt, die in der Folge erläutert werden.

---

[152] Dieses staatliche Interesse auf Veräußerung und Verpachtung an Drittpersonen liegt etwa in Mexiko beim PPP vor; ebenso in Nicaragua im Fall des *Canal Seco* (siehe unten, Länderkapitel).

III. Positive Handlungspflichten des Staates: Pflicht zur Umsetzung

1. Allgemeine Pflicht

Die Pflicht von Staaten, die obgenannten Bestimmungen umzusetzen, ist *a priori* schon in jedem Gesetz inkludiert.[153] Zudem normiert Art 14(2) Konv 169 jedoch noch ausdrücklich eine Pflicht der Staaten, den „*wirksamen* Schutz" des Grund und Bodens indigener Völker „zu gewährleisten". Eine staatliche Verpflichtung etwa, indigene Gebiete zu identifizieren, zu demarkieren und zu titulieren, ist notwendigerweise impliziert, als *conditio sine qua non* jedes adäquaten und effektiven Schutzes. *Tomei* und *Swepston* halten in diesem Zusammenhang ausdrücklich fest, „there has to be real and practical protection and not just protection in law."[154]

Das Kriterium der Wirksamkeit, normiert in Art 14(2) Konv 169, etabliert somit einen möglichen Bewertungsmaßstab, an dem alle staatlichen Handlungen zu messen sind. Es wird nicht nur eine Pflicht zu handeln, sondern zudem eine Notwendigkeit, ein gewisses Resultat zu erreichen, festgeschrieben und es ist die Obliegenheit des Staates, alle Mittel, die zur Ergebniserreichung des Schutzes indigenen Grund und Bodens notwendig sind, zu ergreifen.

2. Pflicht zur Demarkierung und Identifizierung

Einige Maßnahmen, die von staatlicher Seite durchzuführen sind, um indigene Länder adäquat zu schützen, werden *zusätzlich* zur generellen Normierung eines „wirksamen Schutzes" etabliert. Eine dieser „speziellen Obliegenheiten" wäre etwa die Pflicht zur **Identifikation** indigenen Grund und Bodens [Art 14(2) Konv 169]; Verfahren zur Vermessung und Demarkierung indigener Siedlungsgebiete müssen dementsprechend etabliert werden. Diese Pflicht, adäquate Demarkierungsverfahren vorzusehen, wird nochmals in **Art 14(3)** Konv 169 ausdrücklich und explizit fixiert: „Im Rahmen der innerstaatlichen Rechtsordnung sind **angemessene Verfahren** festzulegen, um Landforderungen der betreffenden Völker zu regeln." [Art 14(3) Konv 169]. Das Kriterium der „Angemessenheit" gibt wiederum ein qualitatives Kriterium zur Beurteilung, ob ein Verfahren von einem bestimmten Staat in Übereinstimmung mit der Konv 169 gestaltet ist. Die Grundsätze eines fairen Verfahrens („fair process criteria"; zB indigene Völker müssen gehört werden), werden jedenfalls zu berücksichtigen sein.

In der **Draft UN-Decl** ist in *Art 14 (2)* eine umfassende Pflicht von Staaten vorgesehen, *wirksame Maßnahmen* zu ergreifen, wann immer ein Recht indigener

---

[153] Vgl in diesem Zusammenhang auch Art 2 PBPR und Art 1(1), 2 ACHR, die eine Pflicht zur Umsetzung der zuerkannten Rechte enthalten, ebenso wie die Feststellungen der Interamerikan. Menschenrechtskommission im Ecuador-Bericht, die bemerkt, dass Gesetze auch realisiert werden müssen (mehr dazu später).

[154] *Tomei, Swepston*, ILO Guide, 19.

Völker bedroht ist. Des Weiteren ist in *Art 37* Draft UN-Decl normiert, dass Staaten alle notwendigen Maßnahmen (Verabschiedung nationaler Gesetzgebung etc.) zu ergreifen hätten, um den Bestimmungen der Draft UN-Decl volle Wirksamkeit („full effect") zu geben. Ein *spezielleres Recht* auf *positive Maßnahmen* durch Staaten ist in *Art 13(2)* Draft UN-Decl etabliert, wenn die Pflicht von Staaten normiert ist, effektive Maßnahmen zu ergreifen, um heilige Plätze, ebenso wie die Begräbnisstätten indigener Völker zu wahren („preserve, respect and protect"). Zudem ist auf die operationelle Seite der Implementierung in *Art 38* Draft UN-Decl Rücksicht genommen: Dieser gibt indigenen Völker das Recht auf *finanzielle und technische Unterstützung* durch Staaten oder mittels internationaler Zusammenarbeit,[155] um frei die in der Erklärung garantierten Rechte genießen zu können.

3. Materielle/ Finanzielle Pflichten

Konkretisiert werden die soeben erläuterten Pflichten der Staaten auf effektiven Schutz indigener Territorialrechte in der **Konv 169** durch eine staatliche Pflicht zur *Kompensation bei auftretenden Schäden*. Es ist also Ersatz zu leisten, wann immer indigene Völker durch Eingriffe in ihre Territorien Nachteile erleiden. Für Schäden, die durch den Abbau von unterirdischen Ressourcen entstehen, ist dies in Art 15(2) Konv 169 vorgesehen, für Nachteile durch Umsiedlungen normiert Art 16(4) Konv 169 die entsprechende Entschädigungspflicht. Zudem ist in Art 15 (1, 2) Konv 169 auch ein Recht indigener Völker normiert, demgemäß sie im Falle einer *Nutzung* und Bewirtschaftung der natürlichen *Ressourcen* ihrer Territorien zu *beteiligen* sind; was bedeutet, dass indigene Völker an den Gewinnen, die im Falle einer Ressourcenförderung entstehen, teilhaben können müssen.

Die **Draft UN-Decl** geht in Art 30 *noch mehr ins Detail*, wenn sie normiert, dass die verpflichtende Entschädigung für indigene Völker im Falle eines Ressourcenabbaus auf ihren Territorien, „just and fair" sein muss. Art 27 Draft UN-Decl sieht eine umfassende Entschädigungspflicht bei Umsiedlungen vor, Art 28 Draft UN-Decl normiert zudem ein Recht indigener Völker, auf staatliche und internationale Unterstützung zur Wahrung oder Wiederherstellung ihres Landes, ihrer Territorien und Ressourcen.

4. Horizontaler Schutz gegen das Eindringen von Drittpersonen

Zu guter Letzt ergänzt die staatliche Verpflichtung, einen effektiven Schutz auf *horizontaler Ebene* gegen das *Eindringen von Drittpersonen* zu gewähren, das umfassende Schutzsystem der Konv 169. Ist nun zwar ein horizonta-

[155] Art 40 Draft UN-Decl weitet das Recht auf technische Unterstützung und finanzielle Kooperation auf UN-Spezialorganisationen und zwischenstaatliche Organisationen aus.

ler Schutz gegenüber Drittpersonen ebenfalls schon im Begriff der „Wirksamkeit des Schutzes“ des Art 14(2) Konv 169 enthalten, so normiert Art 18 Konv 169 nochmals *ausdrücklich* einen notwendige Abwehr unbefugten Eindringens und verbietet somit die unerlaubte Nutzung indigenen Landes.

Art 18 Konv 169: „Durch Gesetz sind angemessene Strafen für das unbefugte Eindringen in das Land der betreffenden Völker oder seine unbefugte Nutzung festzulegen, und die Regierungen haben Maßnahmen zu ergreifen, um solche strafbaren Handlungen zu verhindern.“

Die **Draft UN-Decl** enthält ein generelles Recht indigener Völker auf „effective measures by States to prevent any interference with, alienation of or encroachment upon these rights [land and resource rights].” (Art 26 Draft UN-Decl). Ohne nähere Spezifizierung (das Recht gilt gegenüber Drittparteien wie gegenüber dem Staat selber) normiert die Erklärung eine absolute staatliche Verpflichtung, die Störung indigener Territorien zu unterbinden und die friedvolle Ausübung der Landrechte indigener Völker zu ermöglichen.

5. Bewertung

Sowohl die Konv 169 als auch die Draft UN-Decl sehen ein umfassendes Recht auf Umsetzung der in ihnen garantierten Rechte vor, wobei die Draft UN-Decl insofern noch weiter geht, als sie auch die operativen Aspekte der Umsetzung (wie finanzielle Unterstützung und technische Kooperation) berücksichtigt und den Anspruch indigener Völker auf dieselben detaillierter verbrieft, als dies die Konv 169 tut.

IV. Positive staatliche Pflicht zur Rechtsdurchsetzung (enforcement)

Neben der staatlichen Pflicht zur Umsetzung der zuerkannten Rechte wird in der Konv 169 auch an eine notwendige und adäquate Rechtsdurchsetzungsmöglichkeit für indigene Völker gedacht. So etabliert *Art 12* Konv 169 ein allgemeines (nicht landrechtsspezifisches) Recht indigener Völker auf *wirksame Verfahren.*

Art 12 Konv 169: „Die betreffenden Völker sind gegen den Missbrauch ihrer Rechte zu schützen und müssen die Möglichkeit haben, entweder individuell oder durch ihre Vertretungsorgane ein Gerichtsverfahren einzuleiten, um den wirksamen Schutz dieser Rechte sicherzustellen. Es sind Maßnahmen zu treffen, um dafür zu sorgen, dass Angehörige dieser Völker in einem Gerichtsverfahren verstehen und verstanden werden können, nötigenfalls mit Hilfe eines Dolmetschers oder durch andere wirksame Mittel.“

Zusätzlich zur generell normierten Pflicht, dass Gerichtsverfahren effektiv sein müssen, werden in Art 12 Konv 169 noch ausdrücklich potentielle sprachliche Verständigungsschwierigkeiten mitbedacht und es wird normiert, dass Staaten einen Dolmetscher bereitzustellen oder „andere wirksame Mittel" zu ergreifen hätten, um dafür zu sorgen, dass die indigenen Völker verstanden würden. Mit anderen Worten, um mit den Maßstäben des Art 12 Konv 169 konform zu sein, ist den indigenen Völkern ein umfassender Gerichtszugang zu gewähren, der den wirksamen Schutz ihrer Rechte sicherzustellen hat.

Art 39 Draft UN-Decl wiederum normiert einerseits das Recht indigener Völker auf „effective remedies", er etabliert aber gleichzeitig auch ihr Recht auf *Konfliktresolutionsmechanismen*, die beidseitig (von Staaten und indigenen Völkern) akzeptierbar sein müssen. Diese „mutually acceptable and fair procedures for the resolution of conflicts and disputes with states" (Art 39 Konv 169) gehen wiederum von einer Idee der *Gleichstellung* indigener Völker mit Staaten aus, nicht nur von einer Unterordnung der Indigenen unter die staatliche Gerichtsbarkeit. Die Draft UN-Decl verwirklicht also auch bei der Rechtsdurchsetzung die Idee der Kooperation mit indigenen Völkern, ohne jedoch darüber auf das wichtige Recht eines möglichen Zugangs auch zur staatlichen Gerichtsbarkeit zu vergessen.

V. Indigene Konsultation, Partizipation und Selbstkontrolle

Zu guter Letzt ist – wie oben behandelt – die Mitbestimmung bzw die Eigenkontrolle indigener Völker über ihr Land und Territorium eine wichtige Ergänzung indigener Land- und Ressourcenrechte. Ausgehend von den möglichen Formen der Selbstkontrolle, Partizipation und Konsultation, legt die Konv 169 den Schwerpunkt auf Konsultation und Partizipation,[156] die Draft UN-Decl betont insbes die Selbstkontrolle indigener Völker.[157]

1. Konsultation

Art 6 (1) Konv 169 normiert *pauschal* eine *Konsultationspflicht* indigener Völker „wann immer gesetzgeberische oder administrative Maßnahmen, die sie

[156] Die hier maßgebenden Artikel sind Art 6 und 7 der Konv 169, die quasi das „Herzstück" der Mitbestimmungsregelungen darstellen, ebenso wie Art 15(1,2) und 16(1) der Konv 169, die die indigene Partizipation in den Spezialfällen der Ressourcennutzung und Zwangsumsiedlungen regeln. Art 33 Konv 169 normiert zudem die generelle staatliche Pflicht zur Einrichtung von Verwaltungsstellen, die in Zusammenarbeit mit den jeweiligen Völkern die zur Umsetzung der Konv 169 notwendigen Maßnahmen ausarbeiten sollen.

[157] Art 26 Draft UN-Decl, die diesbezüglich zentrale Bestimmung, legt ein umfassendes Recht auf Selbstkontrolle indigener Völker über ihre Territorien fest, das ganz im Licht des Rechts auf Selbstbestimmung des Art 3 Draft UN-Decl („Indigenous peoples have the right to self-determination. By virtue of that right they freely determine their political status and freely pursue their economic, social and cultural development.") zu sehen ist.

Zum „inneren" Selbstbestimmungsrecht von Volksgruppen im Übrigen *Pernthaler*, Allgemeine Staatslehre und Verfassungslehre[2] 56 f.

unmittelbar berühren können, erwogen werden".[158] *Art 6(2)* Konv 169 detailliert die *verfahrensmäßigen* Erfordernisse einer ordnungsgemäßen Konsultation:

> „Die in Anwendung dieses Übereinkommens vorgenommenen Konsultationen sind in gutem Glauben und in einer den Umständen entsprechenden Form mit dem Ziel durchzuführen, Einverständnis oder Zustimmung bezüglich der vorgeschlagenen Maßnahmen zu erreichen." (Hervorhebungen durch die Autorin.)

Demzufolge können alle staatlichen Handlungen an diesen, in Art 6(2) Konv 169 normierten, **qualitativen Kriterien** gemessen werden. Die oben erarbeiteten Merkmale eines kulturell adäquaten Schutzes sind berücksichtigt und inkludiert. So setzt ja eine Konsultation im „guten Glauben" die notwendige Offenlegung aller Information voraus und ermöglicht indigenen Völkern solcherart, die gesamte Situation angemessen beurteilen zu können.[159] Des Weiteren muss bei einer Konsultation, mit dem Ziel „Einverständnis oder Zustimmung" zu erreichen, eine akzeptable Lösung auch für indigene Völker möglich sein; ein gewisser Verhandlungsspielraum von Seiten des Staates (zB eine Zusage des völligen Ersatzes für erlittene Schäden etc.) ist insofern sicherlich notwendig, um eine Konformität mit der Konv 169 zu erreichen.[160]

2. Selbstkontrolle und Partizipation

Art 7(1) Konv 169 weitet dann die Garantien des Art 6 Konv 169 aus und etabliert ein weit reichendes Recht, welches *de facto* auf eine mögliche *Selbstkontrolle* indigener Völker in eigenen/ lokalen Angelegenheiten hinausläuft; ein Recht auf Selbstverwaltung bzw Autonomie wird anskizziert. Art 7 (1) Konv 169 legt insofern fest:

> Art 7(1) Konv 169 „Die betreffenden Völker müssen das Recht haben, ihre eigenen Prioritäten für den Entwicklungsprozess, soweit er sich auf ihr Leben, ihre Überzeugungen, ihre Einrichtungen und ihr geistiges Wohl und das von ihnen besiedelte und anderweitig genutzte Land auswirkt, festzulegen und soweit wie möglich Kontrolle über ihre wirtschaftliche, soziale und kulturelle Entwicklung auszuüben. [...]"

---

[158] Jeder Plan zur Ressourcennutzung oder zur Planung von Großprojekten auf indigenem Gebiet wird dementsprechend als klare Maßnahme, die im Sinne des Art 6(1) „direkt berührt", jedenfalls vorhergehende Konsultationen notwendig machen.

[159] Vgl *Tomei, Swepston* diesbezüglich, „[w]hen engaging in consultations with indigenous and tribal peoples, governments have to provide them with information which is relevant and complete and which can be fully understood by them." (*Tomei, Swepston*, ILO Guide, 9.)

[160] Beachte in diesem Zusammenhang auch die ausdrücklich normierte notwendige Konsultation indigener Völker bei Ausbeutung ihrer unterirdischen Ressourcen im Rahmen des Art 15(2) Konv 169.

Gleichzeitig etabliert Art 7(1) Konv 169 eine notwendige *Partizipation* indigener Völker in Angelegenheiten von nationaler (bzw regionaler) Reichweite, die sie betreffen: „ [...] Darüber hinaus haben sie an der Aufstellung, Durchführung, und Bewertung von Plänen und Programmen für die nationale und regionale Entwicklung mitzuwirken, die sie unmittelbar berühren können."

Die *Logik des Art 7(1)* Konv 169 wäre so letztlich als eine Ausformung des *Subsidiaritätsprinzips* erklärbar: Alle Funktionen haben so lokal wie möglich durchgeführt zu werden. Indigene Völker müssen die befugt sein, über ihre eigenen Angelegenheiten zu entscheiden, wo immer dies möglich erscheint. Bezüglich ihrer Länder haben sie dementsprechend, als „matters of local concern", eigene Entscheidungsmacht. Bei nationalen und regionalen Programmen jedoch, die indigene Interessen berühren, müssen indigene Völker zumindest das Recht haben, an Entscheidungen teilzunehmen, die sich auf sie auswirken. (Ihre Stimmen sind zu hören!) So betont *G. Alfredsson*, „[f]or land, education and other functions upon which the development of their cultural identity depends there has to be extensive self-control. For national and regional purposes and with regard to natural resources, there is to be meaningful participation and consultation."[161] Das Recht auf Konsultation wiederum, das in Art 6 Konv 169 normiert ist, sollte flankierend in allen jenen Fällen schlagend werden, in denen *konkrete* Maßnahmen geplant sind, die eine Gefahr darstellen, indigene Interessen zu beeinträchtigen.

Demzufolge müssen gemäß ILO Standards [Art 6, 7(1), 15 Konv 169] indigene Völker im Fall einer Rohstoffförderung auf indigenen Territorien *zumindest* angemessen konsultiert werden und die Möglichkeit haben, sich an der Ressourcennutzung (materiell) zu beteiligen.

Die **Draft UN-Decl** geht wiederum weiter als die Konv 169 und normiert eine notwendige *Selbstkontrolle* eigener Angelegenheiten in Art 30.[162] [Für Details bezüglich dieser *de facto* Vetomöglichkeit indigener Völker gegen alle Entwicklungsprojekte auf ihrem Gebiet (die an den „free and informed consent" des betroffenen Volkes geknüpft sind) wird auf das Kapitel der Ressourcenrechte verwiesen, wo besagter Artikel schon besprochen wurde.]

K. de Feyter unterstreicht die weitreichenden Rechte, die die Draft UN-Decl indigenen Völkern zugesteht:

---

[161] *Alfredsson,* Indigenous Peoples and Autonomy, in *M. Suksi* (Hrsg), Autonomy, Applications and Implications, 1998, 125ff (128).

[162] Art 30 Draft UN-Decl: „Indigenous peoples have the right to determine and develop priorities and strategies for the development or use of their lands, territories and other resources, including the right to require that States obtain their free and informed consent prior to the approval of any project affecting their lands, territories and other resources " (Hervorhebungen durch die Autorin)

„The draft presents an alternative world order that fully respects the existence of indigenous peoples. [...] According to the Draft Declaration, indigenous peoples [...] have the right to determine and develop priorities and strategies for exercising their right to development. This includes the right to own, develop, control and use the lands, which they have traditionally owned or used. Indigenous peoples have the right to require that States obtain their free and informed consent prior to the approval of any project affecting their lands, territories and other resources..."[163] (Hervorhebungen durch die Autorin.)

Die Draft UN-Decl geht letztlich so weit, in *Art 3* ein Recht indigener Völker auf *Selbstbestimmung*[164] zu fixieren und in *Art 31* einen politischen Status indigener Länder und Territorien zu etablieren, indem sie ein Recht auf *Autonomie* festlegt. Art 31 Draft UN-Decl hält dementsprechend fest: „Indigenous peoples, as a specific form of exercising their right to self-determination, have the right to autonomy or self-government in matters relating to their internal and local affairs, including [...] land and resources management."

R. Plant[165] fasst schließlich den Unterschied zwischen der Konv 169 und der Draft UN-Decl in folgende Worte: "While the ILO places emphasis on protection by the state, however, the UN tends to stress the linkage between land rights and political autonomy."

3. Indigene Institutionen

Sowohl von der Konv 169 als auch von der Draft UN-Decl wird insofern die Anerkennung und Akzeptanz indigener **Institutionen** und **Autoritäten** durch die jeweiligen Staaten vorausgesetzt; dh das Recht indigener Völker auf eigene Autoritäten ist in beiden Instrumenten enthalten. In der Konv 169 werden indigene Institutionen als notwendige Vorbedingung einer möglichen indigenen Teilnahme, Konsultation oder Selbstkontrolle in Art 7(1) Konv 169 quasi indirekt verlangt, in Art 6(1)(a) Konv 169 werden sie als „repräsentative Einrichtungen", die zu konsultieren sind, sogar ausdrücklich genannt.[166]

---

[163] *K. De Feyter*, World Development Law: Sharing Responsibility for Development, 2001, 158.

[164] Tatsächlich beruft sich die Draft UN-Decl auf das in Art 1(1) der Menschenrechtspakte verankerte Recht auf politische Selbstbestimmung. *M. Scheinin* kritisiert dies und findet, dass ein vermehrtes Augenmerk auf Art 1(2) der Menschenrechtspakte, auf das Recht auf Oberhoheit über die natürlichen Ressourcen und auf das Recht auf wirtschaftliche Selbstbestimmung hätte gelegt werden müssen. (*M. Scheinin*, Vorlesung gehalten auf dem Minority Rights Course am 29. November 2002 in Åbo.) Zur wirtschaftlichen Selbstbestimmung auch *Pernthaler*, Allgemeine Staatslehre und Verfassungslehre² 57 f.

[165] *Plant*, Land Rights and Minorities, 7.

[166] Vgl *Krause, Alfredsson*, Article 17, in *Alfredsson, Eide*, The Universal Declaration of Human Rights 374f.

Entsprechende indigene Institutionen sind also notwendigerweise von den jeweiligen Staaten anzuerkennen, um ILO Standards entsprechen zu können. *C. Krause* und *G. Alfredsson* halten fest: „Indigenous peoples must have institutions. There is to be extensive self-control of land issues, in line with the extensive land rights. With regard to natural resources, there is to be participation, consultation and sharing in the benefits."[167] Die beiden Autoren schlussfolgern dementsprechend: „In other words, the references quoted above strongly support the conclusion that ratifying States have an obligation to recognize the existence of indigenous institutions or to allow the creation of such institutions which, in a representative manner, can carry out the assigned functions."[168].

Die *Draft UN-Decl* wiederum setzt die Etablierung indigener Institutionen notwendigerweise schon mit der Normierung des Rechts auf Autonomie voraus: Für Selbstverwaltungstätigkeiten sind indigene Institutionen ja jedenfalls von Nöten.

4. Bewertung

Das *Schutzsystem der Landrechte*, welches durch die *Konv 169* etabliert wird, reicht sehr weit, da es alle notwendigen Merkmale (kollektives Eigentum, Anerkennung traditioneller Besiedlung, etc.) eines umfassenden gesetzlichen Schutzes aufweist.

Der Schwerpunkt wird bei der Konv 169 auf Schutz durch den Staat gelegt, während die Draft UN-Decl weitergeht und indigenen Völkern ein umfassendes Selbstkontrollrecht und Recht auf einen selbstbestimmten Entwicklungsprozess gewährt – im Allgemeinen, wie in Angelegenheiten betreffend Grund und Boden. Die *Konv 169* erscheint so die *„realistischere Variante"* eines indigenen Landrechtsschutzes im heutigen internationalen System, das staatenzentriert ist und in dem eben Staaten über die Entscheidung von Vertragsratifikationen (wie die Konv 169) bzw die Annahme von Deklarationen entscheiden. Die *Draft UN-Decl* wiederum repräsentiert das *Idealmodell* der „alternative world order", in der „law reflects justice", wird aber eben noch immer in der Arbeitsgruppe der UN-Menschenrechtskommission diskutiert. Beide Dokumente stellen unterschiedliche Zugangsweisen zum Schutz indigener Landrechte dar und sollten auch so verwendet werden: Die Konv 169, um den faktischen, konkreten Schutz zu erzielen, bei dem Staaten für Verletzungen indigener Rechte zur Rechenschaft gezogen werden. Die Draft UN-Decl hingegen als Modell und Richtlinie, Inspiration und Handlungsmaxime, nach der ein wirklich gerechter Schutz idealtypischer Weise abzulaufen habe.

---

[167] *Krause, Alfredsson*, ebda, 375.
[168] *Krause, Alfredsson*, ebda.

Wie ist nun die rechtliche Umsetzung der Konv 169 von Statten gegangen? Welche Bindungswirkung und Relevanz kommt ihr zu?

C. Rechtliche Verbindlichkeit der speziell auf indigene Völker bezogenen Normen: die ILO Konvention 169

Tatsächlich gilt die Konv 169 mittlerweile, da sie dank ihres moderat formulierten und doch umfassenden Schutzsystems sowohl für indigene Völker als auch für Staaten akzeptabel erscheint, zunehmend als *standardisiertes Mindestmaß und Maßstab* für den Schutz und die Rechte indigener Völker weltweit.[169] Die Konv 169 wurde so etwa als Grundlage für die Friedensverhandlungen in Guatemala[170] oder bei den *Acuerdos de San Andrés* in Mexiko verwendet. Trotz allem hat sie auch einige Schwächen, die im Folgenden diskutiert werden.

I. Mangelnde Rechtsverbindlichkeit der Konvention 169?

Das umfassende Schutzsystem der Konv 169 wird durch gewisse **weite Formulierungen** belastet. (Ein Beispiel hiefür ist etwa der Art 15 Konv 169, der normiert, dass die Ressourcenrechte indigener Völker „besonders zu schützen" seien.) Dies ist zwar erklärbar und hat stattgefunden, damit die Konv 169 auf die Situation aller indigener Völker weltweit angepasst werden kann und ein Maxi-

---

[169] Auch für die *Entwicklungspolitik* bietet die Konv 169 Richtlinie und Orientierungshilfe für Geberländer, wenn etwa über die finanzielle Unterstützung von Entwicklungsprojekten entschieden und diese von der Menschenrechtssituation in den jeweiligen Ländern abhängig gemacht wird. Vgl *Tomei, Swepston*: „The basic principles and provisions of the Convention have already been endorsed by a number of donor countries including the Netherlands and Denmark. Aside from humanitarian and solidarity reasons, development policies and bi-lateral aid for the indigenous and tribal peoples would-partisans of the ratification claim – gain equity and effectiveness." (*Tomei, Swepston*, ILO Guide, VIII.)

Ganz allgemein hat die *Corte de Justicia Centroamericana* (mit Sitz in Managua, Nicaragua), die Jurisdiktionsgewalt über den gesamten zentralamerikan. Raum mit Ausnahme von Panama genießt, erklärt, dass die Konv 169 eine Richtlinienfunktion auch für die zentralamerikan. Staaten hat, die sie nicht ratifiziert haben. [„ [...] que el Convenio 169 es el instrumento de referencia sobre derechos indígenas Para toda el área centroamericana" (vgl *Chambers*, El Convenio 169 de la OIT: avances y perspectivas. In *Gomez Rivera* (Hrsg), Derecho Indígena, 123ff (132).]

[170] So war die Konv 169 im März 1995 Orientierungsrichtlinie und Referenz („as part of the conceptual framework in order to arrive at a common ground") für den Dialog und das Friedensabkommen ("Agreement on the Identity and Rights of Indigenous Peoples") zwischen der Regierung von Guatemala und der Guatemalan National Revolutionary Union. (Vgl *Tomei, Swepston*, ILO Guide, VIII.)

mum aller Situationen erfasst.[171] Theoretisch wird das Schutzpotential der Konv 169 durch die weiter gefassten Formulierungen also in keiner Weise vermindert; es ist ja immer der maximal mögliche Schutz zu gewähren und die weiten Formulierungen haben pragmatische Gründe. In der praktischen Anwendung durch die Staaten jedoch eröffnen die weit gefassten Formulierungen einen Spielraum, der auch missbraucht werden kann.

So können zunächst die oft zu wenig dezidiert und klar festgeschriebenen staatlichen Verpflichtungen zu Problemen bei der Verwirklichung indigener Rechte führen. Den Staaten wird ein *Umsetzungs- und Interpretationsspielraum* gelassen, der *Umgehungsmöglichkeiten* eröffnet. Insbes *Art 34 Konv 169* normiert in diesem Zusammenhang „Art und Umfang der zur Durchführung dieses Übereinkommens zu treffenden Maßnahmen sind flexibel zu gestalten, wobei auf die besonderen Verhältnisse jedes Landes Rücksicht zu nehmen ist." Aber auch andere Bestimmungen der Konvention enthalten ähnliche „Umgehungsklauseln".[172]

Es wäre *auf internationaler Ebene* letztlich die Aufgabe der **ILO Kontrollorgane,** die entsprechenden Bestimmungen bei Rechtsvollzug dahingehend zu konkretisieren, dass einzelne Staaten genauere Vorgaben und Richtlinien auferlegt bekommen, was nach der Konv 169 erlaubt ist und was nicht. Vgl in diesem Zusammenhang *R. Barsh*, der die diesbezügliche Bedeutung der Tätigkeit der Interpretationsorgane unterstreicht:

> „ [...] the new convention is relatively imprecise. As a consequence, it can be defeated entirely by restrictive application in practice – or, alternatively, strengthened substantially if given a progressive interpretation. The practical meaning of the new convention must therefore be analyzed in the context of the ILO institutions and procedures for the application and interpretation of standards."[173]

In der Folge soll nun das Kontrollsystem der ILO und die Rsp ihrer Organe behandelt werden und überprüft werden, inwieweit eine entsprechende Konkretisierung stattgefunden hat, bzw inwieweit auf sonstige Art für die Wahrung der durch die Konv 169 etablierten Standards gesorgt wird.

---

[171] Vgl *Gómez*: „El convenio refleja en su contenido cierta flexibilidad necesaria, dada la amplitud de las diversas situaciones nacionales." *Gómez,* Lectura comentada del Convenio 169. In: *Gomez* (Hrsg), Derecho Indígena, 29.

[172] So ist in Art 7(1) Konv 169 nicht absolut, sondern flexibel festgelegt, dass indigene Völker „soweit wie möglich" Kontrolle über ihre Entwicklung ausüben sollen; bei den Nutzungsrechten indigener Völker in Art 14 Konv 169 wiederum hat der Staat nur „in geeigneten Fällen Maßnahmen zu ergreifen", was einen weiten Spielraum für Staaten belässt, zu entscheiden, wann ein Fall „geeignet" ist.

[173] *Barsh*, Guide to Convention, 211.

II. Rechtsschutzsystem der ILO[174]

Prinzipiell haben die ILO Kontrollorgane[175] verschiedene Möglichkeiten, die Einhaltung der Konv 169 zu überwachen und über die Umsetzung ihrer Bestimmungen zu wachen. Die **Kontrollmechanismen** der ILO umfassen nämlich zunächst eine periodische Berichtspflicht der Vertragsstaaten über die Implementierung der von ihnen ratifizierten Verträge (Art 22 ILO Vfg, Staatenberichte)[176] und eine Staatenbeschwerdemöglichkeit [Art 26(1) ILO Vfg], die allerdings faktisch bedeutungslos ist. Des Weiteren haben Arbeitnehmer- und Arbeitgeberorganisationen die Möglichkeit, Beschwerden („representations", „reclamaciones", Art 24 ILO Vfg) einzubringen und Delegierte der Konferenz können ebenso wie der Verwaltungsrat von Amts wegen mit Klagen („complaints", „quejas") gemäß Art 26 (4) ILO Vfg Verletzungen der ILO Konventionen geltend machen. Neben diesen gewissermaßen negativen Kontrollmechanismen, die staatliche Umsetzungsdefizite aufzeigen, stellt die ILO jedoch auch positive Programme bereit, die die Staaten bei der Erfüllung ihrer Verpflichtungen unterstützen. Programme der technischen Zusammenarbeit, die indigene Völker als Zielgruppe haben, wären beispielsweise das „Project to Promote ILO Policy on Indigenous and Tribal Peoples" und das „ILO-INDISCO Programme".[177]

Staatenberichte werden von einem vom Verwaltungsrat ***(Governing Body,*** *Consejo de Administración*) auf Vorschlag des Generaldirektors auf drei Jahre ernannten, aus 20 Personen bestehenden Committee of Experts on the Application of Conventions and Recommendations (Expertenausschuss, CEACR) untersucht, der über die Vertragserfüllung durch den jeweiligen Mitgliedstaat informiert. Die vom Expertenausschuss gezogenen Schlüsse, die in Form von Beobachtungen („individual observations") in jährlichen Berichten veröffentlicht werden, sind für

[174] Für Details zu nachfolgenden Ausführungen, siehe insbes *Olguín Martínez,* Mecanismos de Control de la OIT, 31ff. Das Rechtsschutzsystem der ILO ist dasselbe für alle ILO Konventionen. Einzig der Berichtszyklus der Staatenberichte variiert zwischen ein und fünf Jahren je nach Bedeutung der jeweiligen Konvention im Rahmen des ILO Systems.

[175] Die hauptsächlichen Organe der ILO sind die Allgemeine Konferenz der ILO (Zusammensetzung 2:1:1 – Regierungsvertreter: AG: AN; Art 3 ILO Vfg), der Verwaltungsrat, das Exekutivorgan der ILO (bestehend aus 28 Regierungsvertretern und je 14 AG- und AN-Vertretern, wobei die 10 industriell bedeutendsten Staaten permanent vertreten sind; Art 7 ILO Vfg), und das Internationale Arbeitsamt unter Leitung eines Generaldirektors, dem die Geschäftsführung obliegt. Wichtig für die Kontrollverfahren ist primär der Verwaltungsrat, der Spezialausschüsse mit der Prüfung der Beschwerdefälle und Ähnlichem beauftragt.

[176] Ein erster Bericht ist ein Jahr nach Ratifikation fällig, ein weiterer nach zwei weiteren Jahren. Danach haben Staaten unter der Konv 169 alle fünf Jahre zu berichten.

[177] *ILO*, Recent Developments Concerning Indigenous and Tribal Peoples, Genf, ILO, November 2002.

indigene Völker von einiger Relevanz. In ihnen weist der Expertenausschuss auf Schwierigkeiten hin, die einer Umsetzung der ILO Konventionen im Wege stehen.

Seitens der Staaten sind indigene Völker bei der Erstellung der Staatenberichte nicht zwingend mit einzubeziehen.[178] Ganz prinzipiell besteht jedoch die Möglichkeit (für indigene Vertreter oder NGOs) unabhängig zu berichten, da der die Berichte prüfende Expertenausschuss alle ihm zur Verfügung stehenden Dokumente auswerten kann und sich nicht auf den staatlichen Bericht und die in diesem enthaltene Information beschränken muss. Bei Gelegenheit kann der Expertenausschuss zudem (mit Zustimmung des betreffenden Staates) *on-site visits* durchführen, um *fact finding* zu erleichtern oder Empfehlungen abzugeben.[179]

Ein weiteres ILO Organ, das **„Conference Comittee on the Application of Standards"** (Applications Committee) wählt zudem auf Basis des vom Expertenausschuss erstellten Berichts einige Staaten zur vertiefenden Diskussion ihrer spezifischen Situation aus. Die Vertreter der jeweiligen Staaten werden eingeladen, vor dem Applications Comittee zu erscheinen.[180] Die Schlussfolgerungen auch des Applications Committee werden in einen Bericht verpackt, der vor seiner Annahme im Plenum der Allgemeinen Konferenz der ILO diskutiert wird.

Für indigene Völker liegt – wie noch zu zeigen sein wird – die **Bedeutung des Staatenberichtssystems** u. a. in der Tatsache, dass sie gewissermaßen ein „follow up" zu den Festellungen des tripartite Expertenkomitees im Beschwerdeverfahren darstellen können. Die vor das Applications Committee beorderten Staatenvertreter sind zudem gehörigem politischen Druck ausgesetzt, der zur Durchsetzung indigener Anliegen genützt werden kann.

Neben den Staatenberichten ist insbes die Möglichkeit von nationalen und internationalen Arbeitnehmer- und Arbeitgeberorganisationen, **Beschwerden** über die Nichteinhaltung eines Vertrages vor die ILO Organe zu bringen, für indigene Organisationen von Bedeutung.[181] Im Fall der formalen Zulassung der Beschwerde durch den Verwaltungsrat[182] ernennt dieser ein unabhängiges, aus drei Personen bestehendes (tripartite), Expertenkomitee zur vertraulichen Untersuchung der Beschwerde, wobei das Expertenkomitee jegliche Art von Zusatzinformationen von Seiten der Regierung und der beschwerdeführenden Personen einholen

---

[178] In Norwegen jedoch tut dies die Regierung: das Samiparlament liefert seinen eigenen Bericht ab!

[179] *Anaya*, Indigenous Peoples in International Law, 155.

[180] Zumeist sind es die Staaten mit den meisten Problemen, die eingeladen werden: So war die mexikan. Regierung während des indigenen Aufstandes in Chiapas im Juni 1995 vom Applications Committee befragt worden.

[181] *Olguín Martínez*, Mecanismos de Control de la OIT, 63.

[182] Zu den Voraussetzungen der Zulassung, vgl Art 2 der Standing Orders.

kann.[183] In einer weiteren Sitzung, die unter Ausschluss der Öffentlichkeit stattfindet und an der die betroffene Regierung teilnimmt, diskutiert der Verwaltungsrat den Bericht des Expertenkomitees. Er entscheidet in der Folge, ob der Bericht veröffentlicht wird, was meistens der Fall ist.

Wie ist nun die Jurisprudenz der ILO Kontrollorgane zu beurteilen?

III. Das ILO Schutzsystem gezeigt am „Huicholenfall"[184]

Im Folgenden soll anhand des Falles der Huicholengemeinde von Tateikietari von Jalisco (Mexiko) das ILO Schutzsystem und die Rsp der ILO Kontrollorgane in der Anwendung der Konv 169 erläutert werden.[185] Die Beschwerde war von der Gewerkschaft *National Trade Union of Education Workers* (SNTE), Radio Education, im Jänner 1997 nach Art 24 ILO Vfg vor die ILO Organe gebracht worden.[186] Es wurde eine Verletzung vor allem der Landrechte der Huicholengemeinden durch den mexikan. Staat geltend gemacht.[187]

1. Fakten[188]

Grund und Boden (22.000 ha)[189] der Huichol-Gemeinde San Andrés Cohamiata war in den 60iger Jahren mit **3 Mestizen-Dörfern fusioniert** worden. Die

---

[183] *Olguín Martínez,* Mecanismos de Control de la OIT, 65f.

[184] Report of the Committee set up to examine the representation alleging non-observance by México of the Indigenous and Tribal Peoples Convention, 1989 (No 169), made under article 24 of the ILO Constitution by the Trade Union Delegation, D-III-57, section XI of the National Trade Union of Education Workers (SNTE), Radio Education, 1998 (Doc: GB.272/7/2), ebenso abrufbar unter www.ilo.org auf ILOLEX (*National Trade Union of Education Workers against México*; Bericht des Expertenkomitees).

[185] Ein Problem der Umsetzung der ILO Konv 169 ist ihr (mangelnder) Sanktionsmechanismus, der bei Staatenberichten und Beschwerden nach Art 24 ILO Vfg insbes auf politischer Druckausübung beruht. Einzig bei einer Klage gem Art 26 ILO Vfg kann bei Nichtakzeptanz der Empfehlungen des prüfenden Untersuchungsausschusses bzw bei Nichterfüllung des Vertrags durch die jeweilige Regierung der Verwaltungsrat der Konferenz die Maßnahmen empfehlen, die ihm zur Sicherung der Ausführung dieser Empfehlungen zweckmäßig erscheinen (Art 33 ILO Vfg).

[186] Diese Konstruktion war nötig, da ja – wie oben ausgeführt – im ILO System nur Gewerkschaften und Arbeitnehmervertretungen das Recht haben, eine Rechtsverletzung formell geltend zu machen.

[187] Mexiko hat sowohl die Konv 107 (in Kraft seit 1. Juni 1960) als auch die Konv 169 ratifiziert, die am 5. September 1991 die Konv 107 ersetzte. Beide Konventionen sind gemäß Art 133 mex. Vfg geltendes mexikan. Recht (dazu genauer im Mexikokapitel).

[188] Die Fakten sind aus der Klagsschrift der Huicholen entnommen [Vgl *H. Bartolomei de la Cruz*, Reclamación (Beschwerde gemäß Art 24 ILO Vfg) de los Huicholes, 1993]; der Einfachheit halber wird größtenteils auf den Bericht des Expertenkomitees zurückgegriffen, in dem sie auch dargelegt sind.

[189] Bericht des Expertenkomitees, Para 12.

2.000 Huicholen, die durch diesen Akt von ihrer „Muttergemeinde“ San Andrés getrennt worden waren,[190] stellen nun eine Minderheit in den Mestizen-Dörfern dar. Da nach mexikan. Recht Land für eine Gemeinde in ihrer Gesamtheit tituliert wird,[191] führt dieser Minderheitenstatus der Huicholen dazu, dass ihre Länder niemals explizit als ihr Eigentum anerkannt und auch niemals als ihr (indigener) Grund und Boden tituliert wurden. Die 2.000 solcherart in die Mestizen-Dörfer integrierten Huicholen entbehren demzufolge jeglichen offiziellen Titels an ihrem Grund und Boden und sind in Angelegenheiten und Entscheidungen ihre Länder betreffend den Mehrheitsentscheidungen der mestizischen Dorfmehrheit unterworfen. Teilweise bedingt durch diese Gesamtsituation, ist die kulturelle Identität und Integrität der Huicholen stark in Mitleidenschaft gezogen und die 2.000 Huicholen leben in immer schlechter werdenden Verhältnissen – unter Verletzung individueller und kollektiver Rechte.

2. Interpretation durch das Tripartite Expertenkomitee[192]

Nach der Prüfung des Vorbringens der Huicholen ebenso wie der durch die mexikan. Regierung bereitgestellten Information findet das tripartite Expertenkomitee in seinen Schlussfolgerungen Art 13 und 14 der Konv 169 anwendbar.[193] U. a.[194] bezieht es sich auf den zweiten Satz des Art 14(1) Konv 169, der die Notwendigkeit staatlicher Maßnahmen zum Schutz der Nutzungsrechte indigener Völker an Grund und Boden normiert, der nicht ausschließlich von ihnen besiedelt ist, zu dem sie aber von alters her Zugang haben. Dies mit der Begründung, dass „the Huicholes have continued to share occupancy of the lands at issue in this representation“. Hiebei interpretiert das Expertenkomitee Art 14(1) im Lichte des Art 2(1) Konv 169,[195] der eine Pflicht zu generellen staatlichen

[190] San Andrés selbst hatte eine *un*komplette Titulierung und Anerkennung seines Grund und Bodens (75.000 ha) 1965 erfahren. (Para 14, ebda.)

[191] Mexikan. Gesetze erkennen nur bedingt indigene Rechte an Grund und Boden an. [Die Ausführungsgesetze zu Art 27VII mex. Vfg, der normiert, dass der Grund und Boden indigener Gruppen (sic!) durch Gesetze geschützt werden soll, sind nie erlassen worden.] Insofern ist der größte Schutz indigener Landrechte über Agrargesetze zu erzielen. (Genaueres zur mexikan. Gesetzgebung wird im Abschnitt über Mexiko gesagt werden.)

[192] Report of the Committee set up to examine the representation alleging non-observance by México of the Indigenous and Tribal Peoples Convention, 1989 (No 169), made under article 24 of the ILO Constitution by the Trade Union Delegation, D-III-57, section XI of the National Trade Union of Education Workers (SNTE), Radio Education, 1998 (Doc: GB.272/7/2).

[193] Ebda, Para 34.

[194] Auf die Ausführungen des Expertenkomitees zu Art 14 (2, 3) Konv 169 in Para 40 und 41 seines Berichts kann in diesem Zusammenhang nicht eingegangen werden.

[195] Art 2(1) Konv 169 enthält die Pflicht der staatlichen Regierungen, „planvolle Maßnahmen auszuarbeiten, um die Rechte dieser Völker zu schützen und die Achtung ihrer Unversehrtheit zu gewährleisten“.

Programmen enthält[196] und betont, dass es *keine individuellen* Eigentumsforderungen und Ansprüche (der einzelnen Huicholen) zu untersuchen gedenke.[197]

In seinen „Recommendations“ empfiehlt das Expertenkomitee dem Verwaltungsrat unter Bezugnahme auf Art 14: „[to] urge the Government to take measures in appropriate cases to safeguard the right of the peoples concerned to use lands not exclusively occupied by them, but to which they have traditionally had access for their subsistence and traditional activities“.[198] Hiebei unterlässt es das Expertenkomitee allerdings zu definieren, wann es angemessen ist (ein „case appropriate“ vorliegt), die Nutzungsrechte der Huicholen nach Art 14(1) zu schützen. Der diesbezügliche *Interpretationsspielraum* für die mexikan. Regierung bei der Beurteilung ist dementsprechend weit.

Ein gewisser Schutz der Gebiete der Huicholen wird schließlich durch den Verweis auf den notwendigen *Schutz ihrer kulturellen Identität* erreicht. So findet das Expertenkomitee, dass die Huicholen aufgrund der mangelhaften Anerkennung ihrer Landrechte schwere Menschenrechtsverletzungen erleiden,[199] und fordert die mexikan. Regierung auf, Maßnahmen zu ergreifen (die auch *„special* measures“ gemäß *Art 4 Konv 169* inkludieren können),[200] um diese Situation zu verbessern. In diesem Kontext verweist das Expertenkomitee die mexikan. Regierung auch auf *Art 19 Konv 169* (“the Committee would like to draw attention to Article 19 of the Convention“[201]) und rät der Regierung gewissermaßen, den Huicholen Grund und Boden im Rahmen von Agrarprogrammen zuzuteilen.[202] (Art 19 normiert eine notwendige Gleichbehandlung indigener Völker in staatlichen Agrarprogrammen.) Die Landzuweisungen für die Huicholen über den Umweg der Art 4 und 19 der Konv 169 haben allerdings den Nachteil, dass sie der mexikan. Regierung bei der Entscheidung, wie viel Land sie den Huicholen tatsächlich zugesteht, einen größeren Spielraum einräumt.

---

196 Vgl Bericht des Expertenkomitees, Para 34.

197 Ebda, Paras 32, 39.

198 Ebda, Para 45.

199 „42 [...].the Committee would like to express its concern about the allegations of the organization which made the representation to the effect that the Huicholes seeking the reintegration of the land at issue live in conditions which “violate the most elementary individual and collective rights” since, being a minority compared to the other inhabitants, they have not been recognized in land censuses with the result that they have no legal rights to the land which they occupy, and it is the majority of inhabitants who decide whether the indigenous inhabitants may plant crops and keep livestock and their cultural practices are constantly hindered[...]”. (Ebda, Para 42.)

200 Vgl ebda.

201 Ebda, Para 43.

202 Vgl ebda.

3. Schlussbewertung

Das Expertenkomitee unterlässt es letztlich, die weit gefassten Formulierungen der Konv 169 entsprechend zu konkretisieren. ZB wäre eine Präzisierung des Wortlauts des Art 14(1) Konv 169 bezogen auf den Huicholenfall möglich gewesen – in Verbindung mit einer genaueren Klärung, wann es „angemessen ist, die Rechte der Huicholen“[203] im Sinn des Art 14(1) Konv 169 zu schützen. Die weiten Formulierungen der Konv 169 werden mE nur ungenügend in der Rechtsprechung des Expertenkomitees präzisiert.

Diese „Schwächen“ im Rechtsschutz (der verhältnismäßig große Spielraum, der der mexikan. Regierung bei der Umsetzung der „findings/ Schlussfolgerungen“ des Expertenkomitees belassen wird) werden allerdings durch die ausdrückliche Empfehlung des Expertenkomitees an den Verwaltungsrat, er möge die Regierung auffordern, das Expertenkomitee im Rahmen der **Staatenberichte** gemäß Art 22 ILO Vfg über die weitere Umsetzung auf dem Laufenden zu halten, sehr verbessert.

> Vgl „45. The Committee recommends that the Governing Body ... request the Government to inform the Committee of Experts through the reports to be submitted on this Convention under article 22 of the ILO Constitution, on: ...ii) the measures which have been taken or which could be taken to remedy the situation of the Huicholes, who represent a minority in the area in question and have not been recognized in land censuses, which might include the adoption of special measures to safeguard the existence of these peoples as such and their way of life to the extent that they wish to safeguard it [...]“[204]

So stellt die Prüfung der **Staatenberichte** durch den Expertenausschuss ein gewisses „follow up“ zu den Schlussfolgerungen des Expertenkomitees im Beschwerdeverfahren dar. Konkret befragte der Expertenausschuss die mexikan. Regierung bei der Prüfung nachfolgender **Staatenberichte** (in seinen „individual observations“, die 1999[205] und 2000[206] publiziert wurden) sehr direkt, welche Maßnahmen zur Wahrung der Rechte der Huicholen unternommen worden wären.

---

[203] Ebda, Para 45.

[204] Ebda, Para 45.

[205] *CEACR*, Individual Observation concerning Convention No 169, Indigenous and tribal Peoples, 1989 Mexico (ratification: 1990), veröffentlicht 1999. Der Expertenausschuss verwendet hier sogar den Wortlaut des tripartite Expertenkomitees: „8. [T]he committee requests [...] to inform it of measures taken or contemplated to provide redress for the situation of the Huicholes, who represent a minority in the area in question and have not been recognized in any agrarian census, measures which might include the adoption of special measure to safeguard the existence of these peoples as such and their way of life to the extent that they themselves wish to preserve it; [...]".

[206] *CEACR*, Individual Observation concerning Convention No 169, Indigenous and tribal Peoples, 1989 Mexico (ratification: 1990), veröffentlicht 2000.

Auch in den „individual observations“ 2002[207] wird der Huicholenfall erwähnt. Durch die genaue Überwachung der Umsetzung der Empfehlungen des Expertenkomitees durch den Expertenausschuss im Rahmen der Prüfung der Staatenberichte wird der Spielraum der mexikan. Regierung bei der Umsetzung der Empfehlungen des tripartite Expertenkomitees entsprechend eingeschränkt.

Ferner bieten die oben erwähnten **Programme der technischen Zusammenarbeit und Unterstützung** die Möglichkeit, den Staaten Hilfestellung für die erforderlichen – und im Beschwerdeverfahren wie im Staatenberichtsverfahren aufgezeigten notwendigen – Änderungen und Reformen zu leisten.[208] *Tomei* und *Swepston* betonen dementsprechend die auf Dialog und Zusammenarbeit Ausgerichtetheit der ILO Kontrollverfahren. „[T]he basic principles of the ILO supervisory procedures are dialogue and persuasion. These measures work because they are means of helping governments to achieve the goals they have voluntarily adopted on ratification.“[209]

Eine der Hauptstärken der ILO liegt in der Vielfalt an Mechanismen mit denen für die Umsetzung der rechtsverbindlichen Verträge gesorgt wird.

D. Ergebnis und weiterführende Überlegungen

Bezüglich des normativen Schutzstandards der Instrumente, die sich speziell auf indigene Völker beziehen, kann folgendes Resümee gezogen werden: Die **beiden Deklarationen zum Schutz indigener Völker** sind noch nicht adoptiert und werden zudem „soft law“ Dokumente bleiben. Auch wenn sie indigene Forderungen sehr umfassend verankern und als „Standard setting instruments“ von unschätzbarem Wert sind, so haben sie doch keine rechtliche Verbindlichkeitswirkung und es ist fraglich, ob die Erklärungen auch nach ihrer Annahme durch die Generalversammlung bzw die OAS jemals den „Sprung“ schaffen werden, als rechtlich verbindliche Konventionen akzeptiert zu werden.[210] Die **ILO Konvention 169** wiederum ist zwar rechtsverbindlich angelegt, enthält auch ein umfas-

---

[207] *CEACR*, Individual Observation concerning Convention No 169, Indigenous and tribal Peoples, 1989 Mexico (ratification: 1990), veröffentlicht 2002.

[208] Für weitere Referenz siehe *ILO*, Recent Developments Concerning Indigenous and Tribal Peoples, Genf, ILO, November 2002, 5ff.

[209] *Tomei, Swepston*, ILO Guide, 28.

[210] Tatsächlich wäre dies ja der normale „Gang“ der Menschenrechtsdokumente. Zunächst als rechtlich unverbindliche Deklarationen adoptiert (zB Allgemeine Erklärung der Menschenrechte, American Declaration of the Rights and Duties of Man), werden sie dann in rechtlich verbindliche Verträge gefasst (PBPR, PWSKR, ACHR). Bei einigen Dokumenten, etwa der Declaration on the Right to Development (Resolution der UN- Generalversammlung 41/128 vom 4. 12. 1986) hat diese Entwicklung nicht stattgefunden; es ist auch bezüglich der Draft UN-Decl und der Proposed American Decl on Indigenous Peoples zu befürchten, dass diese unverbindliche Dokumente bleiben.

sendes „set of standards“ und ist ein weitgehend anerkanntes Referenz-Instrument („instrument of reference“). Trotz allem haben bislang doch nur 17 Staaten die Konv 169 ratifiziert und die weiten Formulierungen der Konv 169 sind noch unzureichend in der Rsp der ILO Kontrollorgane präzisiert.

Prinzipiell ist also in den völkerrechtlichen Instrumenten, die sich speziell auf indigene Völker beziehen, das Modell eines sehr umfassenden Schutzes indigener Landrechte vorskizziert. Aus den genannten Gründen wird die Rechtsverbindlichkeit derselben jedoch abgeschwächt bzw verhindert.

In einem nächsten Schritt wird dementsprechend untersucht, inwieweit auch Bestimmungen in **allgemeinen Menschrechtsverträgen** nutzbar gemacht werden können, um inhaltlich einen ähnlichen Schutzstandard zu erreichen wie jenen, der in den speziell auf indigene Völker bezogenen Dokumenten zu finden ist. Schützt die Rsp der internationalen Überwachungsorgane in ihrer Anwendung der internationalen Menschenrechtsverträge indigene Länder und Territorien ähnlich umfassend wie es die oben analysierten Instrumente tun? Können Elemente des Schutzsystems der Konv 169 und der Draft UN-Decl auch in Bestimmungen allgemeiner Menschenrechtsverträge gefunden werden und wird dementsprechend ihre Rechtsverbindlichkeit durch die internationalen Überwachungsorgane auf mehr Staaten erstreckt (geographisch ausgedehnt), verdichtet und allgemeiner verbindlich fixiert? Inwieweit wurden die im zweiten Kapitel erarbeiteten Standards schon rechtsverbindlich universalisiert?

3. Kapitel: Bestimmungen in allgemeinen Verträgen, die zum Schutz der Landrechte indigener Völker nutzbar gemacht werden können

Grundhypothese der nun folgenden Ausführungen ist, dass Bestimmungen in allgemeinen völkerrechtlichen Verträgen zur Wahrung indigener Landrechte verwendbar sind. Insbes das *Recht auf Eigentum* sowie Bestimmungen, die das *Recht auf kulturelle Identität* und *physisches Wohlergehen/ Integrität* enthalten, können und werden zunehmend zum Schutz indigenen Grund und Bodens benützt.

A. Überblick und geschichtliche Entwicklung

Der Schutz indigener Landrechte durch die internationalen Menschenrechtsschutzinstrumente wurde durch die allgemeine Menschenrechtsentwicklung nach dem Zweiten Weltkrieg ermöglicht. Menschenrechtliche Standards wurden nämlich während der letzten Jahrzehnte zunehmend konkretisiert und rechtsverbindlich angelegt. Zu guter Letzt wird auch die Implementierung und Umsetzung selbiger Standards zunehmend besser von den internationalen Überwachungsorganen („Monitoring Organs“) gewährleistet.

I. Entwicklung auf universaler Ebene

Nachdem sich die *Satzung der Vereinten Nationen* (UN-Charta) aus 1945[211] auf programmatische Erwähnungen der Menschenrechte in Art 1 beschränkt hatte – sie erklärt die Prinzipien der „equal rights and self-determination of peoples“ [Art 1(2)] und die Förderung des „respect for human rights and for fundamental freedoms for all without distinction as to race, sex, language, or religion“ [Art 1(3)] als Ziele der Vereinten Nationen – markiert die *allgemeine Erklärung der Menschenrechte (AEMR, UDHR) 1948*, den Beginn der völkerrechtlichen Relevanz *von Menschenrechten.*[212] War zunächst mit der AEMR eine rechtsunverbindliche Deklaration geschaffen,[213] so wurden die darin enthaltenen Bestimmungen in den *Menschenrechtspakten von 1966 (PBPR, PWSKR)*[214] rechtsverbindlich fixiert und auch internationale Organe (zB MRA) zum Überwachen

---

[211] Die UN-Charta aus 1945 geht bei der Etablierung der Grundregeln der völkerrechtlichen Ordnung nach dem zweiten Weltkrieg prinzipiell von bilateralen zwischenstaatlichen Beziehungen aus, die von der Nichteinmischung in innere Angelegenheiten [Art 2(7) UN-Charta] und dem obersten Prinzip der Staatssouveränität [Art 2(1) UN-Charta] geprägt sind. Ein funktionierendes Schutzsystem für Menschenrechte benötigt zusätzliche Prämissen und setzt teilweise die Durchbrechung der obgenannten Grundregeln voraus; zudem reicht es über die auf dem Reziprozitätsprinzip beruhenden zwischenstaatlichen Beziehungen hinaus.

[212] Der Bereich des internationalen human-rights law wird so unabhängig zu den unmittelbaren staatlichen Interessen gestellt und normiert: Eine neue Dimension, die losgelöst von der momentanen staatlichen Interessenslage besteht, wird zunächst mit dem Fokus auf dem individuellen Menschenrechtsschutz geboren. Im Laufe der nächsten 50 Jahre werden dann zusätzlich zu den individuellen Menschenrechten langsam auch Gruppenrechte, „peoples“ und nichtstaatliche Entitäten als schützenswert anerkannt (vgl *Triggs*, Indigenous Peoples and Resource Development, 125); eine Entwicklung, die der Stärkung der (Land)Rechte indigener Völker weitergehend zu Gute kommt.

[213] So war die Allgemeine Erklärung der Menschenrechte 1948 als Resolution der Generalversammlung verabschiedet worden und stellte sie zunächst eine programmatische Absichtserklärung ohne völkerrechtliche Verbindlichkeit dar. Trotz allem werden heute zumindest Teile der AEMR als Völkergewohnheitsrecht betrachtet. (vgl *Neuhold, Hummer, Schreuer*, Österreichisches Handbuch des Völkerrechts, Band 1, Textteil, 3. Aufl, 1997, 250.)

[214] Der für uns wichtige Internationale Pakt bürgerlicher und politischer Rechte (PBPR) [Generalversammlungsresolution 2200A (XXI)] vom 16. Dez 1966, ist am 23. März 1976 nach 35 Ratifikationen in Kraft getreten. Mit 149 Ratifikationen genießt der Pakt heute universale Geltung. (Stand Juli 2003; Quelle: Website des UNHCHR, http://www.unhchr.ch/pdf/report.pdf). Im *lateinamerikan. Raum* ist der PBPR (ebenso wie der PWSKR) umfassend ratifiziert, das Faktultativprotokoll, insbes durch die jüngeren Ratifikationen etwa von Mexiko (März 2002), Guatemala (November 2000) und Paraguay (Jänner 1995) ebenso. (Einzig Brasilien hat in Lateinamerika das Individualbeschwerdeverfahren noch nicht akzeptiert.)

der Einhaltung der so normierten staatlichen Pflichten geschaffen. In einem nächsten Schritt der internationalen Menschenrechtsentwicklung, die zunehmend eine mögliche Basis für einen adäquaten Schutz indigener Landrechte bildet, präzisieren *spezielle Konventionen (CAT,*[215] *CERD*[216] etc.) die in den Bestimmungen der Menschenrechtspakte umrissenen Rechte.[217] Die internationalen Überwachungsorgane (MRA, CERD-Komitee) beziehen zudem in ihren *General Comments* und *Recommendations* [und natürlich in ihrer Judikatur, dazu siehe aber unten] die allgemein gehaltenen Bestimmungen der Menschenrechtsverträge unter anderem speziell auf indigene Völker und schaffen hiedurch die notwendige Verbindung und Brücke zwischen den in den Menschenrechtsverträgen normierten Rechten und der speziellen Situation indigener Völker. Insbes die *Recommendation XXIII on Indigenous Peoples* des CERD-Komitees und der *General Comment No 23* zu Art 27 PBPR des MRA bilden somit den nächsten Schritt in der fortlaufenden Fixierung der Rechte indigener Völker.

II. Entwicklung auf regionaler Ebene

Die **Menschenrechtsentwicklung im lateinamerikan. Raum** ist in gewissem Maß mit jener auf universaler Ebene vergleichbar und bietet ebenfalls eine zunehmende Basis für den Schutz indigener Völker. Auch die Charta der OAS (1948) enthielt zunächst nur einige menschenrechtliche Bestimmungen allgemeiner Natur.[218] Ebenso war die *„American Declaration of the Rights and Duties of Man“*[219] (Amerikanische Deklaration der Rechte und Pflichten des Menschen, American Decl) ursprünglich ein unverbindlicher Konferenzbeschluss der OAS Mitgliedstaaten 1948[220]. In der Folge hat die American Decl es dann durch

[215] Die CAT hat 192 Vertragsparteien.

[216] Die CERD ist ebenso wie der PBPR umfassend ratifiziert und hat 173 Vertragsparteien.

[217] Die CERD etwa kommt dem Schutz indigener Rechte im Speziellen zu Gute, indem sie etwa die in Art 2(1), 26 PBPR dargelegte Bestimmung der Nichtdiskriminierung detailliert und damit einen Ausgangspunkt für eine Konkretisierung der staatlichen Pflichten auch gegenüber indigenen Völkern schafft. [Auf die in unserem Zusammenhang relevanteste Bestimmung des Diskriminierungsverbots in Bezug auf Eigentum in Art 5(d)(v) CERD wird unten eingegangen.]

[218] Vgl *Craven*, The Protection of Economic, Social and Cultural Rights under the inter-American System of Human Rights. In: *Harris, Livingstone* (Hrsg), The Inter-American System of Human Rights, Clarendon, Oxford, 1998, S. 289ff (290). Der ehemalige Art 5j (nunmehr 31) der Charta der OAS normiert: „The American States proclaim the fundamental rights of the individual without distinction as to race, nationality, creed, or sex“.

[219] OAS Res XXX vom 2. Mai 1948, angenommen von der 9. Konferenz Amerikan Staaten in Bogotá, Kolumbien.

[220] Vgl *Craven*: „It was adopted as a resolution of the Conference and was intended merely as a statement of moral, or political, principle“ (*Craven*, Economic, Social and Cultural Rights under the Inter-American System, 292). Vgl auch *Buergenthal*, der bemerkt, „some of the

ihre institutionelle Anerkennung im Statut der Menschenrechtskommission[221] und die folgende Staatenpraxis zu einem Instrument mit gewisser normativer Wirkung gebracht,[222] deren Verbindlichkeit auch durch den Interamerikan. Gerichtshofs für MR bestätigt wurde.[223] Tatsächlich wenden die interamerikan. Menschenrechtsüberwachungsorgane die American Decl als normativen Menschenrechtsstandard in den (wenigen) Staaten an, die die ACHR nicht ratifiziert haben.

Die American Convention on Human Rights (ACHR), auch „Pact of San Jose"[224] genannt, fixiert die Bestimmungen der American Decl dann endgültig als verbindlich. Mittlerweile ist die Konvention auch von der überwiegenden Mehrzahl (24) der 35 OAS Mitgliedstaaten[225] ratifiziert, einzig die Vereinigten Staaten, Kanada und einige karibische Staaten fehlen noch. Kurz, auch im amerikan. Raum gibt es Möglichkeiten und bestehen rechtliche Instrumente, die Territorialrechte indigener Völker angemessen zu verteidigen.

---

language of the Declaration has the ring of political manifesto and, in large measure, the Declaration certainly is political manifesto" [*Buergenthal*, The American Human Rights Declaration: Random Reflections. In: *Hailbonner, Ress, Stein* (Hrsg), Staat und Völkerrechtsordnung, 1989, 133f.]

[221] Ausdrücklich ist so in Art 1 Statute of the Inter-American Commission on Human Rights (Generalversammlungsbeschluß der OAS Nr 447 der 9. Session in La Paz, Bolivien, Oktober 1979) normiert: „The Inter-American Commission on Human Rights is an organ of the Organization of the American States, created to promote the observance and defence of human rights and to serve as consultative organ of the Organization in this matter. 2. For the purposes of the present Statute, human rights are understood to be: a. The rights set forth in the American Convention on Human Rights in relation to the States Parties thereto; b. The rights set forth in the American Declaration of the Rights and Duties of Man, in relation to the other member states."

[222] Vgl *Craven*: „ [...] the Declaration has, by virtue of institutional recognition and subsequent State practice, acquired some 'normative force'". (*Craven*, Economic, Social and Cultural Rights under the inter-American system, 292.)

[223] Die *American Decl* ist, gemäß der *Advisory Opinion* des Interamerikan. Gerichtshofs für MR OC-10/89, bindend für die OAS-Mitgliedsstaaten. „45. For the member states of the Organization, the Declaration is the text that defines the human rights referred to in the Charter. Moreover Articles 1(2)b) and 20 of the Commissions' Statute define the competence of that body with respect to the human rights enunciated in the Declaration, with the result that to this extent the American Declaration is for these States a source of international obligation related to the Charter of the Organization." (Hervorhebungen durch die Autorin; *Inter-American Court*, Advisory Opinion OC-10/89 of July 14, 1989, "Interpretation of the American Declaration of the Rights and Duties of Man within the Framework of Article 64 of the American Convention." Series A No 10; der gesamte Text ist gedruckt in *Buergenthal, Shelton*, Protecting Human Rights in the Americas, Cases and Materials[4], 1995, 75.)

[224] Die ACHR wurde am 20. November 1969 in San José (Costa Rica) durch 12 Mitglieder der OAS verabschiedet und ist am 18. Juli 1978 nach 11 Ratifikationen in Kraft getreten. (Vgl *Neuhold, Hummer, Schreuer*, Handbuch des Völkerrechts[3], 288.)

[225] Quelle: Website der Interamerikan. Menschenrechtskommission: http://www.cidh.oas.org/Basicos/basic4.htm, Stand Jänner 2003.

Nach dieser Übersicht über die internationale Menschenrechtsentwicklung, die den Ausgangspunkt eines angemessenen Schutzes indigener Landrechte bildet, soll nun in der Folge auf die *speziellen* Bestimmungen der genannten Verträge eingegangen werden, die speziell für den Schutz indigener Territorien nutzbar gemacht werden können.

B. Materiellrechtlicher Schutzstandard

Primär sind – auf universaler wie auf regionaler Ebene – das *Recht auf Eigentum* (Art 17 AEMR, Art 5 CERD, Art 21 ACHR) ebenso wie das Recht auf *kulturelle Identität* (Art 27 PBPR) zum Schutz indigener Länder und Territorien nutzbar zu machen. Zudem kann auch, insbes in der (immer weitergehenden) Anwendung durch den MRA, das *Recht auf Selbstbestimmung* (fixiert in Art 1 PBPR) zum Schutz indigener Landrechte von Bedeutung sein. Auch der in Art 26 PBPR normierte *Schutz vor Diskriminierung* und Art 17 und 23 PBPR zum Schutz des *Rechts auf Privat- und Familienleben* sind für die Wahrung indigener Landrechte von Relevanz. In der Folge sollen die wichtigsten Bestimmungen in aller Kürze besprochen werden.[226]

I. Universale Normen

1. Recht auf Eigentum

Die Ursprünge des Rechts auf Eigentum sind in **Art 17 AEMR** zu finden, der sozusagen als Beginn und Quelle aller nachfolgenden Eigentumsbestimmungen gesehen werden kann.[227] Die Formulierung „everyone has the right to own property alone as well as in association with others" umfasst individuelle wie Gruppenrechte an Eigentum. Diese kollektive Dimension ist besonders hier wichtig – nämlich als essentielles Charakteristikum der Beziehung indigener Völker zu ihrem Grund und Boden.

Keiner der beiden Menschenrechtspakte enthält ein Recht auf Eigentum; trotz allem kann ein ähnlicher Schutz durch *andere Bestimmungen* erzielt werden. So birgt etwa **Art 26 PBPR,** der ein generelles Verbot der Diskriminierung und das Recht auf Gleichheit aller festschreibt, ein Potential zum Schutz indigener Territorien, dessen Nutzbarmachung durch den MRA zunehmend zu erwarten ist. (Augenblicklich steckt seine Anwendung durch den MRA noch in den Anfängen).

---

[226] Der Schwerpunkt liegt auf dem PBPR, als wichtigstem und umfassendsten Werkzeug zum Schutz indigener Rechte.

[227] Die AEMR kann generell als „instrument mother of all subsequent human rights instruments" gesehen werden, das Maßstab, Inspiration, kurz „a common standard of achievement for all peoples and nations" ist. (*Eide, Alfredsson,* Introduction, XXXII.)

Art 26 CCPR: „All persons are equal before the law and are entitled without any discrimination to the equal protection of the law. In this respect, the law shall prohibit any discrimination and guarantee to all persons equal and effective protection against discrimination on any ground such as race, colour, sex, language, religion, political or other opinion, national or social origin, property, birth or other status."

Art 26 steht unabhängig, bezieht sich also nicht nur auf Rechte des PBPR. Art 26 PBPR kann dementsprechend angewendet werden, um Diskriminierungen auch bei Rechten (wie Eigentumsrechten) geltend zu machen, die der PBPR nicht enthält. Dementsprechend bietet vor allem eine *materielle* Interpretation der Bestimmung (die auf Gleichheit des Resultats und nicht nur auf die formal gleiche Behandlung bzw Gleichheit vor dem Gesetz abstellt) Möglichkeiten zum Schutz der Territorien indigener Völker, die noch weiter zu verfolgen sind.[228] In diesem Sinn könnte etwa die weitere Jurisprudenz des MRA zu Art 26 PBPR eine ähnliche Richtung wie den vom CERD-Komitee beschrittenen Weg nehmen.

Tatsächlich eröffnet nämlich die **International Convention on the Elimination of All Forms of Racial Discrimination** (CERD) weitere Möglichkeiten, indigene Territorien zu schützen. Indigene Völker fallen in den Schutzbereich der CERD als mögliche Opfer von Diskriminierung durch „ethnic origin" gemäß Art 1(1) CERD. Diskriminierende Muster beim Genuss von Eigentumsrechten, Benachteiligungen indigener Völker gegenüber dem Rest der Bevölkerung, können so denunziert werden, indem sich diese auf **Art 5(d)(v) CERD** berufen, der Schutz gegen Diskriminierung bei der Ausübung aller Formen des Eigentumsrechts bietet.

Art 5 CERD: „In compliance with the fundamental obligations laid down in Article 2 of this Convention, States Parties undertake to prohibit and to eliminate racial discrimination in all its forms and to guarantee the right of everyone, without distinction as to race, colour, national or ethnic origin, to equality before the law, notably in the enjoyment of the following rights: [...] (v) The right to own property alone as well as in association with others. [...]" (Hervorhebungen durch die Autorin.)

Der Schutz vor Diskriminierung ist jedoch nicht nur ein negatives Recht, das eine Ungleichbehandlung gleicher Situationen ohne Rechtfertigung verbietet. So begrenzt die CERD in ihrer Interpretation durch das CERD-Komitee nämlich nicht nur den staatlichen Handlungsspielraum im Sinn eines Schutzes vor Diskriminierung im negativen Sinn (durch die *Untersagung* diskriminierender Eingriffe

---

[228] *M. Scheinin*, Mitglied des MRA, betont so die Möglichkeiten und Potentiale, die Art 26 PBPR für indigene Völker eröffnet. (Vorlesung, die auf dem Minority Rights Course am 29. November 2002 in Åbo gehalten wurde.)

ins Eigentum) die CERD fordert vielmehr auch *positive staatliche Maßnahmen*. In diesem Sinn hat etwa das CERD-Komitee in seiner *General Recommendation XXIII (51) on the Rights of Indigenous Peoples* (1997) auch die Restituierung von verlorenen indigenen Territorien unter das Prinzip der Nicht-Diskriminierung subsumiert und auf dieser Basis eine Rückgabe durch den Staat gefordert. Die Voraussetzung für diesen Schutz ist hiebei, dass der Verlust der indigenen Länder und Gebiete in der Vergangenheit willkürlich („arbitrarily") erfolgte.

> „5. The Committee especially calls upon States parties to recognize and protect the rights of indigenous peoples to own, develop, control and use their communal lands, territories and resources and, where they have been deprived of their lands and territories traditionally owned or otherwise inhabited or used without their free and informed consent, to take steps to return those lands and territories. Only when this is for factual reasons not possible, the right to restitution should be substituted by the right to just, fair and prompt compensation. Such compensation should as far as possible take the form of lands and territories."[229]. (Hervorhebungen durch die Autorin.)

Mit anderen Worten: Im Falle struktureller Diskriminierung („patterns of discrimination") aufgrund vergangener Ungerechtigkeiten (zB die willkürliche erfolgte Enteignung, „arbitrary deprivation of land"), hat der Staat die positive Pflicht, diese Diskriminierung zu eliminieren. Diese Pflicht umfasst auch die Anerkennung bzw *Zuerkennung* indigener *Eigentumsrechte* an Land. *Art 2(2) CERD* normiert diesbezüglich in sehr klarem Wortlaut eine eindeutige staatliche Verpflichtung, *positive Maßnahmen* zu ergreifen: „state parties shall [...] take measures". Er unterstreicht so nochmals die staatliche Pflicht der Staaten, strukturelle Ungleichheit aufgrund vergangener Diskriminierung (wenn etwa indigene Territorien willkürlich enteignet wurden) durch positive Handlung (zB Zuerkennung von Eigentumstiteln) zu beseitigen.

Es ist also vor allem das Abstellen der CERD – ersichtlich in den Empfehlungen („recommendations") des CERD-Komitees – auf das Prinzip der „*substantive equality*", das die materielle Gleichheit des Resultats betont und nicht in der formalen Gleichheit vor dem Gesetz „stecken bleibt", welches eine Nutzbarmachung der CERD zum Schutz indigener Territorien relevant erscheinen lässt. So sind in der Interpretation des CERD-Komitees indigene Völker bevorzugt zu behandeln („affirmative action"), um vergangenes Unrecht auszugleichen.

Praktisch angewendet und bewiesen wird der potentiell weit reichende Schutz der CERD für indigene Territorien dann etwa in den jüngsten Schlussfolgerungen („findings") des CERD-Komitees zur Australischen Reform des *Native*

---

[229] *CERD-Committee*, General Recommendation No XXIII on Indigenous Peoples, angenommen am 18. August 1997 auf der 51. Session, in doc A/52/18, annex V, Para 5.

Title Act 1998.[230] [Im nächsten Kapitel, bei der Judikatur, wird detaillierter auf diese Bestrebungen des CERD-Komitees, indigene Rechte an ihren Territorien zu schützen, eingegangen.]

2. Recht auf Kultur

Auch wenn der **Internationale Pakt bürgerlicher und politischer Rechte** (PBPR, CCPR) kein ausdrückliches Recht auf Eigentum enthält,[231] so garantiert doch das Recht auf kulturelle Identität, das in **Art 27 PBPR** fixiert ist, umfassenden Schutz.

Art 27 CCPR: „In those states, in which ethnic, religious or linguistic minorities exist, persons belonging to such minorities shall not be denied the right, in community with the other members of their group, to enjoy their own culture, to profess and practice their own religion, or to use their own language."

Die Minderheitenschutzbestimmung des PBPR, kann für indigene Völker nutzbar gemacht werden und wird auch ausdrücklich im *General Comment No 23 on Art 27* (1994) des MRA auf die spezielle Situation indigener Völker bezogen.

„[w]ith regard to the exercise of the cultural rights protected under article 27, the Committee observes that culture manifests itself in many forms, including a particular way of life associated with the use of land resources, especially in the case of indigenous peoples. That right may include such traditional activities as fishing or hunting and the right to live in reserves protected by law. The enjoyment of those rights may require positive legal measures of protection and measures to ensure the effective participation of members of minority communities in decisions which affect them."[232] (Hervorhebungen durch die Autorin.)

Wie im *General Comment* des MRA hervorgehoben, sind also indigene Territorien insofern geschützt, als sie nötig sind, die spezielle indigene Kultur aufrechtzuerhalten (dh einen „particular way of life such as hunting or fishing" fortzuführen). Das für diese Tätigkeiten notwendige Gebiet (welches dementsprechend in den Schutzradius von Art 27 PBPR fällt), sollte ähnliche flächenmäßige Ausmaße haben wie das Gebiet, welches unter Art 14 Konv 169 im Rahmen „der Besiedlung von alters her" geschützt ist.[233]

Dementsprechend normiert Art 27 PBPR zwar keine expliziten positiven Besitz- oder Eigentumsrechte an Grund und Boden, letztlich kommt ihm jedoch in

---

[230] *Findings on the Native Title Amendment Act 1998*, UN-Doc. CERD/C/54/Misc.40/Rev.2 (1999).

[231] Die Staaten konnten sich nicht auf den exakten Wortlaut einigen. Siehe auch *Krause, Alfredsson*, Article 17, 365f.

[232] *HRC*, General Comment No. 23 (60) on Art 27, 6. April 1994, Para 7.

[233] So richten sich ja die Dimensionen des unter Art 14 Konv 169 geschützten Gebiets *per definitionem* nach indigenen traditionellen Siedlungsmustern und Aktivitäten auf ihrem Gebiet.

der Interpretation durch den MRA ein ähnlicher Schutzumfang zu. So ist der Schutz indigener Territorien im Rahmen einer *Untersagung und Abwehr von Störungen durch den Staat oder durch Drittpersonen* durch Art 27 PBPR umfassend gewährleistet. Indigene Völker können ihren Grund und Boden weitgehend gegen Beeinträchtigung von außen verteidigen: Ihr „peaceful enjoyment of possessions" kann unter Berufung auf Art 27 PBPR gewahrt werden.[234]

3. Andere Bestimmungen

Interessant ist nun, dass auch das **Recht auf Selbstbestimmung** des **Art 1 PBPR**, welches im traditionellen Völkerrecht nur Staatsvölkern und Völkern im Dekolonialisierungsprozess zuerkannt war,[235] zunehmend vom MRA zum Schutz indigener Territorien nutzbar gemacht wird.

> Art 1 CCPR: "1. All peoples have the right of self-determination. By virtue of that right they freely determine their political status and freely pursue their economic, social and cultural development. 2. All peoples may, for their own ends, freely dispose of their natural wealth and resources without prejudice to any obligations arising out of international economic co-operation, based upon the principle of mutual benefit, and international law. In no case may a people be deprived of its own means of subsistence." (Hervorhebungen durch die Autorin.)

So ist zunächst eine mögliche politische Selbstbestimmung [Art 1(1) PBPR] – beispielsweise in Form von Selbstverwaltung (Autonomie) indigener Siedlungsgebiete – für eine bessere Wahrung indigener Interessen in Bezug auf ihre Territorien zu nutzen. Vor allem ist jedoch Art 1(2) PBPR, der das Recht der Völker auf Hoheit über ihre natürlichen Ressourcen beschreibt, für indigene Völker und ihre Territorien relevant.[236]

Auch **Art 17** und **23 PBPR,** die Rechte auf **Wahrung des Privat- und Familienlebens** enthalten, sind vom MRA zum Schutz indigener Landrechte herangezogen worden. Mit ähnlichem Ergebnis. So berief sich der MRA in der Entscheidung *Hopu and Bessert v. France* auf diese Bestimmungen, um die traditionellen Begräbnisgründe („burial grounds") einer indigenen Gemeinde zu schützen. (Nähere Details im nächsten Abschnitt.)

Kurz, eine Vielzahl von Bestimmungen kann für den Schutz indigener Territorien auf universaler Ebene verwendet werden. Der hauptsächliche Schutz

---

[234] Vgl in diesem Zusammenhang das Reformmodell 2 (im 2. Abschnitt), das den Schutz indigener Territorien über die Abwehr von Störung darlegt.

[235] Vgl etwa *Hannum,* Self-Determination in the Post Colonial Era, 108. Siehe allgemein die einleitende Grundproblematik.

[236] In diesem Sinn etwa *Scheinin*, The Right to Self-determination under the Covenant on Civil and Politicial Rights, in: *Aikio, Scheinin* (Hrsg), Operationalizing the Right of Indigenous Peoples to Self-determination, Åbo: Åbo Akademi University, 2000, 179ff (198).

indigener Gebiete wird jedoch aus dem Recht auf *kulturelle Identität* des Art 27 PBPR gewonnen, welcher das Fehlen eines Rechts auf Eigentum im PBPR im Ergebnis aufwiegt.

II. Regionale Normen

Im interamerikan. Raum sind es vor allem die Bestimmungen der American Declaration of the Rights and Duties of Man (1948) und der American Convention on Human Rights (angenommen 1969, in Kraft seit 1978), die zum Schutz indigenen Grund und Bodens herangezogen werden können.[237]

1. Recht auf Eigentum

Von Bedeutung für einen angemessenen Schutz der indigenen Land- und Territorialrechte ist zunächst **Art 23** der **American Declaration of the Rights and Duties of Man** (American Decl).

Art XXIII American Decl: „Every person has a right to own such private property as meets the essential needs of decent living and helps to maintain the dignity of the individual and the home."

Interessant ist die Formulierung der Bestimmung: So kann Art 23 American Decl auf eine Weise interpretiert werden, die den Umfang des geschützten Eigentums auf jene Menge reduziert, die für ein anständiges Leben („decent living") notwendig ist.[238] Aus anderer Perspektive betrachtet, schützt die American Decl jedoch ausdrücklich auch das Recht jedes einzelnen, so viel Eigentum zu besitzen, wie für ein „decent living" gebraucht wird. Ein gewisser Anspruch auf Eigentums*zuteilung* erscheint dementsprechend (zumindest potentiell) in Art 23 American Decl inkludiert. Unter Bezugnahme auf die letztgenannte Auslegungsvariante könnte man nun gerade bezüglich indigener Völker argumentieren, dass für sie sicherlich eine gewisse Landmenge (etwa jene, die notwendig ist, um ihre traditionellen Aktivitäten wie Jagen, Fischen, Sammeln oder Fruchtwechselwirtschaft zu betreiben) für angemessene Lebensumstände („decent living") unentbehrlich ist. Eben diese Landmenge müsste also von Art 23 American Decl geschützt sein. (Einigermaßen entgegen steht einer solchen Interpretation allerdings die Anspielung auf Privateigentum sowie die individualistische Formulierung der American Decl.)

---

[237] Neben dem Recht auf Eigentum enthalten die interamerikan. Instrumente zwar bürgerliche und politische Rechte ebenso wie wirtschaftliche, soziale und kulturelle Rechte, aber *keine* etwa mit dem Art 27 PBPR vergleichbaren Bestimmungen über den Schutz der kulturellen Identität von Minderheiten oder Volksgruppen.

[238] Vgl *Krause, Alfredsson,* Article 17, in: *Alfredsson, Eide,* The Universal Declaration of Human Rights 370.

Faktisch wurde das normative Potential des Art 23 American Decl zum Schutz indigener Völker *niemals* durch Rechtsprechung ausjudiziert und *geklärt*. So haben die interamerikan. *Rechtsüberwachungsorgane* nicht den Weg über Art 23 American Decl zum Schutz der Territorien indigener Völker gewählt, sondern eine Berufung auf andere Normen vorgezogen.

Tatsächlich wurde nämlich gerade in jüngster Zeit die Bestimmung des **Art 21 ACHR** zum Schutz indigener Territorien verwendet. Zwar scheint auch der Wortlaut des Art 21 ACHR *a priori* nur das individuelle Recht jedes einzelnen auf Privateigentum [Argument: „everyone (...) his property"] zu erfassen.

Art 21 ACHR: "1. Everyone has the right to the use and enjoyment of his property. The law may subordinate such use and enjoyment to the interest of society. [...]"

Diese recht begrenzte Reichweite des Artikels wurde jedoch in der Anwendung durch den Interamerikan. Gerichtshof für MR erweitert und an die Bedürfnisse indigener Völker angepasst. In der weiten Interpretation durch den Interamerikan. Gerichtshof für MR fallen so auch die kollektiven Eigentumsrechte indigener Völker an Land, das traditionell von ihnen besiedelt ist, in den Schutzumfang des Art 21 ACHR. (Im nächsten Abschnitt wird bei der Analyse des Awas Tingni Falles noch genauer auf diesen nunmehr weiten Schutzbereich des Art 21 ACHR eingegangen werden.)

2. Rechte auf physisches Wohlergehen und Kultur

Zu guter Letzt können einige Bestimmungen der ACHR und der American Decl, die sich auf das Recht auf physisches Wohl und auf religiöse wie kulturelle Aspekte beziehen, zum Schutz der Landrechte indigener Völker verwendet werden.[239]

Eine Analyse des Ecuador-Berichts (1997) der Interamerikan. Menschenrechtskommission wird genauer zeigen, wie die Menschenrechtskommission das „right to life" (Art I American Decl, Art 4 ACHR), das „right to preservation of health and physical integrity" [Art XI American Decl, Art 5(1) ACHR], das „right to religious freedom" (Art III American Decl, Art 12 ACHR), das „right to family and protection of privacy" (Art V, VI American Decl, Art 17 ACHR) und die

---

[239] Wie etwa von *Anaya, Williams* hervorgehoben wird: „Indigenous peoples' agricultural and other land use patterns provide means of subsistence, and, further, are typically linked with familial and social relations, religious practices and the very existence of indigenous communities as discrete social and cultural phenomena. Several rights articulated in the American Convention and the American Declaration support the enjoyment of such critical aspects of indigenous peoples' cultures, in addition to the right to property". [Hervorhebungen durch die Autorin.] (*Anaya, Williams,* Protection of Indigenous Peoples' Rights in the Inter-American System, 49.)

„rights of movement and residence“ (Art VIII American Decl, Art 22 ACHR) versteht, um einen adäquaten Schutz indigener Völker generell, ihrer Landrechte speziell, zu erreichen.[240]

Von Bedeutung in diesem Zusammenhang ist ferner **Art 29 ACHR**, der normiert, dass auch die Bestimmungen anderer internationaler Instrumente neben der ACHR aufrecht (und dementsprechend anwendbar) bleiben.

Art 29 ACHR: „No provision of this Convention shall be interpreted as: [...] b. restricting the enjoyment or exercise of any right or freedom recognized by virtue of the laws of any State Party or by virtue of another convention to which one of the said states is a party; [...]“

So kann über Art 29 ACHR der Schutzbereich der ACHR insbes um das Recht auf kulturelle Identität des **Art 27 PBPR** ergänzt werden. Dementsprechend beruft sich etwa im *Miskitofall* die Interamerikan. Menschenrechtskommission auf das Recht auf kulturelle Identität der Miskitos und damit klarerweise auf Art 27 PBPR zum Schutz der Rechte[241] des indigenen Volkes.[242]

Abschließend sei jedoch betont, dass sich trotz des zuletzt Gesagten im interamerikan. Raum eine *Rechtsentwicklung* abzeichnet, die den Schutz indigener Territorien primär über Art 21 ACHR, das *Recht auf Eigentum*, erreicht. Ist also der hauptsächliche Schutz indigener Territorien auf universaler Ebene aus dem Recht auf kulturelle Identität zu gewinnen, so ist der vornehmliche Schutz auf regional lateinamerikan. Ebene über das Recht auf Eigentum zu tätigen.[243] (Eben-

---

[240] Die angeführte Liste der Artikel ist aus *Anaya, Williams* (ebda, 50) entnommen.

[241] Vgl *IACHR*, Report on the Situation of Human Rights of A Segment of the Nicaraguan. Population of Miskito origin, Case 794 (Nicaragua), OEA/Ser.L/V/II.62, doc. 10 rev. 3, (1983), at 81, Para 15.

[242] Im Fall *Awas Tingni v. Nicaragua* wiederum hat sich der Interamerikan. Gerichtshof für MR auf Art 29 ACHR berufen, um den Schutzbereich des Art 21 ACHR zu erweitern.

[243] Interessant ist in diesem Zusammenhang, dass etwa in *Europa* der hauptsächliche Schutz indigenen Grund und Bodens über Art 8 Europ. Menschenrechtskonvention (EMRK), das Recht auf Privat- und Familienleben [vgl diesbezüglich etwa *E. and G. v. Norway*, European Commission of Human Rights, Application nos 9278/81, 9415/81, Decisions and reports, vol. 35 (1984)], sowie über Art 1 des ersten Zusatzprotokolls zur EMRK, welches das Recht auf ungestörten Besitz normiert, gewonnen werden kann.

In *Afrika* liegt das Potential des Schutzes indigener Territorien in Art 20 (Right to Self-Determination), Art 21 (Right Wealth and Natural Resources), Art 22 (Right to Development) und Art 24 (Right to Environment) der Afrikan. Menschenrechtscharta [African (Banjul) Charter on Human and Peoples' Rights, angenommen am 27. Juni 1981, OAU Doc. CAB/LEG/67/3 rev. 5, 21 I.L.M. 58 (1982), in Kraft getreten am 21. Oktober 1986), die durch die Verankerung kollektiver Rechte große Möglichkeiten birgt. Fälle bezüglich *indigener* Rechte wurden von der African Commission on Human and Peoples' Rights (Afrikan. Menschenrechtskommission) bislang noch nicht entschieden. Die Entscheidung der Afrikan. Menschenrechtskommission im Fall *Social and*

so wie eine Anzahl von anderen Normen dem Schutz indigenen Grund und Bodens zu Gute kommen.)

III. Ergebnis

Eine Vielzahl von Bestimmungen kann demzufolge auf internationaler Ebene zum Schutz indigener Territorien herangezogen werden. Das Recht auf Eigentum, aber – wegen der engen Verbindung indigener Völker zu ihrem Grund und Boden – auch Bestimmungen betreffend physisches Wohlergehen und Kultur, Religion und Familienleben, können genutzt werden, den Grund und Boden indigener Völker zu beschützen. Ähnlich in Reichweite und Schutzradius, ergänzen sie sich in wichtigen Aspekten und können je nach Bedarf so eingesetzt werden, dass ein *größtmöglicher Schutz* erzielt wird. Ganz zu Schweigen von der jüngsten vermehrten Bezugnahme auf das Recht auf Selbstbestimmung, welches neue, zusätzliche Dimensionen eröffnet.

Die Vielfalt und Unterschiedlichkeit der für einen Schutzzweck – indigene Territorien – nutzbar zu machenden Bestimmungen kann ferner als Ausdruck der Interdependenz,[244] Unteilbarkeit und Integrität der Menschenrechte gelesen werden. Sie bestätigt letztlich die Feststellung der „Vienna Declaration and Programme of Action" von 1993, dass alle Menschenrechte „universal, indivisible, interdependent and interrelated"[245] seien.

Der durch die verschiedenen Bestimmungen erzielte weit reichende Schutz wird auch bei der nun folgenden Analyse der Judikatur der internationalen Überwachungsorgane feststellbar sein.

Economic Rights Action Centre (SERAC) and the Centre for Economic and Social Rights v. Nigeria (Communication No. 55 von 1996 (2001), in dem die Kommission ausdrücklich das Recht auf gesunde Umwelt des Ogoni Volks betont und eine Verletzung des nigerian. Staates von Art 21 der Afrikan. Menschenrechtscharta findet, lässt jedoch auch für die Verteidigung der Rechte indigener Völker hoffen. (Für mehr Details, siehe *Mzikenge Chirwa*, A fresh commitment to implementing economic, social, and cultural rights in Africa. In: ESR Review, vol. 3, September 2002, 19ff.)

[244] *Scheinin* betont etwa die vermehrte „interdependency of rights" bezüglich der Rechtsprechung des MRA. [*Scheinin*, The right to enjoy a distinct culture: indigenous and competing uses of land, in *Orlin, Rosas, Scheinin (*Hrsg) The Jurisprudence of Human Righs law: a comParative interpretive approach, 2000, 159ff (217).]

[245] Paragraph 5 der *Vienna Declaration and Programme of Action* angenommen auf der World Conference on Human Rights in Wien, 14. – 25. Juni 1993.

4. Kapitel: Rechtsprechung der internationalen Überwachungsorgane

Die Rechtsprechung der internationalen Überwachungsorgane hat gerade in jüngerer Zeit Bedeutendes für den Schutz indigener Territorien zu Wege gebracht. Zu dem in diesem Zusammenhang wichtigsten Organ gehört – auf *universaler* Ebene – der MRA, welcher im Rahmen der Behandlung von Staatenberichten ebenso wie von individuellen Fällen den Schutz indigenen Grund und Bodens zunehmend gewährleistet. Auch das CERD-Komitee ist vor allem bei der Besprechung von Staatenberichten als Wahrer indigener Landrechte von zunehmender Relevanz. Auf *regionaler* Ebene verbessern insbes in den letzten Jahren die aktive Haltung und dynamische Interpretation seitens der Interamerikan. Menschenrechtskommission und des Gerichtshofs für MR den Schutz indigener Territorien grundlegend.

Nun zunächst aber zur universalen Ebene und zur Rechtsprechung des MRA.

A. Universale Schutzorgane

I. Der Menschenrechtsausschuss

Von den **Rechtsschutzverfahren** des PBPR ist das Staatenberichtsverfahren,[246] sowie insbes das Individualbeschwerdeverfahren, das beschritten werden kann, wenn sich Staaten dem Regime des Fakultativprotokolls unterworfen haben, für den Schutz indigener Landrechte von Bedeutung.[247]

Das Überwachungsorgan des PBPR, der **Menschenrechtsausschuss** (Human Rights Committee, MRA, HRC), besteht aus 18 unabhängigen Experten,[248] die Beträchtliches zur „Verdichtung" des Rechtsschutzes des Paktes beigetragen haben und insbes auch die Wahrung indigener Interessen forcieren.

1. Kontrollmechanismus

Nimmt auch der MRA – anders als die Interamerikan. Menschenrechtskommission – keine „on site inspections" vor und haben NGOs im Verfahren vor

[246] Der PBPR normiert in Art 40 ein obligatorisches periodisches Berichtssystem.

[247] Ein *fakultatives Staatenbeschwerdeverfahren* (Art 41 PBPR), hat sich als ineffizient zum Schutz der Landrechte indigener Völker (wie auch allgemein) herausgestellt. Es gibt keine Fälle, was zu beweisen scheint, dass sich kein Staat mit einem anderen anlegt, wenn es „nur" um Menschenrechtsfragen geht.

[248] Vgl Art 28 CCPR: „(1) There shall be established a Human Rights Committee […] It shall consist of 18 members [...]"

dem MRA keinen offiziellen Status[249] [diesen haben sie nur vor dem Ausschuss für wirtschaftliche, soziale und kulturelle Rechte des PWSKR als Hilfsorgan des Wirtschafts- und Sozialrats], so hat sich doch die Jurisprudenz des MRA bei Staatenberichten als vielleicht bedeutsamstes Instrument zum Schutz indigener Territorien erwiesen und seine **flexible Haltung** hat in der Vergangenheit Einiges zur effektiven Wahrung indigener Interessen beigetragen.

Dementsprechend hat der MRA etwa im Individualbeschwerdeverfahren (im *Lubicon Lake Band*-Fall) akzeptiert, dass – obwohl die individualrechtliche Formulierung des *Art 1 des Fakultativprotokolls (FP) zum PBPR*[250] *a priori* nur Einzelpersonen die Einreichung einer Klage gestattet – auch der Stammesführer der Lubicon Lake Band stellvertretend für alle Mitglieder seines Volkes eine Klage einbringen kann. (Voraussetzung hiefür ist, dass alle Mitglieder gleichermaßen von der Maßnahme oder dem sonstigen hoheitlichen Akt betroffen sind.) Dies hat die Möglichkeit indigener Völker, Verletzungen ihrer Landrechte vor den MRA zu bringen, wesentlich verbessert.

Auch die Hürde, dass Art 1 PBPR (das Recht auf *Selbstbestimmung*) als kollektives Recht nicht im Individualbeschwerdeverfahren geltend gemacht werden kann, wird zunehmend kunstvoll vom MRA umschifft, indem einfach andere Bestimmungen mit Elementen des Rechts auf Selbstbestimmung „angereichert" werden (dazu sogleich).

Wie ist nun der inhaltliche Schutz durch die Jurisprudenz des MRA?

2. Materiellrechtlicher Schutzstandard

Der MRA hat in seiner Auslegung des Art 27 PBPR ein weit angelegtes Verständnis des **Begriffs der „Kultur"** entwickelt, welches – wie oben erwähnt – auch den Schutz indigenen Grund und Bodens mit einschließt. Zur Erinnerung: Flächenmäßig umfasst dieser Schutz denjenigen Grund und Boden, der notwendig ist, um die indigene Kultur aufrechterhalten zu können. Mit anderen Worten, indigene Völker müssen Zugang zu den überlebenswichtigen natürlichen Ressourcen haben und traditionelle Aktivitäten (wie Jagen und Sammeln) anstandslos durchführen können.

Die bedeutungsvollsten Fälle in diesem Zusammenhang sind der *Lubicon Lake Band* Fall[251,252] und die *Länsman*-Fälle.[253,254] In der Judikatur dieser Fälle

---

249 Der MRA schenkt NGOs jedoch in-offiziell Gehör.

250 Art 1 FP zum PBPR „Jeder Vertragsstaat des Paktes, der Vertragspartei dieses Protokolls wird, erkennt die Zuständigkeit des Ausschusses für die Entgegennahme und Prüfung von Mitteilungen seiner Herrschaftsgewalt unterstehender Einzelpersonen an, die behaupten, Opfer einer Verletzung eines in dem Pakt niedergelegten Rechts durch diesen Vertragsstaat zu sein. [...]".

251 *HRC*, Bernard Ominayak, Chief of the Lubicon Lake Band v. Canada, Communication No. 167/1984 (26 March 1990), U.N. Doc. Supp. No. 40 (A/45/40) at 1 (1990). Im *Lubicon Lake Band*-Fall schlussfolgert der MRA, dass die Genehmigung der Regierung der Provinz Albertas für

hat der MRA einen „sustainability test“[255] entwickelt, der die Elemente des idealen Reformmodells eines Schutzes indigener Territorien aufweist, die im Abschnitt 2 dieser Arbeit vorgestellt wurden; nämlich ein Verbot von Störung („sustainability“) und ein Gebot zur Konsultierung („consultation“). Zudem kann festgestellt werden, dass Elemente des Art 1 PBPR, des Rechts auf Selbstbestimmung, zunehmend in die Interpretation des Art 27 PBPR einfließen, bzw dass bei der Untersuchung von Staatenberichten vom MRA ausdrücklich auf Art 1 PBPR Bezug genommen wird.

Zu guter Letzt wird ein ähnlicher Schutz indigenen Grund und Bodens auch im Fall *Hopu and Bessert v. France*[256] erreicht, wo der MRA die Rechte auf Privat- und Familienleben (Art 17 und 23 PBPR) nutzt, um die traditionellen Begräbnisgründe der tahitianischen indigenen Völker zu schützen. Hiezu nun im Detail.

Öl- und Gasförderung auf dem traditionellen Gebiet der Lubicon Lake Band zu einer Verletzung des Art 27 PBPR durch Kanada geführt habe. Der Ausschuss findet, dass Öl- und Gasförderung sowie die Holzgewinnung im historischen Gebiet des Stammes zu einer Häufung von Ungleichheiten geführt habe, die geeignet sei, to „threaten the way of life and culture of the Lubicon Lake Band, and constitute a violation of article 27 so long as they continue.“

[252] *De Feyter* (World Development Law, 153) sieht interessanter Weise den *Lubicon Lake Band*-Fall als Aufeinandertreffen von zwei unterschiedlichen Entwicklungsmodellen – dem staatlichen und jenem der Lubicon Lake Band – und als dementsprechende Hinterfragung der gesamten Weltordnung, die primär staatliche Interessen verbrieft: „The Bands development model – a subsistence economy –, is irreconcilable with the industrialised exploitation of gas, oil and timber favoured by the Canadian government. The Band argues that its development model should prevail. As such, the claim is directed against Canadian economic sovereignty over the disputed territory. From an international perspective, the claim challenges a world order that recognizes only States as relevant domestic actors. […] The claims are not about limiting state authority [as do normally HR-instruments] but about transferring authority from the State to the indigenous peoples.” (Hervorhebungen durch die Autorin.)

[253] *HRC,* Länsman et al. v. Finland (Communication No 511/1992, Human Rights Committee, CCPR/C/52/D/511/1992 (1994); *HRC,* J.E. Länsman v. Finland, Communication No. 671/1995, CCPR/C/58/D/671/1995. In den zwei *Länsman*-Fällen findet der MRA zwar keine Verletzung im konkreten Fall, kommt aber zu dem Schluß, dass Art 27 PBPR die traditionellen „means of livelihood in their traditional settling area“ schütze.

[254] Andere wichtige Fälle des *HRC:* Diergaardt et al. v Namibia, Communication 760/1997 UN-Doc CCPPR/C/69/D760/1997, views adopted in July 2000, und Mahuika et al v. New Zealand, Communication 547/1993 UN-Doc CCPR/C70/D/1993, views adopted in October 2000, werden nicht in diesem Rahmen untersucht werden.

[255] Begriff, der von *Scheinin* bei seiner Analyse der Rechtsprechung des MRA verwendet wurde. Für weitere Referenz siehe, *Scheinin*, The right to self-determination under the CCPR, in *Aikio, Scheinin,* Operationalizing the right of indigenous peoples to self determination, 2000, 179ff (193ff).

[256] *HRC,* Hopu and Bessert v France, Communication No 549/1993, UN-Doc CCPR/C/60/D/549/1993, views adopted in July 1997.

a) Fälle nach Art 27 PBPR

Der MRA verwendet die Elemente der Konsultierung und der „kulturellen Nachhaltigkeit" („sustainability"), um zu bestimmen, ob ein Eingriff in die indigenen Land- und Territorial*rechte* eine Verletzung des Art 27 PBPR darstelle. Diese zwei Elemente sind das Herzstück eines adäquaten Schutzes indigenen Grund und Bodens.[257] Zunächst müssen indigene Völker die Möglichkeit haben, eine gewisse Landfläche (land-base), die notwendig ist, ihren traditionellen Lebensstil fortzuführen, frei von äußeren Zugriffen zu erhalten. Zum Zweiten müssen sie in Entscheidungen, die ihr Land oder Territorium betreffen, mitreden können. In den beiden *Länsman*-Fällen verwendet der MRA also den *„sustainability test"* um zu bestimmen, ob der Steinabbau durch ein privates Unternehmen auf staatlichem Land in den *Sami Homelands* die traditionellen Rechte der Sami an ihrem Grund und Boden auf eine Weise beeinträchtige, dass die betroffenen Territorien der Sami die Möglichkeit verlören, die Mitglieder der Sami Gemeinde zu erhalten. (Die Erlaubnis zum Steinabbau war von einer Inari Munizipalität mit Nicht-Samimehrheit gekommen.)

Die Interpretation des MRA in *Länsman* ist insofern interessant, als der Ausschuss *ohne* auf die konkreten Eigentumsverhältnisse abzustellen (die Eigentumsrechte der Sami am betroffenen Gebiet waren nicht eindeutig etabliert und strittig)[258] folgert, dass die jeweilige indigene Gemeinde die Möglichkeit haben müsse, mit ihren traditionellen Aktivitäten wie Jagen oder Rentiere-Züchten, fortzufahren (**sustainability Element**). Gemäß den Schlussfolgerungen des MRA ist der Grund und Boden, der für die Weiterführung dieser traditionellen Aktivitäten notwendig ist, von Art 27 PBPR geschützt. Etwas unbefriedigend im konkreten Fall der *Länsman*-Fälle ist jedoch das Abstellen des MRA auf die *Quantität* der Beeinträchtigung – bei der Prüfung, ob ein Mindestmaß an Eingriff überschritten ist und somit eine Verletzung des Art 27 PBPR vorliegt. Die antragstellenden Sami hatten *qualitativ* argumentiert und auf die Tatsache hingewiesen, dass das strittige Gebiet – auch wenn es nur klein sei – von essentieller Bedeutung für ihre traditionellen Aktivitäten der Rentierzucht sei. Der Ausschuss kam in *Länsman* schießlich zu dem Schluss, dass – da nur eine kleine Fläche durch den Steinabbau in Mitleidenschaft gezogen worden war – Art 27 PBPR nicht verletzt worden sei.

Es ist, gemäß der Rechtsprechung des Ausschusses in den *Länsman*-Fällen, indigener Grund und Boden also nur gegen solche Eingriffe geschützt, die über ein gefordertes (quantitativ bestimmtes) Mindestmaß hinausgehen. Dies er-

---

[257] *Scheinin*, Right to enjoy a distinct culture, 163. Vgl auch das Reformschema 2 eines Schutzes vor Störung (im 2. Abschnitt).

[258] Vgl *Anaya, Williams*, Protection of Indigenous Peoples' Rights in the Inter-American System, 52.

scheint insofern unzureichend, als ja die Beeinträchtigung für ein indigenes Volk an einer bestimmten Stelle nicht unbedingt immer an quantitativen Kriterien messbar sein muss.

Trotz allem zeichnet sich in der neueren Judikatur des MRA *(Mahuika v. New Zealand*[259] *und Diergaardt v. Namibia*[260]) schon eine **Weiterentwicklung** seiner Rechtsprechung ab.[261] So beginnt der Ausschuss etwa, die *religiöse/ spirituelle Bedeutung* des indigenen Grund und Bodens in den Mittelpunkt zu rücken. Ist einmal Land und Territorium als essentieller Teil der indigenen *Spiritualität* geschützt, würde *jeder* Eingriff in Land eine Verletzung des Art 27 PBPR bedeuten. Die Notwendigkeit eines Mindestausmaßes der Störung, die noch in den *Länsman*-Fällen vom Ausschuss gefordert wird, wird so überwunden. Das quantitative Element wäre demnach einem absoluten Schutz vor Störung (da ja jeder Eingriff in ein Land, das grundsätzliche Bedeutung für die indigene Spiritualität hat, eine Verletzung darstellt) gewichen.

Kurz, es zeichnet sich ein immer kompletterer Schutz der indigenen Siedlungsgebiete durch den MRA ab. Der MRA beurteilt damit zunehmend Situationen aus der *Perspektive indigener Völker*, wenn er bei der Prüfung, ob eine Verletzung vorliegt, darauf abstellt, welchen Wert ein bestimmtes Stück Land für die indigene Kultur/ Religion etc. hat.

Das Element der **Konsultierung**[262] ist ein anderer Prüfungsbestandteil, welcher vom MRA benützt wird, um zu bestimmen, ob ein Eingriff in historisch besiedelten Grund und Boden oder in traditionelle Aktivitäten eine Verletzung des Art 27 PBPR darstelle. Im *Länsman*-Fall prüfte der Ausschuss zunächst, ob die Sami vor der Rohstoffausbeutung gehört worden waren. Da dies geschehen war, wurde keine Verletzung des Art 27 PBPR festgestellt, obwohl der MRA Probleme während des Konsultationsprozesses festgestellt hatte.

Das Element der „consultation“, das vom MRA verwendet wird, ist mit der notwendigen Konsultierung nach Art 6 Konv 169 vergleichbar. Die letztgenannte Bestimmung erscheint trotz allem weiter reichend. So etabliert Art 6 (2)

---

[259] *HRC*, Mahuika et al v. New Zealand, Communication 547/1993, UN-Doc CCPR/C70/D/547/1993.

[260] *HRC*, Diergaardt et al. v. Namibia, Communication 760/1997, UN-Doc CCPPR/C/69/D/760/1997.

[261] Auch bei der Untersuchung des Staatenberichts von Chile (1999) stellt der MRA auf qualitative Kriterien ab, wenn er feststellt, dass aufgrund der einzigartigen Gewächse in einem bestimmten Tal, die für den traditionellen indigenen Lebensstil (also für den Erhalt ihrer kulturellen Identität) notwendig seien, die Mapuchen nicht umgesiedelt werden dürften.

[262] Siehe auch den *General Comment No 23 on Art 27* (1994) des HRC, „[t]he enjoyment of those rights [rights to traditional activities] may require […] measures to ensure the effective participation of members of minority communities in decisions which affect them.” [Hervorhebungen durch die Autorin].

Konv 169 klare *qualitative* Kriterien der Art und Weise der Konsultierung (guter Glaube; mit dem Ziel, ein Einverständnis oder eine Zustimmung zu erreichen), wohingegen das Element der Konsultierung des MRA prinzipiell sicherzustellen scheint, dass indigene Völker überhaupt gehört werden. *C. Scott* qualifiziert in diesem Sinn die vom MRA geforderte Konsultation als „[p]rocess oriented state obligation, an obligation of conduct more than of result".[263] Trotz allem befindet sich auch hier die Rechtsprechung des MRA in *fortlaufender Weiterentwicklung*:[264] So hat etwa in seinen letzten Fällen (insbes in *Mahuika v. New Zealand*) der MRA die notwendigen Elemente eines adäquaten Konsultations- und Partizipationsprozesses genauer definiert.[265]

b) Weiterentwicklung: zunehmende Interdependenz von Art 1 und 27 PBPR

Tatsächlich unterstützt der MRA, mit der immer genaueren Ausformulierung der Kriterien zur Überprüfung des „sustainability" Elements und durch die immer detailliertere Feststellung, welchen Anforderungen eine ordnungsgemäße Konsultierung genügen müsse, die selbständige Entwicklung indigener Völker auf ihrem Gebiet. Anders formuliert schützt der MRA also einen Kernaspekt des *Rechts auf Selbstbestimmung indigener Völker* indirekt über Art 27 PBPR. Auch wenn – gemäß dem auf individualrechtliche „Mitteilungen" („Communications") abstellenden Fakultativprotokoll (FP) zum PBPR – keine direkten Verletzungen des Art 1 PBPR (Selbstbestimmungsrecht) aufgrund dessen kollektiver Formulierung geltend gemacht werden können, fließen so doch vermehrt zumindest Elemente des Rechts auf Selbstbestimmung in die Interpretation des Art 27 PBPR und anderer Artikel ein.

Ein Beweis, dass der unter Art 1 und 27 des PBPR erreichte Schutz in der Interpretation des MRA praktisch derselbe ist, sind die „Concluding Observations" des MRA zu den verschiedenen **Staatenberichten.** So hat sich der MRA ausdrücklich auf **Art 1 PBPR**, auf das **Recht auf Selbstbestimmung,** berufen,

---

[263] *Scott*, Multinational Enterprises and emergent jurisprudence on violations of economic, social and cultural rights, in *Eide, Krause, Rosas* (Hrsg), Economic, Social and Cultural Rights, 2001, 563ff (582).

[264] Vorlesung von *M. Scheinin,* gehalten auf dem Indigenous Rights Course am 9. Juni 2002 in Galway. Siehe auch *M. Scheinin*, Recent developments in the application of the right to self-determination under the Covenant on Civil and Political Rights, Konferenzpapier, präsentiert auf der Universität von Tromssa, Norwegen, den 28. Februar 2002, 18ff.

[265] Dies unbeschadet der Tatsache, dass der MRA im konkreten Mahuika v. New Zealand-Fall keine Verletzung des Art 27 PBPR festgestellt hatte. So war der MRA zu dem Schluss gekommen, dass die ausführlichen Konsultationsverfahren und Gewinnbeteiligungsrechte der Maori bei der konkreten Ausbeutung ihrer traditionellen Fischereigründe durch die Neuseeländische Regierung genüge, um im Einklang mit Art 27 zu sein.

wenn dies politisch möglich war und innerhalb des jeweiligen Staates, wie etwa in Kanada oder Norwegen, schon eine entsprechende Debatte und Bezugnahme auf das Recht auf Selbstbestimmung vorausgegangen waren.

Para 8 zu Kanada: „[...] without a greater share of lands and resources institutions of aboriginal self-government will fail, the Committee emphasizes that the right to self-determination requires, inter alia, that all peoples must be able to freely dispose of their natural wealth and resources and that they may not be deprived of their own means of subsistence (art 1, para 2)."[266] (Hervorhebungen durch die Autorin.)

Der Ausschuss stellt hier ausdrücklich das Recht der indigenen Völker Kanadas fest, selbstbestimmt über ihre natürlichen Ressourcen zu verfügen. Dies bedeutet einen umfassenden Schutz indigener Länder und Territorien in Verbindung mit einer Anspielung auch auf politische Selbstbestimmung bezüglich derselben (Argument: die Formulierung „inter alia").

Die explizite Nutzbarmachung des Rechts auf Selbstbestimmung erscheint als Ideal. So darf insbes der symbolische Wert für indigene Völker, die endlich als „peoples" gewürdigt würden, nicht zu gering geschätzt werden! Rein *inhaltlich* wird jedoch in der Rechtsprechung des MRA zunehmend – auch ohne explizite Nennung des Rechts auf Selbstbestimmung – unter Berufung auf *andere Artikel* des PBPR ein materiellrechtlich annähernd gleichwertiger Schutz erzielt. So hat der MRA bei der Beurteilung von Staatenberichten in Bezug auf Staaten, wo innerstaatlich die „Pandoras Box der Selbstbestimmung" (*M. Scheinin*) noch nicht geöffnet war (**Chile** etwa), einen ähnlichen Schutz indigener Territorien wie in Kanada unter Bezugnahme auf **Art 27** PBPR erreicht.[267]

Para 22 zu Chile: „ [...] the Committee is concerned by hydroelectric and other development projects that might affect the way of life and the rights of persons belonging to the Mapuche and other indigenous communities. Relocation and compensation may not be appropriate in order to comply with article 27 of the Covenant. Therefore: when planning actions that affect members of indigenous communities, the State party must pay primary attention to the sustainability of the indigenous culture and way of life and to the participation of members of indigenous communities in decisions that affect them."[268]

Der MRA schützt bei der Beurteilung des Staatenberichts von Chile die indigene Kultur sehr umfassend. Im konkreten Fall hatte der MRA etwa eine Umsiedlung der von einem Dammbau betroffenen Mapuchen als inkompatibel mit

---

[266] *HRC*, Canada, CCPR/C/79/Add.105, 1999.

[267] Vgl Vorlesung von *M. Scheinin,* gehalten auf dem Indigenous Rights Course am 9. Juni 2002 in Galway.

[268] *HRC*, Chile CCPR/C/79/Add.104, 1999.

Art 27 PBPR abgelehnt. Dies mit der Begründung, dass nur in jenem Tal (welches von dem Kraftwerksbau betroffen war) Pflanzen, die für die Subsistenzkultur der Mapuchen notwendig waren, wachsen würden.

Der vom MRA gewährte Schutz geht dementsprechend weiter als jener des **Art 16** Konv 169: Sieht die Konv 169 bei *Umsiedlungen* nur verfahrensrechtliche Auflagen vor, die eine weitest mögliche Wahrung indigener Interessen sichern sollen, so ist der vom MRA gewährte Schutz bei schwerwiegenden Auswirkungen auf die indigene Kultur absolut![269] Ist diese zu stark beeinträchtigt, kann *kein* öffentliches Interesse Interventionen in indigene Territorien rechtfertigen.

Letztlich kommt also diese Interpretation des Art 27 PBPR durch den MRA der in Art 1(2) PBPR beschriebenen Oberhoheit über die natürlichen Ressourcen und dem in Art 1(1) PBPR beschriebenen Recht auf selbstbestimmte wirtschaftliche Entwicklung sehr nahe. Indigene Interessen (im konkreten Fall jene auf ungestörte Weiternutzung der nur in ihrem Tal wachsenden Pflanzen) werden losgelöst von staatlichen Mehrheitsinteressen betrachtet. Das Recht auf selbstbestimmte Entwicklung der Mapuchen ist im konkreten Fall tatsächlich garantiert.

c) Hopu and Bessert versus France

Doch auch andere Artikel können zum Schutz indigener Landrechte herangezogen werden. So kann etwa ein ähnlicher Schutzradius wie aus Art 27 PBPR aus dem Recht auf **Privat-** und **Familienleben** (**Art 17** und **23 PBPR**) gewonnen werden. In *Hopu and Bessert v. France* verwendet nämlich der MRA die Art 17 und 23 PBPR, um die traditionellen Begräbnisgründe eines indigenen Volkes auf Tahiti gegen den Bau eines Hotels zu schützen. (Tatsächlich hielt der MRA dann auch eine Verletzung von Art 17(1) und Art 23(1) PBPR durch die französische Regierung für gegeben.) Eine Berufung auf das Recht auf kulturelle Identität, das *a priori* die am besten passende Bestimmung gewesen wäre, konnte in diesem Fall nicht stattfinden, da Frankreich einen Vorbehalt („reservation“) zu Art 27 PBPR angemeldet hatte,[270] der seine Anwendung im konkreten Fall ausschloss.

In *Hopu and Bessert v. France*-Fall sind Landrechte also unter einer anderen Perspektive als jener des bestmöglichen Erhalts der indigenen Kultur ge-

---

[269] Vgl im Zusammenhang mit den Mehrheits- und Minderheitserwägungen auch die *dissenting opinion* von *Nisko Ando* im Lubicon Lake Band-Fall, in der das Mitglied des MRA betont: „The right to enjoy one's own culture should not be understood to imply that the Band's traditional way of life must be preserved intact at all costs" (Hervorhebung durch die Autorin), da solch ein Zugang „may hamper the economic development of the society as a whole." (*Lubicon Lake Band v. Canada*, Appendix 1.)

[270] Die Begründung der franz. Regierung war gewesen, dass es in Frankreich keine Minderheiten gäbe und Art 27 PBPR deswegen unanwendbar sei.

schützt. Nicht als Vorbedingung zu traditionellen wirtschaftlichen Tätigkeiten (Jagen, Fischen, Rentierzucht), sondern als unersetzlich für das „Privat- und Familienleben" und die Spiritualität eines Volkes, welches eine enge Verbindung zu seinen Begräbnisgründen hat. Nichtsdestotrotz ist der gewonnene Schutzumfang derselbe. Wiederum ist nicht die Eigentumssituation an der Landfläche ausschlaggebend – die Begräbnisgründe waren enteignet worden, lange bevor Frankreich den PBPR ratifizierte –, sondern die Bedeutung der Grabstätten für die Religion und die Kultur des jeweiligen Volkes. Jede Störung der Begräbnisgründe (wie durch Hotelbau) führt dementsprechend zu einer Verletzung von Art 17 und 23 PBPR, denen hiemit ein ähnlicher Schutzumfang wie Art 27 PBPR zukommt.

Neben den genannten Normen gewinnt zu guter Letzt auch das Diskriminierungsverbot des **Art 26** PBPR in der Interpretation durch den MRA zunehmend an möglichem Schutzpotential. Wie sich in der Entscheidung *Jonussen et al. v. Norway*[271] abzuzeichnen beginnt, wird **Art 26** PBPR wohl zukünftig vom MRA vermehrt zum Schutz indigener Territorien herangezogen werden. So wurde im *Jonussen et al. v. Norway*-Fall zwar die sich auf Art 26 und 27 PBPR stützende Klage wegen Nicht-Erschöpfung des nationalen Instanzenzuges zunächst zurückgewiesen (declared inadmissible), jedoch ist aus dem Wortlaut der Begründung der Zurückweisung Potential für eine mögliche Heranziehung des Art 26 PBPR zum Schutz indigener Territorien erkennbar.[272]

3. Ergebnis

Es ist festzuhalten, dass die Rechtsprechung des MRA mit der Prüfung der **sustainability** und **consultation** die im Reformmodell dieser Arbeit für einen adäquaten Schutz indigener Territorien als notwendig erachteten Elemente enthält. Die Jurisprudenz des MRA gewährt also letztlich einen ähnlichen Schutz vor Verletzung indigener Territorialrechte wie die Konv 169, auch wenn der Schutz des MRA nicht über die Zuerkennung positiver Eigentumsrechte erfolgt, sondern das Verbot illegitimer Störung zum Ansatzpunkt nimmt. Ist in einzelnen Bereichen (zB bei der erforderlichen Konsultierung gemäß des „sustainability test") dieser Schutz noch weniger präzise ausformuliert (klarerweise, da er mit der Konv 169 einem Übereinkommen gegenübersteht, das eigens zum Schutz indigener Völker ausgearbeitet worden war), so sind die Ansatzpunkte des Schutzes (Verbot von Störung und indigene Partizipation) doch jenen der Konv 169 sehr *ähnlich* und zudem in fortwährender Entwicklung begriffen. In manchen Bereichen geht der

---

[271] *Jonussen et al. v. Norway,* Communication No 942/2000, UN-Doc CCPR/C/76/D/942/2000 (views adopted in October 2002).

[272] *M. Scheinin*, Vorlesung, die auf dem Minority Rights Course am 29. November 2002 in Åbo gehalten wurde.

Schutz des MRA sogar über den durch die Konv 169 erreichten an Absolutheit hinaus (vgl die Beurteilung des Staatenberichts von Chile!!).

Kurz, indigener Grund und Boden wird – unter Berufung auf das Recht auf Kultur in Art 27 PBPR, aber auch unter Verwendung des Rechts auf Privat- und Familienleben (Art 17, 23 PBPR) – gegen jede **Störung** von außen geschützt, die die indigene Kultur grundlegend zu beeinträchtigen droht und ein Mindestmaß an erlaubter Störung (ein sogenanntes „threshold degree“) überschreitet, wobei letztbezeichnetes Element in seiner Bedeutung schwindet. Für die Bestimmung und Grenzziehung, *ab wann* eine Störung verboten wird (eben für die Festlegung jenes „threshold degrees“), werden anstelle der vormals in den *Länsman*-Fällen verwendeten *quantitativen* Kriterien (der flächenmäßigen Dimensionen des betroffenen Gebiets), vom MRA zunehmend[273] *qualitative* Kriterien (der Bedeutung des betroffenen Gebiets für die indigene Kultur) herangezogen; auch hier ist also eine Entwicklung der Rsp des MRA festzustellen. Droht der Eingriff die indigene Kultur zu *zer*stören [so stark zu beeinträchtigen, dass ihre „sustainability“ (Fortdauer) gefährdet ist], so ist der Schutz absolut: Kein öffentliches Interesse oder Mehrheitswohl kann dann den Eingriff in die indigene Kultur rechtfertigen.

Das Element der notwendigen **Konsultierung** wiederum normiert eine indigene Teilnahme am Entscheidungsprozess ihren Grund und Boden betreffend, die sicherstellt, dass die indigene Stimme wirklich gehört wird. Die geschilderten Fortschritte in der *Rechtsprechung des MRA* – die Entwicklung der Elemente der „sustainability“ und „consultation“, wie auch die vermehrte direkte und indirekte *Bezugnahme auf Art 1 PBPR* (das Recht auf **Selbstbestimmung**) – erscheinen so für indigene Völker sehr viel versprechend.

Des Gleichen zeichnet sich ein fortwährend besserer Schutz indigener Siedlungsgebiete auch in der Judikatur des *CERD-Komitees* ab, die im Folgenden behandelt wird.

II. CERD-Komitee

1. Kontrollmechanismus

Im Überwachungsmechanismus der CERD ist das Staatenberichtsverfahren (Art 9 CERD) ebenso wie das Staatenbeschwerdeverfahren (Art 11 CERD) verpflichtend. Ein beachtliches Potential für indigene Völker bietet zudem das Individualbeschwerdeverfahren der CERD. Unter der Bedingung, dass Staaten eine Erklärung unter Art 14 CERD getätigt haben, ermöglicht Art 14 CERD nämlich nicht nur die Möglichkeit individuelle, sondern auch Gruppenklagen vor das CERD-Komitee zu bringen. Tatsächlich haben bislang jedoch nur wenige Staaten

---

[273] So etwa bei der Beurteilung des Staatenberichts von Chile.

(40)[274] sich dem Individualbeschwerdeverfahren unterworfen und die entsprechende Erklärung unter Art 14 CERD abgegeben.[275]

2. Materiellrechtlicher Schutzstandard

a) Staatenberichte

Im *Staatenberichtsverfahren*[276] hat das aus 18 unabhängigen Experten bestehende „Committee on the Elimination of Racial Discrimination" (CERD-Komitee) nun schon einige Male sehr klar Regierungspolitiken im Bezug auf Landrechte kritisiert.

So hat etwa im März 1999 das CERD-Komitee die **australische** Gesetzgebung (genauer gesagt den *Native Title Amendment Act* aus 1998, der eine Reform zum *Native Title Act* aus 1993 darstellt und teilweise Zugeständnisse desselben rückgängig macht) als diskriminierend und als nicht in Einklang mit der CERD stehend befunden.[277] Der *Native Title Amendment Act* diskriminiere gegen „native title holders" (die Aborigines mit anderen Worten), da er teilweise vergangene Akte legitimiere, die den Native title erlöschen lassen. Das CERD-Komitee hält fest „[to] wind back the protections of indigenous title offered in the Mabo decision and the Native Title Act 1993 [...] might not comply with Articles 2 and 5 for the Racial Discrimination Convention."[278] Die fehlende Teilnahme der indigenen Völker bei der Erarbeitung der *„Amendments"* war zudem vom Komitee als Verletzung von Art 1(4) und 2(2) CERD betrachtet worden.[279] Im Hinblick darauf forderte das CERD-Komitee die australische Regierung auf, die Umsetzung der Reformen von 1998 auszusetzen und erneut in Verhandlungen mit den Vertretern der „Aboriginal and Torres Strait Islander peoples" einzutreten, um eine für alle akzeptable politische Lösung, die im Einklang mit der CERD stünde, zu finden.[280]

Die Judikatur des CERD-Komitees schützt dementsprechend indigene Rechte an ihren Siedlungsgebieten sowie die indigene Teilnahme an Entscheidun-

---

[274] Quelle: Website des UNHCHR, http://www.unhchr.ch/pdf/report.pdf; Stand Juli 2003.

[275] So haben beispielsweise weder Nicaragua noch Mexiko oder Kolumbien eine Erklärung unter Art 14 CERD abgegeben und das Individualbeschwerdeverfahren akzeptiert.

[276] Staatenberichte sind gemäß Art 9(1) CERD alle zwei Jahre abzuliefern, wobei das CERD-Komitee in der Praxis nur alle vier Jahre einen wirklichen Bericht und zwischenzeitlich – wenn nötig und relevant – „Ergänzungsberichte" fordert. (Vgl diesbezüglich *Triggs*, Indigenous Peoples and Resource Development, 141.)

[277] *CERD-Committee*, Findings on the Native Title Amendment Act 1998, UN-Doc CERD/C/54/Misc.40/Rev.2, at 7, März 1999. Siehe im Detail *Triggs*, 141f.

[278] *CERD-Committee*, ebda, at 6.

[279] *CERD-Committee*, ebda, at 8.

[280] *CERD-Committee*, Decision 2(54) on Australia-Concluding obervations'comments, UN Doc. CERD/C.54/Misc.40./Rev.2, März 1999.

gen, die diese Gebiete betreffen (wie eben den *Native Title Amendment Act*). Mit Worten von *G. Triggs*:

„The recent findings by CERD that Australia's native Title Amendment Act 1998 (Cth) discriminates racially against indigenous title holders by, among other things, restricting their right to negotiate, provide a powerful example of the willingness of the Committee to insist on indigenous rights to participate in resource development of their ancestral lands."[281]

Kurz, auch das CERD-Komitee behütet die Territorien indigener Völker, diesmal unter dem „Label" des Verbots der Diskriminierung.

Bei der Untersuchung des 11. und 12. Staatenberichts von **Finnland**[282] (1996) wiederum hatte das CERD-Komitee seine Besorgnis über den mangelnden Schutz der Landrechte der Sami durch nationale Gesetze ausgedrückt und sich über die nationalen und internationalen Entwicklungen [Bergbau, Ressourcenausbeutung *(mining, logging)*] alarmiert gezeigt, die die Kultur der Sami bedrohen.[283] In seinen Empfehlungen fordert das Komitee die finnische Regierung auf, eine klare Politik zu den Landrechten der Sami auszuarbeiten, ebenso wie die Ratifikation der ILO Konvention 169 in Erwägung zu ziehen.[284]

b) Individualvorbringen

Im Individualbeschwerdeverfahren der CERD waren bislang noch keine indigenen Petitionen zu behandeln. Auch nicht bei den Staaten, die eine Erklärung unter Art 14 abgegeben und sich dem Verfahren unterworfen haben.[285] Dies dürfte sich jedoch im Hinblick auf die rege Aktivität des Komitees im Staatenberichtsverfahren wohl bald ändern. Tatsächlich würde nämlich die durch *Art 14 CERD* eröffnete Möglichkeit des Individualbeschwerdeverfahrens, das auch Gruppen ermöglicht, *kollektive* Beschwerden vorzubringen, der Durchsetzung der Landrechte indigener Völker sehr zu Gute kommen. So könnten indigene Völker sich auf Art 2(2) CERD berufen, tatsächliche Diskriminierung („discrimination in fact") geltend machen, eine Klage (complaint) unter Art 14 CERD einbringen, und Staaten auffordern, die willkürlich („arbitrarily") enteigneten Gebiete zurückzugeben.

---

[281] *Triggs*, Indigenous Peoples and Resource Development, 131.

[282] *CERD-Committee*, 48th session, 26.2.-15.3. 1996. Für Details siehe Finnish Sami Parliament, *Land Rights, Linguistic Rights and Cultural Autonomy for the Finnish Sami People*, welches auf der Website http://arcticcircle.uconn.edu/SEEJ/sami1.html auch Informationen von *Indigenous Affairs*, No33/4, July-December 1997 veröffentlicht.

[283] CERD-Committee, ebda 11.

[284] CERD-Committee, ebda 23.

[285] Quelle: Website des UNHCR;
http://www.unhchr.ch/tbs/doc.nsf/FramePage/TypeJurisprudence?OpenDocument; Stand Juni 2003.

Insgesamt wäre indigenen Völkern und sie unterstützenden NGOs also zu raten, ihre Regierungen zu lobben und dazu zu bringen, eine Erklärung unter Art 14 CERD abzugeben (wenn sie dies noch nicht getan haben.) Wurde das Individualbeschwerdeverfahren staatlicherseits schon akzeptiert, so sollte vermehrt die Möglichkeit ergriffen werden, wirklich Beschwerden einzubringen, wann immer auch indigene Territorialrechte verletzt werden. Das Potential, das die CERD indigenen Völkern zur Verteidigung ihrer Territorien bietet, ist nämlich bei weitem noch nicht ausgeschöpft.[286]

III. Resümee

Durch die Rechtsprechung des MRA ebenso wie durch die Tätigkeit des CERD-Komitees werden die Elemente eines kulturell adäquaten und notwendigen Schutzes indigenen Grund und Bodens mit universeller Verbindlichkeit ausgestattet. So sei daran erinnert, dass 149 Staaten den Pakt bürgerlicher und politischer Rechte im Juli 2003 ratifiziert hatten, und sich 104 Staaten dem Individualbeschwerdeverfahren des Fakultativprotokolls unterworfen hatten. Die CERD ist von 168 Staaten ratifiziert.[287]

Es kann also davon *ausgegangen* werden, dass auf universal-internationaler Ebene die traditionellen Siedlungsgebiete indigener Völker vor Verletzungen von Staaten und anderen Akteuren rechtlich geschützt sind. Dieser Schutzstandard wird durch die Rechtsprechung der interamerikan. Überwachungsorgane noch zusätzlich auf regionaler (interamerikan.) Ebene verstärkt und unterstützt.

B. Regionale Schutzorgane

Auf **regionaler Ebene** wird der Schutz indigener (Land)Rechte durch die Interamerikan. Menschenrechtskommission (*Inter American Commission on Human Rights*) und den Interamerikan. Gerichtshof für MR (*Inter American Court of Human Rights*) getätigt. Die Interamerikan. Menschenrechtskommission hat im Rahmen ihres Mandats die Möglichkeit, allgemein und umfassend die Menschenrechte im interamerikan. Raum zu schützen.[288] Normative Grundlage hiefür ist –

[286] Einige, vor allem internationale NGOs betreiben schon vermehrt diesbezügliche Aufklärungsarbeit. So hat etwa die Minority Rights Group ein ausgezeichnetes Skriptum zur CERD herausgebracht. (*Tanaka, Nagamine*, The International Convention on the Elimination of All Forms of Racial Discrimination: A Guide for NGOs, 2001.)

[287] Office of the United Nations High Commissioner for Human Rights, Status of Ratification of the Principal International Human Rights treaties, Stand vom 7. Juli 2003.

[288] Vgl Art 106 Charta der OAS: „There shall be an Inter-American Commission on Human Rights [...] to promote the observance and protection of human rights."

falls die ACHR vom jeweiligen Staat nicht ratifiziert wurde – die American Decl [Vgl Art 1 (2) Statute of the Commission on Human Rights]. Der Interamerikan. Gerichtshof für MR ist zuständig, wenn der jeweilige Staat der ACHR beigetreten ist und sich zudem der Rechtsprechung des Gerichtshofs gemäß Art 62 ACHR unterworfen hat, was jedoch die überwiegende Mehrzahl der Staaten getan hat. Immerhin haben mehr als 20 Staaten (darunter Kolumbien, Nicaragua und Mexiko) diese Unterwerfungserklärung abgegeben.

In **inhaltlicher Sicht** haben die interamerikan. Überwachungsorgane einen weit reichenden Schutz indigenen Grund und Bodens in einer sich ständig weiter entwickelnden Rechtsprechung erreicht und bieten mit ihrem umfassenden Schutz indigener Landrechte sogar der Judikatur des MRA Paroli. Eine Entwicklung, welche mit der „Awas Tingni" Entscheidung des Interamerikan. Gerichtshofes für MR am 31. August 2001 gekrönt wird.

I. Interamerikan. Menschenrechtskommission

Tatsächlich können *alle* Mitgliedstaaten der OAS (unabhängig davon, ob sie die ACHR ratifiziert haben) durch von der Interamerikan. Menschenrechtskommission angefertigte Länderberichte[289] oder im Individualbeschwerdeverfahren vor der Menschenrechtskommission belangt werden.[290] Gegen Staaten, die die ACHR ratifiziert haben, kann[291] vor der Kommission mittels Individual- oder Staatenbeschwerdeverfahren vorgegangen werden. Das Individualbeschwerdeverfahren ist hiebei obligatorisch (Art 44 ACHR),[292] das Staatenbeschwerdeverfahren

[289] Im Gegensatz zum UN-System beruhen die Länderberichte primär auf einer Eigeninitiative der Interamerikan. Menschenrechtskommission; es ist kein periodisches Staatenberichtssystem vorgesehen. Zumeist betreffen sie berichtete Rechtsverletzungen. (So war etwa der Fall der Huaroani in Ecuador Auslöser für Berichte der Kommission.)

[290] Die Kompetenzen der Interamerikan. Menschenrechtskommission waren graduierlich ausgeweitet worden. Zunächst sollte die Kommission lediglich Informationen verbreiten und eine Präventivfunktion ausüben, die der staatlichen Souveränität nachgeordnet war. In extensiver Interpretation ihrer Kompetenzen befand sich die Kommission dann selbst in der Lage, auch Länderberichte zu verfassen und nicht nur allgemeine Erklärungen abzugeben. In der Folge wurden die Kompetenzen der Kommission dann von der OAS erweitert, es wurde etwa ein Individualbeschwerdeverfahren (Grundzüge auf der Konferenz von Rio 1965) eingeführt und die Kommission 1970, auf der Konferenz von Buenos Aires, als Hauptorgan der OAS in der Charta festgeschrieben: sie besteht also nicht mehr bloß aufgrund eines Konferenzbeschlusses.

[291] Die Interamerikan. Menschenrechtskommission ist gemäß Art 41 ACHR mit dem Mandat der Promotion und des Schutzes der Menschenrechte beliehen. (Art 41 ACHR: „The main function of the Commission shall be to promote respect for and defense of human rights. In the exercise of its mandate, it shall have the following functions and powers: [...]")

[292] Insofern besteht ein Unterschied zum PBPR, wo das Individualbeschwerdeverfahren erst im Fakultativprotokoll normiert ist.

fakultativ (Art 45 ACHR).[293] Die Kommission hat gemäß Art 61 ACHR in der Folge die Möglichkeit, einen Fall vor den Interamerikan. Gerichtshof für MR zu bringen, wenn sich der betroffene Staat der Rsp des Gerichtshofs unterworfen hat.

1. Verfahren

Wichtig für den Schutz indigener Völker im Rechtsschutzverfahren der Interamerikan. Menschenrechtskommission ist, dass die Beschwerde auch von Personen bzw Personengruppen erhoben werden kann, die nicht persönlich Opfer einer Konventionsverletzung sind.[294] Dies bedeutet, dass etwa auch NGOs Rechtsverletzungen für indigene Völker anhand einer Individualbeschwerde geltend machen können.[295] Auch die „On-Site Inspections" der Kommission dienen dem Schutz indigener Völker, da sich die Menschenrechtskommission ein Bild der Lage machen kann.[296]

In der Folge soll der materiellrechtliche Schutzstandard indigener Rechte in der Rechtsprechung der Kommission behandelt werden.

2. Materieller Schutzstandard: der Ecuadorbericht

Die Interamerikan. Menschenrechtskommission erwähnt den Schutz indigener Landrechte als notwendige Voraussetzung für den Fortbestand indigener Völker als „Völker" und als essentiell für den Erhalt der indigenen kulturellen Identität in verschiedenen Berichten und Fällen.[297] In der Rechtsprechung der Kommission lässt sich so eine Entwicklung[298] feststellen, die von einer zuneh-

---

[293] Bis jetzt haben sich 10 Staaten dem Staatenbeschwerdeverfahren unterworfen: so Kolumbien, nicht aber Mexiko und Nicaragua. Die Staatenbeschwerde hat keine praktische Bedeutung: bis dato gibt es keine Fälle.

[294] Vgl Art 44 ACHR: „Any person or group of persons, or any nongovernmental entity legally recognized in one or more member states of the Organization, may lodge petitions with the Commission containing denunciations or complaints of violation of this Convention by a State Party."

[295] Vgl in diesem Sinn auch *Scheinin*, Right to enjoy a distinct culture, 179.

[296] Vgl Art 40 Rules of Procedure of the Inter American Commission on Human Rights: „(2) [...] in serious and urgent cases, only the presentation of a petition or communication that fulfills all the formal requirements of admissibility shall be necessary in order for the Commission to conduct an on-site investigation with the prior consent of the State in whose territory a violation has allegedly been committed."

[297] Für eine detailliertere Analyse der Judikatur der Interamerikan. Menschenrechtskommission bis 1986, siehe *Shelton*, Land Rights and Indigenous Peoples: The Role of the Inter-American Commision on Human Rights, Essay prepared for the Seventh Annual International Human rights Symposium and Research Conference, „Ethnicity and Rights: The Protection of Minorities", 1986. Die jüngere Rechtsprechung der Kommission wird von *MacKay* (IWGIA handbook: A Guide to Indigneous Peoples' Rights in the Inter-American Human Rights System, 2002) analysiert.

[298] Zeigte die Interamerikan. Menschenrechtskommission in ihren Anfangszeiten [so etwa im *Ache Tribe* Fall, Case 1802 (Paraguay), Inter-Am C.H.R, 151, (1977)] noch wenig Beachtung

menden Wahrung indigener Rechte gekennzeichnet ist. Schon in der *Yanomami* Entscheidung aus 1985[299] fand die Kommission eine grundsätzliche staatliche Pflicht, die Rechte der Yanomami zu schützen.[300] Es sind vor allem die jüngeren Berichte der Kommission, [zu Kolumbien (1999),[301] Peru (2000),[302] Guatemala (2001)[303,304]] in denen die Interamerikan. Menschenrechtskommission die Anerkennung von Landrechten als notwendiges Element der indigenen kulturellen Identität sieht.[305]

Der Ecuador-Bericht (1997)[306]

Es soll nun der weit reichende Schutz indigener Territorien durch die Kommission beispielhaft am Ecuadorbericht aufgezeigt werden. In diesem erreicht die Interamerikan. Menschenrechtskommission einen umfassenden Schutz indigener Rechte an Grund und Boden, indem sie sich insbes auf die **Bestimmungen** des „right to life (Art 4); the right to physical, mental and moral integrity (Art 5); the right to information (Art 13); the right to participation (Art 23); and the right to access to court (Art 25)" der ACHR stützt.[307] Eine detailliertere Analyse zeigt, dass sich im Bericht der Kommission genau jene Elemente finden, die zuvor in Kapitel zwei dieses Abschnittes als notwendig für einen kulturell adäquaten Schutz indigener Territorien identifiziert wurden:

---

für indigene Anliegen [vgl den diesbezüglichen Vorwurf von *Shelton* an die Kommission (Land Rights and Indigenous Populations, The Role of the Inter-American Commission on Human Rights, 11)]; so ist in späteren Fällen (Yanomami, Miskito) eine vermehrte Bezugnahme auf indigene Rechte zu verzeichnen.

[299] *Yanomami*-Fall, Case 7615 (Brazil), Inter-Am C.H.R., OEA/Ser.L/V/II.66 (1985).

[300] Vgl auch die Analyse des *Yanomami* Falls in *Scott,* Multinational enterprises and emergent jurisprudence on violations of economic, social and cultural rights, 577.

[301] *IACHR*, Third Report on the Situation in Colombia, OEA/Ser/L/V/II.102 doc.9 rev.1 (26 February 1999).

[302] *IACHR*, Second Report on the Human Rights Sitatuion in Peru, OEA/Ser.L/V/II.106 Doc. 59. rev (2 June 2000).

[303] *IACHR*, Fifth Report n the Situation of Human rights in Guatemala, OEA/Ser.L/V/II. 111 doc. 21 rev (6 April 2001).

[304] *F. MacKay*, Indigenous Peoples' Rights in the Inter-American Human Rights System, 82.

[305] Siehe *Anaya, Williams*, „[a]ccording to the Commission, the right to the integrity of, in particular indigenous peoples' culture covers the aspects linked to productive organization, which includes, among other things, the issue of ancestral and communal lands." (*Anaya, Williams*, Protection of Indigenous Peoples' Rights in the Inter-American System, 50.)

[306] *IACHR*, Report on the Situation of Human Rights in Ecuador, OEA/Ser.L/V/II.96, Doc. 10 rev.1 (1997).

[307] Für eine ausführliche Analyse, siehe *MacKay*, Indigenous Peoples' Rights in the Inter-American System, 68ff; *Scheinin*, Right to enjoy a distinct culture, 179ff.

a) Die Interamerikan. Menschenrechtskommission sieht in ihrem Ecuadorbericht die Rechte an Grund und Boden als entscheidende Voraussetzung der indigenen Kultur und hebt vor allem die **kollektiven** Aspekte dieser indigenen Beziehung zu den Territorien hervor.

„The situation of indigenous peoples in the [Ecuadorian Amazon] illustrates, on the one hand, the essential connection they maintain to their traditional territories, on the other hand, the human rights violations which threaten when these lands are invaded and when the land in itself is degraded [...] For many indigenous cultures, continued utilization of traditional collective systems for the control and use of territory are essential to their survival, as well as to their individual and collective well-being. Control over the lands refers to both its capacity of providing the resources which sustain life, and to the geographical space necessary for the cultural and social reproduction of the group."[308] (Hervorhebungen durch die Autorin.)

b) In ihren Empfehlungen unterstreicht die Kommission dementsprechend die notwendige Restriktion von Siedlern auf Gebiete, wo sie der indigenen Kultur nicht schaden können.

„Given that the protection of the rights of indigenous individuals and communities affected by oil and other development activities requires, that adequate protective measures be put in place before damage has been suffered, the Commission recommends that the State take the measures necessary through the National Institute of Agricultural Development and other agencies to restrict settlers to areas which do not infringe upon the ability of indigenous peoples to preserve their traditional culture."[309] (Hervorhebungen durch die Autorin.)

Auch wenn die Kommission nicht explizit *Eigentums*rechte erwähnt (also in ihrem Schutz nicht auf die positivrechtliche Normierung von Landrechten abstellt), so bedeutet doch die Beschränkung der Siedler und des Ressourcenabbaus auf Gebiete, wo sie der indigenen Kultur nicht schaden können, einen indirekten (gewissermaßen negativ formulierten) **Schutz** der **indigenen Territorien**. Aus umgekehrter Perspektive betrachtet ergibt sich, dass letztendlich genau die Gebiete geschützt sind, die dem traditionellen Siedlungsgebiet der indigenen Völker entsprechen (sonst würden die Siedler und Ressourcenabbauaktivitäten ja die indigene Kultur stören!), die Dimensionen des geschützten Gebietes demgemäß als mit jenen des Art 14 Konv 169 (der Besiedlung von alters her) identisch erscheinen.

Doch die Menschenrechtskommission etabliert in ihrem Bericht auch **positive staatliche Verpflichtungen**. So findet sie die Pflicht des Staates Ecuador, die Effektivität seiner Gesetze sicherzustellen. Die Kommission stellt fest, dass die

308 Ecuador-Bericht, 115.
309 Ebda, 16.

formale Existenz von Gesetzen nicht genug sei, einen effektiven Schutz der indigenen Landrechte zu garantieren:

„[t]he Commission considers that the absence of regulation, inappropriate regulation, or a lack of supervision in the application of extant norms may create serious problems with respect to the environment which could translate into violations of human rights protected by the American Convention."[310] (Hervorhebungen durch die Autorin.)

In der Rsp der Interamerikan. Menschenrechtskommission genügt es also für einen *tatsächlichen* Schutz indigener Landrechte nicht, dass adäquate Gesetze theoretisch erlassen sind und existieren: Besagte Gesetze müssen auch gerichtlich durchsetzbar sein und es ist die Pflicht des Staates Ecuador sicherzustellen, dass der Ressourcenabbau im Rahmen der erlassenen Gesetze stattfindet. Ecuador kommt somit die Aufgabe zu, auch gegenüber *dritten Personen,* auf *horizontaler Ebene*, den Schutz indigener Landrechte mit den dazu notwendigen Mitteln („with all necessary means") zu garantieren. Dies kann, wie die Kommission in ihren Schlussfolgerungen und Empfehlungen festhält, die Pflicht Ecuadors bedeuten, anhängige Forderungen auf Titulierung, Nutzung oder Kontrolle der von alters her besiedelten Territorien zu klären („to resolve pending claims over title, use and control of traditional territories"). Mit anderen Worten, die Kommission nötigt Ecuador, die garantierten Rechte indigener Völker zu *implementieren.*

Ebenso betont die Kommission in ihrem Bericht die Notwendigkeit eines effektiven Gerichtszugangs (**„acces to justice"**) aller Personen, die etwa durch Umweltverschmutzung und ähnliche Menschenrechtsverletzungen in ihren Rechten verletzt worden sind.

Zu guter Letzt bemerkt die Menschenrechtskommission, dass auch eine indigene **Partizipation**, also eine Teilnahme indigener Völker an Entscheidungen, die sie betreffen, notwendig sei. So unterstreicht die Kommission in ihren Empfehlungen,

„[s]uch protection [of the rights of indigenous individuals and communities affected by oil and other development activities] further requires that the State take the measures necessary to ensure the meaningful and effective participation of indigenous representatives in the decision-making processes about development and other issues which affect them and their cultural survival. ‚Meaningful' in this sense necessarily implies that indigenous representatives have full access to information, which will facilitate the participation."[311] (Hervorhebungen durch die Autorin.)

---

[310] Ebda, 89.
[311] Ebda, 116.

Gemäß der Interamerikan. Menschenrechtskommission ist also ein „meaningful participation process" notwendig, falls „development or other issues" die indigene Kultur beeinträchtigen. Die Kommission fordert die notwendige Teilnahme indigener Völker, wenn Entwicklungsprojekte ihre kulturelle Identität bedrohen (dh wenn ihre Siedlungsgebiete, die ja notwendige Voraussetzungen/Bestandteile der indigenen Kultur sind, von solchen Projekten betroffen sind). Betont sei, dass im Hinblick auf die *verfahrensrechtlichen qualitativen Standards* die von der Kommission geforderte notwendige Partizipation weiter geht und genauer ausformuliert ist, als die augenblicklich noch[312] vom MRA geforderte Konsultierung. Beispielsweise hält die Kommission ausdrücklich fest, dass ein *voller* Zugang zu *Information* ein notwendiges Element eines sinnvollen („meaningful") Partizipationsprozesses darstelle.

Resümierend kann gesagt werden, dass im Ecuadorbericht alle Elemente für einen kulturell adäquaten Schutz indigener Länder enthalten sind: Positive staatliche Verpflichtungen sollen indigene Siedlungsgebiete gegen jedes unerlaubte Eindringen von Drittpersonen schützen, ein notwendiger Zugang zu Gerichten und eine „meaningful participation" (inkludierend eine notwendige Informationspflicht), wenn Projekte indigene Länder betreffen, ist festgehalten.

In diesem Zusammenhang sei erinnert, dass ja auch die *Proposed American Declaration on the Rights of Indigenous Peoples*, die einen umfassenden Schutz indigener Landrechte mit umfassender indigener Entscheidungsmacht über dieselben vorsieht,[313] von der Interamerikan. Menschenrechtskommission im Februar 1997 approbiert wurde. Die Proposed American Decl on Indigenous Peoples kann so als Ausdruck der Bereitwilligkeit der Interamerikan. Menschenrechtskommission gelesen werden, u. a. indigene Rechte an Grund und Boden umfassend zu schützen.

Der aufgezeigte weitgehende Schutz indigener Rechte an Grund und Boden durch die Kommission wird dann durch die im Herbst 2001 ergangene Awas Tingni-Entscheidung des Interamerikan. Gerichtshofs für MR, welche die Rechte indigener Völker auf revolutionärste Weise schützt, ergänzt und weiter vorangetrieben.

---

[312] Beachte jedoch, dass sich die Rechtsprechung des MRA in fortlaufender Entwicklung befindet.

[313] Vgl in diesem Zusammenhang etwa Art 18 Proposed American Decl on Indigenous Peoples, die unter dem Titel „Traditional forms of ownership and cultural survival. Rights to land, territories and resources" alle wichtigen Elemente für einen adäquaten Schutz indigener Territorien zusammenfasst. Wie oben erwähnt, entspricht der inhaltliche Schutzstandard der Proposed American Decl on Indigenous Peoples in ungefähr jenem der Draft UN-Decl.

II. Interamerikanischer Gerichtshof für Menschenrechte

1. Verfahren

Von besonderer Relevanz für indigene Völker sind die Individualbeschwerdeverfahren,[314] welche gemäß Art 61 ACHR von der Interamerikan. Menschenrechtskommission (bzw vom betroffenen Staat, nicht jedoch von Individualpersonen) vor den *Interamerikan. Gerichtshof für MR* gebracht werden können. (Bezüglich der notwendigen Ratifikation der ACHR und der gemäß Art 62 ACHR erforderlichen staatlichen Unterwerfungserklärung unter die Jurisdiktion des Gerichtshofs, siehe oben).

Im Fall einer festgestellten Konventionsverletzung kann nach Art 63 ACHR der Gerichtshof etwa die *Unterlassung* der Verletzung oder Entschädigungszahlungen beschließen und auch Berichte über die Implementierung des Urteils fordern, wie dies im Awas Tingni-Fall geschehen war. Die *a priori* rechtsunverbindlichen Empfehlungen der Kommission können so – wenn diese den Fall vor den Gerichtshof bringt – mit entsprechender normativer Gültigkeit und Sanktionsmöglichkeit ausgestattet werden, ebenso wie die staatliche Umsetzung nachgeprüft werden kann.

Inhaltlich wird der Schutz des Gerichtshofs zunehmend stärker ausgeprägt, wie insbes am Awas Tingni Fall zu zeigen sein wird. Anders als die Kommission im Ecuadorbericht, stellt der Interamerikan. Gerichtshof für MR auf den positivrechtlichen Schutz der Landrechte als *Eigentums*rechte indigener Völker ab.

2. Materieller Schutzstandard: die Awas Tingni-Entscheidung

Die Awas Tingni-Entscheidung[315] des Interamerikan. Gerichtshofs für MR ist in vielen Bereichen revolutionär. So findet der Gerichtshof etwa, dass der Holzabbau des multinationalen Konzerns SOLCARSA mit einer Konzession der nicaraguan. Regierung auf den traditionellen Siedlungsgebieten der indigenen Awas Tingni Gemeinde eine Verletzung des Rechts auf Eigentum [Art 21 ACHR iVm Art 1(1), 2 ACHR] darstelle. Indigene Landrechte sind dementsprechend durch die ACHR und das in ihr verankerte Recht auf Eigentum geschützt. In diesem Zusammenhang stellt der Gerichtshof zusätzlich fest, dass auch Art 25 ACHR, das Recht auf freien Gerichtszugang („right to access to court") vom nicaraguan. Staat verletzt worden sei, da die Awas Tingni Gemeinde keine Möglichkeit gehabt habe, ihre Landrechte mit effektiven Rechtsmitteln vor nicaraguan. Gerichten einzufordern. (Dazu im Detail im nicaraguan. Abschnitt.)

---

[314] Die ebenfalls möglichen Staatenbeschwerdeverfahren sind von keiner praktischen Relevanz.

[315] *Inter-American Court on Human Rights*, The Mayagna (Sumo) Awas Tingni Community v. The Republic of Nicaragua, Judgment of 31 Aug. 2001, text of the case available under www.indianlaw.org (Awas Tingni-Entscheidung, *Awas Tingni v. Nicaragua*).

Das Urteil des Interamerikan. Gerichtshofs für MR im Awas Tingni Fall weist **alle Elemente eines adäquaten Schutzes** indigener Landrechte auf. Zunächst verweist der Gerichtshof ausdrücklich auf die besondere **Bedeutung** und den Wert, den indigene Territorien für die **kulturelle Identität** der indigenen Völker hätten. „For indigenous communities, relations to the land are not merely a matter of possession and production but a material and spiritual element which they must fully enjoy, even to preserve their cultural legacy and transmit it to future generations."[316]

Unter Anwendung der Methode der teleologischen Interpretation[317] ebenso wie des Systems des Maximalschutzes, welches in Art 29b) ACHR festgelegt ist, findet der Gerichtshof, dass das **kommunale (kollektive) Eigentum** der Awas Tingni Gemeinde von Art 21 ACHR geschützt sei.

> "[I]t is the opinion of this Court that article 21 of the Convention protects the right to property in a sense which includes, among others, the rights of members of the indigenous communities within the framework of communal property, which is also recognized by the Constitution of Nicaragua".[318] (Hervorhebungen durch die Autorin.)

Im Lichte des Fehlens eines vom Staat installierten Demarkierungsmechanismus[319] folgert der Gerichtshof, dass ein formeller Titel nicht notwendig sei, die Eigentumsrechte der Awas Tingni Gemeinde entstehen zu lassen. **Faktischer Besitz** genügt nach Meinung des Gerichtshofs, um den Eigentumsanspruch der Gemeinde zu begründen.

> Para 151: "Indigenous peoples customary law must be especially taken into account for the purpose of this analysis. As a result of customary practices, possession of the land should suffice for indigenous communities lacking real title to property of the land, to obtain official recognition of that property, and for consequent registration."[320] (Hervorhebungen durch die Autorin.)

> Para 153: "It is the opinion of the Court that, pursuant to article 5 of the Constitution of Nicaragua, the members of the Awas Tingni community have a communal property right to the lands they currently inhabit."[321] (Hervorhebungen durch die Autorin.)

---

[316] Ebda, Para 149.

[317] Tatsächlich befindet der Interamerikan. Gerichtshof für MR, dass die Bestimmungen der MR-Verträge eine autonome Bedeutung hätten, die im Licht der aktuellen Lage zu beurteilen sei. "[S]uch human rights treaties are live instruments whose interpretation must adapt to the evolution of the times and, specifically, to current living conditions." (Ebda, Para 146.)

[318] Ebda, Para 148.

[319] Ebda, Para 152.

[320] Ebda, Para 151.

[321] Ebda, Para 153.

Der Wortlaut der Entscheidung erinnert an die Konv 169, wenn von den Dimensionen des von alters her besiedelten Gebietes die Rede ist. Gemäß dem Gerichtshof hätten indigene Völker dementsprechend ein Recht auf den Schutz des Gebietes „they currently inhabit." Kurz, was die Ausmaße des von Art 21 ACHR geschützten Territoriums anlangt, stellt der Gerichtshof auf das indigene „Habitat" (das indigene Siedlungsgebiet) ab, welches nach indigenen gewohnheitsrechtlichen Normen („customary law") zu bestimmen ist.

In seinem Urteil verpflichtet der Interamerikan. Gerichtshof für MR die nicaraguan. Regierung, die indigenen Gebiete zu demarkieren und bis dahin alle weiteren Störungen zu unterlassen.[322] Mit anderen Worten, der nicaraguan. Regierung wird eine Pflicht zur **Implementierung** der nationalen Gesetze auferlegt.

Eine notwendige und vom Gericht geforderte **Rechtsdurchsetzung** der zuerkannten Landrechte ist ebenfalls – wie das Urteil zeigt – unter der ACHR geschützt. So findet der Gerichtshof eine Verletzung von Art 25 ACHR durch die nicaraguan. Regierung, da die von ihr zur Verfügung gestellten Rechtsmittel (das *Amparo* Verfahren) nicht effektiv seien: Die Entscheidungen des nicaraguan. obersten Gerichtshofs würden zu lange dauern, so der Interamerikan. Gerichtshof für MR.

Bewertend kann die Awas Tingni-Entscheidung ohne Übertreibung als Meilenstein in der Anerkennung indigener Rechte an ihren Territorien bezeichnet werden. So wird in der Entscheidung erstmalig der faktische Landbesitz durch ein indigenes Volk als gültiger Eigentumsentstehungsgrund angesehen; von alters her besiedelte Territorien genießen dementsprechend den (Eigentums-)Schutz des Art 21 ACHR.

Ganz ist die diesbezügliche **Rechtsentwicklung**, die interpretatorische Erweiterung des *a priori* individualrechtlich formulierten Art 21 ACHR, jedoch noch nicht vollendet. So nimmt der Interamerikan. Gerichtshof für MR ausdrücklich auf die weitgehenden nationalen Bestimmungen der nicaraguan. Verfassung und des Autonomiestatuts Bezug, um unter Hinweis auf den in Art 29b) ACHR normierten Maximalschutz zu dem von ihm erzielten weitreichenden Schutzumfang des Art 21 ACHR zu gelangen. Diese Norm wird in nachfolgenden Entscheidungen also noch zu interpretieren und weiterzuentwickeln sein, damit das traditionelle Siedlungsgebiet indigener Gemeinden zukünftig auch ohne Bezugnahme auf andere (in diesem Fall nationale) Normen und einzig durch Art 21 ACHR geschützt wird.

Tatsächlich ist der Anfang hiezu jedoch getan, und einer künftigen diesbezüglichen Rechtsentwicklung wird schon vorgebaut. So verweist der Interamerikan. Gerichtshof für MR ausdrücklich auf die notwendige „evolutionary interpre-

---

[322] Vgl ebda.

tation of international instruments for the protection of human rights"[323] und bemerkt, dass diese Instrumente als „live instruments whose interpretation must adapt to the evolution of the times"[324] gesehen werden müssten. Eine zukünftige Judikatur könnte in diesem Sinn die Anerkennung des indigenen kollektiven Besitzes an traditionell von Indigenen besiedelten Gebieten als internationalen Standard anerkennen, ohne ausdrücklich auf nationale Normen zwecks Stärkung der Argumentationslinie Bezug nehmen zu müssen.

In einem letzten, weitesten Schritt scheint es also nicht einmal übertrieben anzunehmen, dass zukünftig **indigene Völker** sich direkt auf Art 21 ACHR berufen könnten, um existierende Eigentumsregime von Staaten, die indigene Rechte nicht respektieren, zu denunzieren und zu hinterfragen. In der Rechtsprechung des Gerichtshofs (*Trujillo Oroza v. Bolivia*, Urteil vom 26. Jänner 2000) ist **Art 1(1) ACHR**[325] nämlich nicht nur ein akzessorischer Artikel, der einzig in Verbindung mit anderen Artikeln der ACHR zu verwenden wäre, er kann vielmehr auch eigenständig verletzt werden.

Gemäß Art 1(1) und 2 ACHR haben ja alle Staaten die Pflicht, die in der ACHR verliehenen Rechte bestmöglich umzusetzen und zu implementieren. Und Art 21 ACHR ist ein Recht der ACHR, das nunmehr auch kollektive Landrechte indigener Völker auf traditionell von ihnen besiedeltes Gebiet in seinen traditionellen Schutzradius inkludiert. Indigene Völker könnten sich dementsprechend auf Art 1(1) ACHR in Verbindung mit Art 2 ACHR berufen, um eine Verletzung ihrer angestammten Siedlungsgebiete einzuklagen und eine Modifikation nationaler Gesetze oder Verwaltungsbestimmungen fordern, falls ihre Ansprüche von der jeweiligen nationalen Gesetzgebung nicht anerkannt sind oder nicht implementiert werden. Die betroffenen Staaten wären so in letzter Konsequenz verpflichtet, Gesetze zu erlassen und die Eigentumsrechte indigener Völker an ihrem traditionellen Siedlungsgebiet formell anzuerkennen, um nicht in Widerspruch zu Bestimmungen der ACHR (in diesem Fall Art 21) zu kommen. Es ist ein scharfe Klinge, die der Interamerikan. Gerichtshof für MR den indigenen Völkern mit der Awas Tingni-Entscheidung in die Hand gegeben hat.

Die Awas Tingni-Entscheidung bildet demzufolge ein weitere Etappe in der Entwicklung zum immer besseren Schutz indigener Rechte. Sie reiht sich in die ständig fortschreitende Rechtsprechung der Überwachungsorgane, die internationale Verträge zunehmend unter Bedachtnahme auf die kulturellen Besonderhei-

---

[323] Ebda, Para 148.

[324] Ebda, Para 146.

[325] Art 1(1) ACHR: „1. The States Parties to this Convention undertake to respect the rights and freedoms recognized herein and to ensure to all persons subject to their jurisdiction the free and full exercise of those rights and freedoms […]" (Hervorhebungen durch die Autorin.)

ten indigener Völker interpretieren. Die enge Beziehung, die zwischen indigenen Völkern und ihrem Territorium besteht, wird somit international rechtsverbindlich anerkannt.

Die Tatsache, dass die Überwachungsorgane beides, Eigentumsbestimmungen wie Bestimmungen bezüglich der kulturellen Identität, zum Schutz indigener Landrechte verwenden, ist Ausdruck dieser generellen Anpassung von westlichen Eigentumskonzepten an indigene Bedürfnisse. Ansätze von **Rechtspluralismus** werden erkennbar, wenn auf indigenes traditionelles Recht (Gewohnheitsrecht) zurückgegriffen wird, um die Grenzen des von indigenen Völkern besiedelten Gebietes zu bezeichnen und das Ausmaß des indigenen Eigentumsanspruchs zu bestimmen. Hiedurch beweist unser Menschenrechtssystem, welches so oft kritisiert wird, allein westliche Werte zu spiegeln,[326] dass es auch andere Eigentumskonzepte als nur jene, die dem westlichen Modell folgen, zu beschützen im Stande ist. Gerade im effektiven Schutz der indigenen Länder und Territorien bezeugt es demgemäß seine wahre *Universalität*.

5. Kapitel: Weiterentwicklung der indigenen Schutznormen zu einem Völkergewohnheitsrecht?

Aus obigen Ausführungen kann entnommen werden, dass die internationalen Überwachungsorgane durch ihre Jurisprudenz das weitreichende Schutzsystem der ILO Konv 169 gleichsam zum universell gültigen Standard erhoben haben. Es existieren so auf internationaler Ebene Normen und Judikatur, die die Territorien indigener Völker auf kulturell adäquate Weise schützen. In einer fortschreitenden internationalen Entwicklung der rechtlichen Standardsetzung werden so die notwendigen Schutzelemente in Bezug auf indigene Territorien verbindlich fixiert.

Der **international festgelegte gesetzliche Rahmen zum Schutz indigener Rechte an Grund und Boden** ist dementsprechend weitgehend. Gesetzliche „features" wie kollektives Eigentum, die Anerkennung traditioneller Besiedlung als Rechtsentstehungsgrund sowie Veräußerungs- und Verfügungsbeschränkungen finden sich in Dokumenten, die sich speziell auf indigene Völker beziehen (ILO Konvention 169, Draft UN-Decl). Ein ähnlicher Schutz kann in der Judikatur der internationalen Überwachungsorgane (MRA, CERD-Komitee Interamerikan. Menschenrechtskommission und Interamerikan. Gerichtshof für MR) in ihrer Interpretation der allgemeinen Menschenrechtsverträge (PBPR, ACHR) gefunden werden. Ergänzende positive staatliche Verpflichtungen, die zugestandenen Rech-

[326] Vgl zur Debatte des kulturellen Relativismus etwa *Taylor*, Multiculturalism and the Politics of Recognition, 1993, 27ff.

te zu implementieren (zB mittels Demarkierung) sind ebenso rechtlich verbindlich fixiert (Ecuador-Bericht, Awas Tingni-Entscheidung) wie die staatliche Pflicht, geeignete und effektive Rechtsmittel bereitzustellen, mit denen eine allfällige Verletzung der zugestandenen Rechte eingeklagt werden kann. Schließlich ist auch eine notwendige Teilnahme und/ oder Selbstkontrolle von indigenen Völkern bei (staatlichen oder anderen) Entscheidungen betreffend ihren Grund und Boden auf internationaler Ebene rechtsverbindlich festgelegt: als Recht indigener Völker auf Selbstkontrolle, Partizipation und Konsultation in der ILO Konvention 169 (Art 6, 7) und als Element der „Konsultierung“ in der Jurisprudenz des MRA (*Lubicon Lake Band*-Fall und *Länsman*-Fälle) ebenso wie im *Ecuador*-Bericht der Interamerikan. Menschenrechtskommission.

Hält man sich vor Augen, dass eine steigende Zahl von Staaten sich sowohl auf internationaler Ebene (in internationalen Foren, Konferenzen, etc) zur Anerkennung indigener Landrechte bereit erklärt als auch auf nationaler Ebene, in nationalen Gesetzgebungen und Verfassungen indigene Landrechte zunehmend anerkennt, so erscheint argumentierbar, indigene Landrechte als **entstehendes Völkergewohnheitsrecht**[327] zu betrachten.[328] Wenn nicht universell haltbar, so könnte ein solches doch zumindest regional für den *lateinamerikan. Raum* vertreten werden.

So deutet die fortschreitende gesetzliche Anerkennung indigener Landrechte durch die Mehrheit der lateinamerikan. Staaten in *nationalen Gesetzen und Verfassungen* (vgl etwa Brasilien, Kolumbien, Bolivien, Peru, Chile) auf eine entsprechende **nationale Staatenpraxis,** insbes in jüngerer Zeit, hin. Die damit nicht immer in vollem Einklang stehende Umsetzung der gesetzlich verliehenen Rechte bildet wohl kein echtes Gegenargument, weil die entsprechende Bewusstseinsbildung bei der Mehrheitsbevölkerung eben nur in zeitlichen Schüben von Statten geht, ohne sie tatsächlich aufhalten oder gar umdrehen zu können. Die bisweilen sogar ohne gesetzliche Deckung erfolgende (weitgehend) widerspruchslose Duldung und Hinnahme der Besiedlung durch indigene Völker von Seiten der Staaten stützen diese Behauptung. Als Zeichen einer sich konstituierenden **opinio iuris** könnten hiebei die auf zahlreichen internationalen Foren der OAS/ UN/ ILO verkündeten Erklärungen der Staatenvertreter gelten, die sich zunehmend zu einer qualitätsvolleren Sicherung indigener Rechte durchringen. In Verbindung mit der vorliegenden Judikatur nationaler und internationaler Instanzen kann – vorsichtig

---

[327] Autoren, die für den gewohnheitsrechtlichen Charakter indigener Landrechte eintreten sind u. a. *Anaya, Williams,* Protection of Indigenous Peoples' Rights under the Inter-American Human Rights system, 53ff; *Wiessner*, Rights and Status of Indigenous Peoples, a global comParative and international legal analysis. In Harvard Human Rights Journal, vol. 12 (1999), 57ff.

[328] Vgl zu den diesbezüglichen Kriterien *Villiger*, Customary International Law and Treaties. A Manual on the Theory and Practice of the Interrelation of Sources², 1997.

ausgedrückt – wohl der vor dem Abschluss stehende Entstehungsprozess einer völkergewohnheitsrechtlichen Norm (einer „emerging norm of customary law") erkannt werden, die indigenen Völkern einen generellen Schutzanspruch in Bezug auf ihre Territorialrechte zugesteht. Diese Überlegungen können hier jedoch nicht weiter theoretisch vertieft werden.

Unabhängig von jedem völkergewohnheitsrechtlichen Charakter indigener Landrechte sollte es für indigene Völker möglich sein, sich unter Berufung auf die bezeichneten *internationalen positivrechtlichen Standards* ihre legitimen Landrechte gegen „competing modern uses" durch Siedler, multinationale Konzerne und natürlich gegen den Staat selbst zu verteidigen. Auf internationaler Ebene reflektiert „law" (Gesetze) eben gewissermaßen „justice" (Gerechtigkeit). Die Tatsache, dass Menschenrechtsverträge in ihrer Interpretation durch die internationalen Überwachungsorgane ein System bereitstellen, das die traditionellen Siedlungsgebiete indigener Völker unter angemessener Wahrung ihrer kulturellen Identität schützt, beweist letztlich die *Universalität* der Menschenrechte – auch wenn ihr Ursprung in der westlich-abendländischen Zivilisation liegt.

Im Folgenden sollen nun die nationalen Beispiele zunächst Mexikos und danach Nicaraguas an diesem Rahmenwerk verbindlicher internationaler Standards gemessen werden. Als Referenz- und Bezugssystem werden die Bestimmungen der ILO Konv 169 dienen, als ausgereiftestem internationalen Vertrag, der indigene Landrechte schützt.

4. Abschnitt: Die Landrechte der indigenen Völker Mexikos

1. Kapitel: Einleitung

Zunächst wird das mexikan. gesetzliche System zum Schutz indigener Territorialrechte erläutert. Insbes die 2001 verabschiedete Verfassungsreform, die von der Regierung *Fox* als „Autonomiegesetz" gehandelt wird, bietet weitreichende Analysemöglichkeiten. Hat die Verfassungsreform wirklich die Situation der mexikan. indigenen Völker verändert? Ein wie großer Unterschied besteht – normativ wie real – heute zu 1994, als die Zapatisten durch die Besetzung San Cristobals auf die Missachtung der Rechte indigener Völker aufmerksam gemacht haben?

Dementsprechend wird – nach einer soziologischen und historischen „Einführung" – das mexikan. *Gesetzeskonzept* zum Schutz indigener Territorialrechte analysiert werden. Inwieweit bieten die speziell auf indigene Völker bezogene Normen der Reform von 2001 einen Schutz indigener Territorien? Inwiefern kann ein „Umwegschutz" über andere Bestimmungen wie Agrargesetze erreicht werden? Welche Gesetzesmerkmale können in den beiden Normenkomplexen zum Schutz indigener Territorien nutzbar gemacht werden?

In der Folge wird dann die „Qualität" der mexikan. Normen zum Schutz indigener Territorialrechte am *konkreten Beispiel* des von der mexikan. Regierung propagierten *Plan Puebla Panamá*[329] (PPP) überprüft, bei dem ja indigene Bedürfnisse und Regierungsinteressen bezüglich regionaler Entwicklungsmodelle völlig konträr aufeinander zu prallen scheinen. Die Notwendigkeit der Anerkennung von Landrechten tritt hier besonders klar zu Tage: So würde doch eine umfassende Anerkennung der indigenen Eigentums- und Territorialrechte (verbunden mit angemessener Selbstkontrolle in Entscheidungen Grund und Boden etc betreffend) den Plänen der mexikan. Regierung zumindest teilweise Einhalt gebieten und den indigenen Völkern des Südens und Südostens Mexikos ermöglichen,

[329] Der *PPP* ist ein von mexikan. Regierung propagiertes Projekt, das die wirtschaftliche Entwicklung des Südens und Südostens Mexikos stimulieren soll. Der Megaplan, der Mexiko an einen zentralamerikan. Entwicklungskorridor („von Puebla bis Panamá") anbindet, umfasst insgesamt 146 Projekte; davon 81 Infrastrukturprojekte, in deren Zentrum das Megaprojekt des Isthmus de Tehuantepec (eine Verbindung zwischen Pazifik und Atlantik) steht, ebenso wie 65 Produktionsbetriebe (vor allem Maquilladoras). Details siehe im letzten Teil. (Vgl dazu La situación de los derechos económicos, sociales y culturales en México. Informe alternativo de organizaciones civiles, sociales, y redes mexicanas al Tercer Informe Periódico del gobierno mexicano ante el Comité de las Naciones Unidas sobre Derechos Económicos, Sociales y Culturales, *Alpizár Durán, Sandoval Terán* (Hrsg), 1999, 20.)

die Rahmenbedingungen für die „Entwicklung“ ihrer Territorien weitest gehend selbst zu bestimmen. Sind nun die mexikan. Gesetze ein adäquates Werkzeug für indigene Völker, ihre Territorien gegen solch gegenläufige Bestrebungen des mexikan. Staates zu verteidigen?

Eine Analyse des PPP und der Bedrohung, die er für indigene Völker darstellt, wird zeigen, dass die mexikan. gesetzlichen Regelungen zum Schutz indigener Länder und Territorien *nicht* ausreichen.

Eine kurze Einleitung in die mexikan. **Soziologie** und **Geschichte** wird zunächst einen Über- und Einblick in die Gesamtsituation Mexikos geben und soll so den Hintergrund und die Basis des zu besprechenden mexikan. Gesetzesmodells liefern.

2. Kapitel: Soziologische Gegebenheiten

A. Daten und Fakten

Mexiko ist das lateinamerikan. Land mit der größten effektiven Zahl an indigenen Völkern auf seinem Staatsgebiet: ca. 10 Millionen oder 10% der Gesamtbevölkerung sind indigen.[330,331] Die ethnische Vielzahl der indigenen Völker ist zudem beachtlich: die Zahl der indigenen Ethnien Mexikos beträgt 56; diese haben sich in einer großen Allianz, dem *Congreso Nacional Indígena* (indigener Nationalkongress), politisch zusammengeschlossen.

Demographisch siedeln die mexikan. indigenen Völker nicht so geballt und ethnisch homogen, wie dies etwa die indigenen Gemeinden Nicaraguas in der Region der Atlantikküste tun. Eine gewisse Konzentration findet sich jedoch im Süden und Südosten Mexikos (die Gebiete, die auch vom PPP betroffen sind), dort leben in Relation die meisten indigenen Völker: 74% aller indigenen Ethnien Mexikos (oder 7,4 Millionen).[332] Auch sind die meisten indigenen *Gemeinden* Mexikos ethnisch relativ homogen: über 13.000 Gemeinden („localidades“) sind als „durchwegs indigen“ zu bezeichnen (mit mehr als 70% Personen, die eine der indigenen Sprachen sprechen), in über 4.000 Gemeinden sprechen zumindest 30%

[330] Hiebei sprechen noch 6,5 Millionen derselben eine der 59 verschiedenen indigenen Sprachen. (Die anderen bezeichnen sich selbst als indigen, zudem bewahren sie die indigene Kosmovision.)

[331] Quelle: *Instituto Indígenista Interamericano*, Indicadores Socioeconómicos de los Pueblos Indígenas de México, I.N.I., Dirección de Investigación y Promoción Cultural. Subdirección de Investigación, 1993.

[332] *Mexikan Regierung*, Síntesis del Plan Puebla Panamá (zusammenfassender Entwurf des PPP, Síntesis Ejécutiva), vorgestellt am 17. Mai 2001 in México, D.F..

– 69% eine der indigenen Sprachen.[333] Diese Siedlungsmuster sind insofern von Bedeutung, als die mit Mehrheitsbeschluss entscheidende Gemeindeversammlung gemäß der mexikan. Agrargesetzgebung bei Entscheidungen, die den im Kollektiveigentum der Gemeinde stehenden Grund und Boden betreffen, eine bedeutende Rolle innehat und Gemeinden mit einem „indigenen" Anteil von über 50% demzufolge die Möglichkeit haben, angemessener über das Schicksal ihres Grund und Bodens „im indigenen Sinn" zu entscheiden. (Die Relevanz dieser Tatsache wird der später behandelte Huicholenfall illustrieren.)

Die **sozioökonomische Situation** der indigenen Völker Mexikos ist schlecht.[334] Wie der Bericht der Interamerikan. Menschenrechtskommission zu Mexiko herausstreicht, sind die mexikan. indigenen Völker gegenüber dem Rest der Bevölkerung des Staates diskriminiert, was den Zutritt zu Bildungseinrichtungen und zur sozialen Infrastruktur (Gesundheitszentren etc.) betrifft.[335] Auch in Armutsstatistiken sind indigene Munizipalitäten überrepräsentiert. So sind zwar nur ein Drittel der Munizipalitäten des Landes indigen. Bei einer nach Armut gestaffelten Auflistung stellen diese indigenen Munizipalitäten jedoch einen überdurchschnittlichen Anteil der von Armut betroffenen Bevölkerung: 48% der „armen" Munizipalitäten „en alta marginación" sind indigene, und sogar 82% der sehr armen („en muy alta marginación"). Ohne diskriminierende Muster („patterns of discrimination") sozioökonomische Grundrechte betreffend dürften diese Prozentsätze indigener Gemeinden in der Armutsstatistik hingegen nicht mehr als 33% betragen!

Wie in der Folge erläutert werden wird, ist ein Gutteil dieser Armut auf Störungen indigener Territorien, mangelhafte Anerkennung derselben ebenso wie auf fehlenden Schutz zurückzuführen.[336]

---

[333] Vgl *IACHR*, Informe sobre la situación de los derechos humanos en México, OEA /Ser.L/V/II. 100 doc. 7 rev. 1 (24 septiembre 1998), 117).

[334] Zu den Fakten, *IACHR*, ebda, Para 510 (117).

[335] Vgl *IACHR* ebda, Para 511 (118). Vgl auch die Schlussbemerkungen der Interamerikan. Menschenrechtskommission: „Los derechos económicos y sociales medidos por los indicadores usuales (acceso a oportunidades de educación, salud; índice de mortalidad infantil, etc.), presentan grandes carencias que significan en si sufrimiento se injusticias, que son discriminatorias contra los indígenas con respecto a la situación promedio del resto de la población." [*IACHR*, ebda, Para 578 (132).]

[336] Eine *Erklärung* für die Tatsache, dass *indigene Munizipalitäten überdimensional von Armut* betroffen sind, ist, dass indigene Völker Mexikos auf trockeneren und unfruchtbareren Gebieten siedeln müssen: Die Agrarreformen haben indigene Gemeinden durchwegs mit schlechteren Böden bedacht. Zudem sind indigene Gemeinden, als hauptsächlich Subsistenzbauern mit kleinem Bodenanteil, überdurchschnittlich von den Umstrukturierungen des Agrarsektors (Öffnung für großes Kapital, Konkurrenz durch Großbetriebe, etc.) betroffen; ein Faktum, das unten im Detail analysiert werden wird. Vgl die Interamerikan. Menschenrechtskommission: „Históricamente, los indígenas y sus comunidades han debido concentrarse en lugares agrestes o semiáridos, debido a la penetración y ocupación de sus tierras. La baja productividad agrícola de

B. Bedeutung der Territorien für die indigene Kultur

Tatsächlich leben die meisten indigenen Völker Mexikos als Subsistenzbauern vom Maisanbau[337] und ihr Grund und Boden ist dementsprechend fundamental für das *physische* Überleben der Gemeinden. Hinzu kommt, dass die Religion und gesamte *Kosmovision* indigener Völker entscheidend von ihrer Verbindung zu Grund und Boden geprägt sind. So ist die ungestörte Beziehung zu ihren Territorien – neben dem Festhalten an Sprache und Kultur – ein entscheidender Bestandteil für den Erhalt der kulturellen Identität auch der mexikan. indigenen Völker. Wie der indigene Nationalkongress Mexikos darlegt:

„Das Territorium, das uns eint, ist Mutter Erde, denn sie gibt uns Leben, sie ernährt uns, und in sie werden wir zurückkehren; unsere Knochen werden dort ruhen, wo unser Leben herkam, zu Ihr, der wieder belebenden Kraft, die neues Leben aus dem Tode schafft. Sie ist aber auch der Samen, der in unserem Geist und Herzen ruht, sie verbindet die heiligen Stätten der Natur mit dem Menschen. Die Erde ist die Gebärmutter unserer auf Gemeinschaft und Kollektiv beruhenden Kulturen; jenes Territorium ist die materielle Existenzgrundlage unserer Völker und Kulturen, es umfasst die Gesamtheit des Lebensraumes, der Erde und der auf ihr vorkommenden natürlichen Reichtümer und heiligen Orte."[338]

Die tiefe Bedeutung, die ihre Territorien für die indigenen Völker Mexikos haben und die in der Erklärung des *Congreso Nacional Indígena* schön zur Geltung kommt, lässt wiederum (wie schon bezüglich indigener Völker allgemein erläutert) das Bedrohungspotential, dem diese Territorien ausgesetzt sind, verstärkt hervortreten. Dieses wird im Folgenden kurz ausgeführt.

C. Bedrohungspotential für indigene Territorien

An dieser Stelle wird nicht näher auf die Bedrohung für indigene Gemeinden durch die steigende Militarisierung vor allem des Südens Mexikos (der Region um Chiapas) eingegangen, die indigene Völker am friedvollen Besitz ihrer Territorien hindert (durch Militärbasen, Truppenaufmärsche, etc.). Ein gewaltiges

---

las tierras donde debieron concentrarse, y posteriormente la pulverización minifundista, y la falta de inversión productiva o de infraestructura por parte del Estado, los puso en situación de desventaja económica y dificultó su subsistencia como culturas y comunidades." [*IACHR*, ebda, Para 515 (118).]

[337] Vgl diesbezüglich *Gabbert*, Chiapas – die Grenzen der Kooptation und der Aufstand von 1994. In: *Gabbert, K.* (Hrsg), Land und Freiheit, 1997, 162ff (163).

[338] *Congreso Nacional Indígena*, Documento de Resolutivos, 1996, 31. [Übersetzung übernommen von *Alcántara,* Die Erde und das Heilige – eine epistemologische Annäherung an die Territorialbeziehungen indigener Völker. In: Journal für Entwicklungspolitik XV 2/1999, 103ff (110f).]

Gefahrenpotential für die mexikan. indigenen Völker ist schon durch die *neoliberale Wirtschaftspolitik* des mexikan. Staates gegeben, die Kleinbauern (die ja indigene Völker überwiegend sind) radikal in ihren (Existenz)möglichkeiten beschneidet. Wie noch zu sehen sein wird, wurden indigene Territorien insbes durch den Beitritt Mexikos zum *North American Free Trade Agreement* (NAFTA) 1994 und die damit verbundene Privatisierung und Eingliederung des agrarischen Eigentums als Wirtschaftsgut und Produktionsmittel gefährdet.[339] Der Plan Puebla Panamá der mexikan. Regierung stellt die zweite große Gefahr für indigene Völker und die friedvolle Nutzung ihrer Territorien dar.

Des Weiteren sind die **reichen Rohstoffvorkommen** Mexikos Anlass für die Gefährdung indigener Siedlungsgebiete durch moderne Aktivitäten. War schon im 19. Jahrhunderts der Abbau von Mineralien und Bodenschätzen ein entscheidender Beweggrund für die Fällung vieler Wälder und die Verwüstung indigener Territorien (auch das zu diesem Zweck vorangetriebene Eisenbahnwesen hat viele indigene Siedlungsgebiete nachhaltig beeinträchtigt), so ist nun *vorwiegend* die Erdölförderung Anlass und Ursache für eine (Zer)Störung indigener Gebiete.[340] Mexiko ist heute das siebtgrößte Erdöl produzierende Land weltweit.

D. Resümee

Ein Überblick über die soziologischen Fakten Mexikos zeigt dementsprechend die Bedeutung der Territorien für die indigene Kultur, aber gleichzeitig auch die Bedrohung, der diese Territorien durch konkurrierende moderne Nutzung („competing modern uses“) und die Pläne der mexikan. Regierung ausgesetzt sind. Schon heute lebt eine unverhältnismäßig hohe Zahl indigener Personen in Armut (ist also diskriminiert gegenüber dem Rest der Bevölkerung) – ein Ungleichgewicht, das durch die neoliberale Öffnung des mexikan. Marktes und den damit einhergehenden Beeinträchtigungen indigener Siedlungsgebiete noch zu steigen droht.

Ein kurzer geschichtlicher Teil soll nun gleichsam als „Vorspiel“ der heutigen Situation diese in ihren historischen Kontext stellen.

---

[339] Vgl hiezu diesbezüglich etwa *M. Kaller*, die bei einer Analyse der Folgen des NAFTA-Beitritts Mexikos festhält: „ [...] daß Wirtschaftsmechanismen, die von Geldökonomie geprägt sind, eine zunehmend bedrohliche Rolle spielen, weil sie die Aktivitäten der Subsistenz aushölen, unterwandern und diffamieren.“ (*M. Kaller,* Bauern zwischen Produktion und Subsistenz. Hintergründe zur Rebellion in Chiapas aus historischer Sicht. In: NAFTA: Chiapas, Zeitschrift für Lateinamerika Wien, No 46/47, 1994, 27ff (29).

[340] Vgl dazu im Detail *Márquez*, Key Regional Perspectives on Public Participation: Mexico and Central America. In: *Zillman, Alastair, Pring (*Hrsg), Human Rights in natural Resource Development. Public Participation in the Sustainable Development of Mining and Energy Resources, 2002, 629ff.

3. Kapitel: Politische Geschichte und Landrechte[341]

A. Geschichte bis 1994

Die Lage der indigenen Völker Mexikos unter **spanischer Kolonialmacht** (im 16., 17. und 18. Jahrhundert) war zweischneidig. Zum einen mussten die Indios der Krone Abgaben zahlen und auch andere Dienste leisten, ihre Selbstregierung wurde auf die Gemeindeebene reduziert und es gab keine überregionalen Organisationen der Gemeinden mehr.[342] Gleichzeitig bot die „Crown Policy of a Dual Society"[343] einen gewissen Freiraum, der es den indigenen Völkern in Mexiko (wie anderswo) ermöglichte, ihre eigene Kultur und soziale Struktur aufrecht zu erhalten. Die (relative) Gemeindeautarkie und die Subsistenzwirtschaft der Gemeinden gestattete dementsprechend eine *de facto* Autonomie, die letztlich der Aufrechterhaltung der indigenen Kultur dienlich war.

Die indigenen **Eigentumsformen** blieben nach den ersten Eroberungszügen und Vertreibungen vor allem in der späteren Kolonialzeit zumindest von Seiten der spanischen Krone relativ unangetastet. So waren die kollektiven indigenen Eigentumsstrukturen anerkannt bzw geduldet, das spanische Konzept der Eigentumsanerkennung (in sogenannten *Reducciones*) folgte größtenteils dem Konzept der indigenen *Calpulli* und schützte so traditionelle indigene Eigentumsmuster.[344] *Faktisch* unterwanderten jedoch Einzel- und Privatpersonen die Politik der spanischen Krone und indigene Völker verloren trotz des gesetzlichen Schutzes ihre Länder und Territorien, was *J. Gonzalez Galvan* als „dépouillement de terres"[345] indigener Völker bezeichnet.

Nach der **Unabhängigkeit Mexikos 1821** führten dann – ebenso wie in anderen der jungen lateinamerikan. Staaten – insbes die liberalen Ideen einer Gleichheit aller vor dem Gesetz zu einer starken Diskriminierung der indigenen Bevölkerung. Der Versuch, einheitliche Nationalstaaten zu errichten, das Ideal eines homogenen mexikan. Volkes, stand der Anerkennung der Unterschiedlich-

---

[341] Die Geschichte Mexikos weist vielerlei Ähnlichkeit mit dem in der einleitenden Grundproblematik beschriebenen historischen Überblick auf.

[342] *Díaz Polanco* sieht in der Reduktion der indigenen Selbstregierung auf Gemeindeebene eine Schwächung der indigenen Macht, da die einzelnen indigenen Gemeinden, zwischen sich isoliert, fast ohnmächtig dem Staat gegenüberstehen. (*Díaz Polanco,* Autonomía, territorialidad y comunidad indígena. Perspectivas del Estado multiétnico en México. In: *González Casanova, Roitman Rosenmann* (Hrsg), Democracia y Estado multiétnico en América Latina, 1996, 139ff (144).

[343] Vgl etwa *Grote*, The Status and Rights of Indigenous Peoples in Latin America. In: ZaöRV, 1999, 497ff (502). Siehe auch die einleitende Grundproblematik.

[344] Vgl *Gonzales Galvan,* Relation de l'Etat et les Ethnies au Méxique, 193.

[345] Ebda, 194.

keit der indigenen Kultur im Wege[346] und indigene Völker wurden im 19. Jahrhundert in Mexiko vielmehr als soziale Klasse denn als eigenständige Ethnien gesehen.[347] Die Konsequenzen dieser Politik waren faktische Benachteiligungen und die Nichtanerkennung ihrer kulturellen Besonderheiten.

Was die Anerkennung ihrer **Landrechte** betrifft, wurden die besonderen Schutzregime, die in der Kolonialzeit das indigene Eigentum regiert hatten, abgeschafft.[348] Eigentumskonzentrationen, die noch dazu durch Verfügungsbeschränkungen geschützt waren (wie dies beim Kollektiveigentum in den Händen von Korporationen wie Kirche, Staat oder eben auch bei den Territorien indigener Gemeinden der Fall war), wurden als gegen die Idee einer Gleichheit aller verstoßend angesehen[349] und infolgedessen nicht akzeptiert. Auch widersprachen die kollektiven Strukturen der indigenen **Eigentumsmuster** den liberalen Grundideen von Privateigentum, der einzigen von der Verfassung aus 1857 anerkannten Eigentumsform.

Das Ergebnis dieser Politik (1810–1910) war die Enteignung einer Vielzahl indigener Gemeinden, wobei der Verlust des Landes ein Schwinden der indigenen Kultur bewirkte und zur Eingliederung der indigenen Völker in die unterste Schicht der mexikan. Bevölkerung führte.[350]

---

[346] *Díaz Polanco*: „las fuerzas liberales que llegaron a prevalecer en casi toda Latinoamérica declararon la guerra a la comunidad, calificándola de 'corporación' que obstaculizaba el desarrollo económico y bloqueaba la conformación de la sociedad nacional como lo que debía ser: una entidad políticamente centralizada y culturalmente homogénea." (*Díaz Polanco*, Democracia y Estado Étnico, 144).

[347] Dies spiegelt sich etwa in der Substitution des Wortes „indio", das auf ethnische Abkunft deutet durch „indigène", welches eine soziale Klasse bezeichnet. Vgl *Gonzalez Galvan*: „La logique étatique crée sa propre notion de Peuple. Ainsi, l'Etat Mexicain cherchait à définir le Peuple Mexicain. Le terme indien fût substitué au terme indigène. Le premier était fondé sur des critères raciaux, le second plutôt sur des hiérarchies sociales." (*Gonzales Galvan,* Relation de l'Etat et les Ethnies au Mexique, 185.)

[348] „Las liberales y secularizadoras leyes reformistas marcan el punto final de un régimen proteccionista relativo a la tenencia de la tierra indígena." (*Diccionario Jurídico Mexicano*, 1984, 278).

[349] Vgl *Gonzalez Galvan*: „ [...] on les appelé de mains mortes, puisqu'elles ne circulaient pas comme les autres biens." (*Gonzales Galvan,* Relation de l'Etat et les Ethnies au Mexique, 182.) Dementsprechend wurde versucht, Kircheneigentum zu enteignen, auch indigenes Kollektiveigentum wurde abgeschafft.

[350] Vgl *Jean Meyer*: „Le libéralisme 'modernisateur', a privé aux indigènes de 60% de leurs terres collectives en 1910, 40% des communautés conservaient encore leurs terres, les plus ingrates, les plus éloignées des villes et des routes, bien sur. Quant aux membres des communautés détruites, ils ne sont pas devenus les petits propriétaires de las classe moyenne rurale désirée, mais des péons ou des clochards pour employer l'expression de Germaine Tillion." (*Jean Meyer*, zit. nach *Gonzalez Galvan,* ebda, 185.)

Diese unbefriedigende Situation einer Nichtanerkennung der indigenen Kultur blieb auch während des **20. Jahrhunderts** relativ unverändert. Die indigenen Völker Mexikos wurden bis zu Beginn der 90-er Jahre des 20. Jahrhunderts in nationalen Gesetzen schlicht totgeschwiegen und Mexiko blieb – von seiner verfassungsrechtlichen Konzeption her gesehen – ein monokultureller Nationalstaat.

Eine Anerkennung indigener Territorien fand dementsprechend nicht statt. Trotz allem kamen indigene Völker *als Angehörige der sozialen Klasse* der Bauern im Zuge der **Landreformen** zwischen 1917 und 1992 in den Genuss von Landzuteilungen.[351] Ihre Landrechte wurden so ab der mexikan. Revolution (1910–1917) zumindest faktisch besser geschützt und ihr Grund und Boden wurde zwar nicht direkt als „indigener", aber doch als ein solcher mit „agrarischem Etikett" anerkannt. Trotz dieser faktischen Lageverbesserung blieben indigene Völker auch im 20. Jahrhundert gegenüber dem Rest der Bevölkerung diskriminiert und lebten durchschnittlich in ärmeren Verhältnissen als der Rest der Bevölkerung; eine Situation, die sich bis heute hinzieht, wie die oben erwähnte Armutsstatistik beweist.

Mit der Verfassungsreform von 1991 und der Einführung eines neuen **Art 4** in die **mexikan. Verfassung** wurde dann zumindest verfassungsrechtlich die Plurikulturalität der mexikan. Nation propagiert und die formale Anerkennung der indigenen Sprachen, Kulturen, Gebräuche und spezifischen Organisationsformen festgeschrieben.[352] Eine wirkliche *Umsetzung* der in Art 4 mexikan. Verfassung enthaltenen Garantien hat jedoch nie stattgefunden; Ausführungsgesetze etwa, die zur Regelung der konkreten Details der Umsetzung nötig gewesen wären, wurden nie erlassen. (Landrechte waren in Art 4 mexikan. Verfassung ohnedies niemals verbürgt.) Letztlich veränderte sich also – trotz der formalrechtlichen Anerkennung durch Art 4 mexikan. Verfassung – auch in den 90-er Jahren des 20. Jahrhunderts wenig an der schlechten rechtlichen und tatsächlichen Stellung der mexikan. indigenen Völker.

---

[351] Vgl in diesem Zusammenhang *Gonzalez Galvan*, der davon ausgeht, dass die indigenen Völker Mexikos zumindest faktisch durch die Landreformen größtenteils in den Besitz und ins Eigentum von Grund und Boden gekommen sind. (*Gonzales Galvan,* Relation de l'Etat et les Ethnies au Mexique, 202.)

[352] Art 4 mex. Vfg von 1991: „La nación mexicana tiene una composición pluricultural sustentada originalmente en sus pueblos indígenas. La ley protegerá y promoverá el desarollo de sus lenguas, culturas, usos, costumbres y formas específicas de organización social, y garantizará a sus integrantes el efectivo acceso a la jurisdicción del Estado. En los juicios y procedimientos agrarios en que aquellos sean parte, se tomarán en cuenta sus prácticas y costumbres jurídicas en los terminos que establezca la ley. [...]"(Hervorhebung durch die Autorin.)

B. Jüngere Geschichte 1994 – 2001[353]

Die Besetzung San Cristobals durch die Zapatisten (EZLN) am 1. Jänner 1994 in Chiapas hat weltweite Aufmerksamkeit auf diese ungerechte Situation gelenkt und die mexikan. Regierung zum Einlenken gezwungen. Die darauf folgenden Verhandlungen („Dialogos de San Andrés") zwischen der mexikan. Regierung und dem „Ejército Zapatista de Liberación Nacional" (EZLN, Zapatisten) führten schließlich zur Unterzeichnung der **„Acuerdos de San Andrés de Larránizar"** (Acuerdos de San Andrés, Übereinkünfte von San Andrés) am 16. Februar 1996 in Chiapas.

Eine auf Basis der Übereinkünfte von San Andrés eingesetzte Verfassungsreformkommission (Comisión de Concordia y Pacificación; **COCOPA)**[354] erarbeitete in der Folge eine „Iniciativa de Reformas", einen Verfassungsreformentwurf, insbes zur Anerkennung der Autonomierechte der indigenen Völker Mexikos und legte diesen am 11. November 1996 vor. Der als **Ley COCOPA** bekannte Entwurf bietet ein recht ausgewogenes Ergebnis und beinhaltet die auf Basis der Übereinkünfte von San Andrés erarbeiteten Rechte indigener Völker bezüglich Autonomie und kulturelle Identität.[355] Explizite *Land- bzw Territorialrechte* indigener Völker sind im COCOPA-Entwurf allerdings noch keine verankert. Hiezu waren die komplizierten Verhandlungen zwischen den Zapatisten und der mexikan. Regierung zu früh abgebrochen worden[356] und die Landrechtsfrage,

---

[353] Für Details zur jüngeren Geschichte siehe *Cossío Díaz, Franco González Sals, Roldán Xopa*, Derecho y cultura indígena. Los dilemas del debate jurídico, 1998, 19ff.

[354] Beachte in diesem Zusammenhang die sehr positive Einbindung auch indigener Vertreter in die Erarbeitung des COCOPA-Entwurfs. Die Verfassungsreformkommission, die COCOPA, wurde nämlich mit anerkannten Experten indigener Rechte besetzt, die sowohl von der mexikan. Regierung wie auch von der EZLN nominiert worden waren. Die indigene „Stimme" war insofern ausschlaggebend am Zustandekommen des Gesetzes beteiligt.

[355] Trotz einiger Schwächen (so wird prinzipiell nur ein Recht auf Kommunalautonomie zuerkannt) ist der in Anlehnung an die ILO Konvention 169 erarbeitete COCOPA-Entwurf recht weitgehend und bietet einen Kompromiss zwischen staatlichen und indigenen Interessen. In diesem Sinn unterstreicht *Gonzales Galvan* die positiven Aspekte dieser Lösung aus der historischen Fremdbestimmung, die den indigenen Völkern Mexikos durch den Dialog von San Andrés und der anschließenden Einsetzung der COCOPA gelang: „Los pueblos indígenas de México han vivido bajo el dominio de otros pueblos y fueron éstos los que decidieron cuáles debían ser sus derechos. La Iniciativa [der COCOPA-Entwurf zur Anerkennung indigener Rechte] ha roto esta cadena (literalmente) puesto que ha sido el producto de la negociación, principalmente, entre los pueblos indígenas catalizados por el Ejército Zapatista de Liberación Nacional (sobre todo la de los pueblos indígenas organizados) y el Estado mexicano (los Ejecutivos y Congresos federales y chiapanecos a través, principalmente del Comisionado Para la Paz y de la COCOPA, respectivamente)." (*Gonzales Galvan*, La validez del derecho indígena en el derecho nacion: de San Andrés a San Lázaro, 3.)

[356] Bezüglich der genauen Gründe für diesen Abbruch der Verhandlungen siehe *Cossío Díaz, Franco González Sals, Roldán Xopa*, Derecho y cultura indígena, 22.

die für eine spätere Verhandlungsrunde vorgesehen war, blieb ungeklärt. Letztlich war – nachdem die Regierungspartei der PRI ihren Verpflichtungen der Implementierung des COCOPA-Entwurfs nicht nachgekommen und gewissermaßen vertragsbrüchig geworden war (die Regierung gibt Gründe der nationalen Einheit und staatlichen Souveränität hiefür an) – der Dialog zwischen den Zapatisten und der mexikan. Regierung zwischen 1996 und 2000 zu einem völligen Stillstand gekommen.

Nach einem Regierungswechsel zur bürgerlich-konservativ ausgerichteten Partido Acción Nacional (PAN) unter Präsident *Vicente Fox Quesada*[357] hat dieser am 5. Dezember **2000** den COCOPA-Entwurf im Senat eingebracht ("Iniciativa del Ejecutivo"). Obwohl das Verhältnis der EZLN auch zur (neuen) Regierung unter Präsident *Fox* gespannt bleibt,[358] ist die Unterstützung der indigenen Völker für den *COCOPA-Entwurf* ungebrochen. Auf dem *Congreso Nacional Indígena* in Nurio/Michoácan vom 2. bis 4. März 2001 haben sich die indigenen Völker Mexikos geschlossen hinter den Entwurf der COCOPA gestellt und diesen gleichermaßen demokratisch legitimiert. (3.383 Abgeordneten von 41 verschiedenen indigenen Völkern nahmen an besagtem Kongress teil.)[359]

Am 18. Juli 2001 wird dann vom mexikan. Kongress eine **Verfassungsreform** approbiert, die den COCOPA-Entwurf zwar als Ausgangspunkt nimmt, sich jedoch in entscheidenden Punkten von ihm unterscheidet.[360] Dementsprechend kontrovers sind die Reaktionen: So wird die Verfassungsreform 2001 von der mexikan. Regierung als „Autonomiegesetz" indigener Völker verkauft; von NGOs, Experten indigener Rechte sowie den indigenen Völkern Mexikos wird die Reform jedoch aufgrund entscheidender inhaltlicher Mängel und Schwächen abgelehnt.[361] (Auf diese für einen effektiven Schutz indigener Rechte problematischen Abweichungen wird unten eingegangen.) Zudem wird das von seinen Gegnern

---

[357] Eine Anekdote am Rande: Präsident *Fox* hatte im Zuge des Wahlkampfes versprochen, das „Problem Chiapas" in 15 Minuten lösen zu wollen.

[358] So hatte die EZLN auf der *Marcha Zapatista*, einem dreiwöchigen „Marsch" durch 16 Gliedstaaten Mexikos im Februar/März 2001, ihre Forderungen für die Wiederaufnahme des Dialogs öffentlich formuliert und die Erfüllung der drei *Señales* gefordert: die Annahme des COCOPA-Entwurfs durch den Kongress, die Freilassung der politischen Gefangenen und die Schließung von drei der 55 (!) Militärbasen in Chiapas durch die Regierung als Zeichen des guten Willens. Diese waren jedoch von der Regierung *Fox* nur teilweise erfüllt worden.

[359] Auf dem *Congreso Nacional Indígena* hatten die Vertreter der indigenen Völker Mexikos (gemeinsam mit den 24 *Comandantes* der EZLN und *Subcomandante* Marcos) in Arbeitsgruppen („Mesas de Trabajo") und einer abschließenden basisdemokratischen Vollversammlung unter freiem Himmel über die bestmögliche Implementierung des COCOPA-Entwurfs im Kongress beraten und dann gemeinsam ihr Vorgehen beschlossen.

[360] Vgl zu all dem *Gonzalez Galvan*, La validez del derecho indígena en el derecho nacional: de San Andrés a San Lázaro, unveröffentlicht, 1.

[361] Die EZLN hatte den Entwurf schon im April 2001 entschieden kritisiert und sich daraufhin in Schweigen gehüllt. (Vgl *Mexico Solidarity Network* vom 2. August 2001.)

auch als „anti-indigen" bezeichnete Verfassungsreformgesetz von heftigen Kontroversen um seine verfassungsrechtlich-formale Gültigkeit begleitet.[362] Faktum ist jedoch, dass das heiß diskutierte Verfassungsreformgesetz [zahlreiche NGOs ebenso wie indigene Vertreter hatten es vor der mexikan. Corte Suprema (CS) angefochten][363] von der CS im September 2002 gebilligt wurde und die offiziell mögliche und institutionell vorgesehene Einspruchsmöglichkeit beim mexikan. obersten Gerichtshof somit ausgeschöpft ist.

Trotz allem bleibt die Verfassungsreform 2001 sowohl bezüglich inhaltlicher wie auch verfahrensrechtlicher Aspekte umstritten. Im folgenden Kapitel wird auf diese Problematik aus der Perspektive des Schutzes indigener Landrechte eingegangen.

4. Kapitel: Gesetzlicher Rahmen

Die folgende inhaltliche Analyse der mexikan. Regelungen nach der Verfassungsreform von 2001 wird sich zunächst mit der Stellung der von Mexiko sehr weitreichend ratifizierten internationalen Verträge auseinandersetzen. Danach wird die national-mexikan. Normenlandschaft in Bezug auf indigene Landrechte diskutiert. Neben dem Regime der ausdrücklichen *indigenen* Landrechte wird dementsprechend auf nationaler Ebene auch der mögliche Schutz indigenen Grund und Bodens durch *agrarrechtliche* Bestimmungen erörtert.

A. Internationale Normen

Tatsächlich hat Mexiko alle zum Schutz indigener (Land)Rechte wichtigen internationalen Verträge, den PBPR (am 23. 3. 1981; auch das Fakultativprotokoll wurden am 15. 3. 2002 von Mexiko ratifiziert), die CERD (am 20. 2. 1975) (Mexiko hat jedoch keine Erklärung zu Art 14 CERD abgegeben und insofern das Individualbeschwerdeverfahren nicht akzeptiert), die ILO Konventionen 107 (am 1. 6. 1959) und 169 (am 5. 9. 1990) und das Übereinkommen über die Biologische Vielfalt (am 11. 3. 1993) ratifiziert.[364]

---

[362] Die Reform musste, um verfassungsrechtlich gültig zu sein, von den gliedstaatlichen Parlamenten in 16 der 31 Gliedstaaten Mexikos approbiert werden. (Dies war auch vor der endgültigen Annahme durch den mexikan. Nationalkongress geschehen.) Tatsächlich waren jedoch die zur Reform notwendigen Mehrheiten in den einzelnen Gliedstaaten teils unter Druck der Regierungspartei und ohne die von der herrschenden mexikan. Lehre für die Ratifikation eines Verfassungsreformentwurfs geforderte Zwei-Drittel-Mehrheit der gliedstaatlichen Kongresse zustande gekommen. (Vgl *Estación Libre* vom 2. August 2001.)

[363] Vgl *Proceso* vom 20. Juli 2001.

[364] Beachte jedoch, dass die ILO Konventionen erst ein Jahr nach ihrer Ratifikation in Kraft treten.

Die oben angeführten internationalen Dokumente wurden direkt, in Form einer generellen Transformation, über **Art 133** in die **mexikan. Verfassung** inkorporiert und sind somit unmittelbar geltendes mexikan. Recht; gemäß Art 133 mexikan. Verfassung sind sie oberstes Gesetz („Ley Suprema“) der Nation.[365] Die in ihnen enthaltenen Bestimmungen sind dementsprechend – bei ausreichender Bestimmtheit – self-executing[366] und direkt von nationalen Gerichten anzuwenden. (Praktisch wird dies von den mexikan. Richtern jedoch nicht entsprechend vollzogen, wie noch zu zeigen sein wird.)

In der *mexikan. Normenhierarchie* sind die über Art 133 mex. Vfg inkorporierten Verträge *unter* der *Verfassung* anzuordnen.[367] Dies ist aus der Formulierung in Art 133 mex. Vfg zu schließen, dass internationale Verträge in Übereinstimmung („de acuerdo“) mit der mex. Vfg stehen müssen. Im Übrigen wird aber herrschend[368] durchaus eine Pflicht des Gesetzgebers angenommen, bei Widerspruch mit internationalen Verpflichtungen (Verträgen) die *nationale (einfache) Gesetzgebung* entsprechend zu ändern und *anzupassen*. Mit anderen Worten, die von Mexiko ratifizierten Verträge sind durch einfache Gesetzgebung *umzusetzen*. Im hier behandelten Kontext der *Landrechte* würde dementsprechend zumindest eine Verpflichtung des mexikan. Gesetzgebers bestehen, die Rechtsordnung auf eine Weise zu reformieren, dass den Bestimmungen der ILO Konv 169 (als weitreichendstem und wichtigstem Vertrag im Bezug auf Landrechte) entsprochen wird.

In einem nächsten Schritt soll nun geprüft werden, in welchem Ausmaß der nationale Gesetzgeber dieser internationalen Verpflichtung nachgekommen ist. Inwieweit spiegeln die *nationalen* mexikan. Gesetzen internationale Standards?

---

[365] Vgl Art 133 mex. Vfg: „Esta Constitución, las leyes del Congreso de la Unión que emanen de ella y todos los tratados que estén de acuerdo con la misma, celebrados y que se celebren por el Presidente de la República, con aprobación del Senado, serán la Ley Suprema de toda la Unión. [...]“ (Hervorhebungen durch die Autorin.)

[366] Vgl diesbezüglich *Olguín Martínez*: „[...] el Convenio número 169 es autoaplicativo y autoejecutivo”. (*Olguín Martínez,* Mecanismos de Control de la OIT, 26.)

[367] Die mexikan. Gesetzeslage unterscheidet sich diesbezüglich von jener in Nicaragua, wo die über Art 46 nic. Vfg inkorporierten Verträge argumentierbarer Weise Verfasssungsrang genießen. (Im Detail dazu im Abschnitt über Nicaragua.)

[368] Siehe etwa *Angelos Arcos*, Las velas Tateikietari (2000) 82. Auch die überwiegende Rsp der Corte Suprema erkennt den internationalen Verträgen einen normenhierarchisch höheren Rang als einfachen Gesetzen zu. Die CS führt aus: „No obstante, esta Suprema Corte de Justicia de la Nación considera que los tratados internacionales se encuentran en un segundo plano immediatamente debajo de la Ley Fundamental y por encima del derecho federal y el local.“ (Vgl Poder Judicial de la Federación, Suprema Corte de Justicia de la Nación, IUS 2000, Jurisprudencia y Tesis Aisladas 1917-2000; CD-Rom.)

B. Nationale Bestimmungen

Die hauptsächlichen zum Schutz indigener Landrechte auf nationaler Ebene in Frage kommenden Bestimmungen sind in der föderalen mexikan. Verfassung (reformiert 2001), einigen Reglementierungsgesetzen *(Forstgesetz, Agrargesetz, Umweltschutzgesetz)*, ebenso wie – aufgrund des mexikan. föderativen Systems[369] – in den gliedstaatlichen Verfassungen zu finden.

I. Formeller Status

Auf *föderaler mexikan. verfassungsrechtlicher Ebene* konzentriert sich nunmehr (seit der Reform 2001) der prinzipielle Schutz indigener (Land-) und genereller Rechte in *Art 2* mex. Vfg (2001).[370] (Dies mit Ausnahme einer Erwähnung indigener Völker in Art 27 VII mex. Vfg und ausgenommen Art 115 mex. Vfg, der Bestimmung zur territorialen Gliederung.) Neben diesen speziell auf indigene Völker bezogenen Normen sind jedoch – wie bereits erwähnt – indigene Landrechte auch durch Bestimmungen der *Agrargesetzgebung* mitgeschützt; insbes *Art 27* mex. Vfg und die Agrargesetze zu dessen Reglementierung sind hier von Relevanz.

Die *Ausführungsgesetze* zur Konkretisierung der verfassungsrechtlichen Normen sind recht dürftig. Zwar überträgt die mex. Vfg (Art 2AVIII mex. Vfg (2001), 27VII mex. Vfg) verschiedentlich die Ausformulierung, ja sogar die Normierung indigener Rechte ausdrücklich an Reglementierungsgesetze, die diesbezüglichen Gesetze wurden aber größtenteils nie erlassen.[371] Allgemeine – nicht ausdrücklich indigene Rechte regelnde – Ausführungsgesetze erwähnen zwar mitunter indigene Rechte, tragen jedoch nichts Substantielles zu ihrem Schutz bei. [Zu nennen wären hier das Forstgesetz *(Ley Forestal)*,[372] das Agrargesetz (*Ley*

---

[369] Mexiko ist eine demokratische Staatenföderation, das Recht geht vom Volk aus (Art 40 mex. Vfg). Zwar gibt es in Mexiko keine autonomen Entitäten wie etwa die Regionen der Atlantikküste in Nicaragua, jedoch findet eine Dezentralisierung durch die einzelnen gliedstaatlichen Verfassungen statt. (Gemäß Art 124 mex. Vfg sind alle Rechte, die nicht der mexikan. Zentralgewalt zugewiesen sind, von den Gliedstaaten wahrzunehmen.)

[370] So verlegt die Verfassungsreform 2001 die ursprünglich in Art 4 mex. Vfg konzentrierten indigenen Rechte durch verfassungsrechtliche Umstrukturierungen in Art 2 mex. Vfg. Anders als im *Reformentwurf der COCOPA*, der an verschiedenen Stellen der mexikan. Verfassung Bezugnahmen auf indigene Rechte vorsieht, werden in der nunmehr verabschiedeten Reform alle Bestimmungen bezüglich indigener Völker in einem einzigen Art 2 mex. Vfg zusammengezogen.

[371] So wurden die Teile des (ehemaligen) Art 4 mex. Vfg, die bis zur Verfassungsreform von 2001 indigene Rechte normierten, niemals durch Ausführungsgesetze reglementiert.

[372] Veröffentlicht im Diario Oficial de la Federación am 22. 12. 1992, idF 31. 12. 2001.

Agraria)[373], sowie das Umweltschutzgesetz *(Ley General del Equilibrio Ecológico y la Protección al Ambiente*).[374]]

Auf der Ebene der einzelnen *gliedstaatlichen Verfassungen* wiederum normieren die einzelnen Staaten unterschiedlich weitreichend die Rechte indigener Völker. Entscheidender Schutz für die Anerkennung indigener *Landrechte* kann durch die mexikan. Kompetenzverteilung, die (zumindest in der Grundsatzgesetzgebung) fast alle (entscheidenden) Kompetenzen bezüglich Eigentumsrechten und Ressourcennutzung der zentralen Regierung zuweist, jedoch nicht gewonnen werden. Die Erörterung des materiellrechtlichen Schutzstandards indigener Landrechte wird sich im Rahmen dieser Arbeit demzufolge auf den föderalen mexikan. Rahmen beschränken.

II. Materiellrechtlicher Schutz speziell auf indigene Völker bezogener Normen

Am materiellrechtlichen „Schutzstandard“ indigener *Land*rechte hat sich vor[375] und nach der Verfassungsreform von 2001 letztlich nicht viel verändert. So beschränkt sich die Verfassungsreform 2001 auf eine (knappe) Normierung indigener Nutzungsrechte an den natürlichen Oberflächenressourcen und enthält *keine* separate Anerkennung der Eigentumsrechte indigener Völker an von ihnen besiedeltem Grund und Boden.[376,377]

Der einzige *ausdrückliche* Hinweis auf Land(rechte) indigener Völker findet sich dementsprechend inmitten der Bestimmungen über kollektive Eigentumsformen (*Ejido*, *Comunidad*) der Agrargesetzgebung. Der besagte *Art 27 VII mex. Vfg* (der schon vor 2001 in die mex. Vfg inkorporiert worden war) normiert jedoch ebenfalls keine expliziten Eigentums*rechte* indigener Völker, sondern überträgt den Schutz der Integrität ihrer Länder („tierras“) einem Reglementierungsge-

---

[373] Veröffentlicht im Diario Oficial de la Federación am 26. 2. 1992.

[374] Veröffentlicht im Diario Oficial de la Federación am 28. 1. 1988 idF 13. 6. 2003.

[375] Vor der Verfassungsreform 2001 enthielt neben Art 27VII mex. Vfg einzig Art 4 mex. Vfg ein Bekenntnis zur Plurikulturalität der mexikan. Nation.

[376] Die tatsächliche Nichtanerkennung indigener Landrechte wird auch durch die erläuternden Bemerkungen der Regierung zur Verfassungsreform (Síntesis Ejécutiva) vom 17. Mai 2001 bestätigt, die ausdrücklich betonen, dass *keine* Verleihung von wirklichen Rechten, kein Eigentumsrecht oder Berechtigung durch die Reform 2001 selbst eintritt. „No se están creando derechos reales. [...]”

[377] Im COCOPA-Entwurf ist eine indirekte und implizite Anerkennung und ein Verweis auf die zukünftig zu verhandelnden indigenen Landrechte in Art 4V zu erkennen, wenn bei der Normierung der Ressourcennutzungsrechte indigener Völker von einer Nutzung der Rohstoffe auf ihren Ländern und Territorien („en sus tierras y territorios“) gesprochen wird und dementsprechend eine vorherige Anerkennung indirekt vorausgesetzt ist. (Art 4V COCOPA-Entwurf: „Acceder de manera colectiva al uso y disfrute de los recursos naturales de sus tierras y territorios, entendidos éstos como la totalidad del hábitat que los pueblos indígenas usan u ocupan.“

setz. (Art 27 VII mex. Vfg: „La ley protegerá la integridad de las tierras de los grupos indígenas.")

Problematisch an diesem durch Art 27 VII mex. Vfg bewirkten „Schutz" ist nun zum einen dessen *mangelnde sprachliche Qualität.* So ist Art 27 VII *nicht* in der Sprache individueller Rechte und Berechtigungen formuliert und normiert kein subjektives „Recht" indigener Völker auf Schutz der von ihnen besiedelten Gebiete. Art 27 VII enthält vielmehr einen „Auftrag" an die mexikan. Autoritäten, ein Verfassungsgesetz zu erlassen, um indigene Rechte zu wahren.

Die *Unbestimmtheit* des *Adressatenkreises* – als Rechtsträger sind „grupos" indígenas angegeben, ohne dass dieser Begriff je definiert würde[378] – beschränkt den möglichen Schutzradius weiter. Zum einen wird durch die Begriffswahl jegliche ethnische Anerkennung indigener Völker als „Volk" verweigert,[379] zudem erschwert der Begriff „Gruppe" rechtstechnisch, den Rechtsträger zu identifizieren[380] und vermindert gleichzeitig die Ansprüche. So wird durch den Begriffswechsel von indigenen „Völkern" zu „Gruppen", der Anspruch von *Völkern* auf eine umfassende Anerkennung ihrer *Territorien* (die religiöse Stätten und die gesamte Umwelt mitumfassen, wie dies auch ausdrücklich in Art 13 ILO Konv 169 festgehalten wird) auf die Anerkennung von sozialen *Gruppen* zustehenden *„tierras"* (Landrechten in ihrer agrarischen Dimension) reduziert.

Auch die ausdrücklich von Art 27 VII mex. Vfg geforderte und durch obgenannte Kritikpunkte dringend notwendig erscheinende Konkretisierung der mex. Vfg durch ein **Reglementierungsgesetz** zum besseren Schutz indigener Landrechte hat nie stattgefunden. Einzig das Agrargesetz, das *Ley Agraria,*[381]

---

[378] Der COCOPA-Entwurf spricht von indigenen „Völkern" als Rechtsträger (Art 4V), das *Verfassungsreformgesetz 2001* (in Art 2AVI) von indigenen „Völkern" und „Gemeinden". Diese Rechtstexte erfassen so zwar die kulturelle Dimension des Begriffs, jedoch ist, wie oben zu sehen war, der *Inhalt* der zuerkannten Rechte an Grund und Boden wiederum nicht weitreichend genug, um dieser kulturellen Dimension einen ausreichenden rechtlichen Rahmen zu geben.

[379] Die Verwendung des Begriffs „grupos indígenas", indigener „Gruppen" (an Stelle von „pueblos" oder „comunidades") bezeugt die explizite Nichtanerkennung der indigenen Völker als „Völker" mit eigener indigener kultureller Identität; indigene Völker werden als eine von mehreren Bevölkerungsgruppen (in sozialer und nicht ethnischer Hinsicht) betrachtet.

[380] Zu Fragen bezügl der Rechtspersönlichkeit dieser indigenen „Gruppe" und zur Frage, ab wann (ab wie vielen Personen) einer indigenen „Gruppe" ein Anspruch auf Landrechte zukomme, schweigt die mexikan. Gesetzgebung. Das hier auftretende Problem der juristischen Nichtexistenz indigener „Gruppen" wird auch in der UN-Studie über die Beziehung indigener Völker zu ihrem Land, wenn sie die verschiedenen Hindernisse der Anerkennung indigener Landrechte beschreibt, festgehalten. Para 40: „Where the indigenous people or group is not recognized as having juridical status or existence, it cannot hold title to lands or resources nor take legal action to protect those property interests." (*Daes,* Indigenous Peoples and their Relationship to Land, Para 40.)

[381] *Ley Agraria* 1992, Decreto expendido el 23.2. 1992 en el Diario Oficial de la Federación.

welches *a priori* andere Teilbereiche des Art 27 mex. Vfg reguliert, verweist auf indigene „Gruppen" und „schützt" ihre Landrechte, indem es diesen Schutz wiederum an ein anderes Ausführungsgesetz delegiert. So verweist der hier relevante Art 106 *Ley Agraria* (im Kapitel „Sobre la Comunidad") wiederum auf das nicht existente (nie ergangene) Ausführungsgesetz zum (ehemaligen) Art 4 mex. Vfg:[382] „... las tierras que corresponden a los grupos indígenas deberán ser protegidas por las autoridades, en los términos de la ley que reglamente el artículo 4° y el segundo párrafo de la fracción VII del artículo constitucional."

In einer Art **zirkulärem Verweis** zitieren sich die mexikan. Bestimmungen somit gegenseitig, ohne dass daraus ein substantieller Schutz oder ein materiellrechtlicher Anspruch indigener Völker auf ihren Grund und Boden ableitbar wäre. *M. Gomez*[383] spricht bezüglich der fehlenden Reglementierungsgesetze von einem Schutzvakuum für indigene Völker, einem "vacío de protección de los grupos indígenas". Der mexikan. Gesetzgeber kommt seiner verfassungsgesetzlich auferlegten Schutzpflicht nicht nach und verklausuliert gleichermaßen seine Untätigkeit durch die fortdauernden Weiterverweise.[384]

Bewertung: Indigene Völker haben dementsprechend nach mexikan. Recht *kein Eigentumsrecht* an von ihnen besiedeltem Grund und Boden wie dies beispielsweise in der nic. Vfg mit dem eigens etablierten Regime *sui generis* vorgesehen ist. Dies bedeutet eine offene Verletzung der insbes mit der Ratifikation der **ILO Konvention 169** übernommenen Verpflichtung durch die mexikan. Regierung, die in der Konv 169 normierten Rechte – die Konv 169 geht ja eindeutig in Art 14 von Eigentums*rechten* indigener Völker aus – umzusetzen.[385]

Zieht man nun in Betracht, dass die ILO Konventionen 107 und 169 schon vor über 10 Jahren vom mexikan. Staat ratifiziert worden sind, sich der mexikan. Staat also auf internationaler Ebene offen zur Wahrung indigener Rechte bekannt

---

[382] Tatsächlich ist Art 4 mex. Vfg inzwischen durch die Verfassungsreform von 2001 novelliert, der Artikel existiert in dieser Form also gar nicht mehr, Art 106 *Ley Agraria* wurde jedoch nie bereinigt und verweist so auf diesen nicht mehr existenten Artikel. (*Ley Agraria*, mit Stand der Internetrecherche vom 11. 10. 2002, auf http://www.pa.gob.mx/publica/pa07bd.htm.)

[383] *M. Gomez*, Derecho indígena y constitucionalidad: el caso mexicano. In: *Gomez M.* (Hrsg), Derecho indígena, 1997, 273ff (276ff).

[384] Vgl diesbezüglich *M. Gomez*, die die verfassungsrechtliche Zulässigkeit dieser Weiterverweisungen bezweifelt. (*Gomez*, ebda, 276.)

[385] Vgl in diesem Sinn auch *Gonzalez Galvan* (dessen Feststellung aus der Zeit vor der Reform 2001 bedauerlicherweise noch immer Gültigkeit besitzt): „Das Übereinkommen Nr. 169 der ILO stellt einen rechtlichen Rahmen dar, den der mexikan. Staat noch nicht mit der gebotenen Verantwortung zur Kenntnis genommen hat, obwohl er dazu verpflichtet ist. Damit erschwert und unterläuft er die volle Anerkennung der Rechte der eingeborenen Völker im Lande." [*Gonzalez Galvan*, Die Verpflichtungen Mexikos aus dem Übereinkommen No 169 der ILO über die Rechte eingeborener Völker. In: Journal für Entwicklungspolitik XV/2, 1999, 153ff (167f).]

hat, erscheint der Schluss einer gewissen *Doppelbödigkeit* der mexikan. Politik in Bezug auf indigene Rechte unausweichlich. So hätte – wie oben (mexikan. internationaler Teil) behandelt und eindeutig von der mexikan. Corte suprema bezüglich anderer internationaler Verträge bestätigt – die mexikan. Regierung ihre Gesetzgebung so anpassen müssen, dass die von Mexiko mit der Ratifikation der ILO Konventionen 107 und 169 international übernommenen Verpflichtungen erfüllt werden könnten. Tatsächlich ist dies jedoch nie erfolgt; die Ausführungsgesetze zu Art 27 VII mex. Vfg sind bis heute nicht ergangen.

Abschließend könnte man also von einer *mehr „Schein" als „Sein" Politik* des mexikan. Staates im Bezug auf indigene Rechte sprechen. Große Worte und Versprechungen werden gemacht, Verträge auf internationaler Ebene ratifiziert: in konkreten mexikan. nationalen Gesetzen schlagen sich diese jedoch nicht nieder. Speziell auf indigene Völker bezogene nationale Bestimmungen gibt es demgemäß wenig in Mexiko. In der Folge soll nun der Schutz indigener Landrechte über den „Umweg" der agrarrechtlichen Bestimmungen analysiert werden.

III. Materiellrechtlicher Schutz indigenen Grund und Bodens durch agrarrechtliche Bestimmungen (Konzept des sozialen Eigentums)[386]

Ein mittelbarer, indirekter Schutz indigenen Eigentums an Grund und Boden wird durch die Rechtsfigur des „sozialen Eigentums" bewirkt[387] – der durch die Verfassung von 1917 wieder eingeführten Form des Kollektiveigentums (*Ejidos, Comunidades*).[388] Es soll nun dargestellt werden, inwieweit diese Eigentumsform, von der indigene Völker als größtenteils zur sozialen Klasse der Kleinbauern gehörend profitieren, ihre Landrechte schützt. Inwieweit ist aus mexikan. Agrarbestimmungen ein kulturell adäquater Schutz indigener Territorien ableitbar? Weist das mexikan. soziale Eigentum die im zweiten Abschnitt, im Reformkon-

---

386 Beachte in diesem Zusammenhang die unterschiedlichen Bedeutungen des Begriffs „kommunales Eigentum". So ist kommunales Eigentum in *Mexiko* eine spezielle Form des Kollektiveigentums und steht in Unterschied zum ejidalen Eigentum. In *Nicaragua* hingegen ist kommunales Eigentum *alles* Eigentum an Grund und Boden, das kollektiv von einer Gemeinde genutzt wird (würde also sowohl ejidales wie kommunales Eigentum nach der mexikan. Kategorisierung erfassen).

387 Der Begriff „soziales Eigentum" umfasst kommunales wie ejidales Eigentum. Diese Eigentumsform wurde durch die Agrarreform von 1917 wieder (nachdem sie 1857 abgeschafft worden war) eingeführt und unterscheidet sich von privatem und öffentlichen Eigentum insbes dadurch, dass es bestimmten Kollektiven (Personengruppen) zusteht, die auch ein Fruchtgenussrecht haben, zu deren Unterhalt es dient; ebenso wie durch die Tatsache, dass es verfügungsgeschützt ist. [Zum Begriff „soziales Eigentum" siehe *Diccionario Jurídico Mexicano* (1984) 285.]

388 Zur Definition der Begriffe *Ejido* und *Comunidad*, siehe unten.

zept, identifizierten notwendigen Elemente eines adäquaten Schutzes indigener Landrechte auf?

1. Rechtsentstehungsgrund

Tatsächlich ermöglichten mexikan. Gesetze zwischen 1917 und 1992,[389] im Rahmen der Land- und Agrarreform, eine Neuzuteilung von Land (*Ejidos*) bzw eine Anerkennung von alten Eigentumstiteln oder faktischem Besitz von Land (*Comunidades*).[390] Dementsprechend konnte bis 1992 eine Personengruppe von 20 Personen um Landzuweisung (Neuzuteilung von Land) für die Gründung eines *Ejidos* ansuchen.[391] Bei der Etablierung von *Comunidades* hingegen handelt es sich primär um die Anerkennung von faktisch besessenem Land bzw um die Restituierung von während der Unabhängigkeit zu Unrecht enteignetem Besitz, der bei Nachweis eines offiziellen Titels bzw einer ungerechtfertigten Enteignung zurückgegeben wurde.[392]

Ein **Nachteil** dieser Form der Landzuerkennung für einen kulturell adäquaten Schutz *indigener* Territorien ist nun allerdings das Anknüpfen der Landzuteilung an faktisch anderen Kritierien als indigenen Siedlungsmustern. Die Neuzuteilung von Ejidalland hängt vom Vorliegen landwirtschaftlicher Notwendigkeiten (gerechte Bodenverteilung allgemein; Verbesserung der Lage der Subsistenzbauern; Sicherung der Selbsterhaltungsfähigkeit) ab. Die Anerkennung von Kommunalland wiederum, wenn es auch *de facto* oft dem im 19. Jahrhundert zu Unrecht enteigneten Eigentum indigener Völker entsprach (vgl *J. Gonzalez Galvan*), scheiterte zumeist am fehlenden Nachweis einer ungerechtfertigten Enteignung indigener Gemeinden.[393]

---

[389] Ab 1992 ist bei der Gründung von Ejidos der Grund und Boden entweder von den künftigen Ejidataren einzubringen oder käuflich zu erwerben (Art 90 *Ley Agaria*): die Landumverteilung ist beendet.

[390] Für Details zur Agrarreform und im Speziellen zum Regime des *Ejidos*, siehe *Nujiten,* Agrarian Reform and the Ejido in Mexico; illegality within the framework of the law. In: Law and Anthropology, vol 9 (1997), 72ff.

[391] Vgl zur sogenannten „dotación" Art 43 *Ley Agaria*: „Son tierras ejidales [...] que han sido dotadas al núcleo de población ejidal o incorporadas al régimen ejidal [...]"

[392] Vgl *Art 98 Ley Agraria*: „El reconocimiento como comunidad a los núcleos agrarios deriva de los siguientes procedimientos: I. Una acción agraria de restitución Para las comunidades despojadas de su propiedad; II. Un acto de jurisdicción voluntaria promovido por quienes guardan el estado comunal cuando no exista litigio en materia de posesión y propiedad comunal; III. La resolución de un juicio promovido por quienes conserven el estado comunal cuando exista litigio u oposición de parte interesada respecto a la solicitud del núcleo; [...]" (Hervorhebung durch die Autorin.)

[393] Deswegen entschieden sich viele indigene Völker letztlich für die Gründung eines *Ejidos*. So wurden, gemäß *Escarcéga Lopez* und *Botey Estapé* zwischen 1916 und 1934 124 Comunidades und 5598 Ejidos gegründet. [*Escarcéga Lopez, Botey Estapé*, La Recomposición de la

Dem Kriterium der „Besiedlung von alters her", welches in *Art 14 Konv 169* vorgegeben ist und an indigene Siedlungsmuster anknüpft, wird so in der mexikan. Agrargesetzgebung nicht entsprochen. Weder direkt noch indirekt fließen bei der *Landzuteilung* „indigene Kriterien" ein. Zudem nimmt die Kategorisierung (der „Label") des zuerkannten Landes als Agrarland keineswegs auf die indigene Ethnizität Bezug.

Trotz solcher Schwierigkeiten, die diese Art der Landzuteilung als ungenügend für einen *vollen* Schutz der indigenen kulturellen Identität erscheinen lassen, ist jedoch unzweifelhaft durch die Landreform eine *gewisse positive Funktion* der Eigentumssicherung für indigene Gemeinden eingetreten. Diese wird noch durch die im Folgenden erörterten gesetzlichen Merkmale des Agrareigentums unterstützt.

2. Kollektive Dimension

Als wichtiges Element für einen kulturell angemessenen Schutz indigenen Eigentums durch die Agrargesetzgebung wäre zunächst die Gruppendimension, die Kollektivität des agrarischen Eigentums zu nennen. Diese entspricht in groben Zügen den indigenen Siedlungsmustern und Eigentumsnutzungsformen und schützt selbige dementsprechend.

Die mexikan. Agrargesetzgebung sieht ja für ejidales ebenso wie für kommunales Eigentum prinzipiell eine kollektive Nutzung vor, neben der auch individuelle Fruchtgenussrechte der einzelnen Angehörigen eines Ejidos (Art 46 *Ley Agraria*) bzw einer Comunidad (Art 101 *Ley Agraria*) an individuellen Parzellen bzw am Gemeinschaftseigentum bestehen. Letztlich wird so zwischen den *tierras del asentamiento humano* (gemeinsamen Siedlungsgebieten), den *tierras de uso común* (gemeinsam und kollektiv bearbeitetem Grund und Boden) und den *tierras parceladas* unterschieden, an denen dem einzelnen Ejidatar ein Fruchtgenussrecht zukommt. Die *tierras de uso común* (also die kollektiv bearbeiteten Länder) sind gleichsam das „Herzstück" jedes Ejidos bzw jeder Comunidad, sie dienen der wirtschaftlichen Versorgung der Gemeinden und sind der Inbegriff des sozialen Eigentums.[394] Die Entscheidung über die gemeinschaftliche Nutzung

propiedad social como precondición necesaria Para refuncionalizar el ejido en el orden econónomico-productivo, 1990, 25)]

[394] Vgl Art 73 *Ley Agraria* „Las tierras ejidales de uso común constituyen el sustento económico de la vida en comunidad del ejido [...]" Besagter Artikel gilt mangels anderslautender Bestimmung auch für Comunidades, da Art 107 *Ley Agraria* normiert, dass alle Normen des *Ley Agraria*, des Agrargesetzes, für Ejidos auch auf Comunidades anzuwenden sein, wenn sie nicht den speziell auf Comunidades bezogenen Normen widersprechen.

wird von der Ejidal- bzw Kommunalversammlung, also von allen gemeinsam, getroffen.[395]

Dies entspricht traditionellem indigenen Gewohnheitsrecht. (Gemäß demselben nutzen indigene Gemeinden ihren Grund und Boden ja auch kollektiv und entscheiden gemeinsam über seine Verwendung.) Schützt also die Gruppendimension mexikan. Agrargesetze prinzipiell angemessen die indigene kulturelle Identität, so erscheint hingegen problematisch, dass bei der Reform der Agrargesetzgebung unter Präsident *Salinas* (1992) die Rechte des Kollektivs zu Gunsten des Einzelnen beschnitten wurden. (Die solcherart angestrebte erleichterte Privatisierung von Agrareigentum diente insbes der Vorbereitung des NAFTA-Beitritts Mexikos.)

3. Verfügungsbeschränkungen

Die agrargesetzlich festgelegten Verfügungsbeschränkungen sind nach den unterschiedlichen Eigentumskategorien (*tierras del asentamiento humano, tierras de uso común, tierras parceladas*) bei Ejidal- und Kommunaleigentum gestaffelt und richten sich letztlich danach, welchen Zweck die einzelne „Kategorie" für die Kollektivität erfüllt.[396] Zudem wird bei den Verfügungsbeschränkungen zwischen Ejido und Comunidad unterschieden, wobei das kommunale Eigentum prinzipiell stärker geschützt ist.[397] So sind beim **Ejido** die *tierras del asentamiento humano* (die gemeinsamen Siedlungsgebiete) ebenso wie die *tierras de uso común* (gemeinsam kollektiv bearbeiteter Grund und Boden) besonders verfügungsgeschützt; die *tierras parceladas* (Parzellen, die den einzelnen Ejidataren zum Fruchtgenuss zugewiesen werden) am wenigsten. **Kommunales Eigentum** (der Comunidades) ist prinzipiell nicht veräußerbar, und nur erschwert verpacht- oder belastbar *(inalienable, inprescriptible und inembargable).*]

Sind demzufolge die mexikan. Verfügungsbeschränkungen prinzipiell zum Schutz indigener Landrechte nutzbar zu machen, so wurde auch der soeben beschriebene Schutz durch die Reform von 1992 beeinträchtigt. Zur Ermöglichung der angestrebten Flexibilisierung und Privatisierung des Kollektiveigentums wur-

---

395 Bezüglich der Ejidos spricht Art 74(2) *Ley Agraria* von internen Regelungen bei „uso, aprovechamiento, acceso y conservación de las tierras". Bezogen auf Comunidades bestimmt Art 100 *Ley Agraria* allgemeiner: „La comunidad determinará el uso de sus tierras, [...]"

396 In Nicaragua wird in den Bestimmungen bezüglich des kommunalen Eigentums *nicht* in dieser Weise zwischen „tierras del asentamiento humano", „tierras de uso común" und „tierras parceladas" differenziert, auch werden keine graduellen Unterschiede bei den Verfügungsmöglichkeiten gemacht. Dementsprechend ist alles unter der globalen Bezeichnung „kommunales Eigentum" – das eben auch individuelle Parzellen und indigene Wohngebiete umfasst – gleichermaßen verfügungsgeschützt. (Vgl Art 36 des Autonomiestatuts.)

397 Insgesamt sind jedoch die Unterschiede zwischen *Ejidos* und *Comunidades* nicht absolut zu sehen, da durch Beschluss der Kommunalversammlung zwischen ihnen *hin- und hergewechselt* werden kann. (Art 98 iVm 23 *Ley Agraria*; Art 104 *Ley Agaria.*)

den insbes die Verfügungsbeschränkungen von ejidalem Eigentum reduziert.[398] So können beispielsweise Ejidatare mit Zustimmung der Ejidalversammlung das Fruchtgenussrecht an ihrer Parzelle durch Zertifizierung in einen privaten Besitztitel umwandeln und die Parzelle dann verkaufen (Art 80, 23 *Ley Agraria*). Sie können sogar die Auflösung des *Ejidos* beantragen (Art 23 iVm 56 *Ley Agraria*).

Diese erleichterte Veräußerungs- und Auflösungsmöglichkeit des kollektiven Eigentums bedeutet nun für **indigene Völker** die Gefahr einer Übervorteilung in Zwangssituationen und wirtschaftlichen Notlagen, was auch bei der Besprechung des PPP gezeigt werden wird.[399]

4. Ergebnis

Wie erläutert, kann das Gesetzeskonzept der mexikan. **Agrarnormen** (insbes die Kollektivität des Eigentums und die Verfügungsbeschränkungen) indigenen Völkern zunächst einigen Schutz bieten, der jedoch im Zuge der Reformen von 1992 beschränkt wurde. Ungenügenden Schutz bietet jedenfalls der Rechtsentstehungsgrund der Anerkennung des Agrarlandes, welcher sich nicht nach indigenen Siedlungsmustern richtet, sondern an den Bedürfnissen und Notwendigkeiten der Agrarreform gemessen wird. (Eine explizite Anerkennung *indigenen* Eigentums fehlt ja im Gesetzeskonzept.) Dementsprechend decken Agrarnormen einige, aber bei weitem nicht alle Aspekte ab, die ein kulturell adäquater Schutz der Landrechte erfordern würde.

Die **Verfassungsreform 2001** ist insofern enttäuschend ausgefallen, als die Möglichkeit verpasst wurde, die mangelhafte Regelung des Art 27 VII mex. Vfg zu konkretisieren und indigenen Völkern tatsächliche Eigentumsrechte an dem von ihnen besiedelten Gebiet zuzugestehen (wie dies schon durch die Konv 169 gefordert und nötig wäre). Es wird noch analysiert werden, ob diese mangelhafte Anerkennung und der fehlerhafte Schutz indigenen Grund und Bodens nicht sogar als Absicht erscheinen könnte, damit zu scharf formulierte Gesetze nicht den Plänen der mexikan. Regierung im Hinblick auf den PPP im Wege stehen.

Im Folgenden soll nun kurz auf die Rechte der mexikan. indigenen Völker an ihren natürlichen Ressourcen – als weiterem wichtigen Aspekt der indigenen Territorialrechte – eingegangen werden.

---

[398] Beachte jedoch, dass auch das kommunale Eigentum potentiell „gefährdet" ist: So kann ja durch Beschluss der Gemeindeversammlung eine Comunidad in ein Ejido umgewandelt werden.

[399] *Schüren* etwa verweist auf die erleichterte Konzentrationsmöglichkeit von Land im Rahmen der neuen Agrargesetzgebung. Es gibt zwar noch eine Obergrenze an erlaubtem, maximalem Grundbesitz; innerhalb dieses Rahmens besteht jedoch die Möglichkeit, Grund und Boden bis zu einer Fläche des 25-fachen Kleinbesitzes aufzukaufen. [*Schüren,* „Land ohne Freiheit": Mexikos langer Abschied von der Agrarreform. In: *Gabbert* (Hrsg), Land und Freiheit, 1997, 33ff (56).]

IV. Ressourcennutzung

Das mexikan. Ressourcennutzungsregime unterscheidet prinzipiell zwischen Nutzungsrechten an Oberflächenressourcen und solchen an unterirdischen Ressourcen; dies sowohl bei speziell auf indigene Völker bezogenen Normen wie bei Agrarnormen. Eine Unterscheidung, der bei der nun folgenden Erörterung der indigenen Ressourcennutzungsrechte gefolgt werden wird.

1. Oberflächenressourcen

Die indigenen Völker Mexikos sind, wie oben analysiert, auch nach der Verfassungsreform 2001 nicht die Eigentümer ihres Grund und Bodens. Es kommt ihnen nur ein beschränktes Recht auf Vorzugsnutzung der natürlichen Oberflächenressourcen an ihrem Siedlungsgebiet zu. So normiert der für die Ressourcennutzung[400] relevante **Art 2AVI** mex. Vfg (2001) das Recht indigener Völker und Gemeinden auf Selbstbestimmung und dementsprechend Autonomie[401] „zur vorzugsweisen Nutzung und Genuss der natürlichen Ressourcen in ihren Siedlungsgebieten“:

„Acceder, con respeto a las formas y modalidades de propiedad y tenencia de la tierra establecidas en esta Constitución y a las leyes de la materia, así como a los derechos adquiridos por terceros o por integrantes de la comunidad, al uso y disfrute preferente de los recursos naturales de los lugares que habitan y ocupan las comunidades, salvo aquellos que corresponden a las áreas estratégicas, en términos de esta Constitución. Para estos efectos las comunidades podrán asociarse en términos de ley.“ (Art 2AVI mex. Vfg; Hervorhebung durch die Autorin.)

Das in Art 2AVI mex. Vfg (2001) normierte Ressourcennutzungsrecht indigener Völker an ihren Oberflächenressourcen ist von der Existenz eines *formalen* Eigentumstitels unabhängig. Es besteht an von indigenen Gemeinden bewohntem und okkupiertem Gebiet („lugares que habitan y ocupan las comunidades“), ihrem Siedlungsgebiet also (vgl die Ähnlichkeit des Siedlungskonzepts des Art 14 ILO Konv 169 der „Besiedlung von alters her“!). Ein Mehrwert für indigene Völker und Gemeinden könnte dadurch entstehen, dass diese sich zwar *faktisch* im Besitz von Grund und Boden befinden (also einen Ort im Sinne des Art 2AVI „bewohnen und besiedeln“), jedoch keine *formelle* Anerkennung im Rahmen der

[400] Anders als in Nicaragua, wo das Eigentum an den erneuerbaren Ressourcen unmittelbar den indigenen Gemeinden zukommt (als Eigentümer ihres Grund und Bodens), steht das Eigentum an den erneuerbaren wie den nichterneuerbaren Ressourcen der mexikan. Nation originär zu. Vgl Art 27 mex. Vfg: „La propiedad de las tierras y aguas comprendidas dentro de los límites del territorio nacional corresponde originariamente a la Nación [...] “

[401] Art 2A mex. Vfg (2001): „Esta Constitución reconoce y garantiza el derecho de los pueblos y comunidades indígenas a la libre determinación y, en consecuencia, a la autonomía Para: [...]”

Agrarreform für diesen erlangt haben. Insofern gewährt Art 2AVI ein Ressourcennutzungsrecht, welches jedoch gravierenden Beschränkungen unterliegt.[402]

Problematisch sind zunächst die gleichfalls in Art 2AVI mex. Vfg (2001) etablierten Rahmenbedingungen: So etwa, dass das Recht auf Ressourcennutzung davon abhängig gemacht wird, dass *keine Rechte Dritter* beeinträchtigt werden, wodurch indigene Ressourcennutzungsrechte allen anderen Rechten nachgehen.[403] Des Weiteren eröffnet die unklare Bestimmung der „*Vorzugsnutzung*" („uso y disfruto *preferente*"), die inhaltliche Offenheit des Begriffs,[404] einen großen Interpretationsspielraum des Rechtsanwenders. (Auf die Gefahren dieses Spielraums für indigene Interessen gerade im Hinblick auf die aktuelle mexikan. Situation und die Pläne der Regierung im PPP wird unten eingegangen.)[405] Zu guter Letzt sind alle *Bereiche*, an denen der *mexikan. Staat ein strategisches Interesse* hat („que corresponden a las areas estratégicas, en términos de esta Constitución" im Sinne des Art 2AVI mex. Vfg 2001), vom Recht indigener Völker auf Ressourcennutzung ausgenommen. Die Risken dieser mangelnden Definition - so kann sehr viel in den Bereich der „area estrategica" eingeordnet werden – werden bei der Behandlung des PPP noch näher erörtert.

Es sind also die Ressourcennutzungsrechte indigener Völker sozusagen im Umkehrschluss aus den Rechten der mexikan. Nation und aus jenen von Drittpersonen ableitbar und werden gleichermaßen negativ definiert als alles, was andere nicht beanspruchen! Die Problematik eines solchen Schutzes zeigt sich im Lichte der aktuellen Pläne der mexikan. Regierung.

Gemäß **agrarrechtlichen** Bestimmungen kommt dem jeweiligen Kollektiv (*Ejido*, *Comunidad*) der Fruchtgenuss an den Oberflächenressourcen zu, der im

---

[402] Demgegenüber erkennt der Art 4V des COCOPA-Entwurfs die Rechte indigener Völker auf Ressourcennutzung (auch unabhängig vom Bestehen eines formalen Eigentumstitels) ohne weitere Restriktionen an. Indigenen Völkern wird das kollektive Recht auf Fruchtgenuss an den erneuerbaren Ressourcen auf ihrem Gebiet zugestanden; von diesem Recht sind nur die Ressourcen ausgenommen, die als „dominio directo" unmittelbar der mexikan. Nation zugeordnet sind.

[403] Von einer gleichwertigen Stellung indigener Rechte ausgehend, müssten *Einzelfallerwägungen* bei konkurrierenden Rechten getroffen werden. So wird etwa in den nicaraguan. Ausführungsgesetzen darauf abgestellt, ob Drittpersonen nur formal ihren Titel innehaben oder ob sie ihren Besitz auch tatsächlich ausüben; in Mexiko wird nur global von „von Dritten erworbenen Rechten" gesprochen: Es ist also auch bei etwa nur formal tituliertem Grund und Boden der jeweilige Dritte im Vorteil und das indigene Ressourcennutzungsrecht geht nach.

[404] Ferner stellt sich die Frage, vor wem der „Vorzug" gewährt wird, wenn alle anderen Rechte (von Dritten, dem Staat) ausdrücklich gemäß diesem Art 2AVI mex. Vfg (2001) zu wahren sind und indigenen Rechten vorgehen?

[405] Auch hier könnte man wieder die Frage stellen, ob es nicht Absicht ist, dass gerade die indigenen Rechte so inhaltlich offen formuliert sind. Mexikan. Normen sind nämlich ansonsten, wie etwa die Bestimmungen zum Ejido oder zur Comunidad bezeugen, um einiges präziser ausgeführt!

Rahmen des Eigentumsrechts der jeweiligen Gemeinde liegt und auszuüben ist. Diese ist bei der Waldnutzung etwa an Konzessionen gebunden, die vom Staat an die Gemeinde selbst und an Dritte, wenn diese die Zustimmung der Ejidalversammlung vorweisen,[406] vergeben werden. (Hiebei kommt der *Secretaría* und der *Administración Pública Federal* die Überwachung der Bestimmungen zu.)

Problematisch sind die agrarrechtlich verankerten Ressourcennutzungsrechte, da sie nicht explizit als *indigene* Rechte anerkannt sind und der mexikan. Staat somit unter Berufung auf das öffentliche Interesse (bei Konzessionsvergabe etc) ungehindert in die Ressourcennutzungsrechte der Agrarkooperationen, die ja nicht als indigene Rechte speziell geschützt sind, eingreifen kann.[407]

2. Unterirdische Ressourcen

Rechte indigener Völker an nicht erneuerbaren Ressourcen sind weder in der Verfassungsreform **2001** enthalten noch normieren die Bestimmungen des Agrarrechts solche für die *Ejidatare* oder *Comuneros*. Ausdrücklich sind ja die in Art 2AVI mex. Vfg 2001 aufgezählten „areas estratégicas“ (strategischen Bereiche), zu denen sicherlich die Nutzung der unterirdischen Ressourcen zählt, von den Ressourcennutzungsrechten indigener Völker ausgenommen.[408] Zudem sind die Ressourcennutzungsrechte indigener Völker gemäß Art 2AVI mex. Vfg innerhalb des bestehenden verfassungsrechtlichen Rahmens zu üben. Dies führt zu Art 27(4) mex. Vfg,[409] der der mexikan. Nation (dem Staat) die ausschließlichen Herrschaftsrechte an Ressourcen der Kontinentalplatte und des Meeresbodens wie Mineralien, Edelsteinen, Salz, Erdöl, Kohle; kurz, an den unterirdischen Ressour-

[406] Art 19 bis 4 *Ley Forestal*: „Las autorizaciones en materia forestal sólo se otorgarán a los propietarios de los terrenos y a las personas legalmente facultades por aquellos, o por resolución de autoridad competente“ und „cuando la solicitud de una autorización en materia forestal sobre terrenos propiedad de un ejido, comunidad o comunidad indígena sea presentada por un tercero, éste deberá acreditar el consentimiento del núcleo agrario mediante acuerdo de asamblea que lo autorice, de conformidad con la Ley Agraria.”

[407] Vgl zur notwendigen Interessenabwägung bei Eigentumseingriffen im öffentlichen Interesse, die anders ausfällt, wenn explizit in Minderheitenrechte eingegriffen wird, die diesbezüglichen Ausführungen im Reformkonzept und in der Rsp des MRA.

[408] Der COCOPA-Entwurf bezog sich hier ausdrücklich auf den Wortlaut der mexikan. Verfassung und nahm von den Ressourcennutzungsrechten der indigenen Völker alle jene aus, die direkt der nationalen Oberhoheit unterliegen; deren „dominio directo corresponde a la Nación“. (Es fragt sich, warum die Verfassungsreform 2001 keine klarere Regelung trifft und auf den schwammigen Begriff der „areas strategicas“ ausweicht? Vielleicht, um dem Rechtsanwender Raum zu geben, die Ressourcennutzungsrechte indigener Völker noch weiter zu beschränken.)

[409] Vgl Art 27 (4) mex. Vfg: Corresponde a la Nación el dominio directo de todos los recursos naturales de la plataforma continental y los zócalos submarinos de las islas; [...] de todos los minerales [...] piedras preciosas [...] sal [...] petróleo, carburos de hidrógeno sólidos, líquidos o gaseosos [...] “

cen zugesteht. Es ist unnötig zu erwähnen, dass das in Art 27(4) mex. Vfg normierte Herrschaftsrecht des mexikan. Staates über die unterirdischen Ressourcen auch die Ressourcennutzungsmöglichkeit der Agrargemeinschaften (*Ejidos* und *Comunidades*) an den Oberflächenressourcen beschränkt.

Die Rechte auf Förderung der unterirdischen Ressourcen kommen also ausschließlich dem mexikan. Staat zu; weder Rechte auf Gewinnbeteiligung noch Vetorechte, ja nicht einmal Konsultationsverfahren indigener Gemeinden sind im Falle von Ressourcenförderung auf ihrem Gebiet normiert. Dies widerspricht den Bestimmungen des Art 15(2) Konv 169, der zumindest eine Konsultationspflicht indigener Völker im Fall einer Förderung der unterirdischen Ressourcen auf ihrem Gebiet vorsieht.

3. Ergebnis

Die Rechte indigener Völker gem Art 2AVI mex. Vfg 2001 beschränken sich auf die Vorzugsnutzung der Oberflächenressourcen (Wald, Wasser und die Erzeugnisse von Grund und Boden) ihrer Siedlungsgebiete. Wenn sie in Agrargemeinschaften organisiert sind, haben sie die Nutzungsrechte an den Oberflächenressourcen ihres Grund und Bodens im Rahmen ihres Eigentumsrechts.

Dieser Umgang mit den *Land- und Ressourcennutzungsrechten indigener Völker* führt die einleitend skizzierte Doppelbödigkeit des mexikan. Gesetzgebers vor Augen. Gleich Dr. Jekyll und Mister Hyde wurden so zum einen die Konv 107 und 169 mit ihrer bekanntlich weitreichenden Anerkennung indigener Landrechte ratifiziert. Gleichzeitig begnügen sich die Bestimmungen in der nationalen Gesetzgebung bezüglich indigener Landrechte mit einem lapidaren Verweis auf ein Ausführungsgesetz (Art 27VII mex. Vfg), das faktisch nie erlassen wurde. In der Regierungserklärung zur Verfassungsreform 2001 wird zudem ausdrücklich betont, dass *keine Eigentumsrechte* indigener Völker an von ihnen besiedeltem Gebiet bestehen. Die Ressourcennutzungsrechte wiederum sind so formuliert, dass der Rechtsanwender alles in sie hineininterpretieren kann.

Letztlich führt diese zwiespältige Vorgangsweise des mexikan. Staates beim Umgang mit indigenen Rechten – Anerkennung in internationalen Verträgen *versus* fehlende explizite Anerkennung in nationalen Bestimmungen – also zu einem Schutzdefizit indigener Völker an ihrem Grund und Boden, das nur sehr bedingt durch die Bestimmungen der *Agrargesetzgebung* ausgeglichen wird.

In der Folge soll nun behandelt werden, wie sich die Umsetzung und Implementierung der behandelten Eigentumskonzepte (dem speziell auf indigene Völker bezogenen Schutzregime und den agrarischen Eigentumsformen) praktisch gestaltet. Ebenso wird erläutert, wie die Rechtsdurchsetzung der oben erläuterten Eigentumsformen von Statten geht und wie sich die These einer „Dr. Jekyll und Mr. Hyde Politik“ des mexikan. Staates durch Fakten untermauern lässt.

V. Staatliche Pflicht zur Umsetzung und Implementierung

Auch bei der Implementierung indigener Rechte ist wiederum zwischen den speziell auf indigene Völker bezogenen Normen und den agrarrechtlichen Bestimmungen zu unterscheiden, wobei die *Umsetzung* der Landrechte auf unterschiedliche Arten von Schwierigkeiten bei beiden Normenkomplexen stößt. So hat die Umsetzung der speziell auf indigene Völker bezogenen Rechte überhaupt nicht stattgefunden, die agrarrechtlich zuerkannten Landrechte sind zumeist zwar Realität geworden, tatsächlich decken sie jedoch nur inadäquat die indigenen Bedürfnisse auf einen kulturell geeigneten Schutz ihrer Territorien ab.

1. Speziell auf indigene Völker bezogene Normen

Kann nun angesichts der Spröde und der **mangelhaften gesetzlichen Qualität** der mexikan. Bestimmungen zum Schutz indigener Rechte eine Pflicht des Gesetzgebers auf Umsetzung und eine positive Schutzpflicht des mexikan. Staates etwa in horizontaler Ebene gefunden werden? Kann beispielsweise eine Pflicht zur Erlassung von Reglementierungsgesetzen und zum effektiven Schutz indigener Siedlungsgebiete gegen ein Eindringen von Drittpersonen herausgelesen werden? Es wurde ja bereits dargelegt, dass Art 27VII mex. Vfg eher objektive staatliche Pflichten denn subjektive Rechte enthält[410] sowie die Ressourcennutzungsbestimmungen des Art 2AVI mex. Vfg 2001 zu wenig weitreichend sind.

Es ist in der Folge bei den einschlägigen verfassungsrechtlichen mexikan. Normen zwischen der theoretischen Pflicht des Gesetzgebers zur Umsetzung und der trotz dieser Pflicht nicht erfolgten Umsetzung zu unterscheiden. Zunächst wird auf die Reichweite der Umsetzungspflicht eingegangen, die aus speziell auf indigene Völker Bezug nehmenden Normen resultiert.

a) Gesetzliche Pflicht zur Umsetzung

Trotz der mangelnden gesetzlichen Qualität der verfassungsrechtlichen Normen besteht eine *Pflicht zur Umsetzung der Land- und Ressourcennutzungsrechte* indigener Völker. So mag zwar Art 27VII mex. Vfg[411] kein subjektives Recht normieren, doch enthält diese Bestimmung einen klaren Auftrag an den mexikan. Gesetzgeber, ein indigenen Grund und Boden schützendes Ausführungsgesetz zu schaffen. Die Pflicht zur Erlassung eines Ausführungsgesetzes ist

---

[410] Demgegenüber ist in Nicaragua beispielsweise umfassend von den Land„*rechten*" indigener Völker die Rede (vgl etwa Art 5 nic. Vfg).

[411] Art 27VII mex. Vfg: „La ley protegerá la integridad de los grupos indígenas [...]"

dementsprechend verfassungsrechtlich verankert.[412] Zudem ergänzt insbes die ILO Konv 169, die ja durch ihre Inkorporation über Art 133 mex. Vfg geltendes mexikan. Recht ist,[413] die Bestimmungen der mex. Vfg und begründet die Pflicht des mexikan. Gesetzgebers, die zu ihrer Umsetzung notwendigen konkretisierenden Ausführungsgesetze zu erlassen und so ihre Umsetzung durch alle nur möglichen Maßnahmen zu bewirken.[414]

Neben dieser internen Pflicht zur Umsetzung der in der Konv 169 enthaltenen Normen ist mit der Ratifikation der Konv 169 der mexikan. Staat auch *völkerrechtlich* gegenüber allen Staaten, die die Konvention ebenfalls ratifiziert haben, sowie gegenüber der ILO als Institution verpflichtet,[415] die in ihr enthaltenen Bestimmungen umzusetzen.[416] In diesem Sinn „erinnert" etwa der Expertenausschuss (CEACR) der ILO Mexiko in seinen „individual observations" an die Verpflichtungen, die Mexiko mit der Ratifikation der ILO Konventionen eingegangen ist und dass die Konsultationsmechanismen des Art 15 Konv 169 im Falle einer Ausbeutung der natürlichen Ressourcen auf indigenem Siedlungsgebiet einzuhalten sind.[417]

Kurz, auch wenn die mexikan. Normen, die indigenen Völkern Rechte verleihen, weniger klar formuliert sind als etwa die nicaraguanischen und infolgedessen auch die positive Pflicht zur Umsetzung des mexikan. Gesetzgebers indirekter ausgedrückt ist, so ist doch aus nationalen wie internationalen Normen (vor allem der Konv 169) eine Pflicht des mexikan. Staates zur Umsetzung indigener Landrechte zu entnehmen. Diese Umsetzung hat mit allen möglichen Mitteln, nämlich gesetzlichen (Erlassung von Regulierungsgesetzen) wie administrativen (Etablierung von Verfahren zur Demarkierung), zu erfolgen und muss zudem einen horizontalen Schutz gegen das Eindringen von Drittpersonen bieten.

---

[412] Diese Pflicht geht jedoch weniger weit als etwa die der nicaraguan. Autoritäten. So garantiert etwa der nicaraguan. Verfassungsgesetzgeber in Art 180 nic. Vfg ausdrücklich den Gemeinden der Atlantikküste die „Effektivität" ihres Eigentums. Der gesetzliche Wortlaut umfasst dementsprechend ALLE Mittel (also auch etwa administrative Maßnahmen etc.; nicht nur Gesetze), die zur Umsetzung und Zielerreichung dieser „Pflicht zum Resultat", die Effektivität des indigenen Eigentums zu sichern, nötig sind. Art 27VII mex. Vfg hingegen enthält einzig die Pflicht des Gesetzgebers, Ausführungsgesetze zu erlassen.

[413] Der in Abschnitt 3 – internationaler Teil – behandelte Schutzstandard und der damit verbundene Auftrag an den mexikan. Gesetzgeber, die Eigentumsrechte und indigenen Landrechte umzusetzen, (ausdrücklich auch durch positive Maßnahmen und als Schutz gegen Eindringen von Drittpersonen) gilt dementsprechend auch in Mexiko.

[414] Vgl diesbezüglich *Olguín Martínez,* Mecanismos de Control de la OIT, 14f.

[415] Siehe etwa Art Art 26 (1, 4) der ILO Vfg.

[416] Vgl insofern *Olguín Martínez*, die von einer Pflicht zur Umsetzung durch den mexikan. Staat mit allen zur Verfügung stehenden Mitteln, wie etwa die Anpassung der indigenen Gesetzgebung, etc. spricht. (*Olguín Martínez,* Mecanismos de Control de la OIT, 13f.)

[417] *Olguín Martínez*, ebda, 42.

In der Praxis wird jedoch dieser verfassungsrechtliche Auftrag ebenso wie die diesbezügliche völkerrechtliche Pflicht des mexikan. Staates nicht entsprechend umgesetzt, was im Folgenden erläutert wird.

b) Faktisch nicht erfolgte Umsetzung[418]

Der mexikan. Gesetzgeber hat es *de facto*[419] unterlassen, Art 27VII mex. Vfg zu reglementieren und befindet sich durch seine verklausulierte Untätigkeit (durch die oben beschriebenen andauernden Weiterverweise) in offenem Bruch mit seinen internationalen und nationalen Pflichten. Auch die Bestimmungen des Art 2 mex. Vfg, die seit Juli 2001 zum mexikan. Rechtsbestand gehören, sind noch nicht reglementiert: Es gilt abzuwarten wie schnell bzw ob überhaupt die Erlassung der diesbezüglichen Ausführungsgesetze und damit die Umsetzung der verfassungsrechtlichen Normen von Statten gehen wird.

Durch die fehlenden Ausführungsgesetze bedingt, sind indigene Länder und Territorien *einfachgesetzlich* und *administrativ* (auch mexikan. Exekutiv- und Verwaltungsbehörden nehmen auf eine Umsetzung indigener Rechte wenig Bedacht) völlig ungenügend gegen ein Eindringen von Drittpersonen oder eine Ressourcennutzung durch multinationale Konzerne geschützt.

Einige **Beispiele dieser mangelnden Umsetzung indigener Rechte** sind etwa in den „individual observations“ des Expertenauschusses der ILO (CEACR) zum mexikan. Staatenbericht[420] zu finden. Der Expertenausschuss bezieht sich in seinem Bericht u. a. auf die Waldrodung und Ausbeutung der Bodenschätze durch multinationale Konzerne in den Ebenen der Sierra Tarahumara in Chihuahua, die eine Entwaldung bewirken, zu Trockenheiten geführt und das Überleben des *Rarámuri* Volkes in Frage gestellt haben.

„11. Further, the Committee notes that the FAT, in its comments, continues to allege that the mining and logging activities of multinational companies in the Tarahumara range in the State of Chihuahua have caused deforestation which in turn has led to an increase in drought conditions and placed the survival of the Rarámuri people in jeopardy.“[421]

---

[418] Stand Dezember 2002.

[419] Zur Erinnerung: Art 106 *Ley Agaria* verweist ja auf das nie ergangene Ausführungegesetz zu Art 4 mex. Vfg.

[420] *CEACR*, Individual Observation concerning Convention No 169, Indigenous and tribal Peoples, 1989 Mexico (ratification: 1990), veröffentlicht 1999.

[421] Ebda, Para 11.

Auch im Gliedstaat Oaxaca stellt der Expertenausschuss eine Beeinträchtigung der dort lebenden indigenen Gemeinden durch Ressourcennutzungen fest.[422]

Indigene Siedlungsgebiete werden solcherart in Mitleidenschaft gezogen: Das formale Bekenntnis der mexikan. Regierung zum Schutz indigener Rechte wird praktisch nicht umgesetzt. Ein Faktum, das ja schon in der mangelhaften *Qualität* der nationalen mexikan. Normen zum Schutz indigener Rechte auf verfassungsrechtlicher Ebene angelegt ist. Die „Mehr Schein als Sein"-Politik des mexikan. Staates, die beim Gesetzeskonzept in der mangelhaften Normierung indigener Landrechte in nationalen verfassungsgesetzlichen Bestimmungen (trotz umfassender Ratifikation internationaler Verträge) festgestellt wurde, spiegelt sich dementsprechend eins zu eins in der (Nicht-)Umsetzung der existierenden Normen zum Schutz indigener Territorien.

Inwieweit wird nun die mangelnde Umsetzung speziell auf indigene Völker bezogener Normen durch agrarrechtliche Bestimmungen ausgeglichen?

2. Umsetzung der agrarrechtlichen Bestimmungen

a) Positive Aspekte

Ist die Umsetzung der speziell zum Schutz indigener Eigentumsrechte etablierten Normen mangelhaft ausgefallen und wurden dementsprechend keine Eigentumsrechte indigener Völker an ihrem traditionellen Siedlungsgebiet verliehen,[423] so hat die **Landumverteilung** unter der Agrarreform **indigenen Völkern** zumindest *faktisch* eine Möglichkeit eröffnet, in Besitz und Eigentum von Grund und Boden zu kommen. *J. Gonzalez Galvan* zieht bezüglich der Auswirkungen der Landreform auf die indigenen Ethnien den positiven Schluss, dass zumindest einige Völker durch die Agrarreformen in Besitz von Grund und Boden gelangen konnten. „Il est indéniable que plusieurs ethnies indigènes récupèrent leur terres. Elles eurent la certitude d'avoir un titre de défense de leurs territoires, ou la possibilité de l'obtenir en le demandant légalement."[424]

Wie oben schon angedeutet, bringen eine Anerkennung und Implementierung indigener Landrechte unter agrarrechtlichem Label jedoch gravierende Schutzdefizite mit sich, die einem kulturell adäquaten Schutz indigener Landrechte nicht genügen.

---

[422] „[...] Similarly, in the Chimalapas, in the State of Oaxaca, exploitation of natural resources in the region has affected indigenous communities and led to confrontations between them." (Ebda.)

[423] Der Eigentumsanspruch könnte etwa aus Art 14 Konv 169 abgeleitet werden.

[424] *Gonzales Galvan,* Relation de l'Etat et les Ethnies au Mexique, 202.

b) Mängel der Umsetzung: Allgemein

Rein geographisch/ regional ist zunächst die Umsetzung und Implementierung der agrarrechtlichen Bestimmungen in den verschiedenen mexikan. **Gliedstaaten** unterschiedlich gut von Statten gegangen.[425] In gewissen Regionen (in Chiapas[426] beispielsweise) hat die Umverteilung des Agrarlandes prinzipiell nicht wirklich stattgefunden und indigene Völker sind – ebenso wie alle anderen potentiell Anspruchsberechtigten (Kleinbauern etc.) – gar nie in den „Genuss" von eigenem Grund und Boden gekommen.

Doch auch wenn tatsächlich umverteilt wurde, ergeben sich eine Anzahl weiterer Probleme, die speziell indigene Völker betreffen. Die mangelnde Bezugnahme der agrarrechtlichen Normen auf kulturelle bzw indigene Kriterien[427] hat bedingt, dass eine Reihe von traditionell von indigenen Völkern besiedelten Gebieten (religiöse Orte, aber auch schlicht die Jagd- und Sammelgründe indigener Gemeinden) nie als im Eigentum indigener Völker stehend anerkannt und tituliert wurden.[428] Letztlich wird also in der mexikan. Realität bestätigt, was schon im Gesetzeskonzept angelegt ist: Es wird zwar (im besten Fall) durch eine erfolgte Landzuteilung unter der Agrarreform für die Subsistenzsicherung indigener Völker gesorgt; auf ihr kulturelles Überleben wird jedoch kein Bedacht genommen.[429]

Zudem ist die Titulierung indigenen Grund und Bodens im Rahmen der Agrarreform bei **gemischten Agrargemeinschaften** problematisch, wenn die nicht indigenen Angehörigen der Gemeinde die Mehrheit haben. In diesen Fällen kommt als Agrarland titulierter Grund und Boden den indigenen Mitgliedern einer Gemeinde nur bedingt zu Gute, da sie von der nicht indigenen Mehrheit in der

[425] Faktoren, die diese unterschiedlich weitreichende Umverteilung beeinflussen, wären etwa die „Verteilungswilligkeit" des jeweiligen Gouverneurs, die Einflussmöglichkeiten der Großgrundbesitzer, die sich einer Umverteilung im jeweiligen Gliedstaat entgegenstellten etc.

[426] Vgl zur fehlenden Umverteilung des Landes etwa *Jordan*, Chiapas – eine Bestandsaufnahme. Daten, Fakten, Geschichte nebst einer ethnohistorischen Betrachtuung des indianischen Widerstandes in seinem Kontext und der Entwicklung der Landproblematik von der Konquista bis zum Primer Congreso Indígena de Chiapas, Diplomarbeit, Universität Wien, 1997, 154ff.

[427] Die agrarrechtliche Landzuteilung stellt ja – wie oben ausgeführt – nicht auf die Besiedlung von alters her ab, sondern dient der agrarischen Existenzsicherung.

[428] Die Landzuerkennung im Rahmen der *Comunidad* könnte einen gewissen Schutz indigener Eigentumsverhältnisse bewirken, da er ja auf die Eigentumsverhältnisse von vor 1917 abstellt. Durch die Notwendigkeit des Nachweises einer ungerechtfertigten Enteignung – den die meisten indigenen Völker nicht erbringen können – ist dies jedoch nur von bedingtem Nutzen.

[429] Ein weiteres Beispiel dafür, dass die Gesetzeslogik der Agrargesetze in der Folge nach anderen Gesichtpunkten, als jenen des besten Interesses indigener Völker und des bestmöglichen Erhalts indigener Kultur verläuft (auf das bei rein indigenen Landrechten abzustellen wäre) ist etwa auch die Aufhebung der Verfügungsbeschränkungen im Zuge der Agrarreformen von Salinas 1992, die zwar aus agrarrechtlichen Gesichtspunkten sinnvoll sein mag, aus indigener Perspektive jedoch verheerende Konsequenzen für den Erhalt ihrer Kultur haben kann.

Gemeindeversammlung, die über Landfragen entscheidet, überstimmt werden können.

c) Mängel der Umsetzung gezeigt am Huicholenfall

Auf eben diese Problematik eines Minderheitenstatus der indigenen Gemeindemitglieder wird in der Folge im **Huicholenfall**[430] eingegangen.

Tatsächlich wird am Beispiel der Huicholgemeinden von San Andrés deutlich, wie wenig auf indigene Gemeinden durch Agrarbehörden Bedacht genommen wird. So waren die besagten Huicholgemeinden in den 60-er Jahren von ihrer Muttergemeinde San Andrés abgespalten und in andere – mestizische – Gemeinden „eingemeindet“ worden. Auf die ethnische Zugehörigkeit der Huicholgemeinden war bei dieser Eingemeindung von den Agrarbehörden keine Rücksicht genommen worden. Dies hatte zur Folge, dass die Landrechte der Huicholgemeinden nicht explizit anerkannt wurden und diese fortan eine Minderheit in den mehrheitlich mestizischen Gemeinden darstellten. Weswegen sie bei Entscheidungen (u. a. Grund und Boden betreffend) Gefahr liefen, in der Kommunalversammlung überstimmt zu werden. Infolgedessen hatten die Huicholen schwere Eingriffe in ihre kulturelle Identität zu erleiden. Eine Problematik, die auch vom tripartite Expertenkomitee betont wird.

> „42[...].the Committee would like to express its concern about the allegations of the organization which made the representation to the effect that the Huicholes seeking the reintegration of the land at issue live in conditions which 'violate the most elementary **individual** and collective rights' since, being a minority compared to the other **inhabitants**, they have not been recognized in land censuses with the result that they have no legal rights to the land which they occupy, and it is the majority of **inhabitants** who decide whether the indigenous inhabitants may plant crops and keep livestock and their cultural **practices** are constantly hindered[...]".[431]

Rein agrarrechtliche Normen in ihrer Anwendung durch die Agrarbehörden genügten also im Huicholenfall *nicht*, um die kulturelle Identität der Huicholgemeinden adäquat zu schützen, da in diesen *Normen* (im *Ley Agraria*) selbst kein expliziter Bezug auf die kulturelle Identität indigener Völker genommen wird.[432]

---

[430] *Report of the Committee* set up to examine the representation alleging non-observance by México of the Indigenous and Tribal Peoples Convention, 1989 (No 169), made under article 24 of the ILO Constitution by the Trade Union Delegation, D-III-57, section XI of the National Trade Union of Education Workers (SNTE), Radio Education, 1998 (Doc: GB.272/7/2), [abrufbar unter www.ilo.org über die Datenbank ("database") ILOLEX] (Bericht des Expertenkomitees). Die internationalen Aspekte des Huicholenfalles sowie eine längere Einführung in die Fakten wurden im internationalen Teil behandelt.

[431] Bericht des Expertenkomitees, Para 42.

[432] So ist beispielsweise in den mexikan. Agrargesetzen kein Verweis auf Art 27VII mex. Vfg zu finden, und keine Anmerkung, dass bei der Bodentitulierung entsprechend Rücksicht auf die indigene kulturelle Identität genommen und indigene Gemeinden gemeinsam tituliert werden

Die mexikan. Gesetze leisten damit der mangelnden Sensibilität der mexikan. *Exekutivorgane* (den titulierenden Agrarbehörden) Vorschub, die dann bei der Titulierung selbst keine Rücksicht auf die indigene kulturelle Identität nehmen und einfach indigenen Grund und Boden teilen, wie dies in den 60iger Jahren bei den Huicholgemeinden der Fall war. Am Huicholenfall wird also illustriert, dass eine rein agrarrechtliche Landverteilung – obgleich sie gewisse indigene Bedürfnisse abzudecken im Stande ist (Subsistenzsicherung etc.) – letztlich ungenügend ist, um einen Schutz indigener Landrechte auf kulturell adäquate Weise zu bewirken.

3. Ergebnis

In der mexikan. Realität erscheinen indigene Land- und Territorialrechte *ungenügend* umgesetzt. Der mexikan. Gesetzgeber kommt seiner verfassungsrechtlich beschränkt (Art 2 und Art 27VII mex. Vfg) und international umfassend (vor allem Konv 169) übertragenen gesetzlichen Schutzpflicht nicht nach und auch mexikan. Agrarbestimmungen bieten – wegen Problemen in der Umverteilung bzw der mangelnde Rücksichtnahme der Agrarbehörden auf die indigene Kultur (vgl Huicholenfall) – keinen Ersatz für diese ungenügende Normierung indigener Rechte.

Könnten nicht aber *mexikan. Gerichte* diese Mängel zumindest teilweise beheben? Wäre der mexikan. Corte suprema nicht möglich, unklar formulierte gesetzliche Bestimmungen zu Gunsten indigener Völker auszugleichen, indem sie diese in der Rechtsanwendung konkretisiert? Bzw könnten nicht mexikan. Agrargerichte eine angemessene Verwirklichung indigener Landrechte unter den agrarrechtlichen Bestimmungen erwirken, wenn mexikan. Agrarbehörden ihre Umsetzung (dh eine angemessene Titulierung) verweigern?

---

müssten, damit sie zusammenbleiben und die Mehrheit in der Gemeindeversammlung hätten; ebenso wenig ist eine Bestimmung enthalten, dass bei entsprechend falscher Titulierung (wenn indigene Gemeinden etwa als Minderheiten in größere Mestizengemeinden eingemeindet wurden, wie dies bei den Huicholgemeinden der Fall war) diese rückgängig gemacht werden müssten.

VI. Staatliche Pflicht zur Rechtsdurchsetzung

Es soll nun aufgezeigt werden, dass mexikan. Gerichte die nicht erfolgte Ausführung indigener Normen und verfassungsrechtlicher Bestimmungen in der Rechtsanwendung zumindest teilweise – im Rahmen des Wortlauts der jeweiligen Bestimmung – ausgleichen könnten und auch müssten. So hat beispielsweise auch das kolumbian. Verfassungsgericht viele der nicht ergangenen kolumbian. Ausführungsgesetze durch seine Judikatur ersetzt und den verfassungsrechtlichen Rahmen in Rechtsanwendung konkretisiert.[433] Wenn auch kolumbian. gesetzliche Bestimmungen präziser sind als mexikan. sowie konkretere und eindeutigere Rechte verleihen, so haben die mexikan. Gerichte doch zumindest einigen Spielraum, indigenen Landrechten zum Durchbruch zu verhelfen.

1. Notwendigkeit einer Normenkonkretisierung

Tatsächlich ergibt sich aus der prinzipiellen (und im Folgenden detaillierten) Bekenntnis[434] des mexikan. Gesetzgebers zum Schutz indigener Rechte eine Pflicht der mexikan. Gerichte, die Normen dahingehend zu interpretieren, dass eine weitest mögliche Wahrung indigener Interessen erreicht wird.

a) Wertentscheidung des mexikan. Gesetzgebers zu Gunsten indigener Rechte

So stellen nämlich sowohl die von Mexiko ratifizierten ILO Konventionen 107 und 169, als auch die verfassungsrechtlichen Bestimmungen, die einen Schutz indigener Rechte beinhalten (vor allem jedoch Art 2AVIII mex. Vfg 2001), eine **Wertentscheidung** zu Gunsten eines weitest möglichen Schutzes indigener Rechte dar.

Tatsächlich wurden ja die **Konv 107 und 169**, die umfassendsten gegenwärtig existierenden rechtsverbindlichen Kodifikationen indigener Rechte, von der mexikan. Regierung schon vor Jahren ratifiziert. Ist der *Self-executing*-Charakter der Konv 107 und 169 auch strittig – die mexikan. Lehre geht von der unmittelbaren Anwendbarkeit der Konventionen aus, die mexikan. Gerichte haben sich aber noch nicht dazu durchgerungen[435] – kann doch durch die Ratifikation

[433] Vgl etwa die Entscheidung *Corte Constitucional*, Sentencia T-428/92, 24-VI-92, *M-P. Dr. Ciro Angarita Barón.* In dieser erörtert das kolumbian. Verfassungsgericht detailliert die Zulässigkeit von öffentlichen Bauten auf indigenen Territorien unter Bezugnahme auf die ins Spiel kommenden Mehrheits-und Minderheitserwägungen. Die kolumbian. Verfassung wird in der entsprechenden Entscheidung konkretisiert, die fehlenden Ausführungsgesetze werden ersetzt. Für mehr Details, siehe *Roque Roldán*, Pueblos Indígenas y Leyes en Colombia, 2000, 113ff.

[434] Beachte hiebei, dass dieses Bekenntnis und die Wertentscheidung in Unabhängigkeit davon bestehen, ob sie zur „Schein"- oder zur „Sein"-Politik des mexikan. Staates gehören!

[435] Vgl *Olguín Martínez*: „Si bien nuestra doctrina es casi unánime en el sentido de que las disposiciones de un tratado que cumple con los requisitos del Artículo 133 de la Constitución,

der Konventionen eindeutig eine Positionierung der mexikan. Regierung zu Gunsten eines Schutzes indigener Rechte gesehen werden (aus welchen Motiven auch immer sie erfolgt ist) und ist somit in alle gerichtlichen Exegesetätigkeiten mit einzubeziehen.

Ein Argument für eine möglichst weitgehende Interpretation mexikan. Normen im Sinne indigener Interessen wären die **verfassungsrechtlichen Bestimmungen** (insbes Art 2 mex. Vfg 2001), die den Schutz indigener Rechte zu ihrem Ziel erklären. Besonders zu erwähnen ist in diesem Zusammenhang **Art 2VIII** mex. Vfg 2001, der ausdrückliche Garantien zugunsten eines effektiven („vollen“) Gerichtszugangs[436] für indigene Völker enthält und letztlich so auch die inhaltliche Interpretationslinie und den Maßstab für einen weitest möglichen Schutz legt.

Art 2AVIII mex. Vfg (2001): “Esta Constitución reconoce y garantiza el derecho de los pueblos y las comunidades indígenas a la libre determinación y, en consecuencia, a la autonomía para : [...] VIII. Acceder plenamente a la jurisdicción del Estado. Para garantizar ese derecho, en todos los juicios y procedimientos en que sean parte, individual o colectivamente, se deberán tomar en cuenta sus costumbres y especificidades culturales respetando los preceptos de esta Constitución. Los indígenas tienen en todo tiempo el derecho a ser asistidos por intérpretes y defensores que tengan conocimiento de su lengua y cultura.“ (Hervorhebungen durch die Autorin.)

So kann Art 2AVIII mex. Vfg 2001 – neben etablierten und notwendigen verfahrensrechtlichen Erleichterungen (etwa die Bereitstellung von Dolmetschern)[437] – eben auch dahingehend interpretiert werden, dass *materiellrechtlich* auf indigene Interessen Rücksicht zu nehmen ist. Tatsächlich betrachtet Art 2AVIII ja ausdrücklich auch inhaltliche Bereiche, etwa eine Berücksichtigung der indigenen Kultur/ Tradition und Gewohnheit („costumbres y especifidades culturales“) als notwendigen Bestandteil eines „vollen Gerichtszugangs“ indigener Völker. Aus alledem resultiert, dass mexikan. Gerichte, um im Geiste der Verfassung und der mexikan. Gesetze zu entscheiden, einen weitest möglichen Schutz

son Ley Suprema de la Unión y por tanto, tienen plena fuerza y vigor, lo cierto es que en la práctica judicial han sido varios los casos en que nuestros tribunales han negado el carácter autoaplicativo del Convenio 169 de la OIT en México.” (*Olguín Martínez,* Mecanismos de Control de la OIT, 26.)

[436] Auch Art 164 *Ley Agaria* enthält explizite Vorgaben bezüglich des Gerichtszugangs indigener Völker in Streitigkeiten um Landrechte: „ [...] En los juicios en que se involucren tierras de los grupos indígenas, los tribunales deberán de considerar las costumbres y usos de cada grupo mientras no contravengan lo dispuesto por esta ley ni se afecten derechos de tercero. Asimismo, cuando se haga necesario, el tribunal se asegurará de que los indígenas cuenten con traductores.” (Art 164 *Ley Agraria*).

[437] Eine verpflichtende *finanzielle* Unterstützung indigener Völker bei der Führung der teuren Verfahren zur Geltendmachung ihrer Rechte ist jedoch *nicht* normiert, was einigermaßen problematisch erscheint.

indigener Interessen gewährleisten müssen: Dies sowohl im Amparo-Verfahren wie in Verfahren vor „normalen“ Gerichten.

In der Folge soll nun anhand konkreter Beispiele erläutert werden, wie Bestimmungen, die speziell auf indigene Völker bezogene Rechte enthalten (zB Art 2AVI mex. Vfg 2001), ebenso wie agrarrechtliche Normen, im Interesse indigener Völker auszulegen sind.

b) Anwendungsbeispiele

So ist etwa die teilweise vage Formulierung des **Art 2AVI** mex. Vfg 2001[438] (der beschränkte Rechte indigener Völker auf Nutzung ihrer natürlichen Oberflächenressourcen normiert) im Sinne eines Maximalschutzes indigener Rechte zu interpretieren. Auf diese Weise könnten einige der **inhaltlichen Mängel** der Bestimmung, die Gefahr laufen, indigene Rechte zu unterwandern, ausgeräumt werden.[439] Der unklare Begriff der „Vorzugsnutzung“ beispielsweise wäre dann im Sinne einer größtmöglichen Verwirklichung indigener Rechte zu lesen und innerhalb der durch den Wortlaut der Bestimmung auferlegten Schranken – Grenzen des gerichtlichen Interpretationsspielraums bildet etwa die in Art 2AVI normierte notwendige „Wahrung der Rechte Dritter“ – wären indigene Ressourcennutzungsrechte weitestgehend zu schützen.

Die verfahrensrechtliche Möglichkeit hiezu besteht: Insbes der *Recurso de Amparo,* der in Mexiko als spezielles Rechtsmittel für den Schutz von verfassungsrechtlich garantierten Rechten (den sogenannten „garantias individuales“) vorgesehen ist, bietet sich an.[440] Dementsprechend könnten die in Art 2 mex. Vfg (2001) garantierten Ressourcennutzungsrechte indigener Völker als Verletzungen von „garantías individuales“,[441] vor den „Tribunales de Federación“ (etwa mit den Gerichtshöfen 2. Instanz vergleichbar) geltend gemacht (Art 103 mex. Vfg)[442] und

---

[438] Art 27VII mex. Vfg, der nur einen Auftrag an den Gesetzgeber enthält, entsprechende Ausführungsgesetze zu erlassen, eignet sich, wenn überhaupt, einzig zu einer Konkretisierung im Sinne negativer Abwehrrechte (des Verbots von Störung); eine richtiggehende Verleihung positiver Eigentumsrechte und dahingehende Ersetzung des Gesetzgebers würde die gerichtliche Kompetenz übersteigen. Aus Platzgründen soll nicht näher auf diese Hypothesen eingegangen werden; insbes auch deswegen nicht, da noch kein derartiger Fall von mexikan. Gerichten behandelt wurde.

[439] Zu den Mängeln siehe oben, Gesetzeskonzept.

[440] Die für den Schutz des indigenen Eigentums bei der Rechtsdurchsetzung in Frage kommenden Normen sind Art 103 und Art 107 mex. Vfg, sowie das entsprechende Reglementierungsgesetz (*Ley de Amparo*), auf das Art 107 (1) mex. Vfg ausdrücklich verweist.

[441] Sowohl die Rechte indigener Völker als auch die Agrarrechte befinden sich nach ihrer systematischen Einordnung im Kapitel 1 der mex. Vfg, unter dem Titel der „garantías individuales“ (individuellen Garantien). Hiebei ist der Begriff der „garantías individuales“ nicht zu eng zu sehen, da auch kollektive, moralische Personen ausdrücklich vom Schutzumfang der „garantías individuales“ mitumfasst sind.

[442] Art 103 mex. Vfg: „Los tribunales de la Federación resolverán toda controversia que se suscite: I. Por leyes o actos de la autoridad que violen las garantías individuales; [...]“.

dann im Instanzenzug vor die Corte Suprema gebracht werden.[443] Das kolumbian. Verfassungsgericht, das mittels der „Acción de Tutela“, einem dem Amparo-Verfahren vergleichbaren Rechtsmittel, die Rechte indigener Völker umfassend wahrt, bietet diesbezüglich ein sehr nachahmenswertes Beispiel.

In diesem Zusammenhang ist allerdings zu hoffen, dass verfahrensrechtliche Hemmnisse – so beträgt etwa die Frist für die Geltendmachung der obgenannten Verletzungen der „garantías individuales“ gemäß Art 21 *Ley de Amparo* nur 15 Tage, was sehr kurz erscheint – die Möglichkeiten indigener Völker, das Amparo-Rechtsmittel zu ergreifen, nicht bedeutend erschweren.

Auch **agrarrechtliche Bestimmungen** können im Hinblick auf die oben andiskutierte Wertentscheidung des mexikan. Gesetzgebers im Sinne einer möglichst weitgehenden Wahrung indigener Interessen interpretiert werden. So wäre etwa bei Titulierungen von Agrarland (als *Comunidad* oder *Ejido*) darauf abzustellen, dass indigene Gemeinden gemeinsam tituliert werden und so die Mehrheit in der Kommunalversammlung erhalten. Bei einer Geltendmachung[444] über das Amparo-Verfahren[445] profitieren in *Ejidos* oder *Comunidades* zusammengeschlossene indigene Gemeinden hiebei zudem von den besonderen verfahrensrechtlichen Vergünstigungen im Falle agrarrechtlicher Angelegenheiten.[446]

Resümierend ist festzuhalten, dass mexikan. Gerichte die relevanten Bestimmungen stets im bestmöglichen Interesse indigener Völker zu interpretieren haben. Die *Grenzen* dieser Interpretationsmöglichkeit sind zwar schon in der mangelhaften Qualität der Bestimmungen angelegt, die eine solche Nutzbarmachung mexikan. Normen für die Anliegen indigener Völker letztlich doch beschränken. (Dies etwa im Gegensatz zur Situation in Kolumbien oder Nicaragua.) Trotz allem bleibt innerhalb dieser vom Text der jeweiligen Bestimmung vorge-

---

[443] Die indigenen Gemeinden („Comunidades“) könnten als moralische Personen privaten Rechts gemäß Art 8 *Ley de Amparo* ein Verfahren durch ihre Repräsentanten anstrengen: Schon ein Urteil aus dem Jahre 1950 der mexikan. Corte Suprema hat die Rechtspersönlichkeit der „indigenen Gruppen“ des Art 27VII mex. Vfg anerkannt. „ [...] es indudable que se les otorga también personalidad Para defender su situación.” (Amparo civil en revisión 1929/48, Urteil der C.S. Mexicana v 21. April 1950.)

[444] Im Amparo-Verfahren zum Schutz agrarrechtlicher Normen können gemäß Art 107II mex. Vfg Handlungen oder bevorstehende Handlungen von staatlichen Organen eingeklagt werden, die (kollektive) Rechte auf Eigentum, Besitz bzw die Fruchtgenussrechte an Land, Wasser, Wiesen und Wald der Ejidos oder Comunidades bzw Individualrechte der Ejidatarios oder Comuneros verletzen oder zu verletzen drohen.

[445] Der Instanzenzug geht von den Agrargerichten zur Corte Suprema.

[446] Die *Ejidos* und *Comunidades* zuerkannten Rechte sind getrennt in einem eigenen Art 107II mex. Vfg sowie in einem eigenen Kapitel des Amparogesetzes (im Libro segundo des *Ley de Amparo*, unter dem Titel „Del Amparo en Materia Agraria“) behandelt und genießen besondere Vorteile im Amparo-Verfahren (vgl Art 107 mex. Vfg). So beträgt u. a. die Frist zum Einbringen agrarrechtliche Angelegenheiten betreffende Klagen 30 Tage (Art 218 *Ley de Amparo*).

gebenen Beschränkungen dennoch – wie oben aufgezeigt – eine Bandbreite an **Möglichkeiten** bestehen, die „Mehr Schein als Sein Politik" des mexikan. Staates mittels Rechtsdurchsetzung zu garantieren und zu korrigieren; ja vielleicht die „Schein"-Komponente der mexikan. Politk sogar in den Dienst indigener Interessen zu stellen.

2. Probleme der Rechtsdurchsetzung: Unwillige Anwender?

In der Realität haben es die mexikan. Gerichte allerdings bislang unterlassen, die Rechte indigener Völker entsprechend umzusetzen. So hat sich bislang überhaupt nur eine sehr geringe Zahl von Urteilen mit indigenen Rechten auseinandergesetzt.[447] Doch auch wenn indigene Rechte Thema eines Rechtsstreits waren, ist bislang zu wenig auf indigene Anliegen Bedacht genommen worden.[448]

Diese ungleiche Behandlung indigener Völker vor mexikan. Gerichten wird auch in den abschließenden Bemerkungen des *CERD-Komitees* zum mexikan. Staatenbericht kritisiert. Im Abschnitt D „Principal subjects of concerns" wird festgehalten: „11. [...] in certain situations, an individual's right to enjoy equal treatment in the courts is not effectively guaranteed for members of indigenous groups."[449]

Im Licht dieser Ausführungen erscheint auch eine Rechtskonkretisierung des noch jungen Art 2 mex. Vfg 2001 – der ja erst seit Juli 2001 zum mexikan. Normenbestand gehört und insofern noch wenig Gelegenheit einer Konkretisierung durch mexikan. Gerichte geboten hat – zumindest zweifelhaft. Im Ergebnis wird also die ungenügende Wahrung indigener Rechte und Interessen von mexikan. Gerichten augenblicklich zumindest stillschweigend gebilligt, die tatenlos zusehen, wie die mexikan. Autoritäten es unterlassen, ihren Pflichten bezüglich indigener Völker nachzukommen.

---

[447] Eine Gesamtzusammenschau der von 1917 – 2000 ergangenen Urteile der CS hat nur eine Handvoll von Urteilen mit *expliziter* (dh im Urteil als „indigen" angeführter) Teilnahme/ Parteistellung von indigenen Gemeinden ergeben. (Information erhoben von der CD-Rom der mexikan. *Corte Suprema,* Poder Judicial de la Federación, Suprema Corte de Justicia de la Nación, IUS 2000. Jurisprudencia y Tesis Aisladas 1917-2000.)

[448] Auf die genauen Gründe für diesen ungleichen Gerichtszugang (etwa die für indigene Völker häufig zu teuren Gerichtsverfahren etc.) wird in diesem Zusammenhang nicht näher eingegangen. Ein Aspekt der ungenügenden Rechtskonkretisierung durch mexikan. Gerichte ist sicherlich auch, dass indigene Völker das Vertrauen in die mexikan. Gerichtsbarkeit verloren haben, dementsprechend keine Klagen einbringen und es insofern – in einer Art Teufelskreis – nicht zu einer Konkretisierung indigener Rechte kommen kann.

[449] *CERD-Committee,* Concluding observations zum Staatenbericht von Mexiko, 51st Session, August 1997, CERD/C/304/Add.30, Para 11.

3. Überleitung

Ist nun aber weder durch den mexikan. Gesetzgeber noch durch die Behörden und Gerichte die Umsetzung und Durchsetzung indigener Eigentums- und Ressourcennutzungsrechte an Grund und Boden zu erwirken (positiver Schutz durch Affirmation von Eigentum), könnte doch ein gewissermaßen „negativer Schutz" (gegen Störung von außen) durch eine Selbstkontrolle und Teilnahme indigener Völker an Entscheidungen in Bezug auf ihre Siedlungsgebiete stattfinden. (*Abwehrrechte durch Mitbestimmung bei den relevanten Entscheidungen.*)[450] Dieser negative Schutz indigener Territorien als Störungsabwehr wäre dann ein Nebeneffekt des Rechts indigener Völker, über das Schicksal ihres Grund und Bodens als Teil eines selbstkontrollierten Entwicklungsprozesses zu entscheiden. Welche Mitbestimmungs- und Kontrollrechte haben indigene Völker demnach, die es ihnen ermöglichen würden, über ihren Grund und Boden zu verfügen (etwa Verträge abzuschließen etc.)? Können beispielsweise Selbstkontroll-, Konsultations- und Partizipationsrechte indigenen Völkern die Gelegenheit geben, einen Ressourcenabbau in ihrem Siedlungsgebiet zu verhindern?

Die Frage einer selbstbestimmten Verfügung sowie eines damit einhergehenden Schutzes indigenen Grund und Bodens durch Selbstkontroll- und Partizipationsrechte stellt sich insbes im Hinblick auf die **Verfassungsreform 2001**, die ja von Regierungsseite als Autonomiegesetz gepriesen wird. Ermöglicht die Reform – trotz der geschilderten Mankos bei der Anerkennung indigener *Eigentums*rechte – etwa durch eine adäquate Normierung indigener Partizipation und Selbstkontrolle einen Schutz indigener Landrechte zu erreichen und indigenen Völkern eine angemessene Verfügungsmöglichkeit über das Schicksal ihrer Territorien zu gestatten?

---

[450] Dies könnte mit dem durch den MRA unter Art 27 PBPR erreichten Schutz verglichen werden. Dieser schützt ja bekanntlich (unabhängig von bestehenden Eigentumsrechten) die Territorien indigener Völker als notwendige Voraussetzung für den Erhalt ihrer kulturellen Identität gegen Störung von außen. Der MRA misst dabei die Rechtmäßigkeit des staatlichen Eingriffs an der erfolgten *Konsultation* indigener Völker (vgl oben: „Consultation"-Element des „sustainability" Tests).

Auch in *Finnland* haben etwa die Sami keine Eigentumsrechte an ihren Homelands, sie haben jedoch eine Möglichkeit, mittels des Sami Parlaments bei Entscheidungen, die ihren Grund und Boden betreffen, mitzureden. (Von Seiten der finnischen Regierung wird zudem eine noch weitergehende Mitsprache der Sami über den sogenannten Land Rights Council erwogen. Dementsprechend sollen in den Homelands mit traditionellen Sami Aktivitäten wie Rentierzucht etwa nur geringe Störungen durch Eingriffe von außen erlaubt sein.)

VII. Mitspracherechte, Konsultation und Selbstkontrolle

1. Autonomie

a) Allgemeines zum Autonomiemodell

Die mex. Vfg sieht seit 2001[451] ein Modell der **Kommunalautonomie** vor, das zur Geltendmachung indigener Rechte an Grund und Boden genützt werden kann. So normiert Art 2A das Recht auf Selbstbestimmung[452] indigener Völker und Gemeinden und – als Ausfluss dessen – das Recht auf Autonomie.[453] An diese einleitende Bestimmung wird dann eine genau detaillierte Liste (Art 2AI-VIII mex. Vfg) angeschlossen, in welchen Bereichen diese Autonomie auszuüben ist. Darin ist im Übrigen auch das Ressourcennutzungsrecht des Art 2AVI enthalten.

Herzstück der Autonomiebestimmung ist die explizite Anerkennung indigener Autoritäten in Art 2AIII mex. Vfg. Diese sind nach *usos* und *costumbres* der jeweiligen Gemeinde zu wählen und nötig, um die indigene Selbstverwaltung (unter gleicher Teilnahme der Frauen) zu verwirklichen.

Art 2AIII mex. Vfg (2001) „Elegir de acuerdo con sus normas, procedimientos y prácticas tradicionales, a las autoridades o representantes para el ejercicio de sus formas propias de gobierno interno, garantizando la participación de las mujeres en condiciones de equidad frente a los varones, en un marco que respete el pacto federal y la soberanía de los estados.“

Die *Rahmenbedingungen* der Autonomie ebenso wie die Verwaltung durch eigene Autoritäten sind so verfassungsrechtlich garantiert. Es bleibt nun, die von indigenen Gemeinden selbst verwalteten Bereiche zu definieren und zu sehen, welcher Nutzen für eine angemessene selbstbestimmte Entwicklung indigener Territorien sowie für ihre „Verteidigung“ gegen Störungen von außen gewonnen werden kann. In inhaltlicher Sicht wird sich herausstellen, dass die Liste der selbst

---

[451] Tatsächlich ist es erstmalig 2001 der Fall, dass in Mexiko eine explizite Möglichkeit indigener politischer Selbstkontrolle und Partizipation geschaffen wird; der zuvor relevante (ehemalige) Art 4 mex. Vfg hatte noch nichts Dergleichen vorgesehen und sich auf das allgemeine Bekenntnis zur Plurikulturalität der mexikan. Nation beschränkt.

[452] Diese Anerkennung eines Rechts auf Selbstbestimmung ist außergewöhnlich und findet sich beispielsweise weder in kolumbian. noch in nicaraguan. Normen. Zumeist hüten sich die Staaten, das Wort „Selbstbestimmung“ in Gesetze aufzunehmen, da mit dem Begriff noch immer eine mögliche Sezession in Verbindung gebracht wird. In der Verfassungsreform 2001 wird nun der Begriff der Selbstbestimmung zwar verwendet, tatsächlich aber im Folgenden auf Autonomie und einzelne ihrer Bereiche beschränkt; dies auf eine Art und Weise, dass die Idee der *Selbst*-Bestimmung letztlich *ad absurdum* geführt scheint.

[453] Art 2A mex. Vfg (2001): "Esta Constitución reconoce y garantiza el derecho de los pueblos y las comunidades indígenas a la libre determinación y, en consecuencia, a la autonomía [...]“

verwalteten Bereiche *nicht* dazu geeignet ist, die Interessen indigener Völker angemessen zu wahren.

b) Selbst verwaltete Bereiche

Prinzipiell ist die Schaffung von selbst verwalteten Bereichen positiv zu bewerten; allerdings bringt die Wortgruppe „autonomía para" („Autonomie um zu", vgl Art 2A mex. Vfg) eine Ausschließlichkeit in die nachfolgende Liste, die andere Bereiche (wie etwa eine umfassende Selbstverwaltung indigener Territorien) als potentiell autonom zu regelnde ausschließt. Diese Exklusivität erscheint insbes im Hinblick auf die in der Folge behandelten inhaltlichen Kritikpunkte der Liste des Art 2A mex. Vfg problematisch. Tatsächlich geben nämlich die einzelnen Bestimmungen Anlass zu Zweifeln, inwieweit indigene Selbstbestimmung und Kontrolle über Grund und Boden tatsächlich durch sie gefördert werden und lassen an ihrer möglichen Nutzbarmachung zur Verteidigung indigener Territorialinteressen Zweifel aufkommen.

So ist etwa in **Art 2AV** mex. Vfg das „Recht" der indigenen Völker und Gemeinden normiert, in Selbstverwaltung ihr *Habitat* (den von ihnen besiedelten Raum) zu *erhalten* und zu verbessern sowie die *Integrität ihrer Territorien* im Rahmen der Verfassung zu bewahren.

Art 2A mex. Vfg (2001): „Esta Constitución reconoce y garantiza el derecho de los pueblos y las comunidades indígenas a la libre determinación y, en consecuencia, a la autonomía para: [...] V. Conservar y mejorar el hábitat y preservar la integridad de sus tierras en los términos establecidos en esta Constitución"

Versucht man allerdings, ein Recht auf Selbstkontrolle aus Art 2AV abzuleiten, so erscheint die Formulierung der Norm allzu unklar. Wie kann ein Recht auf *Autonomie* dazu verwendet werden, die **Integrität** von Grund und Boden zu **bewahren** („preservar la integridad")? Primär kämen hiezu als Schutz vor Eingriffen von außen wohl eher Eigentums- bzw Partizipations- und Konsultationsrechte in Frage.[454]

Der Zweifel am mexikan. Modell der Autonomie wird verstärkt durch die „Auflage" und inhaltliche Vorgabe, dass der indigene Lebensraum (**Habitat**) zu **erhalten** und zu **verbessern** („conservar y mejorar") sei. So ist fraglich, inwieweit es zulässig ist, in einem *a priori* selbst zu verwaltenden Bereich derart präzise inhaltliche Vorgaben zu machen. Die notwendige Erhaltung des indigenen Habitats erscheint eher als versteckte Pflicht und beschränkt den eigentlich autonom

[454] Autonomie scheint *a priori nicht* das geeignete Instrument zur Bewahrung der Integrität von Grund und Boden: Dient sie doch eher dazu, die positive Kontrolle über den besagten Grund und Boden in Form eines selbstbestimmten Entwicklungsprozesses zu üben.

verwalteten Bereich indigener Völker, über ihre Länder zu verfügen. Dieser Kritikpunkt bekommt insoweit noch mehr Gewicht, als die oben erwähnten Auflagen keinen Zusatz (oder Nebenpunkt) der Autonomiebestimmung bilden, sondern als *einer der* Inhalte des Rechts auf Autonomie in Art 2AV mex. Vfg dargestellt werden. Signifikant hiefür ist die Formulierung des Art 2AV: „autonomía para […] conservar y mejorar“ = „Autonomie um …zu erhalten und zu verbessern“.

Festzuhalten ist, dass der Bestimmung *Art 7(1) Konv 169*, die es indigenen Völkern ermöglicht, in wahrer Selbstkontrolle über die eigenen Angelegenheiten (wie Länder, etc) zu entscheiden, durch die mexikan. Verfassungsreform *nicht* Rechnung getragen wird.

In Art **2AVI** mex. Vfg wiederum ist eine mögliche **Selbstkontrolle indigener Völker an der Nutzung ihrer natürlichen Oberflächenressourcen** normiert. Dies ist grundsätzlich positiv zu bewerten: Ist doch ein selbst kontrolliertes Nutzungsrecht an den natürlichen Ressourcen „A“ und „O“ jeder selbstbestimmten indigenen Entwicklung. Ein entscheidendes Manko bleibt allerdings die *mangelnde Reichweite der Bestimmung.* Der autonom zu regelnde Bereich bezieht sich nämlich ausschließlich auf die durch die mexikan. Gesetze anerkannten Ressourcennutzungsrechte; faktisch ist dementsprechend die Selbstverwaltung auf den „vorzugsweisen“ Ressourcenabbau von Oberflächenressourcen beschränkt, an denen keine Rechte Dritter bestehen. Für einen umfassenden Schutz erscheint diese Regelung zu schwach.

Den rechtlichen Standards des **Art 15 ILO Konv 169** in Bezug auf Ressourcenabbau tut Art 2AVI mex. Vfg letztlich nur bedingt Genüge. So haben dem Art 2AVI zufolge indigene Völker ja nicht einmal ein Mitspracherecht, wenn sich der Staat die Ressourcennutzung als strategisch wichtigen Bereich („área estratégica“) vorbehält oder Drittpersonen Rechte erworben haben. Dies ist mit dem in Art 15(1) Konv 169 *unumschränkt* normierten Recht indigener Völker, sich an der Nutzung der Ressourcen ihres von alters her besiedelten Landes zumindest zu beteiligen, nicht vereinbar.

Ein möglicher **übergemeindlicher Zusammenschluss**, der ebenfalls in Art 2AVI mex. Vfg normiert ist [„Para estos efectos (Ressourcennutzung) las comunidades podrán asociares en términos de ley.“],[455] ist prinzipiell zu begrüßen. So erleichtert ein solcher ja die Koordination des Ressourcenabbaus und kann in dem gesetzlich vorgegebenen (engen) Rahmen auch einer Stärkung der Position der Gemeinden gegenüber der föderalen Regierung bewirken. Die Ver-

[455] „Para estos efectos (Ressourcennutzung) las comunidades podrán asociares en términos de ley.“ (Hervorhebung durch die Autorin.)

wirklichung dieses Rechts auf Zusammenschluss bleibt allerdings einem Reglementierungsgesetz überlassen, das erst erlassen werden muss.

Abschließende Bewertung der Autonomie: Die in Art 2A mex. Vfg normierten Selbstkontrollrechte sind nur sehr bedingt für eine Selbstverwaltung indigener Territorien nutzbar zu machen. Der selbst zu verwaltende Bereich ist beschränkt und gibt eher Auflagen, als dass er indigene Selbstkontrollrechte unterstützt. Die Beschränkung der indigenen Gemeindeautonomie auf derart detaillierte Bereiche wird einer *wirklichen* Selbstverwaltung wohl im Wege stehen und sie behindern. Zudem bleibt die Regulierung und Etablierung der Autonomie wiederum Ausführungsgesetzen von Föderation und Gliedstaaten überlassen, was – wenn man beispielsweise an die noch immer nicht erlassenen **Ausführungsgesetze** zu Art 27VII mex. Vfg (Landrechte indigener Völker) denkt - zumindest bedenklich scheint.[456]

Tatsächlich zeigt sich auch in den Autonomiebestimmungen die **„Mehr Schein als Sein Politik"** des mexikan. Staates: Zunächst bekennt sich (in Art 2A mex. Vfg) der mexikan. Staat umfassend zur Selbstbestimmung und Autonomie, in der Folge beschränken aber die detaillierten Regelungen des Art 2AI-VIII mex. Vfg die Grundidee der Autonomie auf eine Weise, dass von ihr nicht mehr viel übrig bleibt. Die als Autonomie und Selbstbestimmung propagierten Bereiche verdienen bei genauerem Studium den Namen Selbstbestimmung eigentlich nicht.

Es bleibt zu untersuchen, inwieweit die in der mex. Vfg normierten **Partizipationsrechte** indigener Völker einen Ausgleich für die mangelhaften Autonomiebestimmungen bieten.

2. Partizipation

Die beiden grundsätzlichen Varianten indigener Partizipation, die zur besseren Verwirklichung indigener Landrechte verwendet werden können, sind jene einer generellen *Teilnahme am politischen Prozess*, die *allgemeine politische Angelegenheiten* betrifft, sowie ein *Mitwirkungsrecht*, das sich *speziell auf indigene Angelegenheiten* (in diesem Fall Landrechte) bezieht.

a) Allgemeine Partizipationsrechte

Das politische System Mexikos, einer demokratischen Staatenföderation, eröffnet die Möglichkeit einer indigenen Partizipation am politischen Entschei-

[456] Wir werden im Rahmen der „Verbesserungsvorschläge" (siehe 6. Kapitel) nochmals auf das Modell der indigenen Gemeindeautonomie zurückkommen.

dungsprozess auf drei Ebenen, nämlich auf föderaler Ebene, auf jener der einzelnen Gliedstaaten, sowie auf Ebene der Munizipien.[457]

Die indigenen **Möglichkeiten,** auf föderaler Ebene am Entscheidungsprozess teilzunehmen, sind sehr begrenzt. So enthält die Verfassungsreform von 2001 lediglich eine dürftige Berücksichtigung indigener Völker, indem sie vorsieht, dass bei der **Wahlkreiseinteilung** „wo möglich" („cuando sea factible") auf indigene Völker Rücksicht zu nehmen ist.[458] Durch die Platzierung der Bestimmung in einem Übergangsartikel („artículo transitorio") von nur temporärer Geltung, der angewendet werden „kann",[459] beschränkt sich die Möglichkeit einer Teilnahme indigener Völker auf gesamtstaatlicher Ebene *de facto* auf die Zugangsmöglichkeit über diverse **Parteien.**[460,461] Dies ist insofern bedenklich, als ja die für Ressourcennutzungs- und Landrechte wichtigsten politischen Entscheidungen [vgl Art 27 iVm 73 mex. Vfg (Kompetenzen des Nationalkongresses)] auf föderaler Ebene getroffen werden.[462]

Die **Munizipien** hingegen, die nach dem Tenor der Verfassungsreform von 2001 hauptsächlicher Schauplatz der indigenen Partizipation sein sollen (vgl etwa Art 2VII mex. Vfg),[463] haben kaum relevante Kompetenzen, die bei Entscheidungen über Land- und Ressourcennutzung wichtig werden könnten. Munizipien sind [so die Bestimmung zum „municipio libre" Art 115 mex. Vfg (vor allem para 2, 3)] primär *ausführende* Organe und in etwa mit österreichischen Gemeinden vergleichbar. Eine politische Vertretung indigener Völker auf Muni-

---

[457] Die zentrale Bestimmung bezüglich der mexikan. Verwaltungseinteilung ist hier Art 115 mex. Vfg, der normiert: „Los Estados adoptarán, Para su régimen interior, la forma de gobierno republicano, representativo, popular, teniendo como base de su división territorial y de su organización política y administrativa el municipio libre [...]".

[458] In Kolumbien hingegen ist etwa eine fixe Anzahl von Sitzen (2) im Senat für indigene Vertreter reserviert (Art 171 kolumbian. Vfg); in Nicaragua ist über die Vertreter der autonomen Regionen (RAAN, RAAS) eine Vertretung indigener Interessen möglich.

[459] Die Formulierung des COCOPA-Entwurfs wird hiedurch abgeschwächt und verwässert: so wird Art 53 COCOPA-Entwurf in eine Übergangsbestimmung verwandelt, die angewendet werden „kann" und zudem die beschränkende Formulierung „wo möglich" hinzugefügt.

[460] Praktisch hat die indigene Bewegung in Mexiko seit 1988 eine Vertretung im Kongress vor allem über die *Partido de la Revolución Democrática* (PRD). Vgl dazu *IWGIA,* El mundo indígena 1999/2000 IWGIA, Kopenhagen 2000, 64f.

[461] Dies, obwohl in den *Acuerdos de San Andrés* die mexikan. Regierung zugesagt hatte, für eine angemessene indigene Vertretung im Kongress unter Ausschaltung der Parteien zu sorgen! Tatsächlich wurde dies nie in die Tat umgesetzt.

[462] Auch im gliedstaatlichen Kompetenzbereich (der sich als jener definiert, der nicht föderal ist) liegen einige (wenige) für indigenen Grund und Boden relevante Bereiche; eine Vertretung indigener Völker auf gliedstaatlicher Ebene ist jedoch nicht vorgesehen.

[463] Vgl Art 2AVII mex. Vfg (2001): „Elegir, en los municipios con población indígena representantes ante los ayuntamientos. Las constituciones y leyes de las entidades federativas reconocerán y regularán estos derechos en los municipios con el propósito de fortalecer la participación y representación política de conformidad con sus tradiciones y normas internas."

zipalebene ist infolgedessen für eine adäquate Wahrung indigener Interessen – ihre Territorien betreffend – unzureichend.

Kann diesen ungenügenden Bestimmungen bezüglich einer allgemeinen Partizipation nun vielleicht mittels der Etablierung von speziellen Mechanismen, die eine Beteiligung der indigenen Gemeinden in ausdrücklich sie betreffenden Angelegenheiten ermöglichen würden, abgeholfen werden?

b) Spezielle Partizipationsrechte

Besondere Mitwirkungsrechte indigener Völker sind in Art 2B mex. Vfg im Rahmen einer Schaffung von **gemeinsamen Institutionen** und über die Erarbeitung **einer gemeinsamen Politik** in bestimmten Bereichen vorgesehen.[464]

Art 2B mex. Vfg (2001): „La federación, los Estados y los Municipios, para promover la igualdad de oportunidades de los indígenas y eliminar cualquier práctica discriminatoria, establecerán las instituciones y determinarán las políticas necesarias para garantizar la vigencia de los derechos de los indígenas y el desarrollo integral de sus pueblos y comunidades, las cuales deberán ser diseñadas y operadas conjuntamente con ellos." (Hervorhebungen durch die Autorin).

Auf den ersten Blick könnte eine solcherart beidseitig koordinierte Politik sehr wohl als Sprachrohr zur Formulierung indigener Prioritäten im Entwicklungsprozess dienen und eine indigene Mitbestimmung etwa bei der Entscheidung über die Verwendung von indigenem Grund und Boden ermöglichen. Praktisch widersprechen jedoch die detaillierten Vorgaben des Art 2B mex. Vfg in Verbindung mit einer Verpflichtung(!)[465] der Institutionen, tätig zu werden,[466] dieser

---

[464] Gemeinsame Institutionen und Politik sollen – so Art 2B mex. Vfg (2001) – in den nachfolgend angeführten Bereichen (Art 2BI-IX mex. Vfg) indigenen Völkern ein gleiches Recht auf Entwicklung ermöglichen, indigene Rechte auf nicht diskriminatorischer Basis garantieren („promover la igualdad de oportunidades de los indígenas y eliminar cualquier práctica discriminatoria") und ganz prinzipiell dazu dienen, den indigenen Entwicklungsstand zu heben („abatir las carencias y rezagos que afectan a pueblos y comunidades indígenas").

In diesem Zusammenhang für die Verwirklichung indigener Land- und Ressourcenrechte von Relevanz, könnte etwa die Aufgabe der gemeinsamen Autoritäten sein, mittels gemeinsamer Politik, die regionale Entwicklung zu fördern – mit dem Ziel, die kommunale Wirtschaft anzukurbeln und die Lebensbedingungen („condiciones de vida") der Bevölkerung zu verbessern (Art 2BI mex. Vfg); ebenso wie ihr Auftrag, die Entwicklung von Räumen des Zusammenlebens und der Erholung („espacios Para la convivencia y recreación") zu stimulieren (Art 2BIV). Auch könnte die gemäß Art 2BVIII mex. Vfg festzulegende gemeinsame Politik zur Hebung der produktiven Aktivitäten Auswirkungen auf die Territorialrechte indigener Völker haben.

[465] Zwar könnte die **Verpflichtung** der **gemeinsamen Organe, tätig zu werden,** auch als Vorteil für indigene Völker gedeutet werden; etwa als Pflicht des mexikan. Staates, wirklich zu handeln und nicht nur programmatische Erklärungen abzugeben. [Vgl die Anmerkung des zusammenfassenden Entwurfs der mexikan. Regierung zum PPP, die genau diesen Aspekt herausstreicht

hehren Intention. So erscheinen die zu etablierenden gemeinsamen Autoritäten eher als tutelenhafte Ungetüme, die sich so genau an die Vorgaben der mexikan. Verfassung zu halten haben, dass eine indigene Mitbestimmung *ad absurdum* geführt wird.

Art **2BVII** mex. Vfg beispielsweise normiert, dass die produktiven Aktivitäten und die nachhaltige Entwicklung indigener Völker auf eine Weise zu fördern sei, dass die Schaffung von Arbeitsplätzen ermöglicht und ein Anreiz für öffentliche und private Investition geboten werde.

Art 2B mex. Vfg (2001): „[...] Para abatir las carencias y rezagos que afectan a los pueblos y comunidades indígenas, dichas autoridades, tienen la obligación de: [...] VII. Apoyar las actividades productivas y el desarrollo sustentable de las comunidades indígenas mediante acciones que permitan alcanzar la suficiencia de sus ingresos económicos, la aplicación de estímulos para las inversiones públicas y privadas que propicien la creación de empleos, la incorporación de tecnologías para incrementar su propia capacidad productiva, así como asegurar el acceso equitativo al os sistemas de abasto y comercialización." (Hervorhebungen durch die Autorin).

Eine solcherart detaillierte Bestimmung, die genau vorgibt, *wie* die Ankurbelung der regionalen Entwicklung zu geschehen habe, widerspricht der Grundidee der *gemeinsamen* Wahl der Politik. Tatsächlich läge es ja an den gemeinsamen Organen (bzw an den indigenen Völkern selbst!) zu entscheiden, *wie* sie sich eine nachhaltige Entwicklung vorstellen. Es erscheint beispielsweise fraglich, ob indigene Gemeinden der Schaffung von Arbeitsplätzen über öffentliche und private Investitionen (wie dies im Art 2BVII mex. Vfg des Verfassungsreformgesetzes vorgesehen ist) Vorrang gegenüber einer Aufwertung der Subsistenzwirtschaft selbständiger Bauern geben. Ebenso wenig muss die Priorität indigener Völker auf der Verbesserung ihrer Wohnorte mittels Förderung von öffentlichen und privaten(!) Finanzierungsinvestitionen liegen, wie dies in **Art 2BIV** mex. Vfg vorgesehen ist.

Resümee: Praktisch genügen die gesetzlichen Konstruktionen des Art 2B mex. Vfg (2001) also keineswegs, um eine angemessene Mitentscheidung indigener Völker zu ermöglichen. Sie bewirken eher das Gegenteil und scheinen eine

---

(Síntesis Ejécutiva, 6).] Durch die einschränkenden – da zu detaillierten – Regelungen der von den gemeinsamen Institutionen zu behandelnden Materien, erscheint die in Art 2B mex. Vfg (2001) normierte Verpflichtung jedoch nicht als Garantie, sondern als eine die indigenen Rechte beschränkende Auflage.

[466] Art 2B mex. Vfg (2001): „ [...] Para abatir las carencias y rezagos que afectan a pueblos y comunidades indígenas, dichas autoridades, tienen la obligación de [es folgt die detaillierte Aufzählung der Tätigkeitsbereiche der gemeinsamen Institutionen]." (Hervorhebung durch die Autorin.)

Entwicklung indigener Völker unter zentraler mexikan. Anleitung vorzugeben. So sind zum einen die in Art 2B normierten **Ziele** auf eine Weise detailliert, dass kaum eigener Entscheidungsspielraum der zu schaffenden neuen (gemischten) Institutionen verbleibt, um „koordinierte Politiken" (im Sinn desselbigen Art 2B) auszuarbeiten. Sogar das „Wie", die **Art und Weise der Umsetzung** der Politiken (Pläne), wird teilweise schon definiert und der Raum, der indigenen Völkern derart zur Mitbestimmung eingeräumt wird, ist minimal.

Als noch gravierender ist allerdings zu beurteilen, dass die in Art 2B mex. Vfg normierten Bereiche teilweise auch Materien umfassen, die – nach den Maßstäben der **ILO Konvention 169** betrachtet – in den eigentlich autonom zu gestaltenden Bereich indigener Völker reichen. So sieht etwa Art 7(1) Konv 169 die Möglichkeit indigener Völker vor, Kontrolle für ihren *eigenen* Entwicklungsprozess zu übernehmen. Art 2BVII mex. Vfg verkehrt diese selbstbestimmte eigene Entwicklung ins Gegenteil und detailliert die Art und Weise, wie sie stattzufinden habe: Private Investitionen sollen etwa die Schaffung von Arbeitsplätzen ermöglichen.

Es ist also gleichermaßen eine *„verkehrte Welt der indigenen Partizipation"*, die unter dem Vorwand, indigene Teilnahme zu stärken, autonom und selbständig zu gestaltende Bereiche unter staatliche Tutela und Überwachung stellt. Wie sehr diese Bereiche zudem mit den von der mexikan. Regierung vorgegebenen Zielsetzungen des PPP übereinstimmen, wird noch behandelt werden.

Als letzte Möglichkeit der indigenen Teilnahme am staatlichen Entscheidungsprozess soll nun die Konsultation indigener Völker in sie betreffenden Angelegenheiten behandelt werden, insoweit sie indigene Territorialrechte betrifft.

3. Konsultation

Tatsächlich ermöglichen verpflichtende **Konsultationsverfahren,** die in der mex. Vfg sowie in einigen föderalen Reglementierungsgesetzen (Umweltschutzgesetz, Forstgesetz) vorgesehen sind, es indigenen Völkern, ihre Stimme jedenfalls hören zu lassen.

So kann etwa die in **Art 2BIX mex. Vfg (2001)**[467] normierte notwendige Konsultation indigener Völker bei der Ausarbeitung des nationalen, gliedstaatlichen und munizipalen Entwicklungsplanes auch für Landrechte von Bedeutung sein.[468] Ein Manko dieses prinzipiell positiv zu beurteilenden verpflichtenden Konsultationsverfahrens (und damit Stellungnahmerechts indigener Völker) sind

[467] Vgl die in Art 2BIX mex. Vfg (2001) normierte Pflicht der staatlichen Autoritäten: „Consultar a los pueblos indígenas en la elaboración del Plan Nacional de Desarrollo y de los estatales y municipales, y, en su caso, incorporar las recomendaciones y propuestas que realicen."

[468] Speziell auf Landrechte bezogene Konsultationsverfahren sind keine vorgesehen.

jedoch die zu schwach formulierten **Folgen**, die an die indigene Konsultation geknüpft sind. Statt etwa eine verpflichtende Aufnahme indigener Vorschläge oder ein indigenes Vetorecht bei gravierenden Beeinträchtigungen vorzusehen, überlässt es die mexikan. Verfassung den mexikan. Behörden, über die Berücksichtigung indigener Stellungnahmen zu entscheiden, indem normiert wird, dass indigene Vorschläge „en su caso“, also *gegebenenfalls*, aufzunehmen sind.

Die in mexikan. **Reglementierungsgesetzen** vorgesehenen indigenen Teilnahms- und Mitbestimmungsrechte erscheinen ebensowenig durchschlagskräftig. Das Umweltschutzgesetz (***Ley General de Equilibrio Ecológico y la Protección al Ambiente***) aus 1996 normiert zwar Konsultationspflichten und Partizipationsrechte indigener Völker beim Umwelt- und Ressourcenschutz in von ihnen besiedelten Gebieten.[469] Diese sind jedoch nicht an konkrete Nutzungsbeteiligungen gekoppelt und knüpfen zudem keine zwingende Folge – etwa ein Vetorecht – an die indigene Meinung. Ebensowenig tut dies das Forstgesetz (*Ley Forestal*) aus 1997, welches zwar ebenfalls Partizipationsrechte indigener Völker bei der Nutzung von auf ihrem Grund und Boden gelegenem Wald vorsieht,[470] jedoch gleichfalls keine verpflichtenden Konsequenzen mit der Kundgabe der indigenen Meinung verbindet. Dementsprechend stellt *Barcenas*[471] in seiner Beurteilung des Forstgesetzes fest, dass nur sekundäre Bereiche („[n]ada de fondo, solo aspectos secundarias“) von indigenen Völkern mitbestimmt werden können.

Kurz, nationale mexikan. Normen geben der Stimme indigener Völker zu wenig Gehör. Dies macht ein Vergleich mit den Bestimmungen der **ILO Konvention 169** deutlich. So sieht etwa Art 6 Konv 169 verpflichtende generelle Konsultationsrechte/ -pflichten (in gutem Glauben und mit dem Ziel, eine Einigung herbeizuführen) vor, *wann immer* (nicht nur bei Ausarbeitung des nationalen Entwicklungsplanes) die Interessen indigener Völker durch staatliche Programme berührt werden. Zudem werden in national mexikan. Gesetzen keinerlei verfah-

---

[469] Beispielsweise können indigene Völker bei der generellen Umweltpolitik der mexikan. Regierung zur Wahrung des ökologischen Gleichgewichts und bei der bestmöglichen Wahrung der nachhaltigen Nutzung der Ressourcen mitreden. (Vgl *Barcenas*, Territorios de los pueblos indígenas en México, 76f.) Auch bei Programmen des Wiederaufbaus zerstörter Ressourcen (Verwüstung oder Umweltverschmutzung) dürfen indigene Völker ihr Wissen einbringen.

[470] Ein Ziel des *Ley Forestal* ist dementsprechend, die indigene Beteiligung bei Schutz, Bewahrung und nachhaltiger Nutzung der Waldressourcen unter Bedachtnahme auf ihr traditionelles Wissen voranzutreiben: „promover la participación de las comunidades y de los pueblos indígenas en el uso, protección, conservación y aprovechamiento sustentable de los recursos forestales existentes en los territorios que les pertenezcan, considerando su conocimiento tradicional en dichas actividades.“ (Reformas a la *Ley Forestal*, Diario Oficial de la Federación, 20. Mai 1997.) In diesem Sinn hat etwa die *Secretaría*, die zentrale Stelle für Entscheidungen, die Nutzung von Wald betreffend, indigene Völker in ihre Entscheidungen einzubinden.

[471] *Barcenas,* Territorios de los pueblos indígenas en México, 80.

rensrechtliche Auflagen (wie „guter Glaube") an das Konsultationsverfahren geknüpft, wie dies die Konv 169 tut: Alles obliegt den konsultierenden Behörden, die die indigene Meinung „gegebenenfalls" („en su caso") berücksichtigen können. Ein weiteres Manko mexikan. Bestimmungen ist das Fehlen einer verpflichtenden Konsultation indigener Völker im Falle staatlicher *Konzessionsvergaben*[472] zur Ausbeutung von unterirdischen Ressourcen auf indigenem Grund und Boden, wie dies etwa in Art 15(2) Konv 169 gefordert wird.[473] Die Bestimmungen der Konv 169 wurden dementsprechend in national mexikan. Gesetzen nur ungenügend umgesetzt.

C. Resümee und Kritik

Es ist festzuhalten, dass die Aspekte der **indigene Selbstkontrolle, Partizipation und Konsultation** in der mex. Vfg zu kurz kommen. So sind die Bereiche der indigenen Eigen- und Mitbestimmung entweder zu unklar und wenig weitreichend (Selbstkontrolle), zu detailliert und tutelenhaft (Mitbestimmung) oder „zahnlos", mit zu wenig verpflichtenden Folgen normiert (Konsultationsverfahren). Die Bestimmungen über eine verpflichtende Selbstkontrolle und Mitbestimmung indigener Völker in der mexikan. Verfassung sind dementsprechend *nicht* geeignet, indigenen Völkern eine angemessene selbstbestimmte Entwicklung auf ihrem Grund und Boden zu ermöglichen oder ihren Grund und Boden ausreichend gegen Störung von außen zu sichern.

Auch **agrarrechtliche Bestimmungen** füllen diese Lücke einer notwendigen Selbstkontrolle und Mitbestimmung *nicht*. Die Kontrollrechte der *Ejidatare* und *Comuneros* bewegen sich im Rahmen der „normalen" Eigentumsrechte. So kann zwar die Kommunalversammlung über eine Verwendung indigenen Grund und Bodens im Innenverhältnis bestimmen.[474] Im Außenverhältnis, wenn etwa Eingriffe durch Staat oder Drittpersonen in indigene Territorien drohen (zB bei Enteignungen im Rahmen von staatlichen Entwicklungsprogrammen), besteht *kein* besonderer Schutz durch agrarrechtliche Bestimmungen.[475] Hier haben *Ejida-*

---

[472] Vgl Art 27 (6) mex. Vfg: „En los casos a que se refieren los dos párrafos anteriores [...] la explotación, el uso o el aprovechamiento de los recursos de que se trata [...] no podrá realizarse sino mediante concesiones otorgadas por el Ejecutivo Federal, [...]" (Hervorhebungen durch die Autorin.)

[473] Vgl im Gegensatz dazu die umfassenden Regelungen in der nicaraguan. Gesetzgebung: Den Regionalparlamenten kommt ein Vetorecht im Falle einer Konzessionsvergabe durch die Zentralregierung in den autonomen Regionen zu (Art 181 nic. Vfg) und auch ein Recht auf Gewinnbeteiligung der einzelnen Comunidades ist normiert (Art 9 nic. Autonomiestatut).

[474] Auch dies ist jedoch problematisch in Bereichen, wo die indigene Gemeinde nicht die Mehrheit hat, wie dies etwa im Huicholenfall der Fall ist.

[475] Die Selbstkontrollrechte der indigenen Gemeinden in Nicaragua sind insofern anders gelagert, als ausdrücklich die *indigenen* (bzw) ethnischen Gemeinden als Eigentümer der Territo-

tare und *Comuneros* keine Möglichkeit, ihren Minderheitenstatus (als indigenes Volk) geltend und mobil zu machen, um so unter Berufung auf einen notwendigen Schutz ihrer kulturellen Identität die Selbstkontrollrechte zu bewahren, die ansonsten von staatlicher Seite unter Berufung auf das öffentliche Interesse aufgehoben zu werden in Gefahr sind (zB beim Bau von Kraftwerken auf indigenem Gebiet). Indigene Völker in Mexiko, die unter den Schutz der Agrarnormen fallen, sind so ein Beispiel für die Feststellung der UN-Studie über die Beziehung indigener Völker zu ihrem Land, wenn festgehalten wird: „Indigenous peoples may be free to carry out their traditional economic activities, [...] but may be unable to control development that may diminish or destroy theses activities."[476]

Letztendlich genügen also die Bestimmungen der mexikan. Verfassung nicht – weder die Selbstbestimmungs- und Partizipationsrechte indigener Völker durch speziell auf sie bezogene Normen, noch der Umweg über agrarrechtliche Bestimmungen –, um indigenen Grund und Boden angemessen gegen Störungen von außen zu schützen und eine selbstbestimmte Entwicklung auf diesem zu ermöglichen.

Das **aktuelle mexikan. Gesetzessystem** erscheint demzufolge für einen adäquaten Schutz indigener Territorialrechte **unzureichend**. Die nationalen Normen, welche direkt auf indigene Völker Bezug nehmen, verleihen *keinen* gültigen *Eigentumstitel* an Grund und Boden. Die agrarrechtlichen Bestimmungen sind für einen Schutz indigenen Eigentums auf kulturell adäquate Weise ebenso wenig geeignet. Die von Mexiko ratifizierten internationalen Verträge (vor allem die Konv 169), deren Implementierung eigentlich die Aufgabe des nationalen Gesetzgebers wäre, sind nicht entsprechend umgesetzt. Auch mexikan. Gerichte haben es bislang unterlassen, indigene Rechte auf eine Weise zu konkretisieren, dass indigene Territorien ausreichend geschützt würden. Die *Mitbestimmungs- und Kontrollrechte* indigener Völker bei Entscheidungen ihre Siedlungsgebiete und Territorien betreffend füllen diese Lücke des nicht erfolgten positiven Schutzes (in Form der Anerkennung der Eigentumsrechte indigener Völker an ihrem von alters her besiedelten Land) ebenso wenig. Zudem sind sie ungeeignet, eine selbstbestimmte Entwicklung und Verfügung über diese Territorien zu ermöglichen.

Eine Analyse des Schutzes indigener Landrechte im Lichte des von Präsident *Fox* propagierten **Plan Puebla Panamá** soll die oben geübte Kritik im folgenden Kapitel veranschaulichen.

---

rien genannt sind und sich dementsprechend auf ihren Minderheitenstatus als indigenes Volk und die daraus folgende erhöhte Schutzbedürftigkeit zur besseren Wahrung ihrer Rechte im Falle bevorstehender Eingriffe berufen können.

[476] Siehe *Daes*, Indigenous Peoples and their Relationship to Land, Para 83.

5. Kapitel: Praktische Probleme in Mexiko im Licht aktueller Bedrohungen: der Plan Puebla Panamá

Die Territorien und Siedlungsgebiete der mexikan. indigenen Völker erscheinen im Licht des insbes von der Regierung *Fox* propagierten Projekts „Plan Puebla Panamá" (PPP) in unmittelbarer Gefahr, beschädigt zu werden. Was tut bzw unterlässt das mexikan. gesetzliche System zur angemessenen Wahrung indigener Interessen angesichts dieser Bedrohungen?

Im folgenden soll zunächst der PPP kurz beschrieben, die von ihm ausgehenden Risken für indigene Territorien und die Opposition indigener Völker dagegen zusammengefasst und schließlich die Verfassungsreform von 2001 in Licht dieses Bedrohungspotentials analysiert werden.

A. Einleitende Beschreibung des Plan Puebla Panamá

Der PPP sieht die Schaffung eines mittelamerikan. „Entwicklungskorridors" von Mexikos Stadt Puebla durch sechs lateinamerikan. Staaten bis Panama vor.[477] Die vom „Plan" betroffenen mexikan. **Gliedstaaten** umfassen den gesamten Süden und Südosten Mexikos, die Regionen mit der höchsten Konzentration[478] an indigenen Völkern.

Dem **Regierungsentwurf**[479] zur Folge, wird der PPP als „Schlüssel zur Eliminierung der Armut, der Hebung des Bildungsstandards und als Mittel zur Befriedung der Region" angepriesen. Nach dieser „offiziellen Version" soll der PPP die Entwicklung des Südens und Südostens bewirken und das Entwicklungsgefälle zwischen dem Norden und Süden Mexikos verringern. Die Infrastruktur des Südens und Südostens soll ausgebaut, die Ausbildung und der soziale Stand der Bevölkerung gehoben und Arbeitsplätze geschaffen werden. Diese Ziele sind, wenn es nach der mexikan. Regierung geht, insbes auch über private Investitionen zu erreichen. Vgl die Zielsetzung („misión") des PPP gemäß dem Entwurf der mexikan. Regierung vom 17. Mai 2001:

„El Plan Puebla Panamá busca promover y consolidar el desarrollo de la región Sur Sureste de México, a través de la implantación de manera acelerada y coordinada de políticas públicas y de programas y proyectos de inversión de la población, la expansión y desarrollo

---

[477] Wie der Name PPP (Plan von Puebla bis Panamá) indiziert, soll die geplante Infrastrukturierung ganz Zentralamerika umfassen und die Staaten Guatemala, Belice, Nicaragua, Honduras, El Salvador und Costa Rica miteinbeziehen.

[478] 74% der indigenen Bevölkerung des mexikan. Staates lebt in den betroffenen Gliedstaaten. (Vgl oben, zur Soziologie Mexikos.)

[479] Die betroffenen mexikan. Gliedstaaten sind Puebla, Veracruz, Tabasco, Campeche, Yucatán, Quintana Roo, Guerrero, Oaxaca y Chiapas (vgl die *Síntesis Ejécutiva*, 1).

integrado de los sectores de infraestructura básica, la promoción y desarrollo de actividades productivas la modernización y fortalecimiento de las instituciones locales y la ampliación de la base tecnológica de la región. " (Hervorhebungen durch die Autorin).

Tatsächlich scheinen die im Regierungsentwurf enthaltenen Punkte gelinde gesprochen nur einen Teil der Wahrheit zu enthalten. So zeichnen **unabhängige Studien** (etwa *Sophie Style* im Ecologist)[480] eine völlig andere Seite des PPP. Für *Style* bedeutet das Regierungsprojekt den Versuch, Mittelamerika für den freien Handel noch weiter zu erschließen und eine Öffnung Mittelamerikas für multinationale Konzerne zu erwirken, eine sogenannte „Globalisierung Mittelamerikas“ also. Diese Konzerne könnten dann ungestört die natürlichen Ressourcen der Region ausbeuten und eine damit einhergehende Infrastrukturierung unter Zerstörung der Lebensräume der indigenen und lokalen Bevölkerungen betreiben, bei der Minderheiteninteressen und die Anliegen indigener Völker völlig auf der Strecke blieben.

In der Folge sollen nun das *Bedrohungspotential des PPP für indigene Völker* mit besonderem Bezug auf ihre Landrechte dargestellt und nachfolgend geprüft werden, inwieweit der Schutz indigener Interessen und Rechte durch die mexikan. Gesetzeslage gewährleistet werden kann.

B. Konkretes Bedrohungspotential des PPP für die indigenen Völker der Region[481]

I. Isthmus de Tehuantepec

Prinzipiell sieht der Plan Puebla Panamá die Infrastrukturierung der Region[482] und den Kapitalfluss in den Süden und Südosten Mexikos vor. Neben der

---

480 *Style,* Puebla-Panama-Plan: Der neue Kolonialismus. In: The Ecologist, Juni 2001.

481 *Style,* ebda; *Fazio,* Die transnationale Plünderung des mexikan. Südostens. In: *La Jornada* vom 26. August 2002, Mexico D.F.; La situación de los derechos económicos, sociales y culturales en México, 1999.

482 Beachte die unterschiedlichen Möglichkeiten einer Deutung des Ausdrucks „Infrastrukturierung“ in Bezug auf die indigene Kultur: Wird in Nicaragua etwa von indigenen Vertretern eine „Infrastrukturierung“ der Region der Atlantikküste gefordert, so hat dies nichts mit den von der mexikan. Regierung propagierten Megaprojekten im Rahmen des PPP zu tun. Es darf etwa ein Straßenbau, der zur Verbindung zweier *Comunidades* dient, nicht mit 8-spurigen Autobahnen verwechselt werden, die einem besseren Güterverkehr zwischen Atlantik- und Pazifikküste dienen sollen! Der Begriff der „Infrastrukturierung“ ist insofern mit Vorsicht zu genießen, da völlig unterschiedliche Inhalte durch ihn ausgedrückt werden können.

Dasselbe passiert mit anderen Begriffen, die von der Propaganda der Regierungen nur allzu leicht missbraucht werden: Dies gilt etwa für den positiv besetzten Begriff der „nachhaltigen

Errichtung von großen Manufakturen mit billiger Lohnarbeit sollen etwa auch Autobahnen, Häfen und Eisenbahnlinien den Süden Mexikos besser erschließen. Das Kernstück des Plans ist dabei die Verbindung des Atlantik mit dem Pazifik anhand eines zweiten Panamakanals: dem **Isthmus de Tehuantepec**.[483] Einstweilen soll eine achtspurige Autobahn die beiden Ozeane verbinden und so die Gütertransporte erleichtern. Nach der Darstellung des Regierungsentwurfs ist so eine Infrastruktur geschaffen, „die den Isthmus in einen Ausfuhrkanal für Unternehmen am Pazifik, und nach Osten für jene im Golf von Mexiko verwandeln können." Für die indigene Bevölkerung ist eine solche Erschließung der Region katastrophal. Dementsprechend verkündete Marcos während der zapatistischen Karawane: „Der Isthmus ist nicht zu verkaufen". Ein im Falle der Realisierung nicht haltbarer Wunsch: So erscheint etwa ein Straßenbau durch indigene Gebiete bei Megaprojekten wie dem Isthmus von Tehuantepec unvermeidbar.

II. Ressourcennutzung

Auch die Nutzung der reichen **natürlichen Ressourcen und Bodenschätze** des Südens und Südosten Mexikos sind ein zentraler Punkt des PPP. Ebendies unterstreicht *C. Fazio* in der mexikan. Tageszeitung *La Jornada*: „Mit seinen enormen natürlichen und mineralen Ressourcen (Wasser, Wälder, Biodiversität, natürliches Gas) ist das feuchte zentrale Bergmassiv des Maya Urwalds, das *Chimalapas* und die *Selva Lacandona* in Mexiko umschließt und sich über den gesamten mittelamerikan. biologischen Korridor erstreckt, die große Beute, die Washington, transnationale Konzerne und Vertreter der mexikan. Oligarchie zu kontrollieren wünschen."[484]

Die im Rahmen des PPP geplanten *Projekte* sind unterschiedlich und zahlreich: So ist beispielsweise Gas- und Ölproduktion in Tabasco, Chiapas und Campeche vorgesehen, daneben sind zwei Wasserkraftdämme in Guerrero geplant. In Chiapas allein wurden 71 Orte für neue Dämme lokalisiert, die überwiegend in den autonomen zapatistischen Zonen liegen, deren Energie den neuen industriellen Komplexen der Gegend zu Gute kommen wird. Ein zusätzliches Megaprojekt ist der Bau eines hydroelektrischen Komplexes im Usumacinta Basin (das Usu/ Tulha System), das fünf Dämme umfassen wird und an der Grenze zwischen dem Peten von Guatemala und Chiapas/ Tabasco beabsichtigt ist.[485] Dieses wird

---

Entwicklung", die der PPP laut Regierungspropaganda im Süden und Südosten Mexikos bewirken soll. Die tatsächlich durch den PPP zu befürchtende Ausbeutung der Ressourcen der Region läuft in eine andere Richtung.

[483] Vgl Information von *Style*, Puebla-Panamá-Plan: Der neue Kolonialismus.

[484] *Fazio*, Die transnationale Plünderung des mexikan. Südostens, in: La Jornada v 26. 8. 2002 (inoffizielle Übersetzung).

[485] *Fazio*, ebda.

12.000 km^2 überfluten und Gemeinden mit mehr als 50.000 Personen werden von der Realisierung dieses Projekts in Mitleidenschaft gezogen werden. Auch das für den PPP bereitgestellte Kapital ist gewaltig: Insgesamt sind ca. 7 Milliarden Dollar für „Energieprojekte" zur Förderung der reichen Öl- und Gasvorkommen, ebenso wie für die Nutzung der „genetischen Ressourcen"[486] der Region vorgesehen.

Gerade im Hinblick auf diese zahlreichen und machtvollen finanziellen und wirtschaftlichen Interessen, die im Spiel sind, geht eine gewaltige *Gefahr* für die *indigenen Völker* der Region aus. Tatsächlich bedrohen nämlich die meisten der oben genannten Projekte unmittelbar indigene Territorien. Die mit der Ressourcennutzung und den Großprojekten einhergehende Erschließung und Infrastrukturierung der Region machen eine Zerstörung indigener Lebensräume vorhersehbar,[487] ebenso wie Enteignungen und Umsiedelungen der betroffenen Bevölkerung beim Bau der großen Wasserkraftwerke unvermeidbar scheinen.

III. Landwirtschaftliche Aspekte: Landflucht und Ausverkauf indigenen Grund und Bodens

Großangelegte Bewässerungsprojekte, die die immensen Wasservorkommen der Region nützen und entscheidend für die Entwicklung der großangelegten Landwirtschaft sein sollen, bedrohen wiederum die Existenz indigener Kleinbauern, indem sie ihrer Landwirtschaft Konkurrenz machen. So laufen die riesigen Bewässerungsprojekte (Wert: 65 Millionen Dollar Investitionsvolumen nur im Jahre 2001), die auf 220.000 Hektar in den 8 südlichsten Gliedstaaten Mexikos die **Landwirtschaft** fördern sollen, größtenteils auf eine Schaffung großer Monokulturen hinaus. Indigene (und andere lokale) Mittel- und Kleinbetriebe können auf absehbare Zeit der Konkurrenz dieser Megaprojekte nicht mehr standhalten und sind in ihrem Bestand gefährdet, da sie ihre Produkte nicht mehr verkaufen können. So hat etwa das in Maastricht vom 15. bis 17. April 2002 abgehaltene Expertenseminar „Agrarian Reform and Human Rights" herausgearbeitet, welch negative Auswirkungen Modernisierung und Globalisierung in rein marktwirtschaftlicher Ausrichtung auf Klein- und Mittelbetriebe hat. Das Umstellen auf

---

[486] Auf die in diesem Zusammenhang entstehenden Probleme betreffend Urheberrechte und intellektuelle Eigentumsrechte kann an dieser Stelle nicht eingegangen werden. So haben sich indigene Vertreter vehement gegen die „Biopiraterie" durch große internationale Unternehmen wie *Pulsar* stark gemacht: pflanzliche Heilmittel, die im traditionellen Wissen indigener Völker überliefert sind, laufen Gefahr durch Unternehmensgruppen patentiert zu werden. In Zusammenhang mit diesen Projekten haben indigene Gruppen aus Oaxaca und Chiapas vom „Raub unseres traditionellen indigenen Wissens und Ressourcen" gesprochen.

[487] Man denke in diesem Zusammenhang nur an die Zerstörung der Lebensräume der Shuár in Ecuador, die der Erdölförderung durch die Großkonzerne gefolgt ist, ebenso wie an die beinahe völlige Vernichtung der *Huaroani* aus denselben Gründen.

„cash crop", um schnelle Profite zu machen, verdrängt die Subsistenzwirtschaft und führt zum Verlust des gemeinsam und kollektiv besessenen Grund und Bodens.[488]

In „logischer" Weiterführung dieser Perspektive, dass Kleinbauern nicht mehr konkurrenzfähig sind und dementsprechend gezwungen werden, ihre Ejidos zu verkaufen und zu verpachten, sieht dann ein anderes Projekt des PPP vor, dass große Unternehmen mit Kleinbauern „Partnerschaften" eingehen.[489] Eine Landkonzentration in den Händen einiger weniger großer Unternehmen ist abzusehen. Eine **Privatisierung indigenen Eigentums**, ein Verlust von Grund und Boden, der die Subsistenz- und Existenzgrundlage vieler indigener Völker ist, macht dann auch eine Abwanderung als billige Lohnarbeitskräfte etwa zu den *Maquiladoras* wahrscheinlich. Tatsächlich ist ja auch der Bau riesiger Manufakturen (besagter *Maquiladoras*) ein weiterer zentraler Punkt des PPP: So sollen die steuerfreien Fabriken vom Norden Mexikos in den Südosten verlagert werden, wo billige Arbeitsplätze (mit Löhnen, die um 40% unterhalb des Nordens liegen) zu finden sind. Im Jahr 2001 werden dementsprechend 92 Maquiladoras 37.000 Arbeitsplätze in der Region schaffen.[490]

[488] *Mols* unterstreicht: „Modernisation [wie Megabewässerungsanlagen im PPP] brought wealth to the elite and continued or increased the impoverishment of the poor majority. Traditional ways of life and subsistence have been sacrificed to cash crop and quick profit. Modernisation and the globalisation of the world economy have shattered traditional families and the small scale subsistence farming that supported them The forced shift from subsistence to cash crop agriculture, the loss of common land, and government policies that suppress farm income in favour of cheap food for the cities have helped bankrupt millions of peasants and drive them from their land-sometimes into slavery." (Opening Statement, *Agrarian Reform and Human Rights. Seminar Report.* 15. – 17. April 2002, Maastricht/ Netherlands. Organised by Maastricht Centre for Human Rights, 2.)

[489] Ein weiterer diesbezüglicher Aspekt wäre in diesem Zusammenhang die Nutzung der gewaltigen natürlichen Ressourcen, die auf ejidalen und kommunalem Eigentum lagern. Gemäß *Cortez Ruiz* sind so 65% der Waldreserven Mexikos (nicht nur der Regionen des PPP) auf „agrarischem" Grund und Boden (nicht nur indigener Eigentümer) zu finden. [*Cortez Ruiz*, El sector forestal mexicano, entre la economía y la ecología? In Comercio Exterior 4, Jg. 43 (1993), 370ff.]

[490] Beachte jedoch, dass durch die Flexibilität der transnationalen Unternehmen auch die Standorte der Maquiladoras schnell verändert werden können. Die genannten Arbeitsplätze sind dementsprechend nicht langfristig gewährleistet und der mexikan. Staat wird ebenso wie die ArbeiterInnen erpressbar.

IV. Militarisierung der Region

Die beschriebenen Projekte sind verbunden mit einer Militarisierung der Region,[491] die die Souveränität indigenen Grund und Bodens missachtet. Einerseits wurde im Rahmen des PPP eine logistische polizeilich-militärische Repositionierung für Aufstandsbekämpfung im Tehuantepec/ Cañadas (Chiapas) Korridor vorgesehen, die präventive Aktionen und blitzartige Angriffe ausführen können. Auch die Privatinvestition von multinationalen Konzernen wird (u. a.) durch repressive Sicherheit von Seiten der Polizei und Armee geschützt. Diese Militarisierung hat in der Vergangenheit wiederholt indigene Rechte an Grund und Boden (das „*peace*ful enjoyment of possessions“) verletzt und wird es absehbarer Weise wohl auch wieder tun.

V. Folgen für indigene Völker

Die Folgen des PPP für den Schutz und die ungestörte Nutzung ihrer Territorien durch indigene Völker sind letztlich also unabsehbar. 146 Projekte[492] sind im Rahmen des PPP geplant. Von diesen sowohl Infrastruktur- wie Produktionsbetrieben bedrohen eigentlich alle – wie soeben ausgeführt – auf die eine oder andere Weise indigene Völker und ihre Territorien. Neben der existentiellen Bedrohung indigener Kleinbauern durch diese Konkurrenz von Seiten der Großbetriebe und eines solcherart drohenden Verlusts ihres Grund und Bodens ist der gesamte Lebensraum indigener Völker durch die umweltzerstörerischen Konsequenzen der geplanten Projekte (zB bei Erdölförderung) in Gefahr. Auch die selbständige Entwicklung indigener Völker auf ihren Territorien erscheint im Falle einer Verwirklichung des PPP schwerst beeinträchtigt und ihre kulturelle Identität gefährdet.

VI. Opposition indigener Völker zum PPP

Dementsprechend heftig sind die **Gegenreaktionen** der **Völker zum PPP.**[493] So haben sich die Vertreter von 41 indigenen Ethnien am *Congreso Nacional Indígena* vom 2. bis 4. März 2001 in Nurio (Michoacan) gegen das Projekt ausgesprochen und folgende gemeinsame Erklärung verfasst:

---

[491] So wurde die Taktik der mexikan. Regierung in ihrem Umgehen mit den Zapatisten nach 1996 u. a. vom mexikan. Menschenrechtszentrum *Fray Bartolomé de las Casas* als "Guerra de Baja Intensidad" bezeichnet. Vgl *J. Balboa*, „En Chiapas, guerra de baja intensidad, insiste el Centro Fray Bartolomé“, in *La Jornada* vom 13. 1. 1997, Mexico D.F..

[492] La situación de los derechos económicos, sociales y culturales en México (1999) 20.

[493] In Form einer „*Graswurzelopposition*“ wenden sich indigene Völker und andere betroffene Lokalgruppen gegen den PPP.

„Für uns indigene Völker ist Mutter Erde heilig, und so sind alle Wesen die sie bewohnen. Sie sind keine Ware die gekauft oder verkauft werden kann. Aus diesem Grund können wir die Zerstörung unserer Gebiete durch von der Bundesregierung und den lokalen Regierungen aufgezwungene Megaprojekte in unsere Gegenden im ganzen Land nicht akzeptieren. Wir fordern ein Moratorium auf alle Projekte, die die Biodiversität, den Bergbau, Wassermegaprojekte und Aktivitäten der Biopiraterie betreffen, die auf unserem Boden und in unserem Land stattfinden, bis die indigenen Völker die Fragen, die mit der Kontrolle über ihre Ressourcen zusammenhängen, in ihrer eigenen Zeit diskutiert haben." (Hervorhebungen durch die Autorin).

Auch Teile der Zivilbevölkerung haben – gemeinsam mit indigenen Völkern – am II. Forum von *Xelajú* in Guatemala, an dem vom 22. bis 24. Nov 2001 über 800 Delegierte von über 300 Sozialorganisationen aus Mexiko und ganz Zentralamerika teilnahmen, den PPP zurückgewiesen. Sie haben die durch freie Handelsverträge und den PPP aufgezwungene Globalisierung („la globalisación impuesta") kritisiert und gemeinsam folgende Aussage getroffen.

„Para los hombres y mujeres, asistentes al Foro Xelajú, el PPP es un proyecto geopolítico prefabricado que busca construir en Mesoamérica un área de servicio se infraestructura, diseñado desde la lógica de empresas transnacionales, grupos oligárquicos nacionales y organismos financieros internacionales. Este proyecto tiene en sus ejes crear una infraestructura de servicios para la exportación de bienes, la explotación de nuestros recursos naturales, la biodiversidad y la mano de obrad e nuestros pueblos y no responde en ningún momento a una lógica social de los pueblos mesoamericanos y de sus comunidades."[494] (Hervorhebungen durch die Autorin.)

Die Gegnerschaft zum PPP geht entsprechend klar aus den obigen Stellungnahmen hervor, ebenso wie die Auswirkungen und voraussichtlich verheerenden Folgen einigermaßen deutlich aus den existierenden Plänen zum PPP ablesbar sind. Was kann nun auf rechtlicher Ebene gegen diese die indigene Kultur und Territorien klar beeinträchtigenden Projekte der mexikan. Regierung getan werden? Inwieweit eignen sich mexikan. Gesetze dazu, indigenen Völkern ein geeignetes Mittel in die Hand zu geben, ihre Forderungen *rechtlich* zu begründen?

C. Gesetzlicher Schutzstandard mexikan. Gesetze gegen den PPP

Gemäß den ILO Standards *des Art 6 Konv 169* hätten entsprechende **Konsultationen** mit indigenen Völkern zum PPP, der ja eindeutig eine „administrative Maßnahme" darstellt, die sie unmittelbar berührt, schon längst durchgeführt werden müssen, – im guten Glauben und mit dem Ziel, ein Einverständnis oder die Zustimmung indigener Völker zu erlangen. *Praktisch* ist dies nicht passiert: die indigene Stimme ist nicht gehört worden. Dies wird auch in den 1999 veröffent-

[494] *CIEPAC, A.C.*, zitiert nach *Cal y Mayor*, México, IWGIA 2001/02, 7.

lichten „individual observations“ des Expertenauschusses der ILO zum Staatenbericht von Mexiko bemerkt, der – Bezug nehmend auf eine von der Radical Trade Union of Metal and Associated Workers (FAT) eingebrachte Beschwerde („representation“ nach Art 24 ILO Vfg) – ausdrücklich auf die fehlende Konsultation indigener Völker im Rahmen des PPP Bezug nimmt:

> „The communication of the FAT refers to the megaproject of the Tehuantepec isthmus which includes the construction of a super highway and a 'bullet train' railway and the development of 146 industrial projects, without any consultations with the indigenous peoples in the region on the social, spiritual, cultural and environmental impact of this project on the land and the people's way of life.“[495]

(Zuvor hatte das tripartite Expertenkomitee bei der Behandlung besagter Beschwerde empfohlen, dass die mexikan. Regierung weitere Informationen bezüglich der Etablierung von Informationskanälen mit den betroffenen indigenen Völkern liefern solle.[496])

Der PPP wird dementsprechend vorangetrieben, ohne indigene Völker adäquat einzubinden. In der Folge soll nun die *konkrete* rechtliche Handhabe gegen zu starke Eingriffe in ihre Territorien in den Bereichen der Ressourcenförderung, des Ausverkaufs von Grund und Boden durch Privatisierung sowie der Enteignung und Umsiedelung bei Großprojekten (Wasserkraftwerke, Dämme, etc) analysiert werden. Die einzelnen Bereiche und Projekte des PPP werden – nach Problem- und Gefahrenbereichen für indigene Völker gegliedert – andiskutiert, und der rechtliche Schutzstandard, der durch *mexikan. Gesetze* zur Verfügung gestellt wird, entsprechend bewertet.[497] Die ILO Konvention 169 wird als weiterer, zweiter Schutzstandard, der noch nicht ausreichend in geltenden mexikan. Gesetzen umgesetzt ist und somit das Paradoxon darstellt, mexikan. Recht und

[495] *CEACR*, Individual Observation concerning Convention No 169, Indigenous and tribal Peoples, 1989 Mexico (ratification: 1990), veröffentlicht 1999, Para 11.

[496] „45.The Committee recommends to the Governing Body [...] that it request the Government to continue providing information concerning developments in the situation in its reports under article 22 of the Constitution of the ILO, particularly as regards the establishment of new channels of communication with the peoples affected; [...]“ (*Report of the Committee* set up to examine the representation alleging non-observance by México of the Indigenous and Tribal Peoples Convention, 1989 (No 169), made under article 24 of the ILO Constitution by the Radical Trade Union of Metal and Associated Workers 1998, Doc: GB.273/15/6, Para 45.)

[497] Es werden auch *agrarrechtliche Normen* analysiert, da ja der Grund und Boden vieler indigenen Gemeinden durch diese Bestimmungen geschützt ist. Relativierend sei jedoch daran erinnert, dass gerade im Süden Mexikos die Landreform und Umverteilung nicht wirklich funktioniert hat und dementsprechend bei weitem nicht alle indigenen Völker in Agrarkooperativen organisiert sind.

gleichzeitig nicht mexikan. Realität zu sein, vergleichend herangezogen werden.[498]

I. Ressourcennutzung

Welchen Schutz bieten die mexikan. Gesetze nun zunächst gegen die Tatsache, dass im Rahmen des PPP vermehrt multinationale Konzerne die Ressourcen auf indigenen Territorien nutzen, ausbeuten und derart indigene Siedlungsgebiete stören?

1. Unterirdische Ressourcen

An unterirdischen Ressourcen (Öl, Erdgas) kommen den indigenen Völkern Mexikos gemäß national mexikan. Normen keinerlei Rechte zu. Das Eigentum und die Nutzung dieser Rohstoffe hat sich der mexikan. Staat vorbehalten, indem er sie dem so genannten „*dominio directo*", der Oberherrschaft der Nation [Art 27(4) mex. Vfg] unterstellt hat. Weder Mitspracherechte bei der Ausbeutung noch Gewinnbeteiligung sind gesetzlich vorgesehen. Auch für Agrargemeinschaften sind in agrarrechtlichen Normen keine Rechte an unterirdischen Ressourcen etabliert. So gilt auch für Länder von *Ejidos* und *Comunidades*, dass Eigentum und Nutzung der darin liegenden unterirdischen Ressourcen direkt der mexikan. Nation unterstehen.

Gemäß *national mexikan. Gesetzen* besteht somit ein gleichermaßen unumschränkter Anspruch des mexikan. Staates, im Rahmen des PPP nach Belieben in indigene Gebiete einzudringen, Öl und Erdgas zu fördern und entsprechende Konzessionen zu vergeben. Eine Berücksichtigungspflicht der Auswirkungen und Folgen des Ressourcenabbaus für indigene Völker, ihren Lebensraum, die Beziehung zu ihren Territorien und ihre gesamte kulturelle Identität ist gesetzlich nicht vorgesehen.

Der Schutz der Konv 169 geht hier etwas weiter. *Art 15(2) Konv 169* zufolge müssten indigene Völker ja vor jeglicher Erforschung von unterirdischen Ressourcen auf ihrem Siedlungsgebiet im Rahmen des PPP zumindest konsultiert werden. Eine Gewinnbeteiligungspflicht an der Ressourcenförderung hätte nach ILO Standards [Art 15(2) Konv 169] ebenfalls zu erfolgen, ebenso wie eine angemessenen Kompensation für die Schäden, die indigenen Völkern aus jeglicher Rohstoffförderung entstehen, zu leisten wäre. Die fehlende Umsetzung der Konv 169 im nationalen Recht führt dazu, dass der in ihr verbriefte Schutz einzig *auf*

[498] Die ILO Konv 107 und 169 wurden bislang ja – wie oben behandelt – weder in mexikan. Gesetze gegossen, noch von mexikan. Administrativbehörden umgesetzt oder von mexikan. Gerichten durchgesetzt. Ihr Schutz besteht so gewissermaßen virtuell auf dem Papier.

dem Papier und als Pflicht des mexikan. Staates besteht.[499] Ein *konkreter* Schutz, den national mexikan. Gesetze indigenen Völkern im Falle einer Förderung von Erdöl und Erdgas auf ihren Siedlungsgebieten gewähren sollten und der auch vor Gerichten einforderbar wäre, existiert faktisch nicht.[500]

2. Oberflächenressourcen

Welchen Schutz bieten mexikan. Gesetze ferner gegen einen Nießbrauch von Oberflächenressourcen wie die Rodung von Wald und die Nutzung von Wasser auf indigenen Gebieten?

Das in **Art 2AVI** mex. Vfg (2001) prinzipiell normierte Recht **indigener Völker** auf Nutzung ihrer natürlichen Oberflächenressourcen wird gerade durch die inhaltliche Unbestimmtheit des Begriffs der „*Vorzugs*nutzung" stark beeinträchtigt. So leistet der dem Rechtsanwender (sowohl den Exekutivbeamten als auch den Gerichten) gelassene Interpretations- und Bewertungsspielraum einer möglichen Störung indigener Siedlungsgebiete durch Rohstoffförderung im Rahmen des PPP Vorschub. Diese Gefahr erscheint durch den wiederum undefinierten und vagen Begriff der „areas estratégicas", die sich der Staat als strategisch wichtige Bereiche vorbehält und vom Recht indigener Völker auf Ressourcennutzung ausgenommen hat, verstärkt. Dementsprechend könnte der mexikan. Staat bei jedem noch so geringen Anteil von öffentlichem Interesse argumentieren, dass seine Nutzung (und damit jene der von ihm favorisierten großen Firmen) vorgehe: Sie sei strategisch wichtig und von dem indigenen Recht auf Vorzugsnutzung ausgenommen. Die Tatsache, dass die Regierung *Fox* in ihrem politischen Diskurs permanent auf die Bedeutung des PPP für die mexikan. Nation (also auf öffentliches Interesse) Bezug nimmt und sich mexikan. Behörden in der Vergangenheit nicht unbedingt als indigenen Rechten gegenüber offen erwiesen haben, lassen so an der Effektivität des Schutzes durch Art 2AVI mex. Vfg zweifeln: Er ist zu unbestimmt und zu wenig handfest formuliert. Eine Oberflächenressourcennutzung auf indigenen Siedlungsgebieten durch den mexikan. Staat oder mit von ihm vergebenen Konzessionen könnte als „area estratégica" betrachtet und als mit Art 2AVI mex. Vfg vereinbar argumentiert werden.

---

[499] Auf eine mögliche unmittelbare Anwendbarkeit der Konv 169 wird hier nicht eingegangen, da ja auch mexikan. Gerichte (siehe oben) eine solche ablehnen.

[500] In Nicaragua hingegen haben zum einen die Regionalparlamente ein Vetorecht bei Ressourcenausbeutung im Gebiet der Atlantikküste. Das von der nicaraguan. Nationalversammlung nunmehr (am 23. Jänner 2003) approbierte Gesetz zur Regulierung kommunalen Eigentums *Ley del Regimen de Propiedad Comunal de los Pueblos Indigenas y Comunidades Etnicas de las Regiones Autónomas de la Costa Atlántica de Nicaragua y de los Rios Bocay, Coco, Indio y Maíz* (Ley No 445 = Reglementierungsgesetz 2003) normiert zudem eine Konsultierungs- und Verhandlungspflicht der nicaraguan. Regierung direkt mit den Gemeinden der Atlantikküste (Art 16–18 Reglementierungsgesetz 2003).

Im Hinblick auf dieses Schutzdefizit müsste wohl eine nähere Bestimmung und Klärung der offenen und undefinierten Begriffe des Art 2AVI mex. Vfg (der „Vorzugsnutzung" und der „strategischen Bereiche") von Staat und indigenen Völkern gemeinsam geschehen und angestrebt werden. Als Kompromiss könnte dann in strittigen Fällen oder bei sich überschneidenden Ansprüchen ein **gemeinsames Ressourcenförderungsrecht** durch Staat und indigene Völker nach dem Vorbild des Art 15(1) Konv 169 vorgesehen werden. Auch in Art 15(1) ist ja jedenfalls ein Recht indigener Völker niedergelegt, sich an der Nutzung, Bewirtschaftung und Erhaltung der Rohstoffe auf indigenem Siedlungsgebiet zu beteiligen.

Letztlich fehlt hiezu jedoch nach mexikan. Bestimmungen das *gemeinsame Forum*. Die dafür prädestiniert erscheinenden und gemäß Art 2B mex. Vfg zu etablierenden gemeinsamen **Institutionen**, deren Aufgabe es ja gemäß Art 2B wäre, eine gemeinsame Politik zu erarbeiten, um so die indigene Teilnahme und Partizipation zu fördern, haben für eine Kooperation bei Rohstoffförderung keine Kompetenz. Tatsächlich ist ja in den in Art 2BI–IX mex. Vfg exhaustiv angeführten Aufgabenbereichen besagter Institutionen eine gemeinsame Ressourcennutzung in *keinster* Weise erwähnt. Es fehlt also jegliches verbindende und institutionalisierte Organ, die Ressourcennutzungsrechte indigener Völker und die Ansprüche des Staates (oder dritter Personen) zu koordinieren oder gemeinsam zu planen. Darunter zu leiden haben die indigenen Völker, denen jegliche Möglichkeit, auf die staatliche Politik Einfluss zu nehmen, abgeschnitten scheint, wenn beispielsweise eine Ressourcenförderung im Rahmen des PPP droht. Letztendlich explizieren also mexikan. Gesetze zu wenig genau die potentiell strittigen Bereiche einer konkurrierenden Ressourcennutzung, um eine indigene Teilnahme und Teilhabe an Ressourcenförderungsaktivitäten durch den mexikan. Staat zu gewährleisten und zu erwirken.

Ein etwas darüber hinausgehender Schutz ergibt sich jedoch im Falle eines Zusammenschlusses indigener Völker als *Ejido* bzw *Comunidad*. So stehen gemäß den **agrarrechtlichen Bestimmungen** die jeweiligen Oberflächenressourcen ausdrücklich im Nutzungsrecht der einzelnen Agrargemeinschaften (*Ejidos und Comunidades*), mag ihnen auch das Eigentumsrecht daran (das dem mexikan. Staat vorbehalten ist) fehlen (vgl Art 27VII3 mex. Vfg).[501] Bis 1992 war so eine Ressourcenförderung durch große Unternehmen *de facto* unmöglich: Die Rechte der Agrargemeinden waren ja durch Verfügungsbeschränkungen geschützt, die eine Nutzung des Gemeinschaftseigentums am Land, des Landes im „uso comun",

[501] In Nicaragua sind die indigenen Gemeinden ausdrücklich Eigentümer ihres von alters her besiedelten Bodens und zur Förderung und Nutzung der Oberflächenressourcen auf diesem befugt. (Art 89, 180 nic. Vfg.) Im Detail siehe im Abschnitt über Nicaragua.

nur durch die Agrargemeinschaft selbst bzw die Abtretung der individuellen Nutzungsrechte der Ejidatare an ihren Parzellen nur an bestimmte Personen im Familienkreis erlaubten.

Seit der Agrarreform 1992 hingegen besteht die Möglichkeit einer Ressourcennutzung durch Kooperationen zwischen Drittpersonen bzw Konzernen und *Ejidos* bzw *Comunidades* im ganz normalen privatrechtlich-gesetzlichen Rahmen.[502] Eine Ressourcenförderung durch Unternehmen auf dem Gemeinschaftsland der Agrargemeinschaften ist dadurch gesetzlich erlaubt. Es besteht die Möglichkeit, etwa eine Ressourcennutzung *mit Zustimmung* und unter *Einbindung* der als Agrargemeinschaft organisierten *indigenen Völker*[503] vorzunehmen.

Dies ist nich prinzpiell negativ zu sehen: Bei einer adäquaten gesetzlichen Eindämmung der **Risken** (zB die Gefahr der ungleichen Machtverteilung zwischen indigenen Völkern und multinationalen Konzernen und der damit verbundenen marktwirtschaftlichen Zwangssituationen, siehe oben) könnten agrarrechtlich organisierte indigene Völker zumindest an der Ausbeutung ihrer natürlichen Oberflächenressourcen teilnehmen. So müsste etwa ein unabhängiges Organ gesetzlich vorgesehen werden, das die Einhaltung der zwischen multinationalen Konzernen, dem mexikan. Staat und indigenen Völkern geschlossenen Verträge überwacht: Die Nichtneutralität des mexikan. Staates als konzessionsvergebende Stelle erscheint allzu problematisch.[504] Eben diese Auflagen, die eine Wahrung indigener Interessen sicherstellen sollten, sind nun allerdings in mexikan. Agrargesetzen *zu wenig* ausgeführt, um einer Übervorteilung indigener Völker vorzubeugen.

Daraus resultiert: Obgleich in der mexikan. Verfassung sehr wohl Bestimmungen zur Wahrung indigener Interessen an ihren Oberflächenressourcen vorhanden sind, die den PPP in für indigene Völker erträgliche Bahnen lenken

---

[502] So besteht seit der Agrarreform von 1992 die Möglichkeit, dass durch Beschluss der Ejidal- bzw Kommunalversammlung (vgl Art 75 *Ley Agraria* bzw Art 100 *Ley Agraria*) Land, das im „uso comun" steht, an große Firmen verpachtet oder verleast wird und Produktionsgemeinschaften mit öffentlichen und privaten Investoren gebildet werden können. Auch eine Langzeitverpachtung von individuellen Parzellen – bis zu 30 Jahren (Art 23, 45, 50, 75, 79, 100 *Ley Agraria*) – ist möglich. (Vgl auch *Schüren*, „Land ohne Freiheit", 60.)

[503] Eine solche gemeinschaftliche Ressourcennutzung war etwa in Nicaragua im Rahmen der drei Parteien Vereinbarung (trilateral agreement) zwischen der indigenen Gemeinde Awas Tingni, MADENSA und MARENA erfolgreich zustande gekommen. (Besagte Vereinbarung wird im Abschnitt über Nicaragua besprochen werden.)

[504] So betont etwa *De Feyter* allgemein, dass der Staat, der ja auch an der Konzessionsvergabe zur Ressourcenförderung an Grund und Boden interessiert ist, dementsprechend beteiligte Partei des Leasingvertrages und somit nicht neutral sei. Bei nicht garantierter Trennung der Exekutive von der Judikative müsste dementsprechend nach Meinung *De Feyters* sogar ein *internationales* Organ über die Einhaltung obgenannter Ressourcennutzungsverträge wachen. (World Development Law, 162.)

könnten, sind diese doch so vage formuliert, dass dem mexikan. Rechtsanwender ein entscheidender Ermessensspielraum bei ihrer Umsetzung (Stichworte: Vorzugsnutzung, strategische Bereiche) bleibt. Eine Detaillierung und Konkretisierung der Bestimmung des Art 2AVI mex. Vfg (2001), die – wenn nicht auf ausschließliche Ressourcennutzung durch indigene Völker so doch – zumindest auf deren Einbindung in den Ressourcenförderungsprozess abzielt, wäre vorzunehmen. Die gesetzlichen Rahmenbedingungen,[505] um eine Ressourcennutzung, wie sie der PPP vorsieht, unter Wahrung indigener Interessen zu ermöglichen und zu gewährleisten, wären entsprechend zu formulieren. Denn derzeit bieten die geltenden mexikan. Bestimmungen zu wenig Gewähr, um eine Wahrung der Rechte indigener Völker an ihren natürlichen Oberflächenressourcen bei der Durchführung des PPP zu garantieren.

II. Ausverkauf von indigenem Grund und Boden: Privatisierung

Was kann nun von gesetzlicher Seite gegen die Privatisierung des sich im Einzugsbereich des PPP befindlichen indigenen Grund und Bodens getan werden? Was gegen die Tatsache, dass große Landwirtschaftsbetriebe indigenes Land aufkaufen und die Abwanderung der konkurrenzunfähigen und besitzlosen Ejidaleigentümer zu den „Maquiladoras", den großen Handwerksbetrieben, erzwingen? Welchen Schutz bieten mexikan. Gesetze gegen diese vorgesehene „Vermarktwirtschaftlichung" indigenen (wie agrarischen) Grund und Bodens?

1. Fehlender Schutz durch gesetzliche Bestimmungen

Indigene explizite Eigentumsrechte, die den Völkern ein Mittel in die Hand gäben, sich einem solchen Aufkauf zu widersetzen, bestehen zunächst keine. So ist ja ein Hauptmanko der Verfassungsreform 2001, dass keine Eigentumsrechte indigener Völker an traditionell von ihnen besiedeltem Gebiet vorgesehen sind. Die Bestimmung des Art 2AV mex. Vfg, demzufolge indigene Völker Autonomie genießen, um die Integrität ihres Grund und Bodens zu bewahren, ist wiederum inhaltlich zu unklar, als dass er eine wirkliche Handhabe zur Wahrung indigener Landrechte böte.

Die **agrarrechtlichen Bestimmungen**, die einen entsprechenden Schutz bis zu Beginn der 90-er Jahre gewährten, wurden reformiert. So hat die 1992 erfolgte *de facto Aufhebung der Verfügungsbeschränkungen* den ursprünglichen Eigentumsschutz der *Ejidatarios* und *Comuneros* stark beeinträchtigt und das zu-

[505] Dies könnte etwa durch gemeinsame Institutionen, eine Einbindung indigener Völker in den Entscheidungsprozess mit entsprechender Möglichkeit, ihren Stimmen Gewicht zu verschaffen, eine gesetzlich vorgesehene Befristung der Ressourcennutzungsverträge auf bestimmte Zeit etc. geschehen.

vor verfügungsgebundene kollektive Eigentum der Privatisierung geöffnet.[506] Bezeichnend für diesen Trend ist, dass zum ersten Mal seit der Revolution 1917 nun auch Aktien- und Handelsgesellschaften Land besitzen und über eine Fläche bis zum 25-fachen des „Kleinbesitzes" (eines normalen Ejidoeigentümers) verfügen dürfen. Ein weiteres Zeichen der „Vermarktwirtschaftlichung" von Agrareigentum stellt dar, dass mit Zustimmung der Ejidalversammlung [bei Zwei-Drittel-Mehrheit und Anwesenheit von 75% der Ejidatarios; bei Nichterreichen der erforderlichen Beschluss-Quoren in der ersten Versammlung genügt in der zweiten Versammlung sogar die Anwesenheit der Hälfte der Mitglieder (Art 26, 27 *Ley Agraria*)] bei ***Ejidos*** das Fruchtgenussrecht an einer Zelle durch Zertifizierung in einen privaten Besitztitel umgewandelt werden und die Parzelle dann verkauft werden kann (Art 80 iVm 23 *Ley Agraria*). Auch können Ejidatarios ihre Titel und Besitzzertifikate als Bürgschaften für private Kredite verwenden. Gelingt es ihnen in der Folge nicht, die fälligen Beträge zurückzuerstatten, müssen sie ihr Land solange dem Kreditinstitut zur Bewirtschaftung überlassen, bis die Schuld abgetragen ist (Art 46 *Ley Agraria*). Zu guter Letzt können Ejidatare sogar die Auflösung des *Ejidos* beantragen (Art 56 iVm 23 *Ley Agraria*). **Kommunaler Grund und Boden** ist noch immer stärker als ejidales Eigentum verfügungsgeschützt, doch kann auch dieser für Privatinvestitionen zugänglich gemacht werden: beispielsweise können Komuneros ihre Nutzungsrechte für bestimmte Zeit abtreten oder verkaufen (Art 100 *Ley Agraria*). Zudem können ja *Comunidades* auch über den Beschluss der Kommunalversammlung in *Ejidos* umgewandelt werden (vgl Art 104 *Ley Agraria).* Mit anderen Worten, obgenannte Beschneidungen der gesetzlichen Verfügungsbeschränkungen öffnen auch den Grund und Boden der in Agrarkooperativen organisierten indigenen Völker dem Einfluss von Kapital und erleichtern somit die Durchführung des PPP.

2. Propagierung der Privatisierung durch administrative Programme: PROCEDE

Administrative Programme des mexikan. Staates unterstützen diesen Trend der Beweglichmachung kollektiven Grund und Bodens. So „erleichtert" die mexikan. Regierung die Verprivatisierung und den Verkauf des mexikan. Kollektiveigentums, indem das umfassend beworbene und finanziell gut dotierte Programm **PROCEDE** die Zertifizierung und Titulierung von ejidalem Grund und Boden auf individualrechtlicher Basis fördert. Dieses Programm (***Programa de***

---

[506] *Schüren* ortet etwa eine „Aushöhlung des ejidalen Sektors" (*Schüren,* „Land ohne Freiheit", 59). Nach *Schüren* (ebda) ist die Mehrzahl der im Agrarsektor bestehenden Probleme, die wachsende Armut, der Kapitalmangel, die Überschuldung ebenso wie der Rückgang der Produktion, auf die Politik der mexikan. Regierung zurückzuführen. So stärkt die mexikan. Regierung primär die privatwirtschaftliche, kapitalintensive und exportorientierten Agro-Großindustrie, wohingegen der kleinbäuerliche, ejidale Sektor entsprechend zurückgedrängt wird.

Certificación de Derechos Ejidales y Titulación de Solares Urbanos) wird von der *Procuraduría Agraria* durchgeführt, wobei Vertreter der *Procuraduría* Ejidos besuchen, um für PROCEDE zu werben (!) und ejidales Land mit moderner Technik „freiwillig und kostenlos" vermessen. Den einzelnen Ejidataren werden Besitzzertifikate und –titel für ihre Parzellen ausgestellt; ihr Landbesitz ist besser definiert und dokumentiert als bisher. Diese *a priori* positiv zu bewertende Rechtssicherheit kommt im Hinblick auf die von der Regierung betriebene Privatisierung kollektiven Eigentums nun jedoch auch möglichen Investoren und potentiellen Käufern von Land zu Gute. Die *kollektive* Dimension des Agrareigentums geht bei PROCEDE jedenfalls völlig verloren.

3. Konsequenzen für indigene Völker

Die faktische Aufhebung der Verfügungsbeschränkungen und die durch staatliche Programme wie PROCEDE unterstützte „Entkollektivierung" erscheint insbes im Gesamtrahmen des PPP und im Hinblick auf den ohnedies durch die Kapitalisierung der Agrarwirtschaft entstehenden **existenzgefährdenden Druck** auf **Klein- und Mittelbetriebe** bedrohlich.[507] Der geforderte „Schutz" indigener Landrechte durch die mexikan. Regierung scheint ins Gegenteil verkehrt. Ein explizites *indigenes Eigentumsrecht* an von alters her von Indigenen besiedeltem Gebiet, wie dies gemäß Art 14 Konv 169 zu gewähren wäre, ist nirgendwo vorgesehen. Schlimmer noch, der Ausverkauf des Grund und Bodens, der im Eigentum von Kleinbauern (indigenen und anderen) steht, wird aktiv von staatlicher Seite unterstützt und betrieben. Die mexikan. Gesetzgebung (vor allem die Agrarreform 1992) und Verwaltung (PROCEDE) scheinen so ganz bewusst darauf ausgerichtet, die möglichen Behinderungen eines freien Kapitalflusses und Güterverkehrs durch agrarrechtliche Verfügungsbeschränkungen aufzuheben (mit anderen Worten, den PPP zu ermöglichen). Leidtragende sind wiederum als Agrargemeinschaften organisierte indigene Völker, die riskieren, ihren Grund und Boden zu verlieren.[508]

Aber nicht nur ein Verkauf *oder die langfristige Verpachtung* bedroht indigene Territorien, auch Enteignungen bei Großprojekten sind im Rahmen des PPP zu befürchten.

---

[507] Dieser Druck wird von der mexikan. Regierung aktiv gefördert. Durch die ansehnliche Subventionierung exportorientierter Landwirtschafts-Großbetriebe vor allem im Norden Mexikos von Seiten der mexikan. Regierung wird die Konkurrenzfähigkeit der mexikan. Klein- und Mittelbetriebe massiv beeinträchtigt. Diese verarmen, müssen ihren Grund und Boden verkaufen und beginnen, Lohnarbeit zu verrichten.

[508] Vgl die abschließende Bewertung *Schürens* zur mexikan. *Agrargesetzgebung*: „In Anbetracht der großen ökonomischen Schwierigkeiten, in denen sich die meisten Kleinbauern befinden, hat die Agrargesetzgebung heute vor allem eine Funktion: Sie erleichtert kapitalkräftigen Agrarunternehmen den Zugang zu dem ehemals geschützten Land von Ejidos." (*Schüren*, „Land ohne Freiheit", 60).

III. Völlige Inanspruchnahme von indigenem Grund und Boden: Enteignung

Welche Möglichkeit bietet die mexikan. Gesetzgebung zur Wahrung indigener Interessen gegen die im Rahmen des **PPP** geplanten **Megaprojekte** wie den **Isthmus de Tehuantepec,** den Bau von Straßen, die Konstruktion von Dämmen und Wasserkraftwerken, die ja teilweise nur über Enteignungen indigener Völker bzw unter Durchführung von Umsiedlungen bewerkstelligt werden können? Inwieweit schützt sie indigene Territorien durch positive Eigentumsrechte bzw welche Partizipationsrechte und Konsultationspflichten sind zur Bewahrung indigener Territorien nutzbar zu machen?

1. Unzureichender Schutz durch indigene Eigentumsrechte

Ein eventueller Schutz indigener Völker vor Großprojekten im Rahmen eines **positiven Eigentumsrechts** ist wiederum nur über **agrarrechtliche Bestimmungen** zu erreichen, da ja in mexikan. Gesetzen kein prinzipielles Eigentumsrecht indigener Völker an ihrem von alters her besiedelten Gebiet verankert ist. Problematisch ist in diesem Zusammenhang jedoch, dass eben bei agrarrechtlich normierten Eigentumsrechten nirgendwo der Minderheitenstatus und die besondere Schutzbedürftigkeit indigener Völker aufscheinen. Ihre indigene Ethnizität wird nicht mit dem unter agrarrechtlichem Titel zuerkannten Eigentumsrecht in Verbindung gebracht, indigene Gesichtspunkte, die etwa eine Enteignung verhindern könnten, kommen nach der national mexikan. Gesetzeslage *nicht* zum Tragen; es kann insofern gleichsam „problemlos" im öffentlichen Interesse enteignet werden. Nichtsdestotrotz muss der mexikan. Staat, dessen ausdrücklich garantiertes **Recht auf Enteignung** vom originären Eigentum der mexikan. Nation abgeleitet wird [Art 27 (1) mex. Vfg], eine angemessene *Entschädigung* bezahlen [Art 27(2) mex. Vfg], wenn Megaprojekte auf Territorien von in Agrargemeinschaften organisierten indigenen Völkern im Rahmen des PPP durchgeführt werden.

2. Mangelhafter Schutz durch Partizipationsrechte und Konsultationspflichten

Bestehen nun zwar keine expliziten Eigentumsrechte indigener Völker an Grund und Boden und gewähren die agrarrechtlichen Bestimmungen nicht genügend Schutz, eine Enteignung zu verhindern, so kann doch über eine **Einbindung** indigener Völker **in den politischen Entscheidungsprozess** (etwa durch Partizipationsrechte und Konsultationspflichten) eine Geltendmachung indigener Interessen erreicht werden. Die betreffenden mexikan. Bestimmungen sollen in der Folge besprochen und im Hinblick auf ihre Schutzdefizite kritisch analysiert werden.

Für eine solche Möglichkeit indigener Völker, ihre Stimme geltend zu machen und damit etwa Widerstand gegen eine drohende Enteignung als Eingriff in die Integrität des indigenen *Habitats* zu üben, kommt zunächst *Art 2AV mex. Vfg (2001)* in Frage, der die Autonomie normiert, die indigene Völker zum Erhalt ihrer Länder („para preservar la integridad de sus tierras“) genießen. Tatsächlich kann besagter Artikel jedoch nur beschränkt bzw gar nicht genutzt werden, da er ausdrücklich den Schutz indigenen Grund und Bodens auf den verfassungsrechtlichen Rahmen beschränkt und Enteignungen ja, wie oben erwähnt, ausdrücklich und ohne jegliche Relativierung verfassungsrechtlich vorgesehen sind!

Problematisch für eine Nutzbarmachung *der Partizipationsrechte* indigener Völker am politischen Entscheidungsprozess ist wiederum, dass ihnen letztlich nur eine Einflussmöglichkeit und Mitsprache auf Munizipalebene zukommt,[509] die Entscheidungen bezüglich Enteignungen jedoch primär auf nationalstaatlicher Ebene getroffen werden. Die Schwierigkeit bei *direkten Konsultationspflichten,* wie sie etwa bei der Ausarbeitung des nationalen Entwicklungsplanes (unter den auch obgenannte Großprojekte fallen) in Art 2BIX mex. Vfg vorgesehen sind, ist, dass eben keine zwingenden Folgen (Vetorechte beispielsweise) an die indigene Meinung geknüpft sind. Mexikan. Behörden könnten indigene Völker demzufolge konsultieren und dann mit der Planung ihrer Projekte fortfahren, als hätten sie die indigene Meinung nie gehört.

Zu guter Letzt erscheinen die in *Art 2B mex. Vfg* normierten *gemeinsamen Institutionen* eher kontraproduktiv denn der Verhinderung der obgenannten Großprojekte des PPP förderlich. Ist doch unter den verfassungsgesetzlichen Pflichten[510] der gemeinsamen Institutionen (Art 2B mex. Vfg) etwa auch die Vorbereitung von Projekten, die potentiell zu Enteignungen führen können (wie Straßenbau, Art 2BVI mex. Vfg), normiert. Eher als die Möglichkeit, Projekte zu verhindern, erscheint also – durch diese allzu genau normierten Aufgabenbereiche der gemeinsamen Institutionen – eine indigene Teilnahme an der *Absegnung* der für sie schädlichen Projekte verfassungsrechtlich richtiggehend vorgegeben. *Verhindern* können indigene Völker Enteignungen über die beschränkten Kompetenzen der gemeinsamen Institutionen jedenfalls sicherlich nicht.

Es sind somit auch die Partizipations- und Kontrollrechte indigener Völker in der mexikan. Verfassung solcherart normiert, dass sie *keine* wirkliche Handhabe für indigene Völker zur Verhinderung oder auch nur zur angemessenen Geltendmachung ihrer Interessen bei obgenannten Großprojekten bereitstellen.

---

[509] Die schwammig formulierte Wahlkreiseinteilungsbestimmung ist kein ausreichender Schutz, indigene Interessen zu wahren.

[510] Zur Erinnerung „müssen“ („tienen la obligación“, Art 2B mex. Vfg 2001) die gemeinsamen Institutionen ja tätig werden.

3. Schutz durch die ILO Konvention 169

Die Konv 169 hingegen bietet einen gewissen Schutz gegen Enteignungen im Rahmen von Großprojekten, indem sie einen Schutz indigener Völker bei **Umsiedlungen** bereitstellt. So sieht **Art 16 Konv 169** zwar kein absolutes Verbot, jedoch verfahrensrechtliche Auflagen für Umsiedlungen vor. (Kann die Zustimmung des indigenen Volkes nicht erreicht werden, so müssen eigene innerstaatliche Verfahren eine angemessene Wahrung der Interessen indigener Völker sichern. Auch eine Entschädigungspflicht ist vorgesehen.) Gemäß der Konv 169 käme demzufolge *allen* indigenen Völkern, die im Zuge des PPP enteignet werden, das Recht auf eine Entschädigung und auf Zuweisung von Grund und Boden mit zumindest gleicher Qualität zu – und zwar unabhängig davon, ob sie einen Titel für das traditionell von ihnen besiedelte Gebiet besitzen oder nicht.

In national mexikan. Normen ist diesen ILO Standards jedoch nicht entsprochen. So besteht auf national gesetzlicher Ebene *keine* Möglichkeit indigener Völker, Enteignungen zu verhindern oder auch nur angemessen ihre Interessen einfließen zu lassen. Einzig eine Entschädigungspflicht ist bei Vorliegen eines *formellen Titels* (also *de facto* nur für Agrargemeinschaften) vorgesehen [vgl Art 27(2) mex. Vfg].

Art 16 Konv 169 würde die Bestimmungen der mex. Vfg ergänzen, indem für das Entstehen der Entschädigungspflicht und die ersatzweise Zuweisung von Grund und Boden auf „von alters her besiedeltes Gebiet" abgestellt wird. Indigene traditionelle Siedlungsgebiete, an denen kein formeller Eigentumsanspruch im Zuge der Agrarreform begründet wurde, würden dementsprechend mitgeschützt. Der unter Art 16 Konv 169 erreichte Schutz scheitert in der Praxis jedoch an der mangelnden Umsetzung durch den mexikan. Staat.

IV. Befund und Bewertung, insbes im Hinblick auf den PPP

1. Fehlen eines ausreichenden Schutzes der indigenen Interessen

Die Analyse der mexikan. Gesetzeslage im Lichte des PPP hat gezeigt, dass mexikan. Gesetze *keine* geeignete Handhabe zur Wahrung indigener Interessen im gesamten PPP bieten. Den indigenen Völkern Mexikos wird gesetzlich kein adäquates Mittel in die Hand gegeben, ihrer Opposition zum PPP rechtlich Nachdruck zu verleihen.

So werden zunächst nicht alle indigenen Gemeinden von der **mexikan. Agrargesetzgebung** erfasst und geschützt: Sind sie nicht als Agrargemeinschaft organisiert oder stellen sie eine Minderheit in einer solchen dar, fallen sie aus dem Schutzumfang der agrarrechtlichen Normen. Jedoch sogar für den Fall, dass ein solcher Eigentumsschutz besteht, wahrt der *agrarische* Titel indigene Rechte nur unzureichend. So ist in der Agrargesetzgebung die indigene Kultur nicht als eigener, schützenswerter Faktor miteinbezogen: Im öffentlichen Interesse kann enteignet werden, Verfügungsbeschränkungen des Agrareigentums werden gegen den Willen indigener Völker[511] aufgehoben. Unterirdische Ressourcen können ausgebeutet werden, für die Nutzung von Oberflächenressourcen durch Dritte und allgemeinen Privatinvestitionen ist das agrarische Eigentum seit 1992 vermehrt geöffnet.

Dementsprechend könnte der Schutz der Agrarnormen für indigenen Grund und Boden in etwa folgendermaßen umrissen werden: Agrarisches Eigentum bietet zwar keinen Schutz vor Verlust *per se* (so kann enteignet, verkauft etc werden), es muss jedoch für die verlorenen Gebiete zumindest ein gewisser Geldersatz geleistet werden: als Entschädigung (bei Enteignung) oder als Verkaufspreis (bei Privatisierung). Mexikan. Agrargesetze ermöglichen indigenen Völkern demnach zwar, als Eigentümer (und nicht als rechtloser Niemand) ihrer *Ejidos* und *Comunidades* in den PPP einbezogen zu werden und sichern ihnen einen finanziellen Ausgleich für deren Verlust zu. Auf die Tatsache, dass indigene Völker ihre Territorien *in natura* behalten müssten, um ihre kulturelle Identität wahren zu können, wird in Agrargesetzen jedoch keine Rücksicht genommen.

Die **speziell auf indigene Völker bezogenen Normen** wiederum enthalten keine Eigentumsrechte indigener Völker und derart schwache Konsultationspflichten, dass die Rechtsstellung indigener Völker überhaupt zweifelhaft erscheint.[512] So ist die Verfassungsreform 2001 derart vage formuliert, dass dem Rechtsanwender, den mexikan. Exekutivbehörden, die ja auch der Promotor des PPP sind, ein entscheidender Interpretationsspielraum zukommt. ME laufen indigene Völker, die vom PPP betroffen, aber nicht im Rahmen einer Agrarkooperative organisiert sind, Gefahr, dass ihre Rechte schlicht in der Rechtsanwendung „weginterpretiert" werden. Ein entsprechendes Szenario wäre die Durchführung jeder Art von Ressourcennutzung durch den mexikan. Staat unter Berufung auf die „area estratégica"-Klausel oder Konsultationen mit indigenen Völkern, ohne jegliche Folgewirkung und Konsequenz daran zu knüpfen. Einzig die **ILO Konvention 169** würde einen gewissen Schutz für indigene Landrechte bieten und ist ja – wie oben erläutert – an sich geltendes mexikan. Recht. Einfachgesetzlich nicht umgesetzt und von Richtern ignoriert bleibt der von der Konv 169 gebotene Schutz für indigene Rechte allerdings in der mexikan. Realität ungreifbar.

Abschließend sei betont, dass bei dieser Analyse der mexikan. Normen bewusst von einem **„Worst Case" Szenario**, dh von einem unwilligen und/ oder unwissenden mexikan. Rechtsanwender ausgegangen wurde. Eine extensive In-

---

[511] Indigene Vertreter hatten sich wiederholt eindeutig gegen die Aufhebung der Verfügungsbeschränkungen durch die Agrarreform 1992 ausgesprochen.

[512] *Fazio,* Transnationale Plünderung, spricht in La Jornada vom 26. August 2002 von einer indigenen „Gegenreform", die durch die Verfassungsreform 2001 bewirkt wurde.

terpretation der mexikan. Normen könnte aus ihnen durchaus – wie auch oben (etwa im Teil über die Rechtsdurchsetzung) gezeigt – einigen Schutz für indigene Völker gewinnen. Trotz allem sollte an dieser Stelle das Instrumentarium, das mexikan. Gesetze indigenen Völkern für ein mögliches „Empowerment" zum Schutz vor möglichen Rechtsverletzungen eben im schlechtest möglichen Fall zur Verfügung stellen, aufgezeigt werden. Dieser „worst case" ist allerdings – zieht man die bisher gemachten Erfahrungen und fortdauernden Interessensgegensätze der mexikan. Regierung und der indigenen Völker in Betracht –gar nicht so unrealistisch.

2. Steht die Verfassungsreform von 2001 im Dienste des PPP?

Die Verfassungsreform 2001 bietet indigenen Völkern im schlechtesten Fall also wenig bis gar keinen Schutz vor dem PPP. Darüber hinaus scheint zudem Einiges darauf hinzudeuten, dass die Reform den Plan gewissermaßen „vorbereitet" und den gesetzlichen Rahmen für diesen schafft!

So war ja die noch ausständige Anerkennung der **Territorialrechte** indigener Völker, die ihnen in den *Acuerdos von San Andrés* garantiert worden waren, ein Hemmschuh für die Pläne der Regierung, die Entwicklung des PPP zu betreiben. Die massiven Eingriffe in indigene Siedlungsgebiete (Ressourcenförderung, Bau von Straßen, etc.), wie sie im Rahmen des PPP vorgesehen sind, wäre mit explizit formulierten Territorialrechten indigener Völker nur schwer möglich.[513] *Burguez Cal y Mayor*[514] bestätigt das Hindernis, das die Anerkennung indigener Rechte für die Pläne des PPP darstellt:

> „Los derechos de los pueblos indígenas sobre sus territorios, autonomía y libre determinación, constituirían una piedra en el zapato para esas iniciativas empresariales [Projekte im Rahmen des PPP]."

Gleichzeitig mehrten sich die Stimmen auch in der *mexikan. Zivilbevölkerung* [vgl den breiten Rückhalt (60% der Bevölkerung), den die Marcha Zapatista im März 2001 genoss], die die so lange ausstehende Anerkennung indigener Rechte forderten und diesbezüglichen Druck auf die mexikan. Regierung ausübten. Die Regierung wurde also auch von der öffentlichen Meinung zur Anerkennung indigener Rechte genötigt.

ME betreibt die 2001 verabschiedete Verfassungsreform dementsprechend größtenteils **„Gesetzeskosmetik"**. Jegliche Anerkennung der Eigentumsrechte

[513] In diesem Sinn erläutert etwa *Burguete Cal y Mayor* den Grund der fehlenden Annahme des COCOPA-Entwurfs durch die mexikan. Regierung. Der Entwurf (der ja auf der ILO Konv 169 fußt) anerkennt indirekt (indem er auf sie verweist) indigene Territorialrechte. Diese Anerkennung steht nun den Plänen der Regierung, etwa den PPP voranzutreiben, im Wege. (Vgl *Burguete Cal y Mayor A.*, México, Bericht an IWGIA, 2001/02.)

[514] *Burguete Cal y Mayor*, ebda, 3.

indigener Völker an ihren Territorien, die den Plänen der Regierung hinderlich geworden wäre, wird durch sie vermieden. Gleichzeitig werden jedoch die Forderungen der mexikan. Öffentlichkeit nach einer Anerkennung indigener Rechte zum Schweigen gebracht, da die mexikan. Regierung jedenfalls beweisen kann, etwas zur Anerkennung indigener Rechte getan zu haben. Tatsächlich sind indigene Territorien als Resultat der Verfassungsreform von 2001 in einer Weise ungeschützt (sie befinden sich in „desprotección jurídica“[515]), der den Plänen der Regierung dienlich ist. Die Verfassungsreform zum Schutz indigener Rechte verkehrt sich ins Gegenteil.

Einige **Bestimmungen** (vor allem Art 2B) der Verfassungsreform 2001 scheinen den PPP zudem konkret **vorzubereiten**. So enthält die Reform manche Normen, die im Hinblick auf den oben ausgeführten Plan gelinde gesagt **doppeldeutig** erscheinen und die Frage aufkommen lassen, was die wahre Intention der Verfassungsreform ist: Der Schutz indigener Interessen oder die Schaffung der rechtlichen Rahmenbedingungen für eine Einbindung der indigenen Völker in den PPP?

So sehen ja, wie schon erwähnt, die Bestimmung des *Art 2BVI* mex. Vfg vor, dass es Aufgabe der gemeinsamen Institutionen ist, den Ausbau des Kommunikationsnetzwerks mittels **Straßenbau** voranzutreiben. Eben diese Straßen können jedoch zu einem Landverlust indigener Gemeinden und zu ihrer Enteignung führen. Indigene Völker scheinen so gleichsam gezwungen, „ihr eigenes Grab zu schaufeln“, indem sie an Institutionen partizipieren und „Mitsprache“ üben dürfen, deren Resultat und zu erreichendes *Ziel* schon vorherbestimmt ist (die Absegnung des Straßenbaus).

In *Art 2BIV* mex. Vfg wiederum wird über die Festlegung, dass die Lebensräume indigener Völker über öffentliche und private **Finanzierung** zu verbessern seien, schon das Mittel zur Zielerreichung bestimmt: Es wird schon fixiert *wie* – eben über diese Investitionen – die Lebensräume indigener Völker zu gestalten sind. Ist dies eine Vorbereitung für den befürchteten „Ausverkauf“ indigenen Grund und Bodens?

Die relativ harmlose Formulierung der in *Art 2BI* mex. Vfg normierten staatlichen Verpflichtung, die regionale wirtschaftliche Entwicklung „unter Partizipation“ indigener Völker zu betreiben („impulsar el desarrollo regional de las zonas indígenas“), gewinnt im Licht des PPP eine völlig neue Perspektive. So riskieren die indigenen Gemeinden und Völker, dass ihnen im Zuge der wirtschaftlichen Erschließung ihrer Siedlungsgebiete marktwirtschaftliche und kapitalistische Entwicklungsmodelle aufgepresst werden: all dies unter dem Vorwand, indigene Rechte zu schützen.

---

[515] *Burguete Cal y Mayor*, ebda, 6.

Unabhängig von einer direkten Vorbereitung des PPP scheint jedoch auf jeden Fall die Verfassungsreform 2001 (vor allem ihr Teil 2B) für einen adäquaten Schutz indigener Land- und Territorialrechte *ungeeignet*. Die gesamte mexikan. Rechtsentwicklung scheint – verbrämt durch die als Autonomiegesetz verkaufte Verfassungsreform – eher zu einem Ausverkauf indigener Territorien (ebenso wie der agrarischen Kleinbetriebe) denn zu ihrem Schutz zu führen. Der Kapitalisierung der Wirtschaft (NAFTA) stehen indigene Rechte (vor allem ihre Landrechte) im Wege, deswegen werden sie, unter dem Deckmantel der Verfassungsreform, langsam aus dem Weg geräumt. Den mexikan. Autoritäten ist also mit der Verfassungsreform „gelungen", Dr. Jekyll und Mr. Hyde in einem zu sein: Die Bestimmungen sind zweideutig genug, dass beide Persönlichkeiten (dh ein Schutz und ein absoluter Nichtschutz indigener Landrechte) in ihnen Platz haben. Es liegt wiederum in der Hand der mexikan. Behörden zu entscheiden, welchen Interpretationsinhalt sie den jeweiligen Normen zum Schutz indigener Rechte geben: ein objektiver, jedenfalls bestehender Anspruch der mexikan. indigenen Völker, der vom Behördenwillen unabhängig wäre, ist nicht auszumachen.

6. Kapitel: Verbesserungsvorschläge

In der obigen Analyse zum PPP wurde das mexikan. Konzept zum Schutz indigener Landrechte als recht mangelhaftes dargestellt. In der Folge sollen nun einige Vorschläge unterbreitet werden, bei denen anzusetzen wäre, um einen Schutz indigener Territorien zu verbessern und tatsächlich zu verwirklichen. (Um ihn zum „Sein" zu machen, anstatt im bloßen „Schein" stecken zu bleiben.)

Aufgrund der schon im mexikan. Gesetzeskonzept angelegten Mängel wird der Schwerpunkt der vorgeschlagenen Empfehlungen auf der *Konzeption* der mexikan. Gesetze, ihren notwendigen gesetzlichen Merkmalen ebenso wie auf der Umsetzung, Rechtsdurchsetzung und den Kontrollrechten liegen. Die *anderen Faktoren* (wie praktische und reale Faktoren), die für eine Umsetzung indigener Territorialrechte *zusätzlich* mit einzubeziehen sind, werden dann im Abschnitt über Nicaragua genauer beleuchtet werden.

Wo liegen also die Probleme eines adäquaten Schutzes indigenen Grund und Bodens in Mexiko? *Was* kann *wie* verbessert werden?

A. Gesetzeskonzept

Betrachtet man den verfassungsrechtlichen Schutz indigener Völker in Mexiko, so ist zunächst die Konzentration aller ihrer Rechte in einem einzigen Artikel zu kritisieren. Alle Rechte sind fast ausschließlich in **Art 2** mex. Vfg (2001) normiert. Dies erscheint wenig sinnvoll, da ja *viele* Bereiche der mexikan.

Normenlandschaft von einer Etablierung und Umsetzung indigener Rechte betroffen sind. So wären etwa territoriale und verwaltungsrechtliche Gliederungen im Zuge der Umsetzung der indigenen Autonomie zu ändern. Der Zugang zu Gerichten müsste explizit auf indigene kulturelle Besonderheiten abgestimmt werden. Und um indigene Ressourcennutzungsrechte angemessen zu schützen, sind zudem Reformen bei den übrigen Ressourcenbestimmungen (des Art 27 mex. Vfg etwa) erforderlich. Ansonsten laufen indigene Völker Gefahr, dass ihre Interessen – als im **potentiellen Widerspruch** zu anderen **Normen** (zB Enteignungsbestimmungen) stehend – einfach übergangen werden.

Tatsächlich ist eine *Klärung* von potentiell strittigen und gegenläufigen Rechten schon in der Verfassung selbst – zumindest in einzelnen Bestimmungen – vorzuskizzieren, wodurch dem mexikan. Ausführungsgesetzgeber bzw dem Rechtsanwender viele problematische Entscheidungen abgenommen würden. So wären etwa indigene Konsultationsrechte und die Stellung indigener Gemeinden in der Verwaltungsordnung des Staates weitaus klarer auszuformulieren.

Modellbeispiele für Mexiko könnten in diesem Zusammenhang die kolumbian. und nic. Vfg sein: in diesen sind die Bestimmungen zum Schutz indigener Rechte auf die *gesamte Verfassung* verteilt. Beispielsweise finden sich in der kolumbian. Verfassung Normierungen indigener Rechte bei den Grundsätzen („De los Principios Fundamentales"), im Kapitel über Grundrechte, ebenso wie bei den Bestimmungen über die legislative Gewalt (den Senat und die Nationalversammlung). Des Weiteren sind indigene Rechte im Rahmen der judikativen Gewalt und der territorialen Organisation (in Departements und Munizipien) des kolumbian. Staates erwähnt. Zu guter Letzt gibt es ein eigenes Kapitel („Del régimen especial") über den speziellen autonomen Status der indigenen *Resguardos* (territorialer Einheiten) und über indigene Autoritäten.

Gegenüber dieser Fülle an Bestimmungen erscheint eine Zusammenlegung aller Rechte in einem einzigen Art 2, wie sie in der Verfassungsreform von 2001 in Mexiko erfolgt ist, nicht sinnvoll; denn sie erschwert die Implementierung der indigenen Rechte.[516] So sind ja, wie die Erfahrung leider gezeigt hat,[517] staatliche Autoritäten nicht unbedingt darauf bedacht, indigene Interessen bei Entscheidungen mit einzubeziehen. Eine möglichst breite Verankerung indigener Rechte schon im Verfassungstext (dh eine umfassende Reform des *gesamten* Verfassungstextes) könnte dem entgegenwirken und Verwaltungsbehörden wie Gerichte an die notwendige Wahrung indigener Rechte „erinnern" und gewöhnen.

---

[516] Dies hat sich schon in der Folge der Verfassungsreform von 1991 herauskristallisiert, als die Rechte indigener Völker trotz der Bekenntnis des mexikan. Staates zur Plurikulturalität im ehemaligen Art 4 mex. Vfg von 1991 größtenteils ignoriert und weitgehend totgeschwiegen wurden.

[517] Vgl die fehlende Berücksichtigung indigener Rechte bei Gerichtsentscheiden, etc.

In **inhaltlicher Hinsicht** wäre in Mexiko die explizite Anerkennung indigener **Eigentumsrechte an Grund und Boden** die vordringlichste Forderung. (Der Verweis auf Ausführungsgesetze, wie dies in Art 27VII mex. Vfg geschehen ist, ist nicht genug). In diesem Sinn wäre die Konv 169 endlich auf national mexikan. Ebene in Gesetze zu kleiden; den in ihr niedergelegten Garantien – insbes den in Art 14 Konv 169 verankerten indigenen Eigentumsrechten – müsste solcherart zum Durchbruch verholfen werden.

Eine explizite Anerkennung indigener Eigentumsrechte wäre vor allem im Hinblick darauf sinnvoll, dass der *„Umwegschutz" über agrarrechtliche Normen* zunehmend *wegfällt.* So werden Agrargesetze, die bislang den Schutz indigenen Grund und Bodens zumindest einigermaßen erwirkten, zusehends von anderen Überlegungen (zB dem NAFTA-Beitritt und einer damit verbundenen Beweglichmachung des kollektiven Eigentums) geleitet; ein tatsächlicher Schutz indigenen Grund und Bodens wird immer weniger bewerkstelligt.

Als eines der wichtigsten *Elemente* dieses *Eigentumskonzepts* wäre somit eine explizite Bezugnahme auf *indigenes* Eigentum, das im Ausmaß der traditionellen indigenen Siedlungsmuster anzuerkennen wäre, dringend notwendig. Ebenso wären Elemente eines angemessenen Ressourcenschutzes (etwa eine ausdrückliche, umfassende und klar normierte Verfügungsmöglichkeit indigener Völker über Oberflächenressourcen, eine notwendige Gewinnbeteiligung bei staatlicher Förderung von unterirdischen Ressourcen etc.) zu nennen.

Richtlinie für die zu erlassenden Normen muss hiebei eine größtmögliche **inhaltliche Klarheit** sein. Präzise Formulierungen, die dem Gesetzesanwender möglichst wenig Ermessensspielraum lassen sollten, müssen auf eine umfassende Anerkennung indigener Rechte abzielen. Ist der belassene Ermessensspielraum zu groß, so wird das Schicksal indigener Rechte erst recht wieder in die Hände der offensichtlich anwendungsunwilligen mexikan. Behörden gelegt. Als guter Ausgangspunkt und unumgänglicher erster Schritt erscheint in diesem Zusammenhang eine Umsetzung der weitreichenden Standards der *Konv 169* in national mexikan. Normen.

Auf **internationaler Ebene** müssten die internationalen Menschenrechtsüberwachungsorgane (der MRA ebenso wie die interamerikan. Organe) den mexikan. Staat für die mit der Ratifikation der diversen internationalen Verträge übernommenen Pflichten, die dann auf nationaler Ebene nicht eingehalten wurden, zur Verantwortung ziehen. Der mexikan. Staat wäre so mittels internationaler Druckausübung zur Umsetzung der diversen Bestimmungen und zur angemessenen Verwirklichung indigener Territorialrechte anzuhalten.

B. Implementierung/ Umsetzung

Die Erlassung von **Ausführungsgesetzen** zur Konkretisierung der dürftigen mexikan. Bestimmungen zum Schutz indigener Rechte wäre ein unabdingbarer nächster Schritt. Je klarer, konkreter und anwendungsnäher die mexikan. Normen gestaltet und formuliert sind, umso mehr steigt die Wahrscheinlichkeit ihrer Umsetzung und Befolgung in der mexikan. Realität.

C. Rechtsdurchsetzung

Auch die mangelnde Rechtsdurchsetzung beruht zunächst wieder auf mangelnder Qualität der (verfassungs)gesetzlichen Normen, die indigene Rechte gewähren. So sollten klarere gesetzliche Bestimmungen zum Schutz indigener Rechte auch eine entsprechende Konkretisierung durch mexikan. Gerichte nach sich ziehen. Die progressive und indigene Rechte sehr umfassend schützende Judikatur des kolumbian. Verfassungsgerichts ist in diesem Zusammenhang ein gutes Beispiel; auf die etwas andere nicaraguan. Realität wird unten eingegangen.

Vielversprechend ist in diesem Zusammenhang die Etablierung der Rahmenbedingungen eines möglichst effektiven Gerichtszugangs in Art 2AVIII mex. Vfg (2001). Der Artikel expliziert ja ausdrücklich, *wie* ein adäquater Gerichtszugang zu gewährleisten ist – etwa durch Dolmetscher und mittels Personen, die der indigenen Kultur kundig sind. Insofern könnte Art 2AVIII der erste Schritt sein, um den **mexikan. Richtern** indigene Anliegen näher zu bringen. Eine umfassende Menschenrechtserziehung („human rights education") und Richtertrainings (beispielsweise über indigene Rechte und die Konv 169) wären eine sicherlich sinnvolle Ergänzung.

Neben einem garantierten Gerichtszugang zur Durchsetzung indigener Rechte ist eine Stärkung der indigenen Teilnahme am **politischen Dialog** gewiss ebenso sinnvoll. So sind ja, wie oben mit dem PPP erläutert, in Mexiko gerade Entwicklungen in Gange, die eine konkrete Bedrohung für indigene Gebiete darstellen. Sind nun die mexikan. gesetzlichen Normen (noch?) nicht unbedingt darauf ausgerichtet, indigene Interessen zu gewährleisten, muss zumindest die Möglichkeit gesichert sein, dass indigene Völker in den Entscheidungsprozess über diese Veränderungen eingebunden werden und ihre Stimme offiziell Gehör findet.

Wie kann nun die politische Stellung der indigenen Gemeinden gestärkt werden?

D. Selbstkontroll-, Konsultations- und Partizipationsrechte

Eine Stärkung der politischen Stellung indigener Völker wäre zunächst über eine umfassendere und klarere Verankerung ihrer Selbstkontroll-, Mitsprache- und Konsultationsrechte zu erreichen.[518] So wäre etwa eine verpflichtende *Konsultation* indigener Völker, wann *immer* staatliche Entscheidungen ihre Territorien betreffen, sinnvoll. Entsprechende Folgen (bestenfalls Vetorechte) wären an die indigenen Stellungnahmen zu knüpfen.

Auch eine verstärkte und institutionalisierte Einbindung indigener Völker in den politischen Entscheidungsprozess auf *gesamt-* wie *gliedstaatlicher Ebene* (etwa über eine feste Zahl an Sitzen, die für indigene Vertreter im Nationalkongress oder in gliedstaatlichen Parlamenten reserviert sind) wäre wünschenswert. Die Schaffung von *gemischten Institutionen*, wie Art 2B mex. Vfg (2001) dies tut, ist ein weiterer möglicher Ansatz, indigene Völker in konkrete Programme, die ihre Territorien betreffen, einzubinden. Tatsächlich müsste aber das Mandat dieser Institutionen umfassender sein als jenes des derzeitigen Art 2B und eine *wirkliche* indigene Mitgestaltungsmöglichkeit enthalten. Auch ein indigenes Mitwirkungsrecht bei der Ausarbeitung von *Gesetzesentwürfen* in Materien, die ihre Territorien betreffen, wäre – ebenso wie ein Vorschlagsrecht bei solchen Entwürfen – ein möglicher Ansatz. (Wie unten gezeigt werden wird, verfügen die nicaraguan. Regionalparlamente über vergleichbare Kompetenzen).

Neben der zu wenig weitreichenden Formulierung der *Partizipationsrechte* der indigenen Gemeinden, bedeutet auch die (fast) ausschließliche Beschränkung der Autonomie auf Gemeindeebene[519] eine Schwächung der indigenen Vertretungsmöglichkeit nach außen. Politisch erscheinen die *einzelnen* Gemeinden als zu schwach, ihre Interessen gegenüber der Zentralregierung durchzusetzen;[520] eine **Regionalautonomie** beispielsweise, die eine Bündelung der Gemeindeinteressen gegenüber der Zentralregierung ermöglichen würde, wäre eine entsprechend sinn-

---

[518] Dies könnte in Anlehnung an das nicaraguan. Modell geschehen und wird dort detailliert behandelt werden.

[519] Ein „Schatten" des Rechts der Regionalautonomie ist – neben der oben behandelten Möglichkeit des Gemeindezusammenschlusses zum Ressourcenabbau (Art 2AVI mex. Vfg 2001) – in der in Art 115 mex. Vfg normierten Möglichkeit des Gemeindezusammenschlusses auf Ebene der Munizipien vorgesehen: „Las comunidades indígenas, dentro del ámbito municipal, podrán coordinarse y asociarse en los términos y Para los efectos que prevenga la ley." Trotz allem erscheint der munizipale Rahmen als Ebene der übergemeindlichen Vernetzung als zu wenig weitgehend und ein Gemeindezusammenschluss auf regionaler Ebene sollte aufgrund seiner größeren territorialen Reichweite jedenfalls angestrebt werden.

[520] Vgl die diesbezügliche Kritik von *Consuelo Sánchez*, Interview vom 6. März 2001, Mexiko D.F.

volle zweite Ebene über der Gemeindeautonomie.[521] So erörtert etwa *H. Díaz Polanco*, dass die bedeutenden Probleme der indigenen Völker heutzutage die Gemeindeebene übersteigen[522] und insoferne ein übergemeindlicher Zusammenschluss notwendig sei (wobei *H. Díaz Polanco* ein „Modell der drei Ebenen“, der Gemeinde-, Munizipal- und Regionalautonomie propagiert.)

Ein weiterer Kritikpunkt der im mexikan. Entwurf vorgeschlagenen Autonomie ist die Tatsache, dass indigene Gemeinden keine **Personen öffentlichen Rechts,** sondern nur des öffentlichen *Interesses* (Art 2AVIII mex. Vfg) sind.[523]

Art 2AVIII mex. Vfg (2001): „[...] Las constituciones y leyes de las entidades federativas establecerán las características de libre determinación y autonomía que mejor expresen las situaciones y aspiraciones de los pueblos indígenas en cada entidad, así como las normas para el reconocimiento de las comunidades indígenas como entidades de interés público. "

Die fehlende öffentlichrechtliche Stellung bedeutet, dass indigenen Völkern ein Platz in der staatlichen Verwaltungshierarchie verwehrt wird und sie auf einen rein privatrechtlichen Status reduziert sind. Ist dies schon moralisch und vom Symbolwert her gesehen abzulehnen (indigene Völker haben ja ein Recht, als eigene Völker mit eigener Verwaltung akzeptiert zu werden!), bringt die Nichtanerkennung als Personen öffentlichen Rechts auch Nachteile bei der Finanzierung oder der gerichtlichen Geltendmachung von Landrechten. Eine öffentlichrechtliche Stellung, etwa eine Anerkennung indigener Gemeinden ähnlich der Stellung der Munizipien, wie es ja noch in Art 115 IX des COCOPA-Entwurfs vorgesehen war, wäre unbedingt zu gewähren.

Es müssten also die Selbstkontroll-, Partizipations- und Konsultationsrechte der indigenen Völker, ihre Territorien betreffend, *inhaltlich* ausgeweitet und klarer formuliert werden. Gleichzeitig wäre die *formalrechtliche Stellung* der Ge-

---

[521] Auch *Díaz Polanco* argumentiert zugunsten eines pluriethnischen Regimes der Regionalautonomie insbes im Kapitel „Prospects of Regional Autonomy“ in seinem Buch: Indigenous Peoples in Latin America. The Quest for Self-Determination, 1997, 129ff. Siehe in diesem Sinn auch *Díaz Polanco,* Autonomía Regional. La autodeterminación de los pueblos indios, 1991.

[522] Vgl *Díaz Polanco*: Los problemas más importantes que afectan a los pueblos indígenas transcienden la comunidad; [...] ¿Cómo hacer frente a desafíos ecológicos, productivos, educativos, etc. En el ámbito comunal, [...] cuando se trata de materias que los superan?" (*Díaz Polanco,* Pueblos invisibles. La autonomía en México, 1996, 46.)

[523] *Gonzalez Galvan* etwa kritisiert in seinem Artikel "Debate nacional sobre derechos indígenas: lo que San Andrés Propone, ¿San Lazaro Descompone?" die Tatsache, dass die Verfassungsreform 2001 indigene Gemeinden als „Personen öffentlichen Interesses“ bezeichnet, heftig. Für *Gonzalez Galvan* sind „entitades de interés público“, wie dies Art 2AVIII mex. Vfg vorsieht, „órganos subordinados, tutelados por el Estado“.[*Gonzalez Galvan,* La validez del derecho indígena en el derecho nacional: de San Andrés a San Lázaro, 37ff (44).] Ein Rechtsstatus, der für *Gonzalez Galvan* (ebda) mit öffentlichrechtlichen Unternehmen vereinbar ist, jedoch keinesfalls für indigene Völker passt.

meinden über die Anerkennung eines öffentlichrechtlichen Status und bestenfalls (wenn möglich) über die Etablierung einer Regionalautonomie zu verbessern.

E. Andere Faktoren

Notwendige flankierende Maßnahmen wären eine Aufklärung der mexikan. Bevölkerung und eine **objektive** Information zur Situation indigener Völker. Tatsächlich ist eine Stärkung der Initiativen der Zivilbevölkerung und kritischer NGOs in diesem Zusammenhang von Nöten, ebenso wie die Förderung einer unabhängigen medialen Berichterstattung dringend wünschenswert erscheint. Momentan publiziert (meines Wissens) im tagespolitischen Bereich, der eine breite Öffentlichkeit erreicht, einzig die mexikan. Tageszeitung *La Jornada* Artikel mit indigenen Forderungen und gibt Hintergrunddarstellungen zum PPP, die über die Propaganda der mexikan. Regierung hinausgehen.

Eine detailliertere Darstellung und Vorschläge für weitere „flankierende Maßnahmen“ wird im Kapitel über Nicaragua erfolgen.

F. Schlussfolgerung

Auf den letzten Punkt gebracht ist eine umfassende *Anerkennung* der *(Land)Rechte* der indigenen Völker Mexikos also aus den unterschiedlichsten Gründen *notwendig*.

Rein rechtlich, vom völkerrechtlichen Standpunkt her betrachtet, müsste der mexikan. Staat endlich seinen *internationalen Verpflichtungen* nachkommen, die er insbes mit der Ratifikation der ILO Konvention 169 eingegangen ist. Diese Verträge erfordern ja eine Anerkennung der indigenen Eigentumsrechte an von alters her von ihnen besiedeltem Land. Des Weiteren sind die Verpflichtungen, die die mexikan. Regierung in den *Acuerdos de San Andrés* gegenüber der EZLN und den indigenen Völkern Mexikos eingegangen ist, einzuhalten.

Der entscheidende, wichtigste und faktisch bedeutendste Grund ist jedoch, dass die *indigenen Völker Mexikos* endlich in Ruhe die ihnen *moralisch* und *rechtlich zustehenden Landrechte* genießen können müssen. Die einzige Chance, die „Entwicklung“ des Südens Mexikos, die ja im Rahmen des PPPs vehement vorangetrieben wird und indigene Territorial- und Ressourcennutzungsrechte gefährdet, unter Wahrung indigener Interessen zu bewerkstelligen, ist, den indigenen Völkern die Mittel und Möglichkeit zu geben, ihre Rechte verteidigen zu können. Mit anderen Worten: Indigene Eigentumsrechte an von alters her von ihnen besiedeltem Gebiet sind gesetzlich anzuerkennen! Nur über diese gesetzliche Anerkennung wird eine annähernde Gleichstellung indigener Völker im Verhandlungsprozess über unterschiedliche Entwicklungsmodelle (neoliberale Marktwirtschaft *versus* subsistenzorientierte Kleinbauern) gewährleistbar sein. Auch sollte damit halbwegs sichergestellt sein, dass indigene Völker nicht von vornherein die Verlierer des gesamten Prozesses sind und ihnen Entwicklungsmodelle übergestülpt werden, die ihrer kulturellen Identität und selbstbestimmten Entwicklung zutiefst widersprechen.

In Mexiko erfährt man also letztlich die wahre Bedeutung offiziell anerkannter Territorial*rechte* indigener Völker. Sie sind das Mittel und Werkzeug, das indigene Recht auf kulturelle Andersartigkeit (kulturelle Identität) zu verwirklichen. Insbes die Anerkennung von Landrechten erscheint für den Übertritt in die Moderne im Rahmen eines selbstbestimmten Entwicklungsprozesses entscheidend.

Der nun folgende Abschnitt über Nicaragua soll einige der soeben erörterten Fragen weiter vertiefen. Tatsächlich scheinen viele der im mexikan. Abschnitt behandelten Probleme gelöst und Verbesserungsvorschläge (vor allem in Bezug auf das mexikan. Gesetzesmodell) in Nicaragua – zumindest auf dem Papier – realisiert. Grob gesprochen könnte also **Nicaragua** gleichermaßen als **Modell für eine mexikan. Regelung** dienen.[524] Sind in Nicaragua doch schon seit 1987 umfassende Landrechte – wie sie augenblicklich in Mexiko gefordert werden und nötig sind – verfassungsrechtlich anerkannt. Zudem ist in Nicaragua schon seit über 15 Jahren (seit 1987) ein Modell der Regionalautonomie installiert, welches auch in Mexiko von unterschiedlicher Seite gefordert wird.

Ist Nicaragua also das Idealmodell in allen Belangen? Wie in der Folge zu zeigen sein wird, sind trotz einer weitreichenden formalgesetzlichen Anerkennung auch in Nicaragua die Landrechte der indigenen Gemeinden nicht unbedingt *umgesetzt*. Was steht dieser Umsetzung im Wege? Was wird für eine solche benötigt? Eine Analyse Nicaraguas wird auch die anderen Faktoren und Akteure näher beleuchten, die für eine umfassende Verwirklichung indigener Landrechte (zusätzlich zu einem adäquaten gesetzlichen Konzept) notwendig sind.

---

[524] Auch *Díaz Polanco* etwa nimmt wiederholt auf das nicaraguan. Regime der Regionalautonomie als Modell für mögliche Reformen in Mexiko Bezug (vgl beispielsweise *Díaz Polanco,* Pueblos invisibles, 56ff).

5. Abschnitt: Die Umsetzung indigener Landrechte an der Atlantikküste von Nicaragua

1. Kapitel: Einleitung

Es wird nun erörtert, inwieweit die nicaraguan. Verfassung und das Autonomiestatut die Landrechte der Gemeinden der Atlantikküste schützen.[525] Anders als in Mexiko, sollte in Nicaragua ein gutes gesetzliches System eigentlich angemessen den Schutz der indigenen Siedlungsgebiete sicherstellen. Die nicaraguan. Verfassung garantiert in umfassender Weise die kollektiven Eigentumsrechte der indigenen Völker an ihren traditionellen Siedlungsgebieten an der Atlantikküste. Das Modell der Regionalautonomie, das eine relativ weitreichende Dezentralisierung bedeutet, sollte zudem ein beträchtliches Ausmaß an Mitbestimmung und Selbstkontrolle der indigenen Völker über die von ihnen besiedelten Gebiete sichern.

Tatsächlich ist dieser *Schutz* jedoch *trügerisch*. So kann der multinationale Konzern SOLCARSA Waldrodungen auf den traditionellen Siedlungsgebieten indigener Völker mit einer Konzession der nicaraguan. Regierung durchführen. Wie auch der Interamerikan. Gerichtshof für MR in der Awas Tingni-Entscheidung erkennt, sind die Landrechte der Awas Tingni-Gemeinde weder implementiert noch sind sie vor den nicaraguan. Gerichten durchsetzbar.

Das an sich gute nicaraguan. Gesetzessystem ist zwar ein essentieller Ausgangspunkt, aber noch keine Garantie für die tatsächliche *Realisierung* indigener Landrechte. Woran liegt das? Welche Faktoren und Akteure müssen zusätzlich in Betracht gezogen werden, um einen wirklich effektiven Schutz indigener Siedlungsgebiete zu gewährleisten? Was muss getan werden, um die gesetzlich zuerkannten Landrechte auch in der nicaraguan. Realität zu garantieren?

Im Folgenden soll nun zunächst ein Überblick über die *Soziologie* und die *Geschichte* der Atlantikküste gegeben werden. Dann wird das nicaraguan. *gesetzliche System* zum Schutz indigener Landrechte analysiert: Es wird argumentiert, dass die nicaraguan. Normen im Grunde in vollem Einklang mit internationalen Standards stehen und aus rechtlich theoretischer Sicht die Territorien indigener Völker eigentlich angemessen schützen sollten. In einem weiteren Kapitel werden

---

[525] Im Rahmen dieser Arbeit werden ausschließlich die Landrechte der indigenen Völker der Atlantikküste und nicht ganz Nicaraguas behandelt werden. Diese Entscheidung wurde im Hinblick auf das weitreichende und gut ausgebaute Landrechtsregime getroffen, welches für die Region der Atlantikküste in der nic. Vfg und dem Autonomiestatut vorgesehen ist.

jedoch *Hindernisse* aufgezeigt, die einen angemessenen Schutz indigener Territorien trotz der *a priori* guten nationalen gesetzlichen Standards vereiteln. Auf Basis der so identifizierten Probleme soll schließlich in einem letzten Kapitel ein auf Nicaragua bezogener *Aktionsplan* vorgestellt werden, der sich mit dem Instrumentar für einen weiterreichenden Schutz indigener Landrechte beschäftigt. Dieser Aktionsplan wird gleichzeitig dazu dienen, den Kreis der Arbeit zu schließen und wieder auf eine allgemeine Ebene zurückzuführen: Welche allgemeinen Lektionen, welche generell anwendbaren „*lessons to be learned*", sind aus dem nicaraguan. Beispiel abzuleiten?

Letztendlich wird die Analyse der nicaraguan. Situation helfen, auch die allgemeine Argumentationslinie der Dissertation abzurunden. Am Beispiel Nicaraguas werden die *zusätzlichen Faktoren* aufgezeigt, die nötig sind, auch kulturell adäquaten Gesetzen zum Durchbruch und zur Umsetzung zu verhelfen.

2. Kapitel: Soziologische Fakten

Es wird insoweit auf die Soziologie und Geschichte der Atlantikküste eingegangen, als sie für das Verständnis der folgenden Analysen und Erläuterungen in Bezug auf das nicaraguan. System des Schutzes indigener Territorien dienlich ist bzw der Erklärung der Gefährdungsmomente dient, denen indigene Völker und ihre Territorien ausgesetzt sind. Die Probleme, mit denen die indigenen Gemeinden der Atlantikküste[526] zu kämpfen haben, sind „typisch" auch für viele andere indigene Völker und decken sich mit den von uns im ersten Abschnitt identifizierten Bedrohungspotentialen. Die Relevanz der zuvor erarbeiteten Standards bestätigt sich somit auch beim Studium der soziologischen Hintergründe der Atlantikküste.

A. Fakten und Bedrohungspotentiale für indigene Territorien

Die Atlantikküste ist sehr „dünn" besiedelt, dies vor allem aufgrund der schwierigen Lebensbedingungen. So umfassen die zwei autonomen Regionen der Atlantikküste (RAAN, RAAS) mit 59.566 km^2 49 Prozent des gesamten Staatsgebietes, die in den autonomen Regionen lebenden Menschen stellen jedoch nur 9,63%[527] (414.000) der nicaraguan. Einwohnerzahl von 4,3 Millionen dar. Die

[526] Generell lebt die Mehrzahl der nicaraguan. indigenen Völker an der Atlantikküste. Die verschiedenen indigenen Völker sind die Miskito, die Sumu und die Rama (einige Wissenschaftler qualifizieren auch die Garifuna als indigen). Die Miskito waren geschichtlich (zahlenmäßig wie machtmäßig) dominant und sind noch heute das zahlenmäßig stärkste indigene Volk.

[527] Die 9,63% beziehen sich auf die Gesamtbevölkerung der Atlantikküste und beinhalten indigene Völker ebenso wie „Mestizen" (Nachfahren der spanischen Einwanderer).

Gesamtzahl der indigenen Bevölkerung der Atlantikküste beträgt 105.427 Personen, dh 2,45% der Gesamtbevölkerung.[528]

Die geringe Bevölkerungsdichte der Atlantikküste [9,3 Einwohner pro Quadratkilometer (km^2), im Vergleich zum nicaraguan. Durchschnitt von 41 Einwohnern pro km^2] macht die Atlantikküste, das historische Siedlungsgebiet der indigenen Völker, zu einem willkommenen Terrain für Siedler, die versuchen, der Bevölkerungsexplosion der Pazifikküste (mit 103 Einwohnern pro km^2) zu entkommen. Die **„Agrargrenze"** (*frontera agrícula*) verschiebt sich infolgedessen zunehmend weiter ins Innere der autonomen Regionen der Atlantikküste und die Invasion indigenen Grund und Bodens durch Siedler wird zu einem immer größer werdenden Problem, welches die traditionellen indigenen Gemeinden und Siedlungsgemeinschaften mit ihren Territorien bedroht.

Doch nicht nur vordringende Siedler auf der Suche nach urbar zu machendem Land gefährden die indigenen Siedlungsgebiete; auch multinationale Konzerne stellen ein gewaltiges Bedrohungspotential dar. Die reichhaltigen natürlichen **Rohstoffvorkommen** (die primär geförderten Ressourcen sind Edelholz, Gold, aber auch Fisch) der Atlantikküste machen diese zu einem attraktiven Terrain insbes für transnationale Kooperationen. Vor allem das wertvolle Holz ist gefragt; Holzrodungen sind dementsprechend häufig und bergen – wie auch im Awas Tingni-Fall offensichtlich wird – weitere Gefahren für die in der Region siedelnden Völker. So treiben schon seit Beginn des 20. Jahrhunderts große Konzerne, oft in Zusammenarbeit mit der nicaraguan. Regierung, den Ressourcenabbau der Atlantikküste voran und bedrohen hiedurch Land, Territorium und Kultur der indigenen Völker der Region.

Neben Störungen und Interventionen durch Siedler und große Unternehmen sind auch die klimatisch harten Bedingungen und die schweren saisonalen Regenfälle (von Mai bis Jänner)[529] Grund und Anlass für eine generell schwierige Lebenssituation der indigenen Gemeinden. Werden schon in der normalen Regenzeit Straßen oft unpassierbar, so suchen zudem Naturkatastrophen wie Hurrikans und Überschwemmungen indigene Völker und ihre Territorien heim.[530]

---

[528] *Quelle*: *Censos Nacionales,* Datos de Población y Vivienda, INEC, Managua, 1998.

[529] Das Gebiet der Atlantikküste ist hauptsächlich mit Regenwald („bosque humeda") bedeckt, das Klima der Region ist tropisches Regenwaldklima „clima tropical de pluvioselva".

[530] Der Hurrikan Juan hat im Jahr 1988 große Teile um Bluefields (RAAS) zerstört, der Hurrikan Mitsch hat 1998 viele Siedlungen im Gebiet des *Río Coco* völlig verwüstet.

B. Bedeutung der Territorien für die indigene Kultur[531]

Die andiskutierten Probleme und Faktoren, die die friedvolle Nutzung der Territorien durch indigene Völker an der Atlantikküste beeinträchtigen, erscheinen noch drastischer, wenn man sich vor Augen hält, wie wichtig die Territorien für das kulturelle wie auch das physische Überleben der indigenen Gemeinden der Atlantikküste sind.[532] Zum einen sind die Territorien bedeutsam für die *Religion und Spiritualität* der Gemeinden: Eine Anzahl von heiligen Plätzen und Hügeln, die auch regelmäßig von Mitgliedern der Gemeinden aufgesucht werden, sind im Gebiet der Atlantikküste zu finden.[533] Ebenso ist die *Sozialstruktur* der Gemeinden weitgehend durch die Art und Weise der Nutzung ihres Grund und Bodens bestimmt. So belegt beispielsweise das *Síndico*, der kommunale Körper, der für das Land- und Ressourcenmanagement verantwortlich ist, einen zentralen Platz im gesellschaftlichen System der Gemeinden.[534] Zu guter Letzt brauchen die indigenen Gemeinden der Atlantikküste ihren Grund und Boden auch für ihr *physisches Überleben*. Als Farmer und Jäger hängt die Existenz der Völker der Region zu einem guten Teil von der Möglichkeit der ungestörten Nutzung ihrer Territorien ab.

C. Nutzung der Territorien durch indigene Gemeinden

Die indigenen Gemeinden der Atlantikküste jagen, fischen und bebauen ihr Land in Form einer „shifting subsistence agriculture", einer Fruchtwechsel-

---

[531] Die Bedeutung der Territorien für die indigenen Völker der Atlantikküste wird beispielsweise von *Roque Roldán* betont, in Legalidad y derechos étnicos en la Costa Atlantica de Nicaragua 13.

Tatsächlich weist die Beziehung der indigenen Völker der Atlantikküste zu ihrem Grund und Boden alle Merkmale auf, die in der UN-Studie über die Beziehung indigener Völker zu ihrem Land als „unique to indigenous peoples" bezeichnet werden wie „(i) a profound relationship exists between indigenous peoples and their lands, territories and resources; (ii) this relationship has various social, cultural, spiritual, economic and political dimensions and responsibilities; (iii) the collective dimension of this relationship is significant; and (iv) the intergenerational aspect of such a relationship is also crucial to indigenous peoples' identity, survival and cultural viability." [Hervorhebungen durch die Autorin.] (*Daes,* Indigenous Peoples and their Relationship to Land, Para 20.)

[532] Vgl diesbezüglich etwa die Zeugenaussage von *C. Webster Maclean Cornelio*, dem Sekretär der Awas Tingni Gemeinde, der betont, „[t]he territory of the Mayagna is vital for their cultural, religious, and family development, and for their very subsistence, as they carry out hunting activities (they hunt wild boar) and they fish (moving along the Wawa River), and they also cultivate the land." (*Awas Tingni v. Nicaragua*, 22.) [Hervorhebungen durch die Autorin.]

[533] Siehe die Zeugenaussage von *Maclean Cornelio*, ebda.

[534] Interview mit *E. Morena*, im Juli 2001 in *Puerto Cabezas*.

wirtschaft. Wie von *Stavenhagen*[535] betont, ist ein spezielles Merkmal dieser Subsistenzwirtschaft, dass die indigenen Gemeinden herumziehen und demzufolge fast als halbnomadische Stämme bezeichnet werden können. Diese indigene Form der Landwirtschaft, die für das physische Überleben und die Versorgung der Gemeinden essentiell ist, erfordert mehr Land, als normale (westliche) landwirtschaftliche Aktivität benötigt. Dies resultiert aus den spezifisch indigenen Bodenkultivierungsformen. Dementsprechend besiedeln indigene Völker auch mehr Land „von alters her" (im Sinne etwa des Art 14 ILO Konv 169), als aus westlicher Sicht „notwendig" erscheint. Dies führte und führt etwa in Fragen der Eigentumsanerkennung zu Streitigkeiten mit dem nicaraguan. Staat.

Der Grund und Boden der Gemeinden der Atlantikküste allgemein, der Awas Tingni-Gemeinde speziell, ist im **kollektiven** Besitz und in gemeinsamer Verwendung der jeweiligen Gemeinde. Nach **indigenem Gewohnheitsrecht** werden alle Länder als im gemeinsamen Besitz befindlich betrachtet und stellen gleichsam das Stammgebiet („patrimoine") der Gemeinden dar. Innerhalb dieses Rahmens sind jedoch Unterschiede auszumachen. Demgemäß ist zwischen dem rein kollektiv genutzten Land (den „Commons") und den sogenannten „Plots" zu unterscheiden, kleinen Parzellen, die Mitglieder der Gemeinde für bestimmte Zeit besitzen und verwenden können.[536] Kommt Individualpersonen so auch ein Usufruktuarrecht[537] zu, dürfen doch *Plots*, ebenso wenig wie alles gemeinsame Land, nicht an Außenstehende oder Personen veräußert werden, die nicht Mitglieder der respektiven Gemeinde sind.[538] (Der gesetzliche Status der Unveräußerlichkeit indigenen Eigentums erscheint in seiner Bedeutsamkeit bestätigt, als er den indigenen Traditionen und dem indigenen Gewohnheitsrecht entspricht und dieses schützt.)

D. Resümee

Die indigenen Gemeinden der Atlantikküste haben ihre eigenen Siedlungsgewohnheiten und Nutzungstraditionen, die von indigenem Gewohnheitsrecht bestimmt sind. Die Beziehung zu ihren Territorien kann somit als Ausdruck

535 *Stavenhagen*, Expertenmeinung im Fall *Awas Tingni v. Nicaragua*, 26.

536 Vgl etwa die Zeugenaussage von *Maclean Cornelio*, der das Usufruktuarrecht der Mitglieder der Awas Tingni Gemeinde folgendermaßen erklärt: „[i]t is a right of all members of the Community to farm the land, hunt, fish, and gather medicinal plants; however, sale and privatisation of those resources is forbidden." (ebda, 22.)

537 Das individuelle Recht der Mitglieder einer Gemeinde auf *Ususfructus* an ihren Parzellen ist auch in nicaraguan. Normen festgehalten und solcherart von Art 36 Autonomiestatut normiert: "[t]he inhabitants of the communities possess the right to work parcels of the communal property and the right to the benefits of the results of the work they realize."

538 Vgl beispielsweise *Stavenhagen*, Expertenmeinung im Fall *Awas Tingni v. Nicaragua*, 26.

jener „*sui generis nature* of traditional land and resource use patterns" bezeichnet werden, die *Anaya* und *Williams*[539] bei indigenen Völker generell festgestellt haben. Ihre Territorien sind wichtig für die indigene kulturelle Identität, ebenso wie für das spirituelle Wohl und das physische Überleben besagter Gemeinden.

Erinnert sei nun jedoch gerade im Zusammenhang mit der immensen Bedeutung von Land für indigene Völker, dass die spezielle Beziehung dieser Völker zu ihren Territorien durch zahlreiche Fakten und Akteure wie Bevölkerungsbewegungen, Rohstoffabbau, staatliche Interventionen und Großprojekte bedroht und oftmalig durch diese verletzt wird.

3. Kapitel: Geschichte der Atlantikküste[540]

A. Politische Geschichte

Die indigenen Völker der Atlantikküste haben eine gewisse unabhängige Stellung gegenüber dem Rest Nicaraguas die ganze Geschichte hindurch behalten können. So betraf die spanische Kolonialisierung des **17. und 18. Jahrhunderts** primär die Pazifikküste und Zentralnicaragua, die spanischen Kolonialisatoren vereinnahmten nie – trotz zahlreicher Versuche – die Atlantikküste Nicaraguas. Die dort siedelnden indigenen Völker (insbes die Miskitos) organisierten sich selbständig und gründeten mit Hilfe der Englischen Krone das unabhängige Königreich *Mosquitía*, das immerhin bis ins Jahr 1860 bestand.

Die formelle Integration der Atlantikküste in den nicaraguan. Staat vollzog sich dann mit dem Vertrag von Managua **1860** und dem Vertrag von Harrison Altamirano **1905**, welche zwischen Großbritannien und Nicaragua geschlossen wurden. Doch auch diese formelle „Einverleibung" und Integration der Atlantikküste in den nicaraguan. Staat tat ihrer eigenständigen Entwicklung keinen Abbruch. Bis ins späte **20. Jahrhundert** entwickelten sich die dort siedelnden indigenen Gemeinden in Unabhängigkeit vom Rest Nicaraguas (dh von der nicaraguan. Pazifikküste).[541] Unter Diktator *Somoza* beispielsweise blieben die indigenen Völker der Atlantikküste relativ unbehelligt, aber auch völlig vernachlässigt von der zentralen Regierung in Managua. Die Wirtschaft und Infrastruktur der Atlantikküste unter *Somoza* waren katastrophal, aber auch die Assimilierungsversuche

---

539 *Anaya, Williams*, Protection of Indigenous Peoples' Rights under the Inter-American Human Rights system, 44.

540 Für einen detaillierten Überblick siehe *Roque Roldán*, Legalidad y Derechos Étnicos, 37ff.

541 Für einen generellen Überblick über die politische Geschichte des 20. Jahrhunderts siehe *M. Rizo* Indian Rights in Nicaragua: State Regional Autonomy and Indian Communities in 1998. In America Indígena, vol. LVIII, 1998, 115-146 (119).

des Diktators scheiterten. Sinnbild und Beweis der indigenen Eigenständigkeit in der zweiten Hälfte des 20. Jahrhunderts stellt etwa die politische Organisation ALPROMISU dar, die *Alianza para el Progreso de los Pueblos Miskito y Sumus*, die sich im Jahr 1973 formierte.

Die **sandinistische Regierung** versuchte nach der Revolution und ihrer Machtübernahme 1979, die infrastrukturelle, wirtschaftliche und bildungsmäßige Vernachlässigung der Atlantikküste zu beseitigen. Nach einer anfänglichen Periode des gegenseitigen Verstehens bildete sich jedoch, im Jahr 1981, eine Widerstandsbewegung der Miskitos gegen die Programme der kulturellen Integration und Assimilation von Seiten der sandinistischen Regierung.[542] Als die Miskitos in der Folge eine gleiche Beteiligung an der staatlichen Macht ebenso wie die Titulierung von 80% des Territoriums der Atlantikküste zu ihren Gunsten forderten, bezog die sandinistische Regierung eine repressive Haltung – in Furcht um die nicaraguan. Souveränität. Die Differenzen zwischen den Miskitos und den Sandinisten führten schließlich zu einem Pakt der Miskitos mit den Contras. Die Zwangsumsiedlung[543] der Hälfte der Bevölkerung der Region des *Río Coco* durch die sandinistische Regierung war eine Folge,[544] ebenso die Flucht vieler Miskitos nach Honduras.

Unter dem Eindruck des verheerenden Bürgerkriegs, der schwer auf dem jungen nicaraguan. Staat lastete, begann die sandinistische Regierung **1984** einen Dialog mit den Miskitos. Die gegenseitige Annäherung mündete schließlich in die Verfassungsreform von 1987 ebenso wie sie die Errichtung des **Autonomiestatuts** der Atlantikküste (1987) zur Folge hatte.

---

[542] Als hauptsächliche Gründe für die Unstimmigkeiten zwischen Miskitos und Sandinisten gibt *Edda Moreno* den gegenseitigen Mangel an Verständnis (the mutual lack of understanding) an (Interview im Juli 2001). *Mario Rizo* sieht den Widerstand der Miskitos nicht gegen die Sandinisten oder die Revolution gerichtet, sondern gegen den Staat/ die Regierung als Institution, die beginnt an der Atlantikküste präsent zu sein: „[t]he Miscitos fight the Government, not the revolution!" (Interview mit *Mario Rizo,* Anthropologe and Rechtswissenschaftler, Forscher an der Universidad Centroamericana, durchgeführt im August 2001.)

[543] Die sandinistische Regierung gab Gründe der nationalen Sicherheit für diese Zwangsumsiedlung der Miskitos an. Ein Mitbeweggrund für die Umsiedlung war sicherlich die Annahme, dass besagte Gemeinden des *Río Coco* aktiv die Contras unterstützten.

[544] Eine bei der Interamerikan. Menschenrechtskommission eingebrachte Beschwerde der Miskitos gegen die Zwangsumsiedlung führte zu dem bemerkenswerten „Report on the Situation of Human Rights of A Segment of the Nicaraguan. Population of Miskito origin" (1984). Der Bericht der Interamerikan. Menschenrechtskommission betont klar das Recht der Miskitos auf eigene Kultur. Der Bericht betont ebenso, dass der nicaraguan. Staat verpflichtet sei, Maßnahmen zu ergreifen, um die einzelnen Aspekte dieser kulturellen Identität zu bewahren; kommunale und anzestrale Länder und Territorien der Miskitos werden ausdrücklich als schützenswert aufgezählt. (Für eine detailliertere Analyse des Berichts siehe *MacKay*, Indigenous Peoples' Rights in the Inter-American System, 63; siehe auch *Buergenthal, Shelton,* Protecting Human Rights in the Americas, 347ff.)

Man beachte jedoch, dass Nicaragua – trotz dieser Dezentralisierung zugunsten der Atlantikküste – noch immer ein Zentralstaat bleibt. Es ist in Departements, Munizipien und die zwei autonomen Regionen (RAAN und RAAS) gegliedert und charakterisiert sich durch eine Zentralisierung der politischen und wirtschaftlichen Macht an der Pazifikküste. Eben diese Machtkonzentration an der Pazifikküste, die mit einem Entwicklungsgefälle von West nach Ost (vom Pazifik zum Atlantik) einhergeht, erweist sich hiebei als hinderlich für die Realisierung der Landrechte der indigenen Gemeinden der Atlantikküste und wird noch weiter zu diskutieren sein.

B. Landrechte

Die unabhängige Stellung und der spezielle Status der Atlantikküste während fast der gesamten nicaraguan. Geschichte ermöglichten den indigenen Gemeinden, die dort lebten, ihre kulturelle Identität relativ ungestört aufrechtzuerhalten. Die Sonderstellung bewirkte zudem, dass die indigenen Gemeinden der Atlantikküste im *tatsächlichen* Besitz ihres Grund und Bodens blieben[545] – auch wenn die Mehrzahl ihrer Länder niemals offiziell demarkiert oder tituliert worden war. So bleibt festzuhalten, dass die Siedlungsgewohnheiten der indigenen Gemeinden der Atlantikküste genau die Kriterien erfüllen, die notwendig sind, um als „von alters her von indigenen Völkern besiedeltes Land" (etwa im Sinne des Art 14 ILO Konv 169) anerkannt zu werden.

Die *formelle* Bestätigung der Landrechte der Gemeinden durch den nicaraguan. Staat hat nur bedingt stattgefunden. Einige Gebiete wurden mit dem Vertrag von Harrison Altamirano[546] 1905 anerkannt; andere Länder im Rahmen der **Agrarreformen** 1963, 1981 und 1986 offiziell tituliert.[547] Die im Zuge der Agrarreformen titulierten Länder wurden allerdings nicht als indigener Grund und Boden, sondern als Agrarland betrachtet; indigene Gemeinden wurden mit Agrarkooperativen gleichgesetzt. Es war insbes diese Weigerung, indigenen Grund und Boden als „indigen" anzuerkennen, die bewirkte, dass die Agrarreform auf indigene Gemeinden hauptsächlich negative Auswirkungen hatte. Trotz der Tatsache, dass einige Territorien indigener Gemeinden tituliert worden waren, wurden doch

[545] Die indigenen Völker der Pazifikküste hatten die Mehrzahl ihrer Territorien während der Kolonialisierung und danach verloren.

[546] Der Vertrag von Harrison Altamirano hatte diesbezüglich festgehalten, dass alle Miskitos ihre Länder regularisieren könnten, die sie vor 1894 erworben hatten und dass allen Familien ohne Land ein Grundstück in der Größe von acht *Manzanas* ins Eigentum übertragen würde. Dieses Land sollte aus eigentümerlosen Grundstücken („tierras baldías") in der Nähe von indigenen Gemeinden stammen. Wirklich durchgeführt wurde diese Landverteilung allerdings niemals. (Siehe diesbezüglich *Roque Roldán,* Legalidad y Derechos Étnicos, 41.)

[547] Für mehr Details siehe ebda, 53.

andere Gebiete, obwohl sie traditionell von den Gemeinden besiedelt waren, unter den Agrarreformen enteignet und nationalisiert.[548]

Es ist letztlich also das **Autonomiestatut**[549] aus 1987, welches den Status der Territorien der indigenen Gemeinden der Atlantikküste wirklich verbessert. So werden die Rechte der Gemeinden der Atlantikküste an ihren historischen Siedlungsgebieten (zumindest) formalrechtlich[550] anerkannt; der Status des *„sui generis"* ihrer Territorien wird verfassungsrechtlich verbrieft. Zusätzlich dienen auch die durch das Autonomiestatut erwirkte Dezentralisierung und die Delegierung der Regierungsmacht an die autonomen Regionen der Atlantikküste dem Schutz der Landrechte der indigenen Gemeinden.

Es ist jedoch zu beachten, dass ein Hauptgrund für die Verabschiedung des Autonomiestatuts die notwendige Beilegung des Konflikts mit den Contras (und den diese unterstützenden Miskitos) war. Die im Statut zuerkannten weitgehenden Rechte wurden von der Sandinistischen Regierung insbes unter dem politischen, wirtschaftlichen und militärischem Druck verliehen, den Krieg beenden zu müssen. Heute, mehr als 15 Jahre später, ist das staatliche Bedürfnis nach Umsetzung der 1987 gewährten Rechte weniger groß und einige der 1987 und in der nachfolgenden Verfassungsreform von 1995 verliehenen Rechte (so insbes die Landrechte indigenen Gemeinden der Atlantikküste) ermangeln der Realisierung: Die überwiegende Zahl der Siedlungsgebiete der Gemeinden ist trotz aller verfassungsgesetzlicher Garantien bis heute noch nicht demarkiert. Positiv bemerkt sei in diesem Zusammenhang allerdings das jüngst, am 23. Jänner 2003, erlassene Gesetz No 445 zur Regulierung des Kommunaleigentums der indigenen Völker und ethnischen Gemeinden der autonomen Regionen der Atlantikküste, welches einen nächsten wichtigen Schritt zur Umsetzung der Landrechte darstellt.

Die nun folgenden Kapitel werden sich mit den noch verbleibenden Umsetzungsdefiziten auseinandersetzen. Hiebei sollen zunächst das gesetzliche Kon-

---

[548] Gemäß Art 18 des Agrarreformgesetzes aus 1963 (*Ley de Reforma Agraria del año* 1963) wurden eigentümerlose Grundstücke („terrenos baldías") als nationaler Grund und Boden betrachtet, der infolgedessen unter der Agrarreform wieder umverteilt werden konnte. (Siehe hier *Roque Roldán,* Legalidad y Derechos Étnicos, 59.) Ebenso konnten gemäß Art 2 des Agrarreformgesetzes aus 1981 (*Ley de Reforma Agraria del año* 1981) brachliegende Grundstücke („propiedades ociosas"), die nicht effizient bebaut wurden, nationalisiert und im Rahmen der Agrarreform umverteilt werden. Diese Bestimmungen betrafen auch einige Länder indigener Gemeinden. So wurde vom nicaraguan. Staat ihr in Fruchtwechselwirtschaft (dh nur alle vier Jahre) bestellter Grund und Boden zum Teil als brachliegend angesehen und im Zuge der Agrarreformen enteignet.

[549] Das Verfahren der Ausarbeitung des Autonomiestatuts ist als sehr positiv zu beurteilen: So wurde die Mehrzahl der indigenen Gemeinden der Atlantikküste konsultiert, bevor das Statut bei der Nationalversammlung eingebracht wurde.

[550] Die *Umsetzung* der zuerkannten Rechte und *Demarkierung* der Territorien lässt auf sich warten, wie noch ausführlich erörtert werden wird.

zept zum Schutz der Landrechte der Gemeinden der Atlantikküste untersucht, danach die der Umsetzung im Weg stehenden Probleme analysiert werden.

4. Kapitel: Gesetzlicher Rahmen

Wie schon oben erwähnt, befassen sich die nicaraguan. Normen ausführlich mit dem Schutz der Landrechte der Gemeinden der Atlantikküste[551]. Die wichtigsten internationalen Menschenrechtsverträge sind direkt auf nicaraguan. Staatsgebiet anwendbar, und auch nationale Gesetze, insbes die nicaraguan. Verfassung und das Autonomiestatut, etablieren ein System *sui generis* zum Schutz der Landrechte besagter Völker und Gemeinden. (Nicaragua hat jedoch die ILO Konventionen 107 und 169 noch nicht ratifiziert.)

A. Internationale Normen

Die AEMR, der PBPR,[552] der PWSKR sind, ebenso wie die American Decl und die ACHR via Art 46 nic. Vfg direkt in die nicaraguan. Verfassung inkorporiert. Die wichtigsten Menschenrechtsschutzinstrumente werden demgemäß über die generelle Transformation des Art 46 unmittelbar geltendes nicaraguan. Recht[553] und stehen zudem argumentierbarer Weise im Verfassungsrang. [Argument: Die nic. Vfg verleiht ihnen für das gesamte Staatsgebiet („en el territorio nacional“[554]) volle Geltung („plena vigencia“[555]).] Normenhierarchisch kommt dementsprechend den in den Menschenrechtsverträgen enthaltenen Garantien verfassungsrechtliche Geltung zu.[556]

---

[551] Tatsächlich hat die Anerkennung der Landrechte der Gemeinden der Atlantikküste nicht nur indigene Gemeinden betroffen. Die Philosophie der Verfassungsreform und des Autonomiestatuts ist ja die Pluriethnizität der propagierten Autonomie und der damit verbundenen Rechte: So kommen auch Garifuna oder mestizische Gemeinden in den Genuss von Eigentumsrechten an ihren Siedlungsgebieten.

[552] Nicaragua hat auch das Fakultativprotokoll zum PBPR ratifiziert, gemäß welchem individuelle Beschwerden vor den MRA gebracht werden können.

[553] Andere Menschenrechtsschutzverträge, die von Nicaragua ratifiziert, jedoch nicht direkt über Art 46 in die nic. Vfg integriert wurden, sind die CERD, ebenso wie die Convention on Biological Diversity. Diese Verträge wurden speziell von der nicaraguan. Nationalversammlung (*Asamblea Nacional*) transformiert, die hiezu durch Art 138.12 nic. Vfg ermächtigt ist. (Nicaragua hat jedoch nicht die für eine Zulassung von Individual- oder Kollektivbeschwerden notwendige Erklärung gemäß Art 14 CERD abgegeben.)

[554] Art 46 nic. Vfg.

[555] Art 46 nic. Vfg.

[556] Siehe *M.L. Acosta*, El Derecho de los Pueblos Indígenas de las Regiones Autónomas, 9.

Die in den Verträgen niedergelegten Rechte und Garantien könnten infolgedessen – unter der Bedingung ausreichend präziser Formulierung und Detaillierung – auch von Individuen und Gemeinden vor nationalen Gerichten releviert und mit Hilfe des *Recurso de Amparo*, dem Rechtsmittel zur Geltendmachung verfassungsrechtlich garantierter Rechte, eingefordert werden.

B. Nationale Bestimmungen

I. Überblick

Die nicaraguan. Verfassung aus 1987 (teilweise reformiert 1995 und 2000) und das „Autonomy Statute For the Regions of the Atlantic Coast of Nicaragua (Law No 28)“[557] (Autonomiestatut) sind die zentralen Bestimmungen, wenn es um die Landrechte der indigenen Gemeinden der Atlantikküste geht. Jüngst erfolgte zudem eine Reglementierung durch das am 23. Jänner 2003 erlassene Ausführungsgesetz zur Regulierung des kommunalen Eigentums der Gemeinden der Atlantikküste.

II. Formeller Status

Normenhierarchisch sind sowohl das Autonomieregime der Atlantikküste[558] als auch die Landrechte der Gemeinden[559] verfassungsgesetzlich verankert. Zudem spricht einiges für den verfassungsrechtlichen Rang des Autonomiestatuts, das ja als Ausführungsgesetz *conditio sine qua non* für die Installierung des Autonomieregimes ist. Art 181 nic. Vfg verweist ausdrücklich auf das Autonomiestatut als notwendiges Mittel zur Umsetzung und Detaillierung des Autonomiere-

[557] Estatuto de la Autonomía de las Regiones de la Costa Atlántica de Nicaragua, Ley No 28, veröffentlicht in La Gaceta, Diario Oficial No 238, 30. Oktober 1987.

[558] Vgl insbes Art 5(3) nic. Vfg („[...] Para las comunidades de la Costa Atlántica se establece el régimen de autonomía en la presente Constitución“) und Art 181 nic. Vfg, der auf detailliertere Art und Weise die Umsetzung desselben durch das Autonomiestatut regelt. Art 181 nic. Vfg: „El Estado organizará, por medio de una Ley, el régimen de autonomía Para los pueblos indígenas y las Comunidades étnicas de la Costa Atlántica, la que deberá contener, entre otras normas: las atribuciones de sus órganos de gobierno, su relación con el Poder Ejecutivo y Legislativo y con los municipios, y el ejercicio de sus derechos. [...]“.

[559] Vgl insbes Art 5, 89, 180 nic. Vfg.

gimes[560] und etabliert zudem die Notwendigkeit verfassungsrechtlicher Mehrheitsverhältnisse zu dessen Erlassung und Änderung.[561]

Den darin gewährten (Land-)Rechten müsste dementsprechend verfassungsrechtlicher Charakter zukommen. Dies bedeutet, dass die im Autonomiestatut zuerkannten Rechte mittels des *Amparo*-Verfahrens, dem Rechtsmittel zur Geltendmachung verfassungsgesetzlicher Rechte, durchgesetzt werden können![562] Dies wird im Übrigen ausdrücklich in Art 61 des Reglementierungsgesetzes 2003 bejaht, der die Geltendmachung der Landrechte der indigenen Völker über das Amparo-Verfahren explizit für zulässig erklärt.[563]

III. Materiellrechtlicher Inhalt: Eigentumsregime

1. Allgemeines

Die nicaraguan. Verfassung und das Autonomiestatut anerkennen und schützen die Rechte der Gemeinden der Atlantikküste anhand der Etablierung eines *regimen sui generis*.[564] Das theoretische Konzept der Landrechte der indigenen Gemeinden ist in den Artikeln 5, 89 und 180 nic. Vfg verankert und entspricht in seinen grundsätzlichen Zügen den internationalen Standards die im Abschnitt 3 behandelt worden sind.[565]

In Art 5 nic. Vfg anerkennt der nicaraguan. Staat ausdrücklich die Rechte der „indigenen Völker" (von ganz Nicaragua) und gesteht ihnen zu, ihre kommunalen Eigentumsformen an Grund und Boden aufrecht zu erhalten („mantener las

---

[560] Art 181 nic. Vfg: „El Estado organizará, por medio de una Ley, el régimen de autonomía Para los pueblos indígenas y las Comunidades étnicas de la Costa Atlántica [...]" (Hervorhebung durch die Autorin.)

[561] Art 181 nic. Vfg: „[...] Dicha ley, Para su aprobación y reforma, requerirá de la mayoría establecida Para la reforma a las leyes constitucionales."

[562] Vgl diesbezüglich *Acosta*, Derecho de Pueblos Indígenas de las Regiones Autónomas, 107ff.

[563] Art 61 Reglementierungsgesetz 2003: „Una vez agotada la vía administrativa, [...] los ciudadanos podrán recurrir de amparo, de conformidad con la Ley de Amparo vigente, ya que los derechos a la tierra Para los pueblos indígenas son derechos constitucionales".

[564] Zusätzlich zu den speziell auf die Gemeinden bezogenen Landrechten, schützen Bestimmungen der nic. Vfg das Recht indigener Völker auf kulturelle Identität (Art 5 nic. Vfg) ebenso wie sie den multikulturellen Charakter des nicaraguan. Staates anerkennen. (Art 8 nic. Vfg.) Auch wenn die beiden soeben genannten Bestimmungen auch für die indigenen Völker der Pazifikregion gelten, so verbrieft die Mehrzahl der nicaraguan. Normen doch ausschließlich die Rechte der Gemeinden der autonomen Regionen der Atlantikküste.

[565] In Art 103 nic. Vfg wird weiters die gleichberechtigte Stellung der unterschiedlichen Eigentumsformen (u. a. des Gemeindeeigentums) normiert und nur dem Oberinteressen der Nation untergeordnet. „El Estado garantiza la coexistencia democrática de las formas de propiedad pública, privada, cooperativa, asociativa y comunitaria; todas ellas forman parte de la economía mixta, están supeditadas a los intereses superiores de la nación y cumplen una función social."

formas comunales de propiedad de sus tierras"); ebenso wird das Recht auf *usus* und *ususfructus* („goce, uso y disfrute") an diesen Ländern normiert. In Art 89 bezieht sich die nic. Vfg dann speziell auf die Gemeinden der Atlantikküste und verbrieft deren kommunale Landrechte „el Estado reconoce las formas comunales de propiedad de sus tierras". Das Eigentum besagter Gemeinden wird weiter in Art 36 des Autonomiestatuts ausgeführt, der kommunales Eigentum folgendermaßen definiert: nämlich als „constituted by the lands, waters and forests, which traditionally have belonged to the communities of the Atlantic Coast." Art 29 des Reglementierungsgesetzes 2003 detailliert weiter, dass die kommunalen Länder im kollektiven Eigentum der indigenen und ethnischen Gemeinden stehen; den Mitgliedern der Gemeinden oder den Gemeinden in ihrer Gesamtheit kommt das Recht der *Besiedlung/ des Besitzes* und des Fruchtgenusses nach traditionellem Gewohnheitsrecht zu.[566]

Art 89 nic. Vfg, gelesen in Verbindung mit Art 36 des Autonomiestatuts, anerkennt dementsprechend eindeutig die Eigentumsrechte der (indigenen) Gemeinden.[567] [Art 89 nic. Vfg verwendet auch den Begriff „Eigentum" (*propiedad*!) bezüglich der von ihnen von alters her besiedelten Gebiete.] Wie schon der Wortlaut von Art 36 des Autonomiestatuts („lands [...] traditionally belonged") deutlich macht, entstehen die Rechte der Gemeinden mit dem Faktum ihres historischen Besitzes an einem bestimmten Gebiet. Dem Konzept der „Besiedlung von alters her" [vgl Art 14(1) Konv 169] entsprechend, sind so die Landrechte der Gemeinden, in Übereinstimmung mit internationalen Standards, verfassungsrechtlich anerkannte Eigentumsrechte. Eine formelle Anerkennung und Titulierung durch den Staat ist nicht erforderlich, um den Rechtsanspruch entstehen zu lassen.

Demzufolge kommt dem nicaraguan. Staat einzig die Aufgabe zu, die Territorien der indigenen Gemeinden zu identifizieren und zu schützen;[568] es ist nicht Sache der Regierung, über die Dimensionen und Ausmaße der anzuerkennenden Fläche zu entscheiden. Die Grenzen der zu demarkierenden indigenen Siedlungsgebiete haben indigenem Gewohnheitsrecht zu folgen und müssen sich nach den traditionellen kommunalen Siedlungsformen der Gemeinden richten. Kurz, alles was der nicaraguan. Staat zu tun hat ist, die *bestehenden* indigenen Siedlungsmuster offiziell zu bestätigen.

---

[566] Art 29 Reglementierungsgesetz 2003: „Los derechos de propiedad sobre las tierras comunales pertenecen en forma colectiva a las comunidades indígenas o étnicas. Los miembros de las comunidades o conjunto de comunidades tienen derecho de ocupación y usufructo de acuerdo a las formas tradicionales de tenencia de propiedad comunal."

[567] In diesem Zusammenhang beschränken wir uns aus offensichtlichen Gründen auf das Eigentumsregime der *indigenen* Gemeinden der Atlantikküste.

[568] Vgl Art 14(2) ILO Konv 169.

2. Eigentumsregime in Bezug auf die natürlichen Ressourcen

Die **Oberflächen- (erneuerbaren) Ressourcen** (die auch Nutz- und Edelholz mit einschließen) auf traditionell von indigenen Gemeinden besiedeltem Gebiet stehen argumentierbarer Weise im Eigentum der jeweiligen indigenen Gemeinde.[569] Gemäß Art 622, 623 nic. Bürgerliches Gesetz sind die Oberflächenressourcen generell dem Eigentum des jeweiligen Besitzers eines Grundstücks zuzuordnen. Wendet man nun das Prinzip der Nichtdiskriminierung an, welches in Form einer generellen Nichtdiskriminierungsformel in Art 27 nic. Vfg fixiert ist sowie speziell auf die indigenen Gemeinden bezogen in Art 89 nic. Vfg festgehalten ist, so muss das kommunale Eigentum der indigenen Gemeinden der Atlantikküste denselben Status haben wie Privateigentum; die Oberflächenressourcen müssen dementsprechend im Rechtsbesitz der jeweiligen Gemeinden stehen. Dies wird durch Art 103 nic. Vfg bestärkt, der ja ausdrücklich das „demokratische Nebeneinanderstehen" der unterschiedlichen Eigentumsformen („la coexistencia democrática"), dh ihre prinzipielle Gleichrangigkeit etabliert.

Gemäß *Art 102 nic. Vfg*[570] kommt zwar dem nicaraguan. Staat das prinzipielle Recht auf Konzessionsvergabe und Oberhoheit über die natürlichen Ressourcen zu, dieses wird jedoch durch das spezielle Regime, welches Art 89 nic. Vfg für die Gemeinden der Atlantikküste etabliert, durchbrochen. So ist in Art 89 nic. Vfg das Recht der Gemeinden, ihre natürlichen Ressourcen zu nutzen, ausdrücklich anerkannt: „[i]gualmente reconoce [el Estado] el goce, uso y disfrute de las aguas y bosques de sus tierras comunales."

Bei Grundstücken, die kommunales Eigentum einer Gemeinde darstellen, hat der Staat dementsprechend *kein* Recht, Konzessionen an multinationale Konzerne zur Ausbeutung der Oberflächenressourcen zu vergeben, ohne das Einverständnis der jeweiligen Gemeinden erlangt zu haben, wie dies die nicaraguan. Regierung auf den Ländern von Awas Tingni getan hat. Das Reglementierungsgesetz bestätigt schließlich im Jänner 2003 diese Überlegungen und normiert die Oberhoheit der indigenen Gemeinden an den natürlichen Oberflächenressourcen, indem es festlegt, dass die Rechte der Gemeinden an den Ressourcen, die traditionell von ihnen genutzt wurden (den Oberflächenressourcen also) zu achten sind.[571]

---

[569] Bis zur Erlassung des Reglementierungsgesetzes 2003 waren die nicaraguan. Normen einigermaßen widersprüchlich (vgl diesbezüglich etwa *Roque Roldán,* Legalidad y Derechos Étnicos, 105).

[570] Art 102 nic. Vfg: „Los recursos naturales son patrimonio nacional. La preservación del ambiente y la conservación, desarrollo y explotación racional de los recursos naturales corresponden al Estado; éste podrá celebrar contratos de explotación racional de estos recursos, cuando el interés nacional lo requiera."

[571] Art 31 Reglementierungsgesetz 2003: „El Gobierno de la República, las Regiones Autónomas y las municipalidades deben respetar los derechos reales sobre las tierras comunales

Kommunales Eigentum ist in Nicaragua sowohl veräußerungs- wie verfügungsgeschützt. So gehen nicaraguan. Gesetze weiter als die vergleichbaren Bestimmungen der Konv 169: Kommunalen Territorien ist ein *genereller* Status der **Unveräußerbarkeit** und **Unübertragbarkeit** („inalienability" und „non-transferability") verliehen.[572] Art 36(1) des Autonomiestatuts legt dementsprechend fest: "[t]he communal lands are indissoluble; they cannot be donated, sold, leased nor taxed, and they are eternal." Kommunales Eigentum wird dementsprechend gleichsam als „Patrimoine" der indigenen Gemeinden betrachtet, ihr Grund und Boden wird außerhalb des Marktes gestellt, vom freien Objektverkehr ausgenommen und für künftige Generationen bewahrt.[573] Trotz dieses speziellen Status der kommunalen Territorien bleiben allerdings dennoch einige Möglichkeiten, an der Marktgesellschaft teilzunehmen, für indigene Völker bestehen. So können etwa temporäre Verträge zur Ressourcenausbeutung von der jeweiligen Gemeinde verliehen werden, ohne eine Verletzung des Art 36 des Autonomiestatuts zu bedeuten.

ME ist der absolute Schutz der von alters her besiedelten Territorien der Gemeinden der Atlantikküste besser und klarer als das von der ILO Konv 169 etablierte Schutzsystem eines *staatlichen* Schutzes indigener Interessen. Letzteres öffnet einen weiten Interpretationsspielraum des Staates, wenn es etwa darum geht zu entscheiden, ab welchem Zeitpunkt Drittpersonen die Bräuche oder Gesetzesunkenntnis indigener Völker ausnützen [vgl Wortlaut des Art 17(3) Konv 169] und indigenen Grund und Boden entfremden.[574]

Resümierend kann also das nicaraguan. gesetzliche Konzept des Schutzes indigener Landrechte als gut ausgearbeitet und weitreichend bezeichnet werden, die indigene kulturelle Identität scheint adäquat berücksichtigt und geschützt zu sein. So steht der von alters her von den Gemeinden besiedelte Grund und Boden – verfassungsrechtlich anerkannt – im kollektiven Eigentum der Gemeinden. Ein formeller Akt der Titulierung durch den Staat ist zur Rechtsentstehung nicht not-

---

que tradicionalmente han ocupado, así como sobre los recursos naturales que tradicionalmente han aprovechado los pueblos indígenas […]".

[572] Die ILO Konv 169 etabliert hingegen in Art 17(3) „einzig" gesetzliche Schutzmechanismen gegen eine Übervorteilung durch Drittpersonen und bestimmt eine obligatorische Konsultierung der jeweiligen Gemeinde vor jeder Veräußerung oder anderweitigen Rechtsübertragung an nicht zur Gemeinde gehörige Personen.

[573] Vgl diesbezügl auch Art 24 Reglementierungsgesetz 2003, der die „inalienabilidad, inembargabilidad e imprescriptibilidad" der traditionellen Siedlungsgebiete der Gemeinden festlegt.

[574] Man erinnere sich nur an die im Abschnitt über *Mexiko* behandelte Lockerung der Veräußerungs- und Verfügungsbeschränkungen des Ejidallandes, die zu heftiger Kritik von indigenen Vertretern führte, da diese fürchteten, dass ihr Grund und Boden zu leicht verkauft und dadurch verloren würde.

wendig und wirkt damit auch nicht konstitutiv.[575] Auch der Interamerikan. Gerichtshof für MR betont die Qualität des nicaraguan. Gesetzeskonzepts zum Schutz des indigenen Gemeindeeigentums: "[t]he Court believes that the existence of norms recognizing and protecting indigenous communal property in Nicaragua is evident."[576]

IV. Staatliche Pflicht zur Umsetzung und Implementierung

1. Theoretisch-gesetzliche Pflicht

Die positive Pflicht der nicaraguan. Regierung, die Landrechte der indigenen Gemeinden unter Verwendung aller nur möglichen Mittel umzusetzen (was auch eine Demarkierung ihrer Siedlungsgebiete mit einschließt), ist zunächst in den **nationalen Bestimmungen** der nic. Vfg selbst enthalten. Die Pflicht zur Implementierung ist schon jedem verliehenen Recht inhärent,[577] sie wird jedoch noch ausdrücklich unterstrichen, wenn staatlicherseits die Wirksamkeit („efectividad") des kommunalen Eigentums gewährleistet wird (Art 180 nic. Vfg[578]).

Der Staat garantiert den Gemeinden den *effektiven* Genuss ihres Eigentums: Dies kann gewissermaßen als „Pflicht zum Resultat" der nicaraguan. Regierung gelesen werden. Es verpflichtet die Regierung, alle notwendigen Maßnahmen zu ergreifen, um die kommunalen Eigentumsrechte der indigenen Gemeinden zu schützen und zu realisieren. Demarkierung, der Schutz der Siedlungsgebiete gegen Störung durch Drittpersonen [etwa Siedler (*Colonos*)] und die Nichteinwirkung durch den Staat selbst (zB durch Konzessionsvergabe an multinationale Konzerne) sind also notwendigerweise als staatliche Pflichten enthalten und verfassungsrechtlich gleichermaßen indirekt fixiert.

Ein Vergleich mit der ILO Konv 169 macht deutlich, wie weit die nicaraguan. Verfassung bei dieser Etablierung positiver staatlicher Obliegenheiten geht. So verpflichtet etwa Art 14(2) Konv 169 die Regierungen, den effektiven Schutz indigener Landrechte als Idealziel vor Augen zu haben und die notwendigen Schritte zu unternehmen, diesen zu verwirklichen ("governments <u>shall take steps as necessary</u> [...] to guarantee effective protection [of the lands which the peoples concerned traditionally occupy]"[579]). Diese Pflicht ist in ihrem *vollen* Umfang im

---

[575] Eine *deklarative* Anerkennung des kommunalen Eigentums durch den nicaraguan. Staat erscheint jedoch im Sinne von Transparenz und zur Vermeidung von Doppeltitulierungen sinnvoll.

[576] Vgl *Awas Tingni*-Entscheidung, Para 122.

[577] Siehe diesbezüglich etwa den Ecuador-Bericht der Interamerikan. Menschenrechtskommission, 89.

[578] Art 180 nic. Vfg: „El Estado garantiza a estas comunidades [...] la efectividad de sus formas de propiedad communal".

[579] Hervorhebung durch die Autorin.

Wortlaut von Art 180 nic. Vfg festgelegt, der die generelle Pflicht des nicaraguan. Staates fixiert, den Gemeinden die Wirksamkeit des kommunalen Eigentums zu *garantieren.*"[to] guarantee [...] the effectivity of the forms of communal property".[580]

Schließlich kann eine Implementierungspflicht des nicaraguan. Staates noch aus den internationalen Verbindlichkeiten, die Nicaragua akzeptiert hat, abgeleitet werden. So enthalten etwa Art 1(1) und 2 ACHR ausdrücklich die staatliche Pflicht, die Rechte, die in der ACHR garantiert sind, umzusetzen und unter Einsatz aller nur möglichen Mittel („by all the necessary means") zu verwirklichen; wobei das Eigentumskonzept des Art 21 ACHR ja bekanntlich – wie in der Awas Tingni-Entscheidung ausdrücklich festgehalten ist – auch kommunale Landrechte umfasst.

2. Faktische Nichtumsetzung

Trotz der geschilderten eindeutigen Obliegenheit des Staates, die Landrechte der Gemeinden umzusetzen, hat die nicaraguan. Regierung es jedoch versäumt, ihren Pflichten nachzukommen und hat es unterlassen, den indigenen Grund und Boden zu demarkieren. Schlimmer noch, die nicaraguan. Regierung profitiert von ihrem eigenen Versäumnis und argumentiert, dass die kommunalen Territorien *nationales* Land wären (für das Konzessionen vergeben werden können), da sie ja nicht demarkiert sind. Die nicaraguan. Regierung verletzt, dieser Logik folgend, dann auch tatsächlich durch Konzessionsvergabe an multinationale Konzerne (wie an SOLCARSA in den kommunalen Ländern von Awas Tingni) die Landrechte der Gemeinden.

Auf diese Rechtsverletzungen Bezug nehmend, stellt der Interamerikan. Gerichtshof für MR eine Verletzung des Art 21 ACHR in Verbindung mit Art 1(1) und 2 ACHR fest und betont, dass die Mitglieder der indigenen Gemeinden ein Recht auf Demarkierung ihrer Länder und Territorien durch den nicaraguan. Staat hätten.[581] Der Gerichtshof unterstreicht zudem, dass – bis die Demarkierung abgewickelt sein wird –, keine weitere Störung indigenen Grund und Bodens (definiert als indigenes Siedlungsgebiet in Para 153b der Awas Tingni-Entscheidung) stattfinden dürfe.

> "Based on this understanding, the Court considers that the members of the Awas Tingni Community have the right that the State a) carry out the delimitation, demarcation, and titling of the territory belonging to the Community [...] ; and b) abstain from carrying out, until that delimitation, demarcation, and titling have been done, actions that might lead the agents of the State itself, or third parties acting with its acquiescence or its tolerance, to affect the existence, value,

[580] Hervorhebung durch die Autorin.

[581] Vgl Awas Tingni-Entscheidung, Para 153a und Para 173.4.

use or enjoyment of the property located in the geographical area where the members of the Community live and carry out activities."[582] (Hervorhebungen durch die Autorin.)

Aufgrund der fehlenden Demarkierung ihrer Gebiete besteht für die Gemeinden rechtliche Unsicherheit und sie müssen Verletzungen ihrer verfassungsrechtlich garantierten Landrechte durch die nicaraguan. Regierung, multinationale Konzerne und Drittpersonen in Kauf nehmen. (Es ist in diesem Sinn zu hoffen, dass das jüngst erlassene Reglementierungsgesetz 2003, welches in Art 39–58 ausführlich Verfahren zur Demarkierung des Gemeindeeigentums festlegt, diese unbefriedigende Situation in absehbarer Zeit verändert.)

Welche Möglichkeiten haben die indigenen Gemeinden, diese Verletzungen ihrer Landrechte vor nationalen Gerichten geltend zu machen?[583]

V. Staatliche Pflicht zur Rechtsdurchsetzung

1. Theoretisch-gesetzliche Pflicht

Das nicaraguan. Gesetzessystem sieht eine mögliche Durchsetzung von verfassungsgesetzlich garantierten Rechten (wie es die Landrechte der Gemeinden der Atlantikküste sind) mittels eines speziellen Rechtsmittels, dem *Recurso de Amparo*, dem Amparo-Verfahren vor.[584]

Der *Recurso de Amparo* – gemäß Art 45, 188 nic. Vfg iVm Art 3 *Ley de Amparo* (Amparogesetz, LA) – kann eingebracht werden, um eine Verletzung von verfassungsrechtlich garantierten Rechten geltend zu machen, wenn diese durch Handlung oder Unterlassung („acción o omisión") eines mit Hoheitsgewalt handelnden staatlichen Agenten erfolgt.[585] Indigene Gemeinden können dementsprechend eine Verletzung ihrer kollektiven Landrechte als verfassungsrechtlich garantierte Rechte [„consagrados en la Constitución Polititica" (Art 3 LA)] einklagen. Sie können ebenso jede Verletzung der Rechte jener Verträge, die über Art

---

[582] Ebda, Para 153. Der Wortlaut des Paragraphen 153 ist interessant, als er aufzeigt, wie weit die staatlichen Umsetzungspflichten reichen. So bezeichnet etwa der Interamerikan. Gerichtshof für MR die erforderliche Demarkierung ausdrücklich als *Recht* der Mitglieder der Gemeinde (und nicht nur als staatliche Pflicht).

[583] Die Pflicht des Staates, ein adäquates Rechtsmittel zur Verfügung zu stellen, ist in zahlreichen internationalen Bestimmungen wie Art 12 Konv 169 oder Art 25 ACHR festgelegt.

[584] Die relevanten Bestimmungen können in Art 45 und Art 187–190 der nic. Vfg gefunden werden und werden durch das *Ley de Amparo* [Ley N° 49 (1988)] ausgeführt. (Für genauere Information, siehe *J. Ramoz Mendoza*: Control constitucional. In *Casco Guido* (Hrsg) Comentarios a la Constitución Política de Nicaragua, Managua, Hispamer, 1999, 249ff (259).

[585] Art 3 LA: „El Recurso de Amparo procede en contra de toda disposición, acto o resolución y en general, contra toda acción de cualquier funcionario, autoridad o agente de los mismos que viole o trate de violar los derechos y garantías consagrados en la Constitución Política."

46 direkt in die nicaraguan. Verfassung integriert sind, mittels des Amparo-Verfahrens relevieren.

Das Amparo-Verfahren kann von jeder Person (gemäß Art 23 LA[586] auch von moralischen Personen) angestrengt werden, die geltend macht, dass ihre verfassungsrechtlich garantierten Rechte durch einen mit Hoheitsgewalt handelnden staatlichen Funktionär oder dessen Agenten („funcionario publico o un agente de este") verletzt worden sind oder gerade im Begriffe sind, verletzt zu werden.[587] Da indigene Gemeinden gemäß Art 49 nic. Vfg moralische Personen sind, können sie solche Klagen als Kollektiv über ihre Repräsentanten einbringen.

Verfahren (Tramite): Der Amparo kann vor dem Gerichtshof zweiter Instanz *(Tribunal de Apelaciones)* oder direkt vor dem nicaraguan. Höchtsgericht (Art 25 LA) innerhalb von 30 Tagen nach Bekanntwerden der Verletzung des jeweiligen Rechts (Art 26 LA) eingebracht werden. Dies unter der Bedingung, dass alle möglichen Instanzenzüge ausgeschöpft sind. Gemäß dem Amparogesetz sollte der nicaraguan. oberste Gerichtshof innerhalb von 45 Tagen, nachdem der Amparo eingebracht wurde, entscheiden. Verletzt der beanstandete Akt (die Handlung) ein verfassungsrechtlich garantiertes Recht, ist er für null und nichtig zu erklären (Art 31-36 LA).

Was die **gesetzliche Konzeption** des Rechtsmittels betrifft, ist der Amparo also theoretisch ein adäquates Mittel, um eine Verletzung der kommunalen Landrechte der indigenen Gemeinden geltend zu machen. Die Säumnis des Staates, kommunale Siedlungsgebiete zu demarkieren, was zu einer nachfolgenden Verletzung indigener Eigentumsrechte führen kann (Verletzung durch Unterlassung), kann ebenso über Einleitung eines Amparo-Verfahrens releviert werden wie die Verleihung von Konzessionen durch die Regierung auf traditionell von indigenen Völkern besiedeltem Gebiet (Verletzung durch Handlung) abgewehrt werden kann. Rechtsverletzungen, wie sie die Awas Tingni Gemeinde erleiden musste, könnte demzufolge mit der Einbringung eines Amparos entgegengetreten werden.

2. Praktisches Versagen

Trotz der guten theoretischen Konzeption des Amparo-Verfahrens bleibt der Rechtsweg den indigenen Gemeinden oft verschlossen. Die nicaraguan. Gerichte behandeln die Klagen, die von den Gemeinden eingebracht werden, auf inadäquate Art und Weise. So war der Amparo, der von der Awas Tingni Ge-

---

[586] Art 23 LA: „El Recurso de Amparo solo puede interponerse por parte agraviada. Se entiende por tal: toda persona natural o jurídica a quien perjudique o esté en inminente peligro de ser perjudicada por toda disposición, acto o resolución, y en general, toda acción o omisión de cualquier funcionario, autoridad o agente de los mismos, que viole o trate de violar los derechos y garantías consagrados en la Constitución Política." [Hervorhebungen durch die Autorin].

[587] Siehe *Acosta*, Derecho de Pueblos Indígenas de las Regiones Autónomas, 27ff.

meinde eingebracht worden war, zweimal vom nicaraguan. obersten Gerichtshof zurückgewiesen worden, und zwar erst nach Monaten (18 und 11 Monaten), statt innerhalb der gesetzlich normierten 45 Tage nach Klagseinbringung zu entscheiden. In der *Sentencia No 11* vom 27. Februar 1997[588] argumentierte der nicaraguan. oberste Gerichtshof etwa, dass die Gemeinde die in Art 26 LA statuierte Frist von 30 Tagen zur Einbringung des Amparo versäumt hätte. Auch in der *Sentencia No 163* vom 14. Oktober 1998[589] wurde die Zulässigkeit des Amparo der Gemeinde schon im **Zulassungsstadium** („admissibility stage“) verneint. Dies erscheint insofern ungerechtfertigt, als die Gemeinde ja nur vorsorgliche Maßnahmen im Hinblick auf die drohende Konzessionsvergabe durch die nicaraguan. Regierung beantragt und sich die Rechtsverletzung demzufolge noch gar nicht ereignet hatte.[590]

In der Awas Tingni-Entscheidung bezog sich der Interamerikan. Gerichtshof für MR auf die langen Deliberationszeiten des nicaraguan. obersten Gerichtshofs und stellte fest, dass nicht in angemessener Zeit „in a reasonable time“ entschieden worden sei, was eine Verletzung des Art 25 ACHR iVm Art 1(1) und 2 ACHR darstelle.[591] Verfahren und Rechtsmittel müssten „simple and brief“[592] sein. Der Gerichtshof kam dementsprechend zu dem Schluss, dass „[the Nicaraguan. state] did [not] process the amparo remedy filed by members of the Awas Tingni community within a reasonable time”[593] und erkannte auf eine Verletzung des „right to judicial protection“ des Art 25 ACHR.

Ist der Entscheidung auch im Ergebnis (der festgestellten Verletzung des Art 25 ACHR) beizupflichten, so erscheint die Begründung des Gerichtshofs doch nicht alle Aspekte des der Gemeinde verweigerten Gerichtszugangs zu erfassen. Der Interamerikan. Gerichtshof für MR ist nämlich nicht auf die *materielle* Frage eingegangen, ob auch die Ablehnung der Klage der Gemeinde *an sich* (also nicht nur der verfahrensrechtliche Mangel der zu langen Deliberationsfristen) – als ungerechtfertigte Verweigerung des Zugangs zu Gerichten – eine Verletzung des Art 25 ACHR darstelle. Es wäre sicherlich aufschlussreich gewesen, hätte der Interamerikan. Gerichtshof für MR auch diese Aspekte des Falles erörtert und das Recht der Gemeinde auf Gerichtszugang genauer umrissen, insbes welcher Rah-

---

[588] *Oberster Gerichtshof Nicaraguas* (Corte Suprema de Justicia de Nicaragua), Sentencia No 11, 27. Februar 1997 im Amparo-Verfahren, eingeleitet von der Awas Tingni Community v. *M. Caldera Cardenal,* Minister of MARENA et al..

[589] *Oberster Gerichtshof Nicaraguas* (Corte Suprema de Justicia de Nicaragua), Sentencia No 163, 14. Oktober 1998 im Amparo-Verfahren eingeleitet von der Awas Tingni Community v. *R. Stadhaguen,* Minister of MARENA et al. Für eine detaillierte Übersicht des Verfahrens siehe auch *Acosta*, Derecho de Pueblos Indígenas de las Regiones Autónomas, 39ff.

[590] In diesem Sinn auch *Acosta*, ebda, 46.

[591] Siehe *Awas Tingni*-Entscheidung, Para 139, Para 173.1.

[592] *Awas Tingni*-Entscheidung, ebda, Para 131.

[593] *Awas Tingni*-Entscheidung, ebda, Para 137.

men den Gemeinden zur Geltendmachung des Amparo-Verfahrens gewährt werden muss, um in Einklang mit Art 25 ACHR zu sein.

Es zeigt sich, dass im Rahmen der Rechtsdurchsetzung der Landrechte der indigenen Gemeinden Nicaraguas ein seiner gesetzlichen Konzeption nach adäquater Mechanismus und eine klar formulierte staatliche Verpflichtung in der Realität nicht umgesetzt werden. Ein adäquates Rechtsmittel (der *Recurso de Amparo*) existiert *auf dem Papier*, *praktisch* hilft er den indigenen Gemeinden jedoch wenig bei der Durchsetzung ihrer Rechte.

Ist aber der Rechtsweg vor Gerichten verbaut und die Rechtsdurchsetzung *ex post* problematisch, so haben die indigenen Gemeinden doch vielleicht die Möglichkeit *ex ante* über das Schicksal ihres Grund und Bodens zu entscheiden. In der Folge soll daher untersucht werden, inwieweit die indigenen Gemeinden in staatliche Entscheidungen, die das Schicksal ihrer Territorien betreffen, eingebunden sind. Anders gesagt: Entspricht das nicaraguan. Autonomiestatut und die nicaraguan. Verfassung internationalen Standards, was die Selbstkontrolle, Partizipation und direkte Konsultation der indigenen Gemeinden betrifft?

VI. Mitspracherechte und Selbstkontrolle indigener Gemeinden

Zur Zeit der Awas Tingni-Entscheidung war in Nicaragua die Direktpartizipation der indigenen Gemeinden in Entscheidungen, die ihre Territorien betrafen, größtenteils durch ein Modell der indirekten Interessensvertretung durch die Regionalparlamente des RAAN und RAAS ersetzt. Dem nicaraguan. Gesetzeskonzept entsprechend sollten diese Regionalparlamente (Regional Councils, Consejos Regionales) die Interessen ihrer Regionen (mit anderen Worten: die Interessen der dort lebenden Gemeinden) gebündelt gegenüber der zentralen Regierung vertreten. In der Folge werden nun diejenigen ihrer Aufgaben analysiert, die für die Landrechte indigener Völker von Relevanz sind. Hiebei ist zu beachten, dass dieses Rechtsregime zwar für die Awas Tingni-Entscheidung, nicht mehr aber später maßgebend war, weil es durch die Erlassung des Reglementierungsgesetzes 2003 abgelöst wurde. Letzteres weist – wie noch aufzuzeigen ist – weitreichende Verbesserungen etwa in Bezug auf das Konsultierungsverfahren auf.

1. Rechte der Regionalparlamente

Die Möglichkeiten der RCs, ihre Stimme auf nationaler Ebene hören zu lassen, sind unterschiedlich weitreichend und nehmen verschiedene Formen an. Zunächst ist eine feste Zahl von **Sitzen** in der nicaraguan. **Nationalversammlung** für Vertreter der autonomen Regionen (3 für den RAAN, 2 für den RAAS)[594] vor-

[594] Vgl Art 132 nic. Vfg iVm *Art 147 Ley Electoral No 211* vom 8.1.1996.

gesehen, was den Repräsentanten der Regionen die prinzipielle Möglichkeit eröffnet, in nationalen Angelegenheiten mitzureden.

Des Weiteren normiert **Art 8** des Autonomiestatuts das Recht der autonomen Regionen, bei der Erstellung von nationalen Entwicklungsplänen („plans of national development of the region“ [Art 8(1)] mitzuwirken, sowie die rationale Verwendung und den Genuss der kommunalen Gewässer, Wälder und Länder ebenso wie den Schutz des ökologischen Systems voranzutreiben (“to promote the rational use and enjoyment of the communal waters, forests, and lands and the defence of their ecological system” [Art 8(4) Autonomiestatut]. Die hier aufgezählten Rechte, in Angelegenheiten involviert zu werden, die die Interessen der Region berühren, inkludieren automatisch und notwendigerweise auch ein Mitspracherecht über das Schicksal des regionalen Grund und Bodens und die natürlichen Ressourcen. Unter der Voraussetzung, dass die RCs die Interessen der indigenen Gemeinden repräsentieren, würde Art 8 des Autonomiestatuts also den in der ILO Konv 169 aufgestellten Standards der indigenen Partizipation entsprechen.[595]

Das generelle Recht der RCs, in Plänen der regionalen Entwicklung mitzureden, ist dann in **Art 181 nic. Vfg**[596] konkretisiert und sozusagen „mit Zähnen versehen“. So normiert besagter Artikel die Verpflichtung der zentralen Regierung, jede Konzession, die auf dem Territorium der Regionen vergeben wird, notwendigerweise von den Regionalparlamenten approbieren zu lassen. Dieses faktische **Vetorecht** der Regionalparlamente bedeutet eine starke Dezentralisierung hin zu den atlantischen Regionen und ihren Organen; allerdings nützt es nicht *direkt* den dort siedelnden indigenen Gemeinden.[597] Die Bedeutung der Vetorechts wird noch klarer, wenn man an die Entscheidung des nicaraguan. obersten Gerichtshofs denkt, welcher ja im Amparo-Verfahren (das von zwei Mitgliedern des Regionalparlaments des RAAN angestrengt worden war) die auf dem

---

[595] Vgl den ähnlichen Wortlaut von Art 7 ILO Konv 169: “The peoples concerned [...] shall participate in the formulation implementation and evaluation of plans and programmes for national and regional development which may affect them directly.”

[596] Art 181 nic. Vfg „[l]as concesiones y los contratos de explotación racional de los recursos naturales que otorga el Estado en las Regiones Autónomas de la Costa Atlántica deberán contar con la aprobación del Consejo Regional correspondiente. [...]”

[597] Beachte trotz allem, dass die zentrale nicaraguan. Regierung ohnedies kein Recht hat, ohne Zustimmung der Gemeinden Konzessionen zur Förderung von Oberflächenressourcen auf kommunalem Grund und Boden zu vergeben, der ja – wie oben analysiert – im Nutzungsrecht der indigenen Gemeinden steht. Die hauptsächliche Bedeutung des Vetorechts der Regionalparlamente wird insofern schlagend, wenn ein Ressourcenabbau der unterirdischen Rohstoffe auf dem Land der Gemeinden oder anderswo stattfindet, oder wenn eine Förderung der Oberflächenressourcen auf dem nationalen Gebiet der Regionen betrieben wird. Im Fall der Awas Tingni Gemeinde war das Vetorecht der Regionalparlamente wegen der aufgrund der fehlenden Demarkierung bestehenden unklaren Eigentumssituation der Atlantikküste von Relevanz.

Gebiet der Awas Tingni Gemeinde vergebene Konzession für verfassungswidrig erklärt hatte, da die verpflichtende Zustimmung der Regionalparlamente nicht im formal korrekten Weg erteilt worden war.[598] Dass sich die nicaraguan. Regierung in der Folge über die Entscheidung hinweggesetzt hat und sie durch die Regionalparlamente hat sanieren lassen, steht auf einem anderen Blatt, tut jedoch der in der höchstgerichtlichen Entscheidung bewiesenen Bedeutung des Vetorechts keinen Abbruch.

Eine andere Möglichkeit der Regionalparlamente, Entscheidungen auf nationaler Ebene zu beeinflussen, ist dann noch ihre Kompetenz, **Gesetzesentwürfe** in Angelegenheiten der munizipalen Grenzziehung (municipal demarcation, Art 23 Z 7 Autonomiestatut) und betreffend die Nutzung und Erhaltung (use and conservation) der Rohstoffe der Region (Art 23 Z 10 Autonomiestatut) vorzubereiten. Auch wenn die Vorschläge der Regionalparlamente noch nachfolgend von der Nationalversammlung zu approbieren sind, so haben doch die RCs die Möglichkeit, mittels besagter Gesetzesentwürfe ihre Ideen über die Entwicklung der Region auf staatlicher Ebene einzubringen.[599] Sie müssen nur gewillt sein, diese Möglichkeiten auch einzusetzen.

2. Direkte Rechte der indigenen Gemeinden

Die *direkten* Rechte der indigenen Gemeinden – das Selbstmanagement ihre Länder und Ressourcen betreffend – waren bis 2003 weit weniger explizit verankert als die Kompetenzen der Regionalparlamente. Ein gewisses Minimum an Selbstkontrolle und Eigenentscheidung konnte allerdings schon vor Jänner 2003 aus verschiedenen Bestimmungen der nic. Vfg abgeleitet werden.

Zunächst haben die indigenen Gemeinden natürlich das Recht jedes normalen Grundeigentümers, über das Schicksal der Länder zu entscheiden, die sie traditionell besiedeln. Gleichzeitig haben die indigenen Gemeinden auch ein Recht auf *usus* und *ususfructus* (Nutzung und Fruchtgenuss) ihres Grund und Bo-

[598] *Oberster Gerichtshof Nicaraguas* (Corte Suprema de Justicia de Nicaragua), Sentencia No 163, 14. Oktober 1998 im Amparo-Verfahren eingeleitet von der Awas Tingni Community v. *R. Stadhaguen*, Minister of MARENA et al. Details siehe im nächsten Kapitel.

[599] In dieser Kompetenz haben die Regionalparlamente auch einen Gesetzesentwurf zur Regulierung des kommunalen Eigentums (*Ley del Regimen de la Propiedad comunal de los Pueblos Indígenas y Comunidades Etnicas de la Costa Atlántica, de los Rios Bocay, Coco e Indio Maíz*) eingebracht, auf den noch näher einzugehen sein wird. Besagter Entwurf war von den Regionalparlamenten des RAAN und RAAS ausgearbeitet worden und am 6. September 2000 der nicaraguan. Nationalversammlung zur Annahme vorgelegt worden. (*Gesetzesentwurf 2000*). Das nunmehr im Jänner 2003 verabschiedete Reglementierungsgesetz orientiert sich an diesem Entwurf, geht jedoch stellenweise weniger weit.

dens und ihrer Oberflächenressourcen (betont etwa in Art 89 nic. Vfg[600]), welches das Recht, über das Schicksal besagter Länder zu entscheiden, gewissermaßen voraussetzt.

Gemäß Art 180 nic. Vfg[601] haben die Gemeinden der Atlantikküste schließlich das Recht, ihre traditionellen Formen der sozialen Organisation zu leben und zu entwickeln. Da nun aber die Sozialstrukturen der Gemeinden (die traditionelle Institution des *Síndico* etwa) eng mit ihrem Grund und Boden verbunden sind, bedeutet ein Schutz der sozialen Organisationsformen der Gemeinden notwendigerweise auch einen Schutz der indigenen Kontrolle über kommunalen Grund und Boden. Aus allem ist zu schließen, dass – obgleich die Landrechte der indigenen Gemeinden der Atlantikküste weitgehend anerkannt sind – die Selbstkontrolle über diese Länder und die Entscheidungsmöglichkeit über die natürlichen Ressourcen bis 2003 eher dürftig normiert und *nicht* ausdrücklich festgehalten waren.

3. Resümee

Das nicaraguan. Modell etabliert weitreichende Mitentscheidungsrechte der Regionalparlamente in Angelegenheiten, die die Verwaltung und Kontrolle der Länder und Territorien der Atlantikküste betreffen. Eine explizite gesetzliche Anerkennung einer Direktpartizipation und verpflichtenden Konsultation der indigenen Gemeinden, wie dies etwa von Art 6, 7 ILO Konv 169 gefordert wird, war bis Anfang 2003 nicht vorgesehen. Den internationalen Standards war bis zu diesem Zeitpunkt insbes auch deswegen nicht entsprochen, da die Verbindung zwischen den indigenen Gemeinden und den Regionalparlamenten fehlte und es die Regionalparlamente *faktisch* verabsäumten, „representative institutions of the indigenous communities" im Sinn des Art 6 (1b) Konv 169 zu sein.[602]

VII. Bewertung

Festzuhalten bleibt, dass die Landrechte der Gemeinden weitgehend von nicaraguan. Gesetzen anerkannt werden und dies unter umfassender Berücksichtigung der kulturellen Besonderheiten der Gemeinden von Statten geht. Es ist ein

---

[600] Art 89 nic. Vfg: "[…] El Estado reconoce las formas comunales de propiedad de las tierras de la Comunidad de la Costa Atlántica. Igualmente reconoce el goce, uso y disfrute de las aguas y bosques de sus tierras comunales." (Hervorhebungen durch die Autorin.)

[601] Art 180 nic. Vfg: "Las Comunidades de la Costa Atlántica tienen el derecho de vivir y desarrollarse bajo las formas de organización social que correspondan a sus tradiciones históricas y culturales. El Estado garantiza a estas comunidades el disfrute de sus recursos naturales, la efectividad de sus formas de propiedad comunal." (Hervorhebungen durch die Autorin.)

[602] Das Problem einer mangelnden Vertretung indigener Interessen durch die Regionalparlamente wird ausführlicher im 5. Kapitel (D. III.) dieses Abschnittes behandelt werden.

regimen sui generis etabliert, das internationalen Standards entspricht und die notwendigen gesetzlichen Merkmale aufweist, die enge Verbindung indigener Völker zu ihrem Grund und Boden zu schützen. Desgleichen ist mit dem Amparo-Verfahren ein Rechtsmittel installiert, das zumindest theoretisch von den indigenen Gemeinden ergriffen werden kann, um ihre kommunalen Landrechte einzufordern. In Bezug auf die politische Mitbestimmung sind den Regionalparlamenten recht weitreichende Kompetenzen verliehen. Sie können am Entscheidungsprozess auf nationaler Ebene *generell* teilnehmen und haben die Möglichkeit, Entscheidungen zu beeinflussen, die die lokale Ebene betreffen.

Auf dem Papier scheint alles prächtig und doch verabsäumen die nicaraguan. Autoritäten es, ihre gesetzlich normierten Garantien an die indigenen Gemeinden praktisch umzusetzen. Gesetze werden nicht implementiert, Richter verweigern die Rechtsdurchsetzung kommunaler Landrechte und die Regionalparlamente vertreten und repräsentieren indigene Interessen nur mangelhaft. Es nützt daher wenig, wenn den internationalen Standards theoretisch weitgehend entsprochen wird, wenn es an der Verwirklichung fehlt. Dies veranschaulicht eindrücklich die Awas Tingni-Entscheidung, worin der Interamerikan. Gerichtshofs für MR eine Verletzung von Art 21, 25 iVm 1(1) und 2 ACHR feststellt.

In der Folge soll eine detaillierte Analyse der unterschiedlichen Faktoren, Akteure und Probleme, die eine effektive Realisierung der Landrechte der Gemeinden der Atlantikküste verhindern, vorgenommen werden. Warum verspricht der nicaraguan. Staat auf dem Papier die Anerkennung der Landrechte, verweigert jedoch ihre praktische Verwirklichung? Was sind die Gründe der fehlenden Implementierung und Rechtsdurchsetzung der auf dem Papier recht angemessen scheinenden verfassungsrechtlichen Garantien, die internationalen Standards sehr wohl entsprechen?

5. Kapitel: Hindernisse bei der Effektuierung der indigenen Landrechte

A. Überblick

Die **Probleme** und **Faktoren**, die eine effektive Umsetzung der indigenen Landrechte verhindern, sind vielschichtig und bedingen sich gegenseitig. Das operationale Element der fehlenden Demarkierung ist verbunden und wird mitverursacht durch die größtenteils fehlenden Möglichkeiten der indigenen Gemeinden, Entscheidungen auf nationaler (und regionaler) Ebene zu beeinflussen. (Eine Verbesserung der Situation ergibt sich nun erst durch das neu erlassene Reglementierungsgesetz 2003.) Der fehlende Zugang zu Gerichten ist teilweise mit der dürftigen Qualität der Schulen und Bildungseinrichtungen für indigene Völker erklärbar.

Ebenso sind die involvierten Akteure mannigfaltig und divers. Multinationale Konzernen beeinflussen die staatliche Politik, Siedler dringen in indigene Gebiete (auch unter Anwendung von Gewalt) ein und staatliche Behörden lassen sich von den Ideen und Vorschlägen der wirtschaftlich und finanziell starken multinationalen Konzerne beeinflussen – selbst wenn es gegen das Gesetz verstößt.

B. „Geschichte" des Awas Tingni Falles[603]

Die Schwierigkeiten der indigenen Gemeinden, ihre verfassungsrechtlich garantierten Landrechte einzufordern, treten zu Tage, wenn man sich die „Geschichte" der Konzessionsvergabe an SOLCARSA (*einen koreanischen multinationalen Konzern*) auf dem Gebiet der Awas Tingni Gemeinde verdeutlicht. Von der drohenden Konzessionsvergabe durch die nicaraguan. Regierung erfahrend, die gerade im Begriff war, eine Holzabbaubewilligung an SOLCARSA in Bezug auf ihre kommunalen Länder zu vergeben (die die Regierung – zufolge nachlässiger Unterlassung der Demarkierung – fälschlich als nationalen Grund und Boden betrachtete), hatte die indigene Gemeinde versucht, vorsorgliche Maßnahmen beim nicaraguan. obersten Gerichtshof zu erwirken. Die eingebrachte Amparo-Klage war jedoch vom Gerichtshof nach 18-monatiger Deliberationsfrist formell zurückgewiesen worden.[604] Als Gründe für diese Ablehnung im Februar 1997 gab der Gerichtshof an, dass die Gemeinde es verabsäumt hätte, innerhalb der gesetzlich geforderten Frist von 30 Tagen nach Bekanntwerden der Verletzung [die noch gar nicht stattgefunden hatte(!)], Klage einzubringen.[605]

Zusätzlich zu dem von Awas Tingni eingebrachten Amparo hatten auch zwei Mitglieder des Regionalparlaments eine Klage eingebracht und den nicaraguan. Obersten Gerichtshof aufgefordert, die durch die nicaraguan. Regierung an SOLCARSA vergebene Konzession für null und nichtig zu erklären. Dies mit dem Argument, dass die formell korrekte Approbierung (wie sie gemäß Art 181 nic. Vfg verfassungsgesetzlich verlangt ist) durch das Regionalparlament des RAAN nicht stattgefunden habe. Bei der Konzessionsvergabe hatte einzig das Exekutivorgan des Regionalparlaments, die *Junta Directiva,* ihre Zustimmung erteilt; das Plenum des Regionalparlaments war jedoch nicht so eingebunden worden, wie es verfassungsgesetzlich erforderlich gewesen wäre. Diesem Vorbringen stattgebend, akzeptierte der nicaraguan. Oberste Gerichtshof den Amparo und

---

[603] Für eine detaillierte Übersicht siehe *Acosta*, Derecho de Pueblos Indígenas de las Regiones Autónomas, 39ff.

[604] *Oberster Gerichtshof Nicaraguas* (Corte Suprema de Justicia de Nicaragua), Sentencia No 11, 27. Februar 1997 im Amparo-Verfahren, eingeleitet von der Awas Tingni Community v. *M. Caldera Cardenal,* Minister of MARENA et al..

[605] Die Gründe für diese Ablehnung sind sehr fragwürdig, wie *Acosta* eindrucksvoll darlegt (Derecho de Pueblos Indígenas de las Regiones Autónomas, 46).

erklärte im Februar 1997 die Konzession an SOLCARSA für aufgehoben, da sie nicht in formal richtiger Art und Weise zustande gekommen sei.

Nach dieser Entscheidung versuchte die nicaraguan. Regierung, die für nichtig erklärte Konzession zu sanieren und nunmehr das gesamte Regionalparlament des RAAN zur Approbation der Konzession zu bringen. Das Regionalparlament kam dem Ansinnen nach (die Versammlung war von SOLCARSA finanziert) und genehmigte schließlich, im Oktober 1997, die fragliche Konzession. Ein nachfolgendes zweites Amparo-Verfahren, welches von der Awas Tingni Gemeinde gegen die Beamten, die für diese Handlungen und die letztliche Konzessionsvergabe verantwortlich waren, angestrengt wurde, wurde in der Folge vom nicaraguan. obersten Gerichtshof im Oktober 1998, nach 11 Monaten, ohne inhaltliche Prüfung aus formalen Gründen zurückgewiesen.[606]

Die Awas Tingni Gemeinde hatte demzufolge keine Chance, ihre verfassungsrechtlich anerkannten Rechte vor den nicaraguan. Gerichten effektiv geltend zu machen: Das Regionalparlament des RAAN „sanierte" nachträglich die vom nicaraguan. obersten Gerichtshof schon aufgehobene Konzession und kollaborierte so mit der Regierung (MARENA, dem Ministerium für Umwelt und natürliche Ressourcen) und mit SOLCARSA (der koreanischen MNC) in der illegalen Holzförderung auf dem Gebiet der Awas Tingni Gemeinde. Ihre verfassungsgesetzlich normierten Rechte halfen der Gemeinde somit nicht, da sich die nicaraguan. Behörden gemeinsam über diese hinwegsetzten.

Im Folgenden soll nun eine Systematisierung der oben schon angedeuteten Probleme als Ausgangspunkt für den „Nicaragua spezifischen Aktionsplan" und für weitere Empfehlungen dienen.

C. Fehlende Umsetzung indigener Landrechte

Welche Elemente und Tatbestände verhinderten die effektive Realisierung und Umsetzung der gesetzlich zuerkannten Landrechte der indigenen Gemeinden der Atlantikküste? Es wird die operationale Ebene der fehlenden gesetzlichen Regulierung[607] und Demarkierung der indigenen Gebiete von der ihr zu Grunde liegenden Ursache, dem fehlenden politischen Willen der nicaraguan. Autoritäten zu dieser Umsetzung, unterschieden.

---

606 *Oberster Gerichtshof Nicaraguas* (Corte Suprema de Justicia de Nicaragua), Sentencia No 163, 14. Oktober 1998 im Amparo-Verfahren eingeleitet von der Awas Tingni Community v. *R. Stadhaguen*, Minister of MARENA et al..

607 Beachte, dass sich auch diese Analyse auf die zur Zeit der Awas Tingni-Entscheidung gültige Rechtslage bezieht. Wie schon mehrfach erwähnt hat das im Jänner 2003 erlassene Reglementierungsgesetz zumindest das Manko der fehlenden gesetzlichen Regulierung verbessert.

I. Rechtsunsicherheit

Auf der faktisch-operationalen Ebene erleichterte eine generell **unklare Gesetzessituation** den verschiedenen involvierten Akteuren, die Rechte der indigenen Gemeinden zu verletzen. Das Grundmanko lag darin, dass weder die nicaraguan. Verfassung noch das Autonomiestatut Verfahren zur Demarkierung und Identifizierung der kommunalen Territorien etablierte.[608]

Des Weiteren beließ das Autonomiestatut aufgrund der mangelnden Bestimmtheit seiner Normen staatlichen Agenten einen weiten Interpretations- und Ermessensspielraum, der von diesen missbraucht werden kann. Dementsprechend normiert etwa Art 9 des Autonomiestatuts, dass beim Abbau von Rohstoffen die Gewinne zwischen Einwohnern der Regionen und der nicaraguan. Regierung gerecht zu teilen wären. Genauere prozentuelle oder mengenmäßige Angaben, wie die Gewinnaufteilung genau von Statten gehen solle, sind allerdings keine enthalten: die in besagtem Art 9 normierte „gerechte Beteiligung" der indigenen Gemeinden lässt den staatlichen Behörden einen weiten Spielraum, die Bestimmung zu ihren Gunsten auszulegen.[609] (Vgl nunmehr allerdings Art 34 Reglementierungsgesetz 2003, der eine quotenmäßige Aufteilung zumindest der für die Ressourcennutzung erhobenen Abgaben zwischen den Gemeinden, der Munizipalität, der Region und der Zentralregierung vorsieht: je ein Viertel für alle Genannten.)

Schließlich standen **scheinbare Widersprüchlichkeiten** zwischen den Eigentumsbestimmungen des nicaraguan. Agrargesetzes und des Autonomiestatuts (der nicaraguan. Verfassung) einer Verwirklichung der indigenen Landrechte im Weg. So sieht etwa das *Ley de Reforma Agraria* vor, dass Grund und Boden, der nicht effektiv bewirtschaftet wird, unter der Agrarreform zu enteignen und neu zu verteilen sei. Indigener, in Fruchtwechselwirtschaft kultivierter Grund und Boden lief dementsprechend Gefahr, mit dem Argument, nicht effektiv – da nur alle 4 Jahre – bewirtschaftet zu sein, von den staatlichen nicaraguan. Behörden neu verteilt zu werden. Auch hier hat das Reglementierungsgesetz 2003 zur entsprechenden Klarheit beitragen. So normiert dessen Art 37, dass Drittpersonen, denen Agrartitel mit irgendeinem formalen oder inhaltlichen Mangel („con algún vicio de forma o de fondo") in indigenen Gebieten zuerkannt wurden (was bei Verstoß

---

[608] In der Argumentation der nicaraguan. Regierung sollten die Gebiete der Gemeinden gemäß dem agrarrechtlichen Verfahren, welches im Gesetz No 14, *Amendment of the Agrarian Reform Law* (1986) festgelegt ist, von INRA, dem „Nicaraguan. Agrarian Reform Institute", tituliert werden. Dieses Demarkierungsverfahren, welches normalerweise dazu verwendet wird, agrarischen Grund und Boden zu titulieren, nimmt jedoch zu wenig auf die kulturellen Charakteristika indigener Völker bedacht.

[609] Im Interview mit *L. Cunningsham* wurde ebenso bemängelt, dass die geforderte „gerechte Beteiligung" nur schwierig präzisierbar sei, weshalb vorgeschlagen wird, in das Autonomiestatut konkrete Zahlen, zB 80 %, aufzunehmen.

gegen traditionelle indigene Siedlungsrechte regelmäßig der Fall ist), diese Gebiete der Gemeinde gegen Entschädigung zurückgeben müssen. Es bleibt abzuwarten, wie die diesbezügliche Umsetzung des Autonomiestatuts erfolgen wird.

Es lässt sich jedoch vertreten, dass – trotz bestehender Missbrauchsmöglichkeiten – die rein normativ-gesetzliche Lage schon zur Zeit der Awas Tingni-Entscheidung eindeutig war. Schon damals war den indigenen Völker ihr Grund und Boden eigentumsrechtlich zuzuordnen. Die im Autonomiestatut den indigenen Gemeinden garantierten Landrechte datieren *nach* den Agrargesetzen und etablieren ein *spezielles Regime* für die indigenen Gemeinden der Atlantikküste. Die juridischen Grundsätze „lex posterior derogat legi priori" und „lex specialis derogat legi generali" gewährleisteten somit volle Gültigkeit und Priorität zu Gunsten der indigenen Landrechte. Auch das Reglementierungsgesetz 2003 bestätigt diese These.

Probleme ergaben sich daraus, dass die gesetzliche Bereinigung der derogierten Bestimmungen des Agrargesetzes nie stattgefunden hatte und den nicaraguan. staatlichen Autoritäten entsprechender politischer Argumentationsspielraum bei der Demarkierung blieb. Auch der „General diagnostic study on land tenure in the indigenous communities of the Atlantic Coast" hält diesbezüglich fest:

> „there is an incompatibility between the specific Agrarian Reform laws on the question of indigenous lands and the country's legal system. That problem brings with it legal and conceptual confusion, and contributes to the political ineffectiveness of the institutions entrusted with resolving this issue." [610] (Hervorhebungen durch die Autorin.)

Auch wenn durch das Reglementierungsgesetz 2003 einige der in den nicaraguan. gesetzlichen Bestimmungen bestehenden Widersprüchlichkeiten verbessert scheinen,[611] stehen weitere Probleme der effektiven Realisierung der Landrechte der Gemeinden im Weg.

II. Mangelhafte Infrastruktur

Die ungenügende Infrastruktur ist ein nächster Grund, warum die effektive Implementierung indigener Landrechte oft unmöglich scheint. So gab es bis 2001 ein Grundbuchsamt nur in Bluefields (RAAS) und nicht in Puerto Cabezas, der Hauptstadt des RAAN. Die Gemeinden und indigenen Personen, die ihr Eigentum an Grund und Boden formell registrieren lassen wollten, mussten dementspre-

---

[610] *Central American and Caribbean Research Council,* General Diagnostic Study on Land Tenure in the Indigenous Communities of the Atlantic Coast, 1998, Para 64.

[611] Vgl hiezu zB Art 35-38 Reglementierungsgesetz 2003 (im Kapitel „De los terceros en tierras comunales"), in denen das Verhältnis zu Drittpersonen auf kommunalen Territorien geregelt wird.

chend eine 2 Tage dauernde Reise per Boot auf sich nehmen oder ein Flugzeug besteigen. Dies war schon aus finanziellen Gründen für viele undenkbar.

Das nunmehr (2002) eröffnete Grundbuchsamt in Puerto Cabezas verbessert diese Situation zwar einigermaßen, noch immer ist aber auch die Hauptstadt des RAAN von einigen Teilen der Region nur schwer zu erreichen (die Straßen sind sehr schlecht, in der Regenzeit oft unpassierbar). Eine Folge dieser schwierigen Registrierung ist, dass viele indigene Gemeinden nie offiziell und formell die Eigentümer des Grundes wurden, den sie von alters her besiedeln und auf den sie einen gesetzlichen Anspruch haben.

III. Fehlende Demarkierung[612]

Das generelle verfassungsgesetzliche Konzept zum Schutz indigener Rechte an Grund und Boden ist zwar gut strukturiert. Insbes das lange Fehlen eines Reglementierungsgesetzes bzw die Vagheit der relevanten Normen[613] führten jedoch zur fehlenden Demarkierung des indigenen Grund und Bodens.[614] Die Folge dieser unklaren Eigentumssituation an der Atlantikküste waren dauernde Verletzungen der Landrechte der indigenen Gemeinden, die schon teilweise andiskutiert wurden.

IV. Tatsächliche Verletzungen

Private Siedler (*Colonos*) profitierten von der unklaren Eigentumssituation der Atlantikküste und im Speziellen von den Doppeltitulierungen, die während der Agrarreform stattgefunden hatten.[615] Diese Siedler drangen in indigene Sied-

---

[612] Eine Definition des Begriffs der Demarkierung ("demarcation") findet sich in der UN-Studie über die Beziehung indigener Völker zu ihrem Land: "[d]emarcation of lands is the formal process of identifying the actual locations and boundaries of indigenous lands or territories and physically marking those boundaries on the ground." (*Daes,* Indigenous Peoples and their Relationship to Land, Para 50.)

[613] Vgl hier etwa die General Diagnostic Study on Land Tenure, „[...] in Nicaragua the problem is the *lack of laws* to allow concrete application of the Constitutional Principles, or when laws do *exist* (case of the Autonomy Law) there has not been sufficient political will for them to be regulated." (General Diagnostic Study on Land Tenure, Para 65.)

[614] Die Situation in Nicaragua spiegelt hier ein allgemeines Problem vieler indigener Völker weltweit. Wie die UN-Studie über die Beziehung indigener Völker zu ihrem Land betont: "indigenous peoples and their relationship to land the 'Failure to demarcate' appears actually to be the 'greatest single problem today'. [...] Purely abstract or legal recognition of indigenous lands, territories or resources can be practically meaningless unless the physical identity of the property is determined and marked." (*Daes,* Indigenous Peoples and their Relationship to Land, Para 50.)

[615] Es ist zu hoffen, dass das Reglementierungsgesetz 2003, das diesbezügliche Situationen bereinigen sollte, entsprechend umgesetzt wird. (Vgl genauer oben und im noch folgenden 6. Kapitel.)

lungsgebiete ein und ließen sich dort entweder ohne Besitztitel oder unter Berufung auf einen unter der Agrarreform erlangten Titel nieder.[616] In diesem Sinn beschrieb der Bericht des *Centro de Asistencia Legal a Pueblos Indígenas* (CALPI) das Eindringen von *Campesinos* (Bauern) in traditionell von indigenen Gemeinden des Volkes der Rama auf dem Territorium der RAAS als „el avance de campesinos mestizos incentivados por los titulos de reforma agraria sobre el bosque tradicionalmente ocupado por el pueblo Rama".[617]

Ein anderes, schwerwiegendes Problem waren die an multinationale Konzerne vergebenen Konzessionen durch die nicaraguan. Regierung, die ja auch das Territorium der Awas Tingni Gemeinde betrafen. So sah die nicaraguan. Regierung gerne die nicht demarkierten Länder der indigenen Gemeinden (illegalerweise, wie jetzt eindeutig vom Interamerikan. Gerichtshof für MR festgestellt wurde) als eigentümerlos (*baldía*) und demzufolge als nationalen Grund und Boden an. Die Regierung argumentierte hier unter Berufung auf Art 614 nic. Bürgerliches Gesetz, demzufolge aller Grund und Boden, der niemandem gehört, Eigentum des nicaraguan. Staates sei.

V. Fehlende politische Implementierung

Die oben behandelten Probleme, mit denen die indigenen Völker der Atlantikküste konfrontiert waren – gesetzliche Unklarheit, fehlende Demarkierung und illegales Eindringen von Drittpersonen und MNCs in ihre Siedlungsgebiete – verweisen letztlich auf ein anderes, tiefer liegendes Problem. Der nationalen Regierung in Managua mangelte es – trotz ihrer diesbezüglichen gesetzlichen Verpflichtung – an politischem Willen, die Gebietsrechte der Gemeinden effektiv zu wahren.[618] So blieb der schon im September 2000 von den Regionalparlamenten in der Nationalversammlung eingebrachte Entwurf eines Gesetzes zur Regulierung des kommunalen Eigentums *(Ley del Régimen de la Propiedad Comunal de los Pueblos Indígenas y Comunidades Étnicas de la Costa Atlántica, de los Ríos Bocay, Coco e Indio Maíz)*, welcher aufgrund seiner inhaltlichen Ausgewogenheit auch von den indigenen Gemeinden unterstützt wurde, mehr als zwei Jahre dort liegen, ohne verabschiedet zu werden. Erst im Jänner 2003 (*nachdem* die nicara-

[616] Wie in der Indigenous World 2000-2001 festgestellt, wurden einige der traditionellen Länder der indigenen Gemeinden der *Cayos de Perla* sogar im Internet zum Verkauf angeboten. (*IWGIA*, Indigenous World 2000-2001, 92.)

[617] Propuestas de CALPI a IWGIA, 4.

[618] Vgl diesbezüglich den General Diagnostic Study on Land Tenure „[...] in Nicaragua the problem is the lack of laws to allow concrete application of the Constitutional Principles, or when laws do exist (case of the Autonomy Law) there has not been sufficient political will for them to be regulated." (General Diagnostic Study on Land Tenure, Para 65.) [Hervorhebungen durch die Autorin]

guan. Regierung vom Interamerikan. Gerichtshof für MR verurteilt worden war) wurde das nunmehr geltende Reglementierungsgesetz 2003 erlassen. Des Weiteren sanierte das Regionalparlament des RAAN eine schon vom nicaraguan. obersten Gerichtshof aufgehobene Konzession auf Betreiben der zentralen Regierung in Managua nachträglich; in einem rechtswidrigen Verfahren.

VI. Resümee

Der Awas Tingni-Fall ist in mancherlei Hinsicht lehrreich; er offeriert zumindest eine doppelte „**lesson to be learned**". Zunächst sind *unklare Gesetze* durch den breiten Interpretationsspielraum, den sie eröffnen, eine Einladung zum Missbrauch durch den Rechtsanwender. Gesetze müssen so klar wie möglich formuliert werden, um die Chance zu haben, wirklich realisiert zu werden. Die zweite und vermutlich noch wichtigere Lektion ist, dass formal erlassene Gesetze nicht genügen, um Gerechtigkeit zum Durchbruch zu verhelfen. Auch *politischer Druck* ist nötig, besagte Gesetze zu implementieren. Die Möglichkeiten der internationalen Staatengemeinschaft, die nicaraguan. Regierung gewissermaßen „gegenzulobben", damit die Landrechte der indigenen Gemeinden endlich umgesetzt werden, zeigen sich vielleicht am besten an der Bewegung, die nach der Awas Tingni-Entscheidung in die Angelegenheit der indigenen Landrechte gelangte.

Was ist nun aber mit den nicaraguan. Gerichten, die die „Rule of Law" verwirklichen könnten und die verfassungsrechtlich garantierten Rechte der indigenen Gemeinden der Atlantikküste auch tatsächlich im Rechtsweg durchzusetzen im Stande wären? Warum verhilft etwa der nicaraguan. oberste Gerichtshof den Landrechten der Awas Tingni Gemeinde nicht in angemessener Art und Weise im Rahmen seiner Rechtsprechung zur Geltung?

D. Fehlende Rechtsdurchsetzung

Die Gründe für den fehlenden Gerichtszugang der indigenen Völker der Atlantikküste sind primär auf zwei Ebenen zu finden: Die *Gerichte* liegen örtlich wie finanziell außerhalb der Reichweite der Gemeinden; und die *Richter* urteilen auf inadäquate Art und Weise, da sie nicht genug von der indigenen Kultur verstehen, um indigene Forderungen angemessen beurteilen zu können.

I. Fehlende Zugänglichkeit der Gerichte

Zunächst haben indigene Gemeinden mit praktischen Hindernissen auf operationaler Ebene zu kämpfen, um einen Anspruch überhaupt gerichtlich geltend machen zu können. Hinzuweisen ist zum einen auf den sehr teuren Rechtsweg, der es indigenen Völkern schon aus Geldmangel unmöglich macht, ihre Vorbringen zu lancieren, da er die **finanziellen Möglichkeiten** der Gemeinden zumeist um ein Vielfaches übersteigt. So sind die Gemeinden dann meistens auf die Unterstützung von NGOs angewiesen, wie es auch der Awas Tingni Gemeinde die *International Human Rights Law Group* und lokale NGOs durch finanzielle und logistische Unterstützung sowie Expertenbeistand überhaupt erst ermöglicht hatten, den Fall vor nationale wie internationale Gerichte zu bringen. [Befriedigend ist diese Lösung allerdings nicht wirklich, da ja besagte NGOs oft selbst mit finanziellen Schwierigkeiten kämpfen und gar nicht in der Lage sind, das Ausmaß an benötigtem Beistand zu liefern, welches erforderlich wäre. Ganz zu Schweigen von der Tatsache, dass besagte NGOs Aufgaben übernehmen müssen, die eigentlich Obliegenheiten des nicaraguan. Staates wären. (Vgl Art 25 ACHR, der die Pflicht zu einem „*effective* remedy" statuiert, was einen möglichen Gerichtszugang notwendigerweise mit einschließt.)]

Aber auch **Sprachprobleme** erschweren den Gerichtszugang der indigenen Gemeinden. So sind Dolmetscher oft nicht verfügbar oder schlecht ausgebildet. Zu guter Letzt macht die **geographische Entfernung** zum nächstgelegenen Gerichtshof es oft schwierig für die Gemeinden, ihre Rechte einzufordern. Es wurde zwar auch in Puerto Cabezas ein Gerichtshof zweiter Instanz für die RAAN errichtet. (Bis 2001 war dieser in Matagalpa gelegen, einer Stadt, die außerhalb der RAAN liegt und auch von den meisten indigenen Gemeinden zumindest eine Tagreise entfernt ist). Jedoch ist selbst Puerto Cabezas – wie kurz im Teil über die mangelhafte Infrastruktur erläutert – für indigene Gemeinden oft zu unerreichbar, um effektiv ihre Forderungen geltend machen zu können. Der oberste Gerichtshof in Managua liegt prinzipiell außerhalb der Reichweite vieler Gemeinden: die Reise ist zu teurer, Managua zu weit weg. Gerade bei den oft unpassierbaren Straßen in der Regensaison erscheint eine 30 Tagesfrist, um eine Verletzung verfassungsrechtlich anerkannter Rechte geltend zu machen, wie dies in Art 26 LA vorgesehen ist, fast unmöglich.[619]

Kurz, die gesamte Situation kommt einer Verweigerung des Rechtszugangs für indigene Gemeinden gleich, ganz einfach aufgrund der physischen Unerreichbarkeit der Gerichte.

---

[619] Beachte jedoch, dass im Fall von Awas Tingni der nicaraguan. oberste Gerichtshof *unberechtigterweise* unter Berufung auf das Zeitelement die Klage abgewiesen hatte.

II. Intellektuelle Unzugänglichkeit der Richter

Doch sogar wenn die Gemeinden die nicaraguan. Gerichte erreichen, werden ihre Klagen oft nicht adäquat von den nicaraguan. Richtern behandelt. In der Awas Tingni-Entscheidung hatte ja der Interamerikan. Gerichtshof für MR eine Verletzung des Art 25 ACHR gefunden und festgestellt, dass kein effektives Rechtsmittel existiere, da es nicht „within a reasonable time“[620] ergriffen werden könne. Zu lange dauernde Verfahren stellen insbes insofern eine Bedrohung dar, als ja gerade in Fällen von Konzessionsvergaben und Ressourcenabbau oft schon in recht kurzer Zeit irreparable Schäden zugefügt werden können. (Waldrodungen, Straßenbau oder austretendes Öl aus Pipelines bei Erdölförderungen seien hier nur beispielhaft erwähnt.)

Neben der zu lange dauernden Verfahren sind zudem die Entscheidungen der nicaraguan. Gerichte fallweise inadäquat. So hatten sowohl der Gerichtshof zweiter Instanz als auch der nicaraguan. oberste Gerichtshof die Klage der Awas Tingni Gemeinde aus formalen Gründen zurückgewisen, ohne überhaupt in die Prüfung („consideration“) der materiellen Gründe („merits“) einzutreten.[621]

Ein Grund für diese faktische und ungerechtfertigte Verweigerung des Rechtszugangs könnte nun die generelle Unkenntnis der nicaraguan. Richter in Bezug auf die Situation der indigenen Gemeinden sein. Wie *Lottie Cunningham* betont: das Hauptproblem ist nicht der böse Wille (der „bad will“) der Richter, sondern ihre fehlende Kenntnis der Situation. Oft leben die obersten Richter in Managua, sind nie an der Atlantikküste gewesen und demgemäß außerstande, sich die Lebenssituation der dort ansässigen Gemeinden vorzustellen, geschweige denn, sie adäquat beurteilen zu können.[622] Auch vom *Centro de Asistencia Legal a Pueblos Indígenas* (CALPI), einer nicaraguan. NGO, wird betont, dass die nicaraguan. Anwälte und Richter oft nicht einmal wirklich vom *regimen sui generis* der Länder der indigenen Gemeinden der Atlantikküste wissen und diese infolgedessen ungenügend implementieren. Die indigenen Gemeinden selbst haben zu wenig rechtliche Unterstützung, um effektiv ihre Rechte einfordern zu können.[623]

Es kann somit gesagt werden: nicaraguan. Richter wie Gerichte liegen außerhalb der Reichweite der Gemeinden – sei es aus geographischen, finanziellen

---

[620] Wie oben erwähnt, hatte der nicaraguan. Oberste Gerichtshof anstatt der gesetzlich im Art 47 LA vorgesehenen 45 Tage zwischen 11 und 18 Monaten gebraucht, nur um über die (Nicht)zulassung einer Klage zu entscheiden!

[621] Die Gründe für die Nichtzulassung – der nicaraguan. Oberste Gerichtshof hatte argumentiert, dass die Klagen nicht in der 30 Tagesfrist nach Kenntnis der Verletzung eingebracht worden waren – sind sehr fragwürdig, wie *Acosta* überzeugend darlegt. Sie können als schlichte Vorwände genommen werden. (*Acosta,* Derecho de Pueblos Indígenas de las Regiones Autónomas, 41 und 46.)

[622] Interview mit *Lottie Cunningham*, durchgeführt im Juli 2001.

[623] Propuestas de CALPI a IWGIA, 1.

oder intellektuellen Gründen. Sie sind dementprechend wenig im Stande, die *Rule of Law* zu stärken, und den Landrechten der indigenen Gemeinden außerhalb der Nützlichkeits- und Utilitaritätserwägungen der politisch Mächtigen auf rein neutralrechtlicher Basis zum Durchbruch zu verhelfen.

III. Fehlende Konsultierung und Vertretung der indigenen Gemeinden

Eine ungenügende politischen Vertretung und Partizipation der indigenen Gemeinden der Atlantikküste erschwerte zumindest bis 2003 die effektive Realisierung ihrer Landrechte noch zusätzlich.

1. Fehlende Direktkonsultation

So fanden sich in Gesetzen wenig explizite Regelungen für eine verpflichtende Direktkonsultation oder Teilnahme der indigenen Gemeinden an Entscheidungen, die sie betreffen. Dies spiegelte sich auch in der Realität: Indigene Gemeinden wurden normalerweise nicht konsultiert, wenn politische Entscheidungen, ihre Landrechte betreffend, fielen und das führte zu entsprechenden Rechtsverletzungen.[624]

2. Fehlende Vertretung durch die Regionalparlamente

Ferner stellt die fehlende Repräsentation indigener Interessen durch die Regionalparlamente ein Problem für die indigenen Gemeinden dar. Denn die RCs erfüllen ihre Aufgabe, kommunale Interessen zu vertreten, wie es die ursprüngliche Intention der Drafter des Autonomiestatuts war, nur bedingt. Die Sanierung der an SOLCARSA vergebenen Konzession war nur ein Beispiel und Illustration für die Tatsache, dass in wichtigen Entscheidungen die RCs eher die Interessen der wirtschaftlich starken Pazifikküste zu vertreten scheinen, als jene der indigenen Gemeinden. In dem Ausmaß, als Macht und Geld sich an der Pazifikküste konzentrieren, und in den Händen von MNCs eher als in jenen von indigenen Gemeinden zu finden sind, ist es schlicht lukrativer für die RCs im Sinne der Interessen der Pazifikküste zu entscheiden. Ebenso wie dies beim fehlenden politi-

---

[624] So plante beispielsweise die nicaraguan. Regierung im Fall des *Canal Seco* (Monkey Point) einen Trockenkanal (*Canal Seco*, eine Bahnverbindung mit anderen Worten) von der Atlantik- zur Pazifikküste zu bauen, um Waren hin- und hertransportieren zu können. Teile dieses Projekts würden die von alters her besiedelten Länder der indigenen Gemeinde von Monkey Point durchqueren. Trotzdem hatte die nicaraguan. Regierung die Entscheidung und verfahrensmäßige Schritte für den Kanalbau unternommen, ohne die vom Bau betroffenen indigenen Gemeinden auch nur zu konsultieren oder ohne sie an den Verhandlungen mit CINN (das Unternehmen, welches den Trockenkanal bauen wird) teilnehmen zu lassen. Für mehr Details, siehe die Indigenous World 2000-2001, 92. (Die jüngsten positiven Entwicklungen im Fall des *Canal Seco* werden in 6. Kapitel C, II diskutiert werden.)

schen Willen der nicaraguan. Regierung, die Landrechte der indigenen Gemeinden zu implementieren, der Fall zu sein scheint.

Ein weiterer Grund für die fehlende Vertretung indigener Interessen durch die Regionalparlamente sind die **parteilichen Zwänge** und Querverbindungen zwischen den Regionalparlamenten und der Zentralregierung. Mitglieder der Regionalparlamente gehören so oft der gleichen Partei an wie Mitglieder der Zentralregierung in Managua und vertreten insofern eher Parteiinteressen als jene ihrer Region, der Atlantikküste.[625]

Die sich verändernde **demographische Zusammensetzung** der Atlantikküste, die Tatsache, dass mehr und mehr weiße Personen (Mestizen) in den autonomen Regionen leben, ist ein anderer Grund, warum die Regionalparlamente indigene Interessen nur bedingt repräsentieren. Aufgrund des Phänomens der *Mestizaje* („Vermestizung") wird der prozentuelle Anteil indigener Wahlberechtigter an der Atlantikküste immer geringer: die gewählten Vertretungskörper, die Regionalparlamente, vertreten dementsprechend immer weniger indigene Interessen. [In der RAAS sind die Mestizen schon mit 54,8% in der Mehrheit, in der RAAN bilden die Miskitos noch immer die Mehrheit (57,9%), gefolgt von Mestizen mit 37,5%].[626]

Diese mangelnde Vertretung indigener Interessen ist mitbedingt und wird verstärkt durch den fehlenden Kontakt der Regionalparlamentarier zu den indigenen Gemeinden. Augenblicklich kritisieren die indigenen Vertreter der Gemeinden nämlich, dass Abgeordnete des Regionalparlaments einzig vor den Wahlen zu ihnen kämen; den Rest der Zeit hätten sie keinen Kontakt zu ihren gewählten Vertretern.[627] Eben jene Vertreter wiederum wissen entsprechend wenig um die Bedürfnisse der Gemeinden Bescheid und können sie demzufolge nicht angemessen vertreten.

Es sei jedoch darauf hingewiesen, dass die Abgeordneten der Regionalparlamente noch relativ neu in ihrer Tätigkeit sind (der RC der RAAN begann seine Tätigkeit 1990). Dies kann zu einer positiveren und optimistischeren Deutung der Gesamtsituation Anlass geben. So brauchen nach Meinung von *Avelino Cox* (einem Mitglied des Regionalparlaments der RAAN 1994-1998)[628] die Mitglieder der RCs wohl einfach Zeit, um die Realität und die Notwendigkeiten der Atlantikküste kennen zu lernen, und werden künftig zunehmend besser indigene Inte-

---

[625] Interview mit *Avelino Cox* (Mitglied des Regionalparlaments des RAAN 1994-98), durchgeführt am 26. Juli 2001 in *Puerto Cabezas*.

[626] *Acosta*, Derecho de Pueblos Indígenas de las Regiones Autónomas, 11.

[627] Vgl die Interviews mit Mitgliedern der Gemeinde *Francis Sirpaj*, durchgeführt im August 2001.

[628] Inverview mit *Avelino Cox*, 26. Juli 2001.

ressen vertreten.[629] Als ermutigendstes Beispiel hiefür ist der Gesetzesentwurf zur Regulierung des Gemeindeeigentums zu nennen, der im September 2000 von den zwei Regionalparlamenten der nicaraguan. Nationalversammlung unterbreitet worden ist und relativ angemessen indigene Interessen vertritt.

E. „Flankierende" Probleme

I. Fehlende Bildung und Information

Indigene Völker wissen häufig zu wenig (über ihre Landrechte wie insgesamt) Bescheid, um effektiv ihre Rechte einfordern zu können.[630] Dieses Unwissen ist zumeist unmittelbar bedingt durch eine mangelhafte Ausbildung und eine ungenügende Information auf allen Ebenen. *M. Nowaks* Feststellung bezüglich Bildung spiegelt dementsprechend die Situation der Atlantikküste.

> "Experience shows that governments tend to use the system of education as a means to systematically discriminate against ethnic, religious and linguistic minorities [...] If governments wish to prevent certain groups from equally participating in the political, social, economic or cultural life in their countries [or to effectively claim their (land-)rights], one of the most efficient methods is to deny them equal access to education. "[631].

Die indigenen Gemeinden haben zu wenig Zugang zur Basisausbildung und Grundschule. Es gibt nur eine ungenügende Zahl von Schulen in den Gemeinden.[632] Dementsprechend müssen Kinder weite Schulwege auf sich nehmen, die – gerade in der Regenzeit – oftmals einen Schulbesuch verhindern.

Neben den ungenügenden Möglichkeiten zur Ausbildung, ist der **fehlende bzw mangelhafte Zugang zur Information** ein weiteres Problem vieler Gemeinden. Bedingt durch eine ungenügende Infrastruktur – so sind die indigenen Gemeinden oft nur über Radios mit Puerto Cabezas oder dem „Rest der Welt" verbunden (Telefon oder gar Fernseher sind undenkbar) – werden indigene Interessen häufig nur mangelhaft vertreten und gehört. Es besteht schlicht zu wenig Kontakt zwischen den indigenen Gemeinden und den Vertretern der „anderen

---

[629] Dies muss nicht unbedingt zu der oben andiskutierten, sich verändernden demographischen Zusammensetzung und der damit zusammenhängenden Verschiebung der demokratischen Mehrheitsverhältnisse im Widerspruch stehen: So können ja indigene Interessen vertreten werden, ohne jenen der (mestizischen) Mehrheit zu schaden.

[630] *Edda Moreno* (Interview im Juli 2001) unterstreicht beispielsweise die unbefriedigenden Möglichkeiten der Gemeinden, sich fortzubilden, ebenso wie sie die fehlende Infrastruktur der Gemeinden kritisiert.

[631] *Nowak*, The right to education, in *Eide, Krause, Rosas* (Hrsg), Economic, Social and Cultural Rights, 245ff (259).

[632] Vgl Interview mit *Edda Moreno* (durchgeführt im Juli 2001).

Welt", die oft schon in Puerto Cabezas beginnt. Die Landrechte der Gemeinden bleiben so (ebenso wie viele ihrer anderen Rechte) leicht „auf der Strecke".

II. Fehlender Schutz der Gemeinden

Ein völlig anderer und letzter Grund, warum die indigenen Gemeinden ihre (Land-) rechte nicht besser einfordern, sind schließlich Einschüchterungsversuche und Gewalttaten gegen Gemeindemitglieder. Bewaffnete Personen vertreiben indigene Völker von ihrem Grund und Boden. Hiebei scheint eine Verbindung zwischen den stattfindenden Vertreibungen und wirtschaftlichen Großprojekten zu bestehen: MNCs sind oft direkt oder indirekt an der gegen die Gemeinden geübten Gewalt beteiligt. So war etwa in Zusammenhang mit dem Projekt des *Canal Seco* eine Anzahl von bewaffneten Personen in die Region der Atlantikküste vorgedrungen und hatte Leben und Kultur der Mitglieder der indigenen Gemeinde von Monkey Point (RAAS) bedroht.[633] Es erscheint offensichtlich, dass diese Art von Einschüchterung(sversuchen) die Möglichkeit und Willigkeit der Gemeinden, ihre Landrechte geltend zu machen, nicht gerade hebt. So unterbleibt zu guter Letzt die Einforderung der legitimen Rechte der Gemeinden schlicht und einfach aus Angst.

Eine Vielzahl von Akteuren und Faktoren verhindert dementsprechend, dass die indigenen Gemeinden der Atlantikküste ihren formalgesetzlich zuerkannten Grund und Boden einfordern und schützen. Sogar wenn „justice" und „law" (*G. Alfredsson*) auf dem Papier der nicaraguan. Gesetze bezüglich der Situation der Atltantikküste zusammen zu fallen scheinen, ist die Realität der Atlantikküste doch eine völlig andere und besagte Rechte sind weder praktisch umgesetzt (der indigene Grund und Boden ist nicht demarkiert), noch können sie vor Gerichten eingefordert werden.

Was ist nun der Aktionsplan, die „arena of action", gegen diese Nichtrealisierung von Rechten? Welche positiven Initiativen und Projekte existieren, auf die man bauen kann? Was kann auf internationaler Ebene aus der nicaraguan. Erfahrung gelernt werden?

---

[633] Propuestas de CALPI a IWGIA, 6.

6. Kapitel: Nicaraguanischer Aktionsplan, Empfehlungen und „Lessons learned“

A. Umsetzung der Landrechte

Die wichtigste und vordringlichste Notwendigkeit ist zunächst die Klärung der Eigentumssituation der Atlantikküste. Nach der Erlassung des Reglementierungsgesetzes 2003 muss nunmehr ehestmöglich die Demarkierung der kommunalen Gebiete erfolgen. Eine faktische Klarheit, die die auf dem Papier bislang abstrakt bestehenden Rechte in die tägliche Realität der Atlantikküste übersetzt, erscheint notwendig, um den Gemeinden ein adäquates Werkzeug in die Hand zu geben, konkrete Verletzungen zu beanstanden und auch praktisch Gebietsteile einzufordern.

So scheint ohne diese Identifikation und Demarkierung des indigenen Grund und Bodens die „Geschichte“ der Verletzungen anzudauern. Beispielsweise hat dasselbe Unternehmen SOLCARSA einfach auf dem Gebiet einer anderen Gemeinde des RAAN (Kakamuklaya) die Rodungen fortgesetzt, nachdem der Holzabbau von Seiten der Awas Tingni Gemeinde erfolgreich beanstandet worden war. Auch die Gemeinde von Kakamuklaya hatte versucht, diese Aktivitäten von SOLCARSA auf ihrem Grund und Boden gerichtlich geltend zu machen und ein Amparo-Verfahren angestrengt. Doch auch diese Amparo-Klage war im Dezember 1999, 23 Monate nach ihrer Einbringung, vom nicaraguan. obersten Gerichtshof zurückgewiesen worden. Wiederum scheint der nicaraguan. oberste Gerichtshof die Rechte der Gemeinde nicht wirklich zu wahren.[634]

I. Gesetzliche Regulierung

Ein erster, positiver Schritt in Richtung einer gesetzlichen Klarstellung war der schon oben erwähnte Gesetzesentwurf 2000 zur Regulierung des kommunalen Eigentums der indigenen Völker und ethnischen Gemeinden der Atlantikküste, der Flüsse Bocay, Coco und der Maiz-Inseln (*Ley del Régimen de la Propiedad Comunal de los Pueblos Indígenas y Comunidades Étnicas de la Costa Atlántica,*

---

634 Allerdings sind trotz dieser *a priori* frustrierenden Situation auch hier gewisse positive Veränderungen („Hoffnungsschimmer“) auszumachen: So hatten nämlich bei der Zurückweisung des Klagsvorbringens der Kakamuklaya Gemeinde in obgenanntem Urteil nicaraguan. Höchstrichter zum ersten Mal in einem solchen Fall *dissenting opinions* abgegeben, die eine Anerkennung der indigenen Landrechte befürworteten. (Vgl *Acosta*, Derecho de Pueblos Indígenas de las Regiones Autónomas, 48.) Es scheint also unter den Höchstrichtern ein gewisser Umdenkprozess stattzufinden; und es ist zu hoffen, dass dieser – gerade im Hinblick auf die eindeutige internationale Judikatur (des Interamerikan. Gerichtshofs für MR und des MRA), die sehr wohl indigene Territorien anerkennt und schützt, andauert und sich verstärkt.

de los Rios Bocay, Coco e Indio Maíz). Entworfen von den Regionalparlamenten in intensiver Zusammenarbeit mit den indigenen Gemeinden, war er im September 2000 vor die nicaraguan. Nationalversammlung gebracht worden.

Im Jänner 2003 wurde schließlich das **Ley No. 445**, das „*Ley del Régimen de la Propiedad Comunal de los Pueblos Indígenas y Comunidades Étnicas de la Costa Atlántica, de los Rios Bocay, Coco e Indio Maíz*" (**Reglementierungsgesetz 2003**) verabschiedet, welches zwar eng an den Gesetzesentwurf 2000 der Regionalparlamente angelehnt ist, inhaltlich jedoch teilweise weniger weit geht. Besagtes Gesetz regelt das Eigentumsregime der Atlantikküste unter angemessener Wahrung indigener Interessen und Rechte, detailliert viele der vagen Bestimmungen des nicaraguan. Autonomiestatuts und verbessert insofern einige der vorne kritisierten Zustände (zu ungenauer Gesetze etc) durch gesetzliche Klarstellung. Das Reglementierungsgesetz 2003 regelt somit die wichtigsten Bereiche in Bezug auf indigene Territorien. So werden etwa in einem eigenen Kapitel Konflikte mit Drittpersonen behandelt (Art 35–38 „De los terceros en tierras comunales"[635]) und dementsprechend viele der problematischen, strittigen und offenen Punkte in gesetzliche Normen gefasst und entsprechend ausformuliert. Auch werden die Bestimmungen bezüglich des Abbaus der natürlichen Ressourcen klarifiziert, detailliert und inhaltlich spezifiziert. Das Reglementierungsgesetz 2003 sieht zudem eine vermehrte direkte Mitbestimmung der indigenen Gemeinden bei Entscheidungen, die ihre Länder und Territorien betreffen, auf allen Ebenen des Staates vor: auf Munizipalebene (Art 11-14), auf regionaler Ebene (Art 15-22) und auf nationaler Ebene (Art 23-28). Schließlich wird noch das genaue Verfahren zur Demarkierung des Grund und Bodens der Gemeinden der Atlantikküste im Reglementierungsgesetz 2003 (Art 39-65) festgelegt.

Das Reglementierungsgesetz 2003 scheint dementsprechend in relativ ausgeglichener Weise die unterschiedlichen Wünsche „unter einen Hut zu bringen" und einen Kompromiss zwischen zentralstaatlichen und indigenen Interessen darzustellen. Es bleibt, die dringend notwendige praktische Umsetzung des Reglementierungsgesetzes voranzutreiben.

---

[635] Das Gesetz behandelt hier hauptsächlich das Problem von *Drittpersonen*, die formelle Titel an traditionell von indigenen Gemeinden besiedeltem Grund und Boden erworben hatten. Es wird einigermaßen sinnvoll zwischen unterschiedlichen Arten von Drittpersonen differenziert. Jene, die im *faktischen* Besitz ihres Grund und Bodens sind, können auf diesem weiterleben, müssen ihn aber im Veräußerungsfall an die Gemeinde verkaufen (Art 36 Reglementierungsgesetz 2003). Die nur *formellen* (auf dem Papier bestehenden) Titel von Personen hingegen, die niemals effektiv Besitz des in Frage stehenden Grund und Bodens ergriffen haben, gehen den Rechten der Gemeinde nach (Art 35 Reglementierungsgesetz 2003).

II. Autodemarkierung[636]

Des Weiteren haben die Gemeinden begonnen, die Sache selbst in die Hand zu nehmen und, in Blöcke von Gemeinden (*bloques de comunidades*) aufgeteilt, ihre Territorien eigenständig zu demarkieren.[637] Nachfolgend wird der nicaraguan. Staat die so demarkierten Territorien zu bestätigen haben und die Grenzen der Gemeinden offiziell anerkennen müssen. Das Modell dieser Autodemarkierung entspricht im übrigen genau dem von *Anaya* und *Williams* vorgeschlagenen: Die Gemeinden ziehen ihre Gebietsgrenzen in Eigenregie, in der Folge zertifiziert dann eine von der Regierung anerkannte Autorität die so nach indigenem Gewohnheitsrecht bestimmten Grenzen der indigenen Gebiete.

Dieser Prozess der Autodemarkierung, bei dem sich immer eine bestimmte Zahl von indigenen Gemeinden ihre Grenzen untereinander ausmacht, erscheint dementsprechend als positiver Ausdruck der Selbstkontrolle besagter Gemeinden. Da die kommunalen Gebiete ohnedies von den Siedlungsmustern der indigenen Gemeinden abhängen, wäre es wohl insgesamt am Vernünftigsten, wenn die Gemeinden über ihre Grenzen mittels eigener Grenzziehung selbst entscheiden.

Es bleibt abzuwarten, inwieweit die im Reglementierungsgesetz 2003 vorgesehene *Comisión Nacional de Demarcación y Titulación* (CONADETI), in der u. a. je ein Repräsentant der indigenen Ethnien der Atlantikküste vertreten ist (Art 41 Reglementierungsgesetz), den Demarkierungs- und Titulierungsprozess im Sinne der Gemeinden fortführt. Eine Autodemarkierung durch die Gemeinden selbst ist im Reglementierungsgesetz 2003 nicht vorgesehen.

III. Internationale Akteure

Gerade das Anfang 2003 verabschiedete Reglementierungsgesetz zeigt mE, wie positiv sich internationaler Druck auf die Umsetzung der Rechte der Gemeinden auswirken kann. So hatten die Regionalparlamente der nicaraguan. Nationalversammlung schon über zwei Jahre (im September 2000) vor der Verabschiedung des Reglementierungsgesetzes 2003 einen entsprechenden Entwurf vorgelegt, ohne dass der nicaraguan. Staat in der Folge seinen Verpflichtungen nachgekommen wäre, die in nationalen wie internationalen Dokumenten (Verfassung, Autonomiestatut, ACHR) garantierten Landrechte der indigenen Gemeinden

---

[636] Ein detaillierter Überblick über die Autodemarkierung wird vom *Equipo Wani* gegeben, in Aportes de un diagnóstico general sobre la tenencia de la tierra en la Costa Atlántica, in *WANI* No 25 Oct/Dec 2000, 22ff.

[637] Art 2 des Gesetzesentwurfs 2000 der Regionalparlamente erläutert den Begriff der „bloques de comunidades" als Einheiten der Demarkierung. „Se entiende por Bloques de Comunidades, las agrupaciones de las Comunidades Indígenas que se constituyan con fines de titulación." Im Reglementierungsgesetz 2003 findet sich keine entsprechende Definition.

umzusetzen. Erst das Urteil des Interamerikan. Gerichtshofs für MR schien Bewegung in die Sache zu bringen und hat letztlich im Jänner 2003 zur Verabschiedung des Reglementierungsgesetzes geführt.

Weitere Beispiele, was internationale Einflussnahme bewirken kann, wenn die Lobby in Nicaragua selbst nicht stark genug ist, um gegen innenpolitische „anti-indigene" Interessen vorzugehen, gibt es einige. So hatte die Weltbank den der nicaraguan. Regierung versprochenen Kredit von 35 Mill. Dollar für den „Corredor Biológico Atlántico" an die Bedingung geknüpft, dass die Territorien der indigenen Gemeinden demarkiert werden müssten,[638] woraufhin Präsident *Aléman* im Oktober 1998 einen ersten Entwurf zur Reglementierung des kommunalen Eigentums der Atlantikküste[639] einbrachte. Der Entwurf selbst hatte zahlreiche Schwächen, weswegen er auch von den indigenen Gemeinden abgelehnt wurde. Trotz allem zeigt die Initiative *Alémans*, wie erfolgreich internationaler Druck sein kann, insbes wenn finanzielle Interessen für die Regierung auf dem Spiel stehen.

Die Initiative der Weltbank zeugt von einer verantwortungsvollen Handlungsweise. Gerade in der Epoche der Globalisierung, in der die Verwobenheit von Wirtschaft, Finanzen und Politik ein zu akzeptierendes Faktum darstellt und wirtschaftliche Organisationen (Welthandelsorganisation) und große Finanzinstitutionen (Weltbank, Internationaler Währungsfonds) auf die Politik oft mehr Einfluss ausüben als Staaten und Politiker, ist es wichtig, dass sie eine gewisse Verantwortung und Möglichkeit der Beeinflussung von menschenrechtlichen Belangen eingestehen und übernehmen. Das hat die Weltbank in diesem Fall getan.

IV. Ergebnis

Internationales Lobbying ist demzufolge ein wichtiger Faktor bei der Realisierung und Umsetzung indigener Landrechte und kann einen entscheidenden Teil zur effektiven Demarkierung indigener Territorien beitragen. Im Hinblick auf die Bedeutung einer rechtlichen Regulierung und effektiven Umsetzung indigener Landrechte hat es auf breitest möglicher Ebene stattzufinden und könnte beispielsweise auch selbstbestimmte Prozesse der Gemeinden (etwa Autodemarkierung) unterstützen und befürworten.

Innerstaatlich kann auch ein erleichterter Zugang zu *Gerichten* die politischen Ränkespiele der nicaraguan. Behörden und Autoritäten etwas ausgleichen. Ein gut funktionierendes Gerichtssystem, das bestehende Gesetze verstärkt und

---

[638] Siehe *Acosta*, Derecho de Pueblos Indígenas de las Regiones Autónomas, 52.

[639] *Anteproyecto de Ley Especial que Regula el Régimen de Propiedad Comunal de las Etnias de la Costa Atlántica y BOSAWAS*, vorgestellt von Präsident *Alemán* 1998.

ihnen zur Durchsetzung verhilft, könnte als neutrale dritte Macht[640] unparteiisch Recht sprechen und so die Landrechte der Gemeinden stärken. Jedoch welche Ansatzpunkte bestehen, den Zugang zu Gerichten für indigene Völker auf nationaler Ebene zu verbessern?

B. Rechtsdurchsetzung der Landrechte

Zum einen ist der prinzipielle Zugang der indigenen Gemeinden zu Gerichten zu verbessern, zum anderen aber darauf Bedacht zu nehmen, dass die nicaraguan. Gerichte adäquat über die Anliegen der Gemeinden entscheiden.

Welche Maßnahmen sind konkret zu treffen?[641]

I. Physische Erreichbarkeit der Gerichte

Ein Gerichtshof zweiter Instanz sollte in erreichbarer Nähe der indigenen Gemeinden gelegen sein. So ist die *geographische Nähe* eines zuständigen Gerichts insbes in der Regensaison von Nöten, wenn Straßen oft nicht oder nur schwer passierbar sind. Die Transferierung des Gerichtshofs von Matagalpa nach Puerto Cabezas ist in diesem Zusammenhang ein begrüßenswerter erster Schritt. Wie schon andiskutiert, ist allerdings auch Puerto Cabezas für einige Gemeinden noch in relativ unerreichbarer Ferne gelegen.

Um diese Problematik weiter in den Griff zu bekommen, könnte zusätzlich überlegt werden, alle Gerichte (auch Bezirks- bzw Distriktgerichte) zur Annahme von Amparo-Klagen für kompetent zu erklären. Ein vielversprechendes diesbezügliches Modell wäre das kolumbianische. In Kolumbien kann nämlich die *Acción de Tutela,* deren Funktion dem Amparo-Verfahren ähnelt und die zur Geltendmachung verfassungsgesetzlich normierter Rechte genutzt werden kann, auch bei Distriktgerichten eingebracht werden. Dies hat den Zugang der kolumbian. indigenen Völker zu den Gerichten und ihre Möglichkeit, verfassungsmäßig garantierte Rechte einzuklagen, stark gefördert.[642]

Ein anderer wichtiger Punkt, der den möglichen Gerichtszugang indigener Völker entscheidend beeinflusst, ist die finanzielle Erschwinglichkeit der oft sehr

---

[640] Gerade vor dem Hintergrund, dass in Nicaragua die *Gewaltentrennung* zwischen Exekutive und Legislative nicht konsequent vollzogen scheint (vgl etwa die Weigerung des nicaraguan. Parlaments, entsprechende Regulierungsgesetze zur Demarkierung indigener Gebiete zu verabschieden, die in direktem Zusammenhang mit den von der Exekutive vergebenen Konzessionen auf eben diesen Gebieten zu stehen scheint) wäre eine unparteiische judikative Gewalt dringend von Nöten.

[641] Die hier vorgeschlagenen Maßnahmen erheben keinerlei Anspruch auf Vollständigkeit und verstehen sich als beispielhafte Aufzählung.

[642] Vgl hier *R. Kuppe*, Religionsfreiheit und Schutz der kulturellen Identität im Widerspruch?, in „Österreichisches Archiv für Recht und Religion", 2000, Heft 1, 48ff (52ff).

teuren gerichtlichen Instanzenzüge und Wege („tramites"). Ohne Geld zur gerichtlichen Geltendmachung, bleiben alle gesetzlichen Bestimmungen, die Mechanismen zur Durchsetzung verfassungsrechtlicher Garantien wie das Amparo-Verfahren vorsehen, leere Versprechungen. Zur Verbesserung der bisherigen Situation könnte zum einen versucht werden, entsprechende staatliche Initiativen (etwa Bereitstellung von Verfahrenshilfe) zu fördern. Bislang war dies allerdings nur mäßig erfolgreich und greift insbes bei der Beschreitung des internationalen Rechtswegs (zB wenn ein Fall vor die Interamerikan. Menschenrechtskommission oder den Interamerikan. Gerichtshof für MR gebracht wird) zu kurz. ME sind deshalb zusätzlich NGOs zu unterstützen, die entsprechende logistische Hilfe, Beratung und Rechtsbeistand bereitstellen, um einen Zugang zu Gerichten für indigene Gemeinden zu ermöglichen. (Auch wenn diese Unterstützung durch NGOs den staatlichen Rechtsbeistand weder ersetzen kann noch soll.) Dementsprechend hat sich CALPI etwa zur Aufgabe gestellt, den Gemeinden der Atlantikküste rechtliche Unterstützung (zB kostenlose Bereitstellung von Rechtsanwälten) zu gewähren.

Neben der soeben behandelten Verbesserung der institutionellen Mechanismen (geographische und finanzielle Erreichbarkeit), die ermöglichen, dass überhaupt erst eine Klage eingebracht werden kann, sind jedoch die Entscheidungsträger selbst, die Richter, mit einzubeziehen. Dies um sicherzustellen, dass die jeweiligen Urteile auch wirklich angemessen auf indigene Interessen Bedacht nehmen.

II. Intellektuelle Erreichbarkeit der Richter

Die Bedeutung einer „Menschenrechtserziehung" für Richter ist groß, wie etwa das Beispiel Kolumbiens zeigt. So hatte das kolumbian. Verfassungsgericht die kolumbian. Verfassung (die ähnlich der nicaraguan. Verfassung eine weitreichende Verankerung indigener Rechte enthält,[643] aber gleichfalls noch nicht reglementiert, dh ausgeführt ist) in seiner Judikatur präzisiert und auf eine Weise detailliert, dass konkrete, subjektive Rechte der indigenen Gemeinden aus ihr abzuleiten waren.[644]

---

[643] So sind in diversen *Bestimmungen* der *kolumbian. Verfassung*, beispielsweise in Art 7, 63, 68, 246, 286, 287, 328-330 indigene Rechte normiert, auch hier fehlen jedoch die Reglementierungsgesetze.

[644] Vgl etwa die Sentencia SU-039, febrero 3 de 1997 [Corte Constitucional] 655 (Colombia), in der das kolumbian. Verfassungsgericht die Erfordernisse des Konsultationsverfahrens präzisiert.

1. „Human Rights Education“ (Menschenrechtserziehung)

Hält man sich diese potentiell wichtige Rolle der nicaraguan. Richter vor Augen, die nötigenfalls den einfachen Gesetzgeber zu ergänzen oder gar zu ersetzen im Stande sind, erscheint es dementsprechend wichtig, das Verständnis der nicaraguan. Richter für die indigene Kultur zu vergrößern und so sicherstellen, dass indigene Klagen adäquat behandelt werden. So muss beispielsweise ein Richter die indigene Fruchtwechselwirtschaft verstehen, die Grund und Boden nur alle 4 Jahre kultiviert, sonst wird er den Argumenten der nicaraguan. Regierung glauben und die jeweiligen Gebiete als brachliegend ansehen.

In diesem Sinn wären Richter eine besonders wichtige Zielgruppe für „human rights education“.[645] *G. Alfredsson* betont dementsprechend die Wichtigkeit dieser „Bildung in menschenrechtlichen Belangen”: „[t]he right to human rights education is thus a major component in the realization of the rights of minorities and indigenous peoples.”[646] Art 31 ILO Konv 169 wiederum hebt ausdrücklich die Bedeutung einer solchen Aufklärung der Bevölkerung, vor allem einer Aufklärung spezieller Zielgruppen in direktem Kontakt mit indigenen Völkern (dh etwa Richter), in Bezug auf indigene Angelegenheiten hervor: „[e]ducational measures shall be taken among all sections of the national community, and particularly among those that are in the most direct contact with the peoples concerned”.

An der Atlantikküste Nicaraguas selbst wurde eine sehr vielversprechende Initiative von *L. Cunningham* in Angriff genommen, die Treffen zwischen Vertretern indigener Organisationen, Richtern und Polizisten in Puerto Cabezas organisiert, um ihr gegenseitiges Verständnis zu fördern.

2. Indigene Richter

Neben einer Menschenrechtserziehung für Richter bestünde eine weitere Möglichkeit darin, die Zusammensetzung der nicaraguan. Gerichte insgesamt zu verändern und eine obligatorische Teilnahme von indigenen Richtern bei Fällen einzuführen, die indigene Angelegenheiten zum Inhalt haben. Insgesamt wäre Letzteres vielleicht der geeignetste Weg, um sicherzustellen, dass indigene Vorbringen adäquat behandelt werden. So werden schon in den *Lund Recommendations* (Expertenempfehlungen) Minderheitenrichter gefordert.[647] Umso wichtiger erscheint die Installierung *indigener* Richter, die etwa den übrigen Richtern die kulturellen Aspekte jedes Falles näher bringen könnten.

---

[645] Siehe in diesem Sinn auch *Alfredsson*, The right to human rights education. In: *Eide, Krause, Rosas* (Hrsg), Economic, Social and Cultural Rights, 273ff (285).

[646] *Alfredsson*, ebda, 284.

[647] „At a minimum, affected populations should be systematically involved in the exercise of such [including judicial] authority.” (*Lund Recommendations*, 1999, Explanatory note, Para 20.)

III. Ergebnis

Die indigene Awas Tingni-Gemeinde sah sich gezwungen, ihre Rechte auf *internationaler* Ebene einzufordern, da ihnen eine angemessene Geltendmachung ihrer Angelegenheiten vor den nicaraguan. Gerichten selbst verweigert worden war. Es ist zu hoffen, dass in Zukunft auch nationale Gerichte mit den Vorbringen indigener Gemeinden adäquat umgehen werden und den Gemeinden auch effektive Rechtswege zur Durchsetzung ihrer Klagen ermöglichen. Dies würde dem nicaraguan. Staat zudem die internationale Blamage ersparen, vom Interamerikan. Gerichtshof für MR wegen Fehlens eines effektiven Rechtsmittels (also als in Verletzung von Art 25 ACHR agierend) verurteilt zu werden.

C. Mitbestimmung, Konsultierung und Selbstkontrolle

Die effektive Realisierung der bestehenden Landrechte der indigenen Gemeinden der Atlantikküste ist der unmittelbare und nächstliegende Schritt (zur Realisierung von „justice *ex-post*"). In einer vorwärtsorientierten Perspektive erscheint zudem die Notwendigkeit, den indigenen Gemeinden auch eine verstärkte institutionalisierte Möglichkeit zu bieten, über das zukünftige Schicksal ihres Grund und Bodens mitzuentscheiden (sozusagen „Einfluss *ex-ante* auszuüben). Dies um sicherzustellen, dass ihre Verfügungsmöglichkeiten über Grund und Boden und ihre Landrechte nicht beschnitten, sondern wenn möglich verbessert werden. Verfahren müssen installiert werden, um zu gewährleisten, dass indigene Völker effektiv und aktiv an Entscheidungen, die ihren Grund und Boden betreffen, teilnehmen können.

Das bestehende Modell der nicaraguan. Regionalautonomie eröffnet diesbezüglich interessante Möglichkeiten und insbes das nunmehr verabschiedete Reglementierungsgesetz 2003 ist vielversprechend. Es wird demzufolge ein **Aktionsplan** auf zwei Ebenen vorgeschlagen: Zum einen muss der Einfluss der indigenen Gemeinden in den Regionalparlamenten gestärkt werden. Zum anderen ist die direkte Selbstkontrolle oder zumindest Konsultation der Gemeinden, in Entscheidungen ihre Länder und Ressourcen betreffend, entsprechend umzusetzen.

I. Mitbestimmung: Vertretung der Gemeinden durch die Regionalparlamente

Schon die nicaraguan. Verfassung fixiert die Kompetenz der Regionalparlamente, indigene Interessen auf nationaler Ebene geltend zu machen. So verfügen – wie bereits früher besprochen – die Vertreter der Regionen über feste Sitze in der nicaraguan. Nationalversammlung, können an der Ausarbeitung der Pläne zur nationalen Entwicklung teilnehmen sowie Gesetzesentwürfe vorbereiten.

Was bleibt, ist nun die Verbindung und **Kommunikation** zwischen **indigenen Gemeinden** und den **Regionalparlamenten** zu **stärken** und den Einfluss der Gemeinden auf die RCs zu erhöhen. Eine diesbezügliche Möglichkeit wäre, eine feste Anzahl von Abgeordneten mit *Sitz* in den RCs für *indigene Vertreter* der Gemeinden zu reservieren. Eine andere, das *Verantwortungsgefühl* der Regionalparlamentarier für die indigenen Gemeinden zu heben. (So verspüren, wie oben erwähnt, die Mitglieder der RCs augenblicklich wenig Notwendigkeit, zu den Gemeinden zu gehen, um etwa ihre Wünsche und Bedürfnisse zu erfahren; es sei denn, Wahlen stehen bevor.)

Die Schaffung von „single member constituencies", **Einpersonenwahlkreisen,** bietet sich an. Dieses Wahlsystem hebt die direkte Verantwortung der Regionalvertreter für die indigenen Gemeinden,[648] da immer ein Mitglied des Regionalparlaments von einer bestimmten Anzahl von indigenen Gemeinden direkt gewählt und diesen unmittelbar für seine Entscheidungen verantwortlich ist. Da der Regionalparlamentarier nun von denselben Gemeinden wieder gewählt werden will, sich also eine adäquate Vertretung indigener Interessen direkt in den Ergebnissen der nächsten Wahlen spiegelt, könnte so über das System der Einpersonenwahlkreise eine direktere Einflussmöglichkeit indigener Gemeinden in die Regionalpolitik geschaffen werden.

Flankierende Maßnahmen zu obgenanntem Vorschlag wären, für eine bessere Information der Gemeinden zu sorgen, die durch die Förderung von **Radioprogramme** in indigener Sprache, die über Angelegenheiten von regionalen und nationalen Interessen berichten, erzielt werden könnte. Unabhängige Radiostationen und ein solcherart möglicher Informationsaustausch insgesamt, sind weitere wichtige Elemente des nationalen Aktionsplans. Auch in diesem Bereich sind schon vielversprechende Initiativen an der Atlantikküste im Gange: so gibt es einige unabhängige dezentralisierte indigene Radiostationen und auch *L. Cunningham* in Puerto Cabezas sendet zweimal wöchentlich Sendungen in indigener Sprache, die Aufklärung über Landrechte bieten und die Gemeinden über regionale Entwicklungen auf dem Laufenden halten.

Insgesamt sei betont, dass sich das nicaraguan. Modell der **Regionalautonomie** prinzipiell gut zur Realisierung von indigenen Interessen im Allgemeinen und zur Verwirklichung von Landrechten im Besonderen eignet. So kann etwa die Region als Bündelung kommunaler Stimmen diese gewichtiger gegenüber der Zentralregierung vertreten, als wenn jede Gemeinde ihre Ansprüche unabhängig

[648] Vgl Interview mit *Avelino Cox* vom 26. Juli 2001.

geltend macht, wie dies beim Modell der Kommunalautonomie vorgesehen ist.[649] Das nicaraguan. Modell erscheint letztlich also um Einiges besser geeignet, das Rahmenwerk einer angemessenen indigenen Interessensvertretung zu bilden, als dies in Mexiko der Fall ist.

Ist die Vertretung der Gemeinden durch die Regionalparlamente wichtig, so ist auch die verfahrensrechtliche Regelung der **unmittelbaren Einflussmöglichkeiten** der Gemeinden in Entscheidungen, die auf nationaler Ebene getroffen werden, aber das Schicksal ihrer Länder speziell betreffen, essentiell. Das im Jänner 2003 verabschiedete Reglementierungsgesetz schließt hier einige Lücken: So normiert es beispielsweise detailliert, wie die verfahrensmäßige Einbindung der Gemeinden bei Entscheidungen, die ihren Grund und Boden betreffen, stattzufinden habe. Aufgrund seiner teilweise weitreichenderen Normierungen wird zudem auf den von den Regionalparlamenten im September 2000 eingebrachten Gesetzesentwurf verwiesen werden.

II. Mitsprache und Konsultation bei auf indigene Gebiete bezogenen Projekten

Eine sehr weit gehende Einbindung indigener Gemeinden, wenn etwa Entwicklungsprojekte ihre Länder und Territorien betreffen, ist in **Art 38 des Gesetzesentwurfs 2000** der Regionalparlamente vorgesehen. Art 38 dieses Gesetzesentwurfs normiert, dass die indigenen Gemeinden in solchen Fällen notwendigerweise zu konsultieren sind. Er etabliert zusätzlich die staatliche Pflicht, die Entscheidung der Gemeindeversammlung (*Communal Assembly*) zu respektieren.[650] Diese Obliegenheit des nicaraguan. Staates, dass die Entscheidung der Gemeindeversammlung zu achten sei, ist tatsächlich mit einem *Vetorecht der Gemeinden im konstruktiven Sinn* gleichzusetzen. Es geht letztlich nicht nur darum, dass die Gemeinden die Möglichkeit haben „nein" zu sagen (was sie auch können). Durch die Wortwahl und Formulierung unterstreicht der Gesetzesentwurf 2000 insbes die Möglichkeit, dass im Wege eines Verhandlungsprozesses zwischen Staat und Gemeinde eine gemeinsame Lösung gefunden werden könnte. Hier geht der Gesetzesentwurf 2000 auch weiter als Art 6 ILO Konv 169, der eher *verfahrensmäßige* Pflichten (Verhandlungen in gutem Glauben, Ziel einer Eini-

---

[649] Vgl etwa die von *H. Díaz Polanco* und *C. Sanchez* geübte Kritik am Modell der Kommunalautonomie in Mexiko – siehe dazu im Detail den obigen Abschnitt zu Mexiko. (Interview mit *C. Sanchez*, durchgeführt am 6. März 2001, México D.F..)

[650] Art 38 Gesetzesentwurf 2000: „Los proyectos de desarrollo que se pretendan impulsar dentro de territorios indígenas deberán ser consultados en Asamblea Comunal y territorial, cuya decisión deberá ser respetada. [...]".

gung) etabliert, als solche des *Resultats* wie jene des Art 38 des Gesetzesentwurfs 2000, der festlegt, dass die indigene Stimme respektiert werden *müsse*.

Die im **Reglementierungsgesetz 2003** vorgesehenen Mitsprachemöglichkeiten der indigenen Gemeinden sind etwas weniger umfassend angelegt. Sie beziehen sich primär auf die Einbindung indigener Gemeinden im Fall einer Nutzung ihrer unterirdischen Ressourcen (vgl etwa Art 12, 16) und bei der Etablierung von Naturschutzgebieten in indigenen Siedlungsgebieten (Art 26-28).

Noch vor der Verabschiedung des Reglementierungsgesetzes 2003 bot die **Multisectoral Commission**, die im Rahmen des Projekts des *Canal Seco*, Monkey Point, im November 2000 aufgestellt wurde, ein gutes Beispiel einer indigenen Mitsprachemöglichkeit bei Großprojekten. In dieser Kommission vertreten zwei indigene Delegierte die Interessen der Gemeinden bei der Evaluierung und der Erstellung des Projektentwurfes. Sie bestimmen auf diese Weise die Einzelheiten der Konzession mit, die an den mit der Durchführung des Projekts betrauten Konzern CINN verliehen wird, wenn ihre von alters her besiedelten Gebiete in Mitleidenschaft gezogen werden.[651]

III. Konsultierung im Fall der Nutzung der unterirdischen Ressourcen

In der Folge soll nun näher auf die Konsultationsart des Reglementierungsgesetzes 2003 eingegangen werden, wenn Entwicklungspläne zur Ausbeutung der unterirdischen Ressourcen der Atlantikregion indigene Territorien betreffen. (Diesbezüglich besteht ein Gleichklang mit dem vorausgehenden Gesetzesentwurf 2000 der Regionalparlamente.)

Das Reglementierungsgesetz 2003 stellt sicher, dass die indigenen Gemeinden angemessen gehört werden, wenn indigene Territorien von Rohstoffförderungen betroffen sind. Es ist ein verpflichtender Prozess der Konsultierung und Verhandlung mit den Gemeinden vorgesehen, bevor eine Zustimmung der Regionalparlamente gemäß Art 181 nic. Vfg zur Förderung der unterirdischen Ressourcen erteilt wird. Art 16 und 17 des Reglementierungsgesetzes 2003 normieren im Einzelnen, dass die Regionalparlamente die Gemeinden zu konsultieren haben (Art 16) und im Falle einer Ablehnung des Ressourcenabbaus durch die Gemeinden ein Verhandlungsverfahren [Art 17(1)] durchzuführen ist. In diesem können sich die Gemeinden durch selbst gewählte fachspezifische Experten unterstützen lassen [Art 17(2)].

---

[651] Die gleiche *Multisectoral Commission* verabschiedete ua die positiv zu bewertenden Richtlinien („normativas basicas"), in denen der nicaraguan. Staat verspricht, indigene Territorien zu demarkieren. Art 18 dieser *Normativas* garantiert auch, dass die Menschenrechte und die verfassungsgesetzlichen Rechte der Gemeinden von Monkey Point während des gesamten Projekts des *Canal Seco* (dem *Ferrocaril Inter-Atlántico*) geachtet würden, um ihre Existenz als „pueblo" (Volk) zu garantieren. Vgl Propuestas de CALPI a IWGIA, 7.

Das Reglementierungsgesetz reguliert und detailliert hier die nic. Vfg auf eine Weise, die ihrer mangelnden Bestimmtheit entgegenwirkt und diese ausgleicht.[652] So komplettiert das Reglementierungsgesetz durch seine Regulierung der Förderung von unterirdischen Ressourcen die Rechte, die die indigenen Gemeinden schon haben, nämlich die Möglichkeit, ihre Oberflächenressourcen als Eigentümer ihres Grund und Bodens zu fördern.

IV. Selbstkontrolle im Fall einer Oberflächenressourcenförderung

Ein wichtiges Element des Selbstmanagements der indigenen Gemeinden bezüglich ihrer Länder und Territorien[653] ist ihre Selbstkontrolle über natürliche Oberflächenressourcen. Als Eigentümer ihres Grund und Bodens und durch das Nutzungsrecht seiner Oberflächenressourcen haben indigene Gemeinden auch die Möglichkeit, diese zu fördern und etwa diesbezügliche Verträge mit Konzernen oder Unternehmen abzuschließen. Da gemäß Art 102 nic. Vfg hiezu jedoch eine Konzession der nicaraguan. Regierung nötig ist, nehmen diese Verträge letztlich die Form von dreiseitigen Abkommen an.

Wie nun das folgende Beispiel zeigt, müssen diese Verträge nicht unbedingt der kollektiven Souveränität indigener Völker, über ihre Bodenschätze zu verfügen, abträglich sein. Es besteht die Möglichkeit, *Schutzmechanismen* zu etablieren, um indigene Interessen zu wahren. Konzessionen sollten nur für eine bestimmte, kurze Zeit vergeben werden (5 Jahre wären wohl angemessen), die Menge an Holz, das abgebaut wird, sollte genau und für die indigenen Gemeinden kontrollierbar festgelegt werden, die Bestimmungen und Bedingungen des Ressourcennutzungsvertrags sollten präzis ausgehandelt werden. Schließlich erschiene eine Prüfung des gesamten Abkommens im Nachhinein durch ein internationales Organ sinnvoll.[654]

---

[652] Beachte jedoch, dass das Reglementierungsgesetz zwar ein Modell einer extensiven Konsultierung vorsieht, jedoch den indigenen Gemeinden *keine* Vetomöglichkeit zur endgültigen Verhinderung einer Ausbeutung von Bodenschätzen auf ihrem Gebiet bietet. Das vom Reglementierungsgesetz vorgeschlagene Modell erscheint insofern realistisch, als wohl weder die nicaraguan. Regierung noch das Parlament die Souveränität über ihre natürlichen Ressourcen aufgeben würden. Trotz allem geht das Reglementierungsgesetz soweit wie möglich – im Versuch, die indigenen Gemeinden in den Ressourcenförderungsprozess einzubinden.

[653] Die Autodemarkierung der indigenen Länder in „bloques de comunidades" ist ein wichtiges Element der indigenen Selbstkontrolle ihre Länder und Territorien betreffend; sie wird hier aber nicht behandelt, da dies schon an anderer Stelle geschehen ist.

[654] Diese internationale Kontrolle ist insofern wichtig, als die Regierung einerseits Vertragspartei, jedoch auch gleichzeitig für die Implementierung des Abkommens verantwortlich ist. Wie *K. de Feyter* richtig bemerkt, „[t]he Achilles heel of a purely domestic settlement is the implementation mechanism. This mechanism will tend to be a State institution, i.e. an institution that is part of one of the contracting parties. As a minimum, this State institution needs to be sufficiently independent from the executive branch of the government that concluded the agreement in

In Nicaragua war ein solches **trilaterales Übereinkommen**[655] im März 1994 zwischen der Gemeinde Awas Tingni, der nicaraguan. Regierung (MARENA, dem Ministerium, welches in Nicaragua zur Vergabe von Konzessionen zur Holzförderung zuständig ist) und MADENSA (einem Unternehmen in ausländischem Besitz, welches jedoch lokal gemanagt wird) ausgehandelt worden. Der Vertrag betraf den Holzabbau auf von Awas Tingni beanspruchtem und besiedeltem Gebiet, das jedoch noch nicht demarkiert worden war.[656] *G. Castilleja*, Special Projects Director of the WWF, streicht in seiner Expertenstellungnahme die unterschiedlichen Positionen heraus, die der nicaraguan. Staat bei der Konzessionsvergabe zunächst an MADENSA und dann an SOLCARSA vertrat:

„The State has had two policies in granting the concession to MADENSA, first and subsequently to SOLCARSA. One was a recognition of the acquired rights of the communities, and that they should be taken into account in those forest management contracts; the other was that as long as there is no title deed, there is no basis for thinking that the communities have acquired rights, and, therefore, concessions on public lands can be granted to third parties."[657] (Hervorhebungen durch die Autorin.)

Trotz berichteter Schwierigkeiten[658] während des gesamten Projekts neigen Kommentatoren dazu, das Projekt zu loben.[659] Es wird als neues, einmaliges Modell des Ressourcenabbaus gehandelt, das auch den indigenen Völkern eine Möglichkeit gibt, am finanziellen und wirtschaftlichen Gewinn der Ressourcenförderung teilzuhaben.[660] Zusätzlich ermöglicht das besprochene Modell eine nachhaltige Ressourcennutzung unter direkter Überwachung durch die Gemeinde.

---

order to be credible as monitoring agency. If such independence is in doubt, there is a need to involve non-domestic parties in the agreement." [Hervorhebungen durch die Autorin]. (*K. De Feyter*, World Development Law, 162.)

655 Siehe *K. De Feyter*, World Development Law, 161; *Acosta*, Derecho de los Pueblos Indígenas de las Regiones Autónomas, 66.

656 Die Parteien waren zu dem Übereinkommen gekommen, obwohl die respektiven Länder nicht demarkiert waren und insofern ihr legaler Status unsicher war. Nach Auslaufen der ersten 5-Jahresfrist hatte die Regierung jedoch einen weiteren Abschluss des Vertrages boykottiert.

657 *Awas Tingni v. Nicaragua*, 20.

658 Fragen wie jene, wieviel Holz abgeholzt werden dürfe oder wer die Kosten des Abtransports übernehmen solle, hatte zu Unstimmigkeiten zwischen den Parteien (Awas Tingni und MADENSA) bei der Vertragsabwicklung geführt.

659 Für eine detaillierte Bewertung des dreiteiligen Abkommens zwischen MARENA, MADENSA und Awas Tingni siehe *Acosta*, Derecho de Pueblos Indígenas de las Regiones Autónomas, 74.

660 Wie *Acosta* richtig betont, können etwa aus den Profiten, die durch diese Art der Verträge gewonnen werden, die Kosten für eine Mindestversorgung für Gesundheit und Bildung für die Bevölkerung abgedeckt werden (*Acosta*, ebda, 74).

Anaya und *Crider*[661] schließen, „[the tripartite agreement] represents a new model of forestry development on land owned or claimed by indigenous peoples in developing countries."

Vielversprechend erscheint in diesem Zusammenhang die in Art 34 Reglementierungsgesetz 2003 genau normierte *Aufteilung der* aus der Nutzung der natürlichen Ressourcen bezogenen *Gewinne*, von denen die Gemeinde, die Munizipalität, die Region sowie die Zentralregierung je ein Viertel bekommen sollen.

V. Ergebnis

Aus allem lässt sich schließen, dass eine durchgeführte *Demarkierung* (von Bedeutung für die Nutzung der Oberflächenressourcen) und die Umsetzung des Reglementierungsgesetzes 2003 (wichtig für eine indigene Mitsprache bei der Ausbeutung der unterirdischen Ressourcen) einen großen Teil der Probleme lösen könnte, die den indigenen Gemeinden der Atlantikküste durch den Ressourcenabbau auf dem traditionell von ihnen besiedelten Gebiet entstehen.

Es kann dementsprechend gefolgert werden, dass dann, wenn die nicaraguan. Regierung einmal ihren Pflichten zur Umsetzung des Reglementierungsgesetzes 2003 (vor allem durch Demarkierung) nachgekommen sein wird, die indigenen Gemeinden der Atlantikküste weitreichende Kontroll- und Selbstverwaltungsrechte (self-management) über ihre Länder, Territorien sowie ihre Ressourcen haben werden. Dies entspricht ganz Art **7(1) ILO Konv 169**, der festhält: „[d]ie betreffenden Völker müssen das Recht haben, ihre eigenen Prioritäten für den Entwicklungsprozess, soweit er sich auf [...] das von ihnen besiedelte oder anderweitig genutzte Land auswirkt, festzulegen [...]".

Zudem wird, wenn die Regionalparlamente die indigenen Gemeinden adäquat repräsentieren werden, noch der zweite Satz des Art 7(1) ILO Konv 169 Realität und die Gemeinden werden über die Regionalparlamente, die als ihre Vertretungsorgane agieren, die Möglichkeit haben, „an der Aufstellung, Durchführung und Bewertung von Plänen und Programmen für die nationale und regionale Entwicklung mitzuwirken, die sie unmittelbar berühren können."[662] Es besteht somit *gesetzlich* die Möglichkeit für eine weitreichende Verwirklichung der Landrechte der indigenen Gemeinden. Der durch die Awas Tingni-Entscheidung ausgeübte Druck auf die nicaraguan. Regierung sollte auch *politisch* den Boden hiefür bereitet haben.[663]

---

[661] *Anaya, Crider*, Indigenous peoples, the environment and commercial forestry in developing countries: the case of Awas Tingni, Nicaragua, in Human Rights Quarterly, vol. 18, 1996, 345ff (367).

[662] Art 7(1) ILO Konv 169.

[663] Dies scheint auch so zu sein: So war zur Implementierung des Awas Tingni Urteils etwa eine gemischte Kommission (*Comisión Conjunta*) aus Gemeindevertretern und Regierungs-

Trotz allem müssen die indigenen Gemeinden jedoch auch fähig sein, ihre gewonnenen Kompetenzen und Möglichkeiten konstruktiv einzusetzen. Wie vor allem am Beispiel des trilateralen Abkommens ersichtlich wird, sind technisches Wissen und Bildung ganz allgemein notwendig, um mit den an Ressourcenabbau interessierten multinationalen Konzernen angemessen verhandeln zu können. Noch genereller formuliert: Es sind die gesetzlich zuerkannten Rechte auf Mitbestimmung und Selbstkontrolle praktisch wertlos, wenn die indigenen Völker nicht über die Information und das Wissen verfügen, ihre Rechte auch wirklich gegen den Staat, Drittpersonen oder multinationale Konzerne durchzusetzen.

Das nächste Kapitel wird nun die zusätzlichen Elemente und wichtigen Vorbedingungen beschreiben, die indigenen Völkern ermöglichen sollten, angemessen über die Zukunft ihrer Länder entscheiden zu können.

D. Begleitende Maßnahmen

I. Bildung

Bildung ist eine essentielle Vorbedingung für jede effektive Realisierung der Landrechte der indigenen Gemeinden. **Allgemeinbildung** ist eine prinzipielle Voraussetzung, in der modernen Marktwirtschaft mitreden zu können, ohne übervorteilt zu werden. Art 26 ILO Konv 169 berücksichtigt dies, wenn er normiert: „Es sind Maßnahmen zu treffen, um sicherzustellen, dass den Angehörigen der betreffenden Völkern mindestens die gleichen Bildungsmöglichkeiten aller Stufen zur Verfügung stehen, wie der übrigen Bevölkerung des Landes." **Spezielleres Wissen** bzw **Fachwissen**, etwa über den gesetzlichen Status indigenen Grund und Bodens, über seinen Marktwert etc., ist zusätzlich notwendig und wird indigenen Völkern, wenn sie es wünschen, ermöglichen, auf gleicher Basis an der modernen (Markt)gesellschaft teilzunehmen und etwa auch Abkommen mit Multinationalen Konzernen über Ressourcenabbau zu schließen.[664] (Expertenbeistand und techni-

---

vertretern bestellt worden, die u. a. die Aufgabe hat, die Demarkierung ihres Grund und Bodens vorzubereiten. (Email Korrespondenz mit *Cesar Paíz Coleman*, Direktor des IEPA, vom 3. Oktober 2002.) Vgl auch den Bericht über die Umsetzung der Awas Tingni-Entscheidung: „La implementación del caso Awas Tingni. Resumen informativo de las negociaciones entre la comunidad Awas Tingni y el estado de Nicaragua." vom 15. 5. 2002, der vom *Indian Law Resource Center* und der *International Human Rights Law Group* zusammengestellt wurde.

[664] Die ILO Konv 169 expliziert diesbezüglich ausdrücklich in Art 30: „Governments shall adopt measures appropriate to the traditions and cultures of the peoples concerned, to make known to them their rights and duties, especially with regard to labour, economic opportunities, education and health matters and their rights deriving from this Convention. [...]". [Hervorhebungen durch die Autorin]. Man erinnere sich in diesem Zusammenhang, dass Landrechte vielleicht

sche Beratung beim konkreten Vertragsabschluss sind darüber hinaus natürlich auch von Nöten und dürfen nicht vergessen werden.)

Einige **Bildungseinrichtungen** der **Atlantikküste** sind in diesem Zusammenhang besonders zu erwähnen, da sie eine vitale Rolle auf unterschiedlichen Ebenen der indigenen Ausbildung spielen und gespielt haben. So bietet etwa die indigene Universität URACCAN technische Kurse von 6- bzw 12-monatiger Dauer an; ebenso wird eine allgemeine universitäre Ausbildung speziell für Angehörige indigener Völker geboten. Um den Zugang zu den Kursen zu erleichtern, werden – an Wochenenden geblockt – in den Gemeinden selbst Seminare angeboten, ebenso wie die gesamte Universität dezentral geführt wird. Tatsächlich existieren neben der zentralen Universität in Managua drei dezentralisierte universitäre Einrichtungen in der RAAN, das regionale Hauptgebäude befindet sich in Puerto Cabezas, Bilwi (RAAN).[665] Zudem bietet URACCAN auch Weiterbildungsprogramme für Volksschullehrer an.

Lokale NGOs sind gleichfalls essentielle „Lieferanten" indigener Bildung. So offeriert beispielsweise *Lottie Cunningham* und ihre NGO ein zweitägiges Seminar, welches direkt in den Gemeinden abgehalten wird und dessen zentraler Inhalt die (Land)Rechte der jeweiligen Gemeinde sind.

Kurz, verheißungsvolle Initiativen fördern indigene Bildung und Ausbildung. Sie sind insbes im Hinblick auf das anzustrebende „Grassroots-empowerment" wichtig und für eine selbstbestimmte Entwicklung der Gemeinden essentiell. Indigene Gemeinden und Völker sollten ja ihre Angelegenheiten wenn möglich selbst in die Hand nehmen, ihre Landrechte also selbst einzufordern im Stande sein. Bildung ist ein wichtiges Instrument, den „Bottom-up"-Prozess des nicaraguan. Staates zu unterstützen, indem sie auch den Gemeinden das nötige Know-how und Werkzeug liefert, auf gleicher Basis mitreden zu können.

II. Zusätzliche Maßnahmen

Zu guter Letzt müssen natürlich auch die generellen **Infrastruktureinrichtungen** (Medien, Radio, etc.) der Atlantikküste verbessert werden, um indigenen Völkern die Gelegenheit zu geben, sich zu informieren und ihre Rechte einzufordern. Auf die Bedeutung von indigenen Radioinitiativen wurde schon im Teil über die politische Mitbestimmung der Gemeinden hingewiesen. So bilden die von den Gemeinden selbst geführten Rundfunkstationen ebenso wie bestehende unabhängige Radiostationen, die spezielle indigene Programme ausstrahlen,

---

die wichtigsten Rechte sind, die sich aus der Konvention ergeben („deriving from this convention")!

[665] Für weitere Information konsultiere man die Webpage von URACCAN: http://www.yorku.ca/cerlac/URACCAN/URACCAN.html (Internetseite zuletzt besucht im Juni 2002).

einen essentiellen Bestandteil des indigenen „Bottom-up"-Prozesses. (Die technische Reichweite dieser Sender wäre allerdings noch zu verbessern, da einige Gemeinden die Sendungen bislang nur bedingt empfangen können.)

Die außerordentliche Wichtigkeit der erwähnten Projekte und ihre vorrangige Bedeutung für eine effektive Verwirklichung indigener Grundrechte wird deutlich. Da jedoch der Realisierung der beschriebenen Initiativen auf nationaler Ebene oft Hindernisse im Wege stehen (wie etwa knappe finanzielle Ressourcen, der politische Unwillen der Behörden etc.), sollte zusätzlich eine tatkräftige politische und finanzielle Unterstützung durch die *internationale* Gemeinschaft erfolgen.

E. Internationale Überwachung und technische Kooperation[666]

Internationale Akteure spielen für die Realisierung des nicaraguan. Aktionsplanes eine entscheidende Rolle. Es werden daher kurz die Möglichkeiten internationaler Akteure, die gestützt und auf Basis rechtlich verbindlicher Verträge agieren, behandelt. Ebenso wie auf die überwiegend politischen Optionen des diplomatischen Drucks und der technischen Kooperation eingegangen werden wird.

I. Kontrolle auf Basis rechtsverbindlicher Verträge

Die Bedeutung von internationalen Überwachungsorganen, die eine **rechtsverbindliche Kontrolle** über vom Staat (etwa mit der Ratifikation der ACHR) übernommene Verpflichtungen ausüben, wurde schon bei der Awas Tingni-Entscheidung offensichtlich. So hat der Interamerikan. Gerichtshof für MR in seinem Urteil die auf nationaler Ebene verweigerte Umsetzung der Landrechte der **Awas Tingni-**Gemeinde gleichsam auf internationale Ebene gehoben und die nicaraguan. Regierung für die Nichterfüllung ihrer mit der Ratifikation der ACHR übernommenen Pflichten zur Verantwortung gezogen. Ist nun schon das Urteil an sich von großer Bedeutung, da es internationale Standards auf den konkreten Fall der Awas Tingni-Gemeinde bezieht und diese somit rechtsverbindlich fixiert (dem nicaraguan. Staat also jede weitere politische Argumentation, ob die fraglichen Territorien wirklich im Eigentum von Awas Tingni stünden, abschneidet), so geht der Interamerikan. Gerichtshof für MR noch weiter. Er verlangt in seiner Entscheidung, dass die nicaraguan. Regierung halbjährlich einen Bericht über die

[666] Die folgende Liste an Möglichkeiten ist frei gewählt und erhebt keinen Anspruch auf Vollständigkeit.

Implementierung des Urteils abliefern müsse.[667] Mit anderen Worten, der Interamerikan. Gerichtshof für MR begnügt sich nicht allein damit, die geltenden Standards festzulegen, er überwacht auch die Umsetzung des Urteils, die tatsächliche Demarkierung der Gebiete der Gemeinden.[668]

Tatsächlich hebt der Gerichtshof so die Landrechte der Gemeinde aus der innerstaatlichen/ nationalen Ebene der politischen Erwägungen und Winkelzüge, die bislang eine Umsetzung derselben verhindert hatten. „Recht" wird durch diesen Urteilsspruch von Politik getrennt, der Gerichtshof normiert klar die *Rechte* der Gemeinde, die unabhängig von jeder politischen Erwägung bestehen.

Doch nicht nur aufgrund übernommener rechtlicher Verpflichtungen auf Basis der von Nicaragua ratifizierten Verträge kann die Implementierung der Landrechte der indigenen Gemeinden vorangetrieben werden. Auch auf **politischer Ebene** kann für das „peaceful enjoyment of their territories", ihre ungestörte Besiedlung, mobil gemacht werden. Nach dem „carrot and stick" Prinzip können etwa diplomatische oder wirtschaftliche Sanktionen (bzw ihre Androhung) im negativen Sinn, aber auch technische Unterstützung im positiven Sinn die Politik der nicaraguan. Regierung entsprechend beeinflussen. So kann auf internationaler Ebene Druck ausgeübt, aber auch helfend eingegriffen und der nicaraguan. Regierung bei der Erfüllung ihrer Pflichten gegenüber den indigenen Gemeinden der Atlantikküste beigestanden werden.

II. Negativer Druck: Sanktionen

Die Möglichkeiten internationaler Akteure (von Staaten, internationalen Organisationen oder NGOs), die Implementierung der Landrechte der indigenen Völker in Nicaragua auf politischer und wirtschaftlicher Ebene zu fördern, sind umfassend. So können beispielsweise „human rights clauses" in bi- oder multilateralen zwischenstaatlichen Verträgen mit Nicaragua und diplomatischer Druck auf die nicaraguan. Regierung in internationalen Foren den nicaraguan. *Staat dazu bringen, seine nationalen und internationalen Pflichten zu erfüllen.*[669] Ebenso

---

[667] Vgl *Awas Tingni* v. *Nicaragua*, Para 173.8.

[668] Vgl den ersten Bericht über die Umsetzung des Urteils, der vom *Indian Law Resource Center* und von der *International Human Rights Law Group* erstellt wurde: „La implementación del caso Awas Tingni. Resumen informativo de las negociaciones entre la comunidad Awas Tingni y el estado de Nicaragua" vom 15. Mai 2002.

[669] Die *UN-Working Group on Indigenous Populations* ist etwa solch ein „Forum of Embarrassement", auf dem politischer Druck auf die nicaraguan. Regierung erzeugt werden könnte. So haben ja auch indigene Vertreter das Recht, Wortmeldungen vorzunehmen und Rechtsverletzungen ihrer Regierung zu beklagen, die dann im offenen, politischen Forum der Working Group zu den Vorwürfen Stellung nehmen muss.

haben große Finanzinstitutionen (zB Weltbank, IMF), aber auch andere UN-Spezialorganisationen (zB ILO), weitreichende Möglichkeiten, die Regierung entsprechend zu beeinflussen. Man erinnere sich diesbezüglich nur an den oben erwähnten Kredit der Weltbank für den *Corredor Biológico Atlántico*, der an die effektive Demarkierung der Gebiete der indigenen Gemeinden geknüpft war.[670] So könnte nunmehr die nicaraguan. Regierung (bzw die Nationalversammlung) dazu gebracht werden, endlich die indigenen Gebiete zu demarkieren.

III. Positive Mittel: Technische Unterstützung

Es ist jedoch nicht nur der auf die Regierung ausgeübte Druck, der eine Implementierung der indigenen Landrechte fördert: Positive Programme des technischen Beistands und der Kooperation sind mindestens ebenso nützlich wie die Drohung mit Sanktionen. So ist es vor allem die nicht auf Konfrontation beruhende Natur der technischen Beistandsprogramme,[671] die ihre politische Akzeptanz erhöht und sie zu einem wichtigen Instrument der Unterstützung der nicaraguan. Regierung etwa bei der Umsetzung der indigenen Landrechte der Atlantikküste macht. Auch die ILO Programme der technischen Kooperation und Unterstützung, das „Project to Promote ILO Policy on Indigenous and Tribal Peoples" und das „ILO-INDISCO Programme" sollten hier erwähnt werden.[672]

Im nicaraguan. Kontext wären technische Hilfsprogramme für die Demarkierung indigener Gebiete sicherlich eine wichtige Hilfe für indigene Ausbil-

---

Die *„good offices"* des UN-Generalsekretärs und des Direktors der WHO im Falle der Yanomami sind ein anderes Beispiel der politischen Druckausübung. So hatte ja 1985 ihre Intervention bei der brasilian. Regierung diese dazu gebracht, Gesetze zu erlassen, die die in ihrem Überleben bedrohten Yanomami vor eindringenden Siedlern und ressourcenausbeutenden Konzernen schützte.

[670] Auch die *Operational Directives und Policies* der Weltbank, die Richtlinien für die Finanzierung ihrer Projekte, sollten hier erwähnt werden: insbes die Operational Directive 4.20 on Indigenous Peoples (1991) und die Operational Directive 4.30 on Involuntary Resettlement (1990) sind in diesem Zusammenhang von Bedeutung. Diese Richtlinien zeigen, dass die Weltbank versucht, auch die Folgen ihrer Projekte für die betroffene Bevölkerung in ihre Finanzierungserwägungen und Planungen mit einzubeziehen. So muß etwa gemäß den Richtlinien der Weltbank jedem Projekt eine Studie über die zu erwartenden Auswirkungen desselben (ein sog "impact assessment") vorausgehen, die unter Teilnahme der betroffenen Bevölkerung stattzufinden hat. Die *Operational Directive on Indigenous Peoples* ist zudem stark von der ILO Konv 169 inspiriert. (Vgl dazu genauer, *Shihata*, The World Bank in a Changing World, 1995, 250ff.)

[671] Vgl in diesem Zusammenhang *Alfredsson,* Technical Cooperation in the Field of Economic, Social and Cultural Rights. In *Eide, Krause, Rosas* (Hrsg), Economic, Social and Cultural Rights, 473ff (477).

[672] Siehe *ILO*, Developments Concerning Indigenous Peoples, 5ff.

dungsprogramme.[673] Finanzielle und technische Unterstützung für lokale NGOs, die Workshops und Trainingsprogramme mit indigenen Gemeinden machen, erscheint zusätzlich als optimale Möglichkeit, die Arbeit der „human rights defender" vor Ort einfacher zu gestalten. Diese Förderung lokaler Initiativen, die am besten wissen, *was wo wie von wem* gebraucht wird, wäre insofern eine wahre Stärkung des „Bottom-up"-Prozesses der nicaraguan. Zivilgesellschaft. So betont etwa auch *R. Barsh* in seinem internationalen Programm zur Vermeidung ethnischer Konflikte: „Aid should be given directly to representative grassroots organizations rather than to governments or international non-governmental organizations. It should be used to help build a balance of power, not more dependency."[674]

IV. Druck auf nichtstaatliche Akteure

In einer Welt der Globalisierung genügt es *nicht*, Aktionen und Interventionen auf Staaten zu beschränken. So sind ja nichtstaatliche Akteure (vor allem multinationale Konzerne) auf internationaler Ebene teilweise einflussreicher als Staaten[675] und die Mehrzahl der Verletzungen indigener (Land)Rechte passiert unter der Schirmherrschaft oder zumindest mit der Mitwirkung von solchen Unternehmen. Jeder Versuch, eine weitere Verletzung indigener Rechte zu stoppen, wird daher wirtschaftliche Großkonzerne mit einbeziehen müssen, um wirksam zu sein.

Dieses Mitmischen von multinationalen Konzernen (MNCs) „verwässert" zwar weltweit die Staatenverantwortlichkeit und erschwert eine direkte Zurechnung erfolgter Rechtsverletzungen. Es gibt jedoch auch der globalen Zivilgesellschaft einige Möglichkeit, Druck zu machen und aktiv zu werden. So mögen MNCs zwar die finanziellen Mittel haben, Einfluss auf Gesetze und deren Umsetzung auszuüben (wie dies SOLCARSA getan hat, als es das Treffen des Regionalparlaments der RAAN finanziert hat, um die Holzabbaukonzession auf dem Gebiet der Awas Tingni-Gemeinde absegnen zu lassen); sie bleiben jedoch den Gesetzen der freien Marktwirtschaft unterworfen. Von **Konsumenten** ausgeübter

---

[673] Vgl etwa *Alfredsson*, der „human rights education and training in the field of human rights" als „the strongest components of technical cooperation efforts undertaken by international organizations and bilateral agencies" hervorhebt. [*Alfredsson,* Technical Cooperation in the Field of Economic, Social and Cultural Rights. In *Eide, Krause, Rosas* (Hrsg), Economic, Social and Cultural Rights, 473ff, (476).]

[674] *Barsh*, Minorities: the struggle for a universal approach. In: *Alfredsson, Macalister, Smith* (Hrsg) The living law of Nations, 1996, 143ff (155).

[675] Vgl etwa die Beeinflussungen der arbeitsrechtlichen Schutzgesetzgebung durch große Konzerne, die Staaten zwingen, ihre Schutzstandards zu senken. Siehe auch das im Rahmen der OECD vorbereitete *MAI-Abkommen* (Multilateral Agreement on Investment), welches allerdings u. a. aufgrund der in ihm vorgesehenen Möglichkeit, eines direkten Konzernklagerechts gegen Staaten, auf so breiten Widerstand stieß, dass es zurückgezogen wurde.

Druck kann so multinationale Konzerne dazu bringen, die Folgen, die ihre Transaktionen und Geschäfte für die betroffene Bevölkerung haben, in ihre unternehmenspolitischen Erwägungen, die auf Gewinnmaximierung gerichtet sind, als Faktor mit einzubeziehen. Eine Möglichkeit wäre etwa, neben dem „Grünen Punkt" für die Wahrung umweltrechtlicher *Standards* einen „Menschenrechtspunkt" für die Einhaltung ethischer und menschenrechtlicher Grundstandards einzuführen.[676] Es liegt letztlich an den Konsumenten, also der globalen Zivilgesellschaft insgesamt, zu wählen, ob sie Produkte von SOLCARSA oder von MADENSA kaufen. In letzter Konsequenz liegt somit die Realisierung bzw Nichtrealisierung der Landrechte der indigenen Gemeinden der Atlantikküste in aller Hände; im Zeitalter der Globalisierung steigt die globale Verantwortlichkeit. Es wird in einem nächsten Schritt darum gehen, geeignete Überwachungs- und *Kontrollmechanismen* zu etablieren, die es Konsumenten auch erlauben, die Handlungen von Unternehmen nachzuvollziehen. Hier wäre etwa an unabhängige internationale NGOs zu denken.[677]

Die soeben beispielhaft angeführten Mechanismen könnten auch den indigenen Gemeinden der Atlantikküste bei der Umsetzung ihrer Landrechte zu Gute kommen.

V. Ergebnis

Mit der Awas Tingni-Entscheidung des Interamerikan. Gerichtshofs für MR wurde letztlich Druck auf die nicaraguan. Regierung ausgeübt, ihren Pflichten nachzukommen und die Landrechte der indigenen Gemeinden zu implementieren. Die Verabschiedung des Reglementierungsgesetzes 2003 ist ebenso wie die Einsetzung einer (zur Hälfte aus Regierungsvertretern und zur Hälfte aus indigenen Vertretern bestehenden) Kommission zur nationalen Umsetzung der Awas Tingni-

---

[676] An dieser Stelle sei noch das neuerdings stark angepriesene „*ethische Investieren*" auf den *Aktienmärkten* erwähnt. Aktionäre können hier auf „gesellschaftlich verantwortliche Art" in Aktien investieren, die gewisse menschenrechtliche und ökologische Grundkriterien erfüllen, und den Anspruch erheben, „ethisch einwandfrei" zu sein. Geld kann so etwa in ökologisch nachhaltige Produktionen investiert oder eben Konzernen zugewandt werden, die menschenrechtliche Grundstandards respektieren. Bleiben auch einige Kritikpunkte und offene Fragen bei besagten Aktiengeschäften [vgl diesbezüglich auch den kritischen Bericht „Mehr Parfüm als Substanz" von *R. Poth* (Südwind Nr 11, November 2002, 30f)], so ist hiedurch doch auf den Aktienmärkten eine neue Möglichkeit geschaffen, die Respektierung anderer als wirtschaftlicher Standards zumindest zum Thema zu machen und ihre Offenlegung etwa in Unternehmensbilanzen zu erzwingen.

[677] Es wird in diesem Zusammenhang nicht genauer auf die Verhaltenskodizes, die *Codes of Conduct* (wie etwa den Global Compact, der von *Kofi Annan* initiiert worden war) eingegangen. Konzerne können sich, indem sie diese Richtlinien unterschreiben, in Form einer Selbstbindungserklärung, gleichsam freiwillig zur Einhaltung von Menschrechtsstandards bereit erklären. Diese *Codes of Conducts* spielen – insbes in Abwesenheit einer internationalen Unternehmenshaftung – weltweit eine zunehmend wichtige Rolle.

Entscheidung, ein wichtiger erster Schritt zur Verwirklichung der indigenen Landrechte.

Nun liegt es auch an der internationalen Gemeinschaft, nicht nur zu beobachten und zu kritisieren, sondern auch das weitere „follow-up“ der Entscheidung des Interamerikan. Gerichtshofs für MR garantieren zu helfen. Die Möglichkeiten sind breit gestreut: Politischer Druck und technische Unterstützungsprogramme sind wichtig, aber auch die Einforderung der Respektierung von menschenrechtlichen Grundstandards durch die internationale Zivilgesellschaft ist essentiell.

F. Schluss

In Nicaragua wird also ein auf dem Papier sehr umfassendes gesetzliches System zum Schutz indigener Gebiete in der Realität der Atlantikküste nur bedingt umgesetzt. Trotz adäquater **gesetzlicher** und rechtlicher **Standards**, die in nationalen (einfachgesetzlichen und verfassungsrechtlichen) wie internationalen (Nicaragua hat fast alle internationalen Menschenrechtsverträge ratifiziert) Normen niedergelegt sind, werden die Landrechte der indigenen Gemeinden der Atlantikküste nicht respektiert. So werden in Nicaragua zwar die kollektiven Rechte indigener Völker an von ihnen von alters her besiedeltem Grund und Boden garantiert, auch sind Veräußerungs- und Verfügungsbeschränkungen vorgesehen. Die Gemeinden haben zudem ein explizit normiertes Recht auf Nutzung ihrer Oberflächenressourcen. Eine gesetzliche Pflicht zur Umsetzung der garantierten Rechte wird ebenfalls ausdrücklich festgelegt und mit dem Amparo-Verfahren auch ein Rechtsmittel zur Durchsetzung besagter Rechte bereitgestellt. Durch die Etablierung eines Regimes der Regionalautonomie ist die Atlantikküste, das Hauptsiedlungsgebiet der indigenen Gemeinden, mit weitreichenden Selbstverwaltungskompetenzen ausgestattet, die eigentlich auch zur Umsetzung und Wahrung indigener Landrechte dienlich sein sollten.

Trotzdem werden in Nicaragua die so weitreichend garantierten Standards nicht eingehalten und multinationale Unternehmen wie SOLCARSA respektieren die Territorialrechte der indigenen Gemeinden keineswegs. Die Siedlungsgebiete der Gemeinden sind nicht demarkiert, hereinkommende Siedler, ressourcenabbauende Konzerne und der Staat selbst (durch aktive Konzessionsvergabe und passive Hinnahme der Situation) verletzen die auf dem Papier so umfassend garantierten Landrechte. Die Awas Tingni-Entscheidung des Interamerikan. Gerichtshofs für Menschenrechte, in der eine Verletzung des Art 1(1), 2, 21 und 25 ACHR festgestellt wurde, ist wohl der „beste“ Beweis und Beispiel der Versäumnisse und Verletzungen, derer sich der nicaraguan. Staates gegenüber den indigenen Gemeinden schuldig gemacht hat.

Das nicaraguan. Beispiel zeigt somit, welch entscheidende Rolle – **zusätzlich** zu einem adäquaten gesetzlichen System, welches indigene Landrechte schützt – **andere Faktoren** und Akteure bei der Umsetzung und Verwirklichung dieser Landrechte spielen. Der *politische Unwillen* der nicaraguan. Regierung, die Landrechte der indigenen Gemeinden umzusetzen, ist ein bedeutender Faktor, warum bislang die Demarkierung und Infrastrukturierung der Atlantikküste so schleppend von Statten ging und warum erst im Jänner 2003 das Ausführungsgesetz zur Regulierung von Verfassung und Autonomiestatut erlassen wurde, welches für die Umsetzung der Landrechte eine entscheidende Voraussetzung darstellt. Faktische Probleme verhindern, dass die formalrechtlich garantierten Verfahren (vor allem das Amparo-Verfahren) der *Rechtsdurchsetzung* in der Realität von den Gemeinden zur Durchsetzung ihrer Rechte ergriffen werden können. Auch das Modell der Regionalautonomie ist durch Kommunikationsprobleme zwischen den indigenen Gemeinden und ihren gesetzlich vorgesehenen Vertretern, den Regionalparlamentariern, vor Schwierigkeiten gestellt, die eine effektive *Teilnahme* und *Mitsprache* der indigenen Völker bei Angelegenheiten, die ihren Grund und Boden betreffen, faktisch erschweren.

Auch wenn „justice“ und „law“ in nicaraguan. Gesetzen zusammenzufallen scheinen, so liegen sie doch in der Praxis (noch?) recht weit voneinander entfernt. In Nicaragua ist ein auf dem Papier sehr vielversprechendes und umfassendes Modell gesetzlicher Garantien für indigene Rechte praktisch nicht verwirklicht worden. Abstrakt betrachtet zeugt diese Tatsache von der Notwendigkeit **politischen Drucks,** um die Verabschiedung von Gesetzen sowie ihre Implementierung und Umsetzung zu erreichen. Gerade bei indigenen Landrechten, deren Zuerkennung den Interessen von zahlreichen anderen machtvollen Akteuren (wie den strategischen Interessen des Staates, rohstofffördernden Konzernen etc.) oft zuwider läuft, ist die Installierung eines *gesetzlichen Schutzregimes* ein entscheidender Ausgangspunkt und erster Schritt, jedoch bei weitem *nicht genug*. Permanentes politisches Lobbying ist zu betreiben und Druck auf die nicaraguan. Regierung wie auch auf nichtstaatliche Akteure auszuüben, um die Umsetzung der einmal zuerkannten Landrechte zu garantieren.

Die **Awas Tingni-Entscheidung des Interamerikan. Gerichtshofs** für MR ist somit ein entscheidender erster Schritt, die Rechte der indigenen Gemeinden auch umzusetzen. Denn das Urteil des Gerichtshofs enthebt gleichsam die Landrechte der Gemeinde den innerstaatlichen Querelen und zieht die nicaraguan. Regierung auf überstaatlicher Ebene für die Verletzung der von ihr mit der Ratifikation der ACHR akzeptierten menschenrechtlichen Schutzstandards zur Verantwortung.

Neben dieser Verurteilung des nicaraguan. Staates durch den Interamerikan. Gerichtshof für MR auf der Basis von verbindlichen rechtlichen Standards, wird ein erfolgreicher **Aktionsplan** zur Umsetzung der Landrechte der Gemeinden noch auf anderen Ebenen anzusetzen haben. Zunächst ist die Zivilbevölkerung in Nicaragua selbst zu stärken; der „Bottom-up"-Prozess ist zu unterstützen. Lokale NGOs müssen ebenso wie die indigenen Gemeinden selbst ermächtigt („empowered") werden, um den Machenschaften der nicaraguan. Regierung und der Konzerne nicht schutz- und wehrlos ausgesetzt zu sein. Bildung ist für dieses *grass roots empowerment* der Zivilbevölkerung ebenso wichtig wie eine Stärkung einer unabhängigen Medienlandschaft einen entscheidenden Faktor darstellt. *Internationale Unterstützung* ist von Nöten und sollte wohl am Besten bei lokalen Initiativen ansetzen und zivilen Bewegungen vor Ort „unter die Arme greifen". Awas Tingni ist entschieden, internationale Standards sind gesetzt, nun muss auch die Implementierung der Entscheidung ermöglicht werden. Diplomatischer Druck, politisches Lobbying und technische Hilfsprogramme wären nur einige der Werkzeuge, derer sich die internationale Gemeinschaft bedienen kann, um das „follow up" des Urteils zu gewährleisten.

In einer *globalisierten Welt*, mit einer Vielzahl an Einflussmöglichkeiten, steigt auch die Verantwortung ihres Einsatzes. So kann internationale Einflussnahme sowohl zur Unterstützung wie zur Verhinderung der Landrechte der indigenen Gemeinden verwendet werden. Der Interamerikan. Gerichtshof für MR hat ebenso wie die Weltbank bewiesen, dass internationale Akteure zur Stärkung indigener Landrechte angehalten werden können. Auch die globale Zivilgesellschaft sollte sich ihrer Einflussmöglichkeiten bewusst sein und sie dementsprechend einsetzen. Als Konsumenten können sie Druck auf multinationale Konzerne ausüben und zB über Demonstrationen die die indigenen Landrechte verletzenden Regierungen brandmarken.

Kurz, in Nicaragua wird ersichtlich, welche Faktoren und Akteure für eine erfolgreiche Implementierung der Landrechte der indigenen Gemeinden noch zusätzlich zu einem adäquaten gesetzlichen Schutzsystem von Nöten sind. Es bedarf einer breiten Aktionsbasis und Operationsebene, um die Rechte der Gemeinden durchzusetzen. In diesem Sinn ergänzt die Diskussion Nicaraguas die Analyse Mexikos und lehrt uns die noch zusätzlich notwendigen Komponenten, welche zur wirklichen und effektiven Realisierung indigener Landrechte nötig sind.

6. Abschnitt: Ergebnisse

A. Soziologische Erkenntnisse und Fakten

1. Die Territorien indigener Völker sind von entscheidender Relevanz für die Aufrechterhaltung der indigenen **kulturellen Identität**. So ist die Kosmovision, Weltsicht und Spiritualität indigener Völker eng mit ihren Territorien verwoben, ebenso wie indigene Sozialstrukturen oftmals auf dieser Territorialbeziehung beruhen und aufbauend auf ihr konstruiert sind. Zudem hängt auch das physische Überleben indigener Völker, die zumeist Jäger, Sammler und/oder Subsistenzbauern sind, von der Erhaltung ihres Lebensraumes ab.

2. Gleichzeitig sind die Territorien indigener Völker gerade in der heutigen Zeit durch **„modern logging activities"** (moderne Nutzung und Ressourcenabbau) bedroht. Der Reichtum an natürlichen Rohstoffen (Öl, Holz, Wasser, etc.) macht Störungen und Verletzungen der indigenen Siedlungsgebiete häufig. Gefahren für indigene Territorien gehen hiebei von Staaten, aber zunehmend auch von multinationalen Konzernen, die den Ressourcenabbau betreiben, ebenso wie von vordringenden Abenteurern und vorrückenden Siedlern aus.

3. Die essentielle/ lebenswichtige Bedeutung indigener Territorien für indigene Völker in Verbindung mit dem ungleichen Machtverhältnis zwischen ihnen und den eindringenden Störern, machen **Mechanismen** und **Instrumente** zur Verteidigung indigener Territorialrechte erforderlich. Neben den praktisch-existentiellen Notwendigkeiten (das physische und existentielle Überleben der indigenen Völker hängt von der ungestörten Beziehung zu ihren Territorien ab), sind die Territorien indigener Völker auch aus dem Blickwinkel der Gerechtigkeit zu schützen. So haben indigene Völker einen gleichermaßen historischen Anspruch auf die Territorien, auf denen sie „since time immemorial", sicherlich bereits seit vor Beginn der Kolonisation, leben und siedeln.

4. Aus der Bandbreite an unterschiedlichen Mechanismen erscheinen **rechtliche Schutzinstrumente** am geeignetsten, die Interessen indigener Völker zu verteidigen. Im Gegensatz zu etwa politischen Verhandlungsmechanismen bietet die Etablierung gesetzlicher Normen idealerweise eine Rechtssicherheit, die insbes im Hinblick auf die mächtigen Akteure, die an einer Nutzung indigener Territorien interessiert sind, bedeutsam erscheint. (Hiebei können politische Verhandlungsmechanismen, die Aktivierung der Zivilbevölkerung, und andere flankierende Aktionen die rechtlichen Schutzinstrumente maßgerecht ergänzen.).

5. Geschichtlich wurden rechtliche Normen, Instrumente und Theorien *jedoch* oft dazu verwendet, Enteignungen und Vertreibungen (zB *Terra Nullius* Theorie, die Doktrin der *discovery*) zu rechtfertigen. Erst gegen Ende des 20. Jahrhunderts werden die Territorien indigener Völker (international wie national) zunehmend besser geschützt. Eine Entwicklung, zu der die allgemeine Erstarkung des Menschenrechtsschutzes nach 1945 die Basis geliefert hat.

B. Reformkonzept zum Schutz indigener Territorien

6. Ein adäquates **Schutzkonzept** für indigene Territorien, das darauf abzielt, indigene Siedlungsgebiete auf kulturell adäquate Weise zu beschützen, muss **besondere Merkmale** aufweisen, um der besonderen Beziehung indigener Völker zu ihren Territorien gerecht zu werden. Bei einem Schutz indigener Territorien über die Anerkennung von *positiven Eigentumsrechten* müssen gesetzliche Bestimmungen zunächst indigene Territorien ausdrücklich als „indigene" respektieren (was etwa im Falle von Enteignungen notwendig ist, um indigene Minderheiteninteressen ins Spiel zu bringen). Auch ist die kollektive Dimension indigener Landrechte gesetzlich zu berücksichtigen, ebenso wie die Tatsache, dass indigene Völker auf ihren Territorien seit Urzeiten siedeln, aber zumeist keinen formalen Eigentumstitel für diese haben. Zudem sollten Veräußerungs- und Verfügungsbeschränkungen einem Ausverkauf indigener Territorien vorbeugen. Positive staatliche Handlungspflichten wie die tatsächliche Umsetzung indigener Landrechte über Regulierungsgesetze und die Schaffung von administrativen Verfahren zur Demarkierung sind ebenso notwendig wie der horizontale Schutz gegen ein Eindringen von Drittpersonen.

Angemessene Rechtsdurchsetzungsmechanismen sind zu etablieren und auch indigene Selbstkontroll- und Partizipationsrechte sowie Konsultationsrechte wären eine weitere unumgängliche Ergänzung zur Wahrung indigener Territorialinteressen, indem durch sie sichergestellt wird, dass die indigene Stimme adäquat gehört wird. Eine völlig eigene Entscheidung (Selbstkontrolle), der der Idee einer selbstbestimmten Entwicklung am meisten entsprechende Fall, sollte bei der Verwaltung der natürlichen Oberflächenressouren und bei Entscheidungen von lokalem Interesse realistisch und auch innerstaatlich politisch durchsetzbar sein. Bei Angelegenheiten von regionalem und nationalem Interesse werden indigene Partizipations- und Konsultationsrechte zum Tragen kommen. Diese können in Form von allgemeinen Partizipationsrechten am staatlichen Entscheidungsprozess insgesamt (etwa über eine fixe Zahl von Sitzen im Parlament) oder in Angelegenheiten, die indigene Territorien speziell betreffen (etwa bei der Erstellung regionaler Entwicklungspläne), wirksam werden. *Konsultationsrechte*, wann immer Entwicklungs- (und andere) Projekte indigene Territorien speziell betreffen, sind zusätzlich notwendig und sollten sicherstellen, dass indigene Völker adäquat und auf für sie verständliche Art und Weise über das geplante Projekt informiert werden. Zudem ist ihre Meinung mit einer entsprechenden Sanktionsmöglichkeit zu verknüpfen: Ein Vetorecht wäre der Idealfall, eine verpflichtende „angemessene Berücksichtigung indigener Interessen" von staatlicher Seite, die sich auch im Verhandlungsergebnis spiegeln muss, die politisch realistischere Variante.

Insgesamt ist eine Anerkennung positiver indigener Eigentumsrechte keine unumgängliche Voraussetzung eines adäquaten Schutzes ihrer Territorien. So kann eine Wahrung indigener Territorialinteressen auch über das *Verbot von Störung* erfolgen. Ein solches Modell des Schutzes indigener Siedlungsgebiete wird gültige Parameter (etwa die notwendige Wahrung der indigenen kulturellen Identität, etc.) aufzustellen und zudem angemessene Partizipations- und Konsultationsmechanismen der betroffenen Völker vorzusehen haben, wann immer ein Eingriff in ihre Siedlungsgebiete beabsichtigt ist. (Das Samiparlament in Finnland ist ein Beispiel dieser zweiten Möglichkeit *einer Wahrung indigener Gebietsinteressen.*)

C. Internationaler Schutzstandard

7. Die Erfordernisse und Kriterien, an denen das Bestehen eines geeigneten Schutznetzes für indigene Völker gemessen werden kann, werden zunehmend dichter und differenzierter in verbindlicher Weise auf *internationaler Ebene* statuiert. So bietet zunächst die rechtsverbindliche **ILO Konvention 169** (die eine Revision der Konv 107 darstellt) ein umfassendes System zum Schutz indigener Territorialrechte. Ist die Konv 169 auch manchmal etwas schwach formuliert (sie gibt Staaten einen oft zu weitreichenden Ermessensspielraum bei der Umsetzung), so finden sich doch grundsätzlich alle notwendigen Merkmale eines kulturell adäquaten Schutzes indigener Territorien in ihr verankert. Tatsächlich anerkennt die Konv 169 etwa die Eigentumsrechte indigener Völker auf traditionell von ihnen besiedeltes Gebiet (Art 14) und normiert in Art 6 und 7 eine notwendige Partizipation, Konsultation und – wann immer möglich – bei Angelegenheiten von lokalem Interesse eine Selbstkontrolle indigener Völker, ihre Territorien betreffend. Kurz, die Konv 169 kann als weltweites Referenzsystem für den Schutz indigener Territorialrechte herangezogen werden.

Etabliert die Konv 169 zwar ein relativ weitreichendes, jedoch auch auf staatliche Interessen abstellendes Konzept eines Schutzes indigener Landrechte (beispielsweise ist in ihr kein Recht auf Autonomie verankert), so kann die **Draft UN-Declaration on the Rights of Indigenous Peoples** als Idealmodell eines Schutzes betrachtet werden, der indigene Territorien aus der Perspektive indigener Völker schützt. So wird ausdrücklich auf die holistische Beziehung indigener Völker zu ihren Territorien eingegangen, ein umfassendes Recht an ihren Territorien und natürlichen Ressourcen anerkannt; ein Recht auf Autonomie in Art 30 Draft UN-Decl sorgt für eine angemessene Selbstverwaltung der indigenen Territorien. Sogar ein Recht auf Selbstbestimmung indigener Völker ist in Art 3 Draft UN-Decl verankert. (Die Proposed American Declaration on the Rights of Indigenous Peoples entspricht in ihrem Schutzumfang in etwa der Draft UN-Decl.)

Beide Dokumente, die Konv 169 und die Draft UN-Decl repräsentieren dementsprechend unterschiedliche Zugangsweisen zum Schutz indigener Landrechte und sollten ebenso verwendet werden: Die Konv 169 um den faktischen, konkreten Schutz zu erzielen, bei dem Staaten für ihre Verletzungen zur Rechenschaft gezogen werden. Die Draft UN-Decl wiederum als Modell und Richtlinie, Inspiration und Handlungsmaxime, nach der ein wirklich gerechter und idealtypischer Schutz abzulaufen habe.

8. Bieten diese speziell auf indigene Völker bezogenen Normen auch ein umfassendes Schutzsystem indigener Landrechte, so mangelt es diesem doch an universaler **Rechtsverbindlichkeit**. Einzig die Konv 107 und 169 sind als verbindliche Verträge konzipiert. Die geringe Zahl an Staaten, die diese ratifiziert haben (bislang ratifizierten 17 Staaten die Konv 169, 27 die Konv 107) vermindert jedoch die durch die Konv 169 erzielbare Schutzwirkung für die Territorien indigener Völker.

9. Tatsächlich sind jedoch auch **Bestimmungen** in **allgemeinen Menschenrechtsverträgen** – auf universaler wie regionaler Ebene – zum Schutz der Landrechte indigener Völker nutzbar zu machen. So werden *auf universaler Ebene* insbes das Recht auf kulturelle Identität (Art 27 PBPR) und das Recht auf Privat- und Familienleben (Art 17 und 23 PBPR) zum Schutz indigener Territorien herangezogen. Das Verbot von Diskriminierung bezüglich des Rechts auf Eigentum des Art 5(d)(v) CERD kann ebenso nutzbar gemacht werden. Auf regionaler lateinamerikan. Ebene steht insbes das Recht auf Eigentum (Art 21 ACHR) zum Schutz indigener Territorien zur Verfügung, ebenso wie eine Reihe von Normen, die das Recht auf physisches Wohlergehen und Kultur beinhalten, zum Schutz indigener Territorialrechte verwendbar sind.

Diese Vielzahl der möglichen Normen, die zum Schutz indigener Territorien nutzbar zu machen sind, bietet ein Bild der Interdependenz: Das Statement der *Vienna Declaration and Programme of Action* der Weltkonferenz über Menschenrechte 1993 findet sich dementsprechend bewahrheitet in der Mannigfaltigkeit und der Unterschiedlichkeit von Normen, die zur Wahrung indigener Territorialinteressen eingesetzt werden können.

10. Die breite Basis, auf der ein Schutz indigener Siedlungsgebiete möglich ist, spiegelt sich auch in der Rechtsprechung der **internationalen Überwa-**

chungsorgane: Der durch sie erzielte Schutz ist weitreichend und zudem in fortschreitender Entwicklung begriffen. Auf universaler Ebene ist es vor allem der MRA der Vereinten Nationen, welcher insbes unter Berufung auf Art 27 PBPR, dem Recht auf kulturelle Identität, einen Schutz indigener Territorien erzielt. Der vom Ausschuss in verschiedenen Fällen entwickelte „sustainability test", der auf den Elementen der Nachhaltigkeit und Konsultierung beruht (und dem Reformkonzept des Schutzes vor Störung folgt), bietet letztlich einen ähnlich weitreichenden *Schutz* wie nach der Konv 169 erzielt werden kann. Hinzu kommt, dass sich der Ausschuss zunehmend auf Art 1 PBPR (das Recht auf Selbstbestimmung) bei der Besprechung von Staatenberichten (Kanada, Norwegen) beruft, wenn dies politisch möglich ist, dh wenn im betreffenden Staat schon eine gewisse Debatte um das Recht auf Selbstbestimmung vorausgegangen war. Inhaltlich erscheint der unter Art 1 und Art 27 PBPR erzielte Schutz für indigene Territorien nunmehr relativ ähnlich.

Auch das CERD-Komitee schützt bei der Erörterung von Staatenberichten (Australien, Finnland) zunehmend indigene Territorialrechte. Eine Rückgabe ungerechtfertigt enteigneter Territorien ist in diesem Schutz – *wie in der General Recommendation XXIII on Indigenous Peoples festgehalten* – mitumfasst.

Auf regionaler Ebene sind einerseits die von der Interamerikan. Menschenrechtskommission angefertigten Länderberichte Ausdruck des Schutzes indigener Territorialrechte. Insbes ist jedoch die Rechtsprechung des Interamerikan. Gerichtshofs für MR Spiegel und Zeichen der umfassenden Anerkennung indigener Territorialrechte durch die interamerikan. Überwachungsorgane. So hat der Gerichtshof in seiner Entscheidung Awas Tingni v. Nicaragua (2001) das traditionell von den indigenen Gemeinden der Atlantikküste besiedelte Gebiet als im Eigentum der Gemeinden stehend anerkannt und von Art 21 ACHR geschützt betrachtet; eine Erkenntnis, die als Bahn brechend für die Entwicklung des Schutzes indigener Territorialrechte insgesamt erscheint.

11. Global gesehen verwenden und interpretieren die **internationalen Überwachungsorgane** die Bestimmungen der allgemeinen Menschenrechtsverträge auf eine Art und Weise, dass sie die Territorien indigener Völker zunehmend auf kulturell adäquate Weise schützen. Die Rechtsprechung der internationalen Organe ist in fortschreitender Entwicklung begriffen, doch schon jetzt kann davon ausgegangen werden, dass existierende und gerade entstehende internationale Schutzstandards ein universell gültiges und rechtsverbindliches System des Schutzes indigener Territorien liefern. Die Universalität der Menschenrechte wird in dieser Adaptierung allgemeiner Menschenrechtsverträge auf die besonderen Bedürfnisse indigener Völker erneut bewiesen. Der Vorwurf, dass die Menschenrechte nur westliche Werte repräsentieren, zurückgedrängt und widerlegt.

D. Mexiko

12. Eine Analyse des **mexikan. Systems** des Schutzes indigener Territorien vor dem Hintergrund der rechtsverbindlichen internationalen Standards verläuft enttäuschend. Mexiko hat zwar die zum Schutz indigener Territorien relevanten internationalen Verträge (sogar die Konv 107 und 169) umfassend ratifiziert, in *nationalen* Normen ist dem internationalen Schutzstandard jedoch nicht entsprochen. So anerkennt auch die Verfassungsreform von 2001 keine subjektiven Eigentumsrechte indigener Völker an traditionell von ihnen besiedeltem Gebiet. Einzig begrenzte Nutzungsrechte indigener Völker an den Oberflächenressourcen ihrer Territorien sind *in Art 2A VI mex. Vfg* verankert, was für eine umfassende Wahrung indigener Territorialinteressen als bei weitem zu wenig erscheint.

13. Zwar kann durch **Agrarnormen** (die Rechtsfigur des sozialen Eigentums) ein gewisser Schutz für indigene Gemeinden, die in Agrargemeinschaften (Ejidos und Comunidades) organisiert sind, erzielt werden. So sind kollektive Eigentumsformen anerkannt und Verfügungsbeschränkungen bewahrten Agrarkooperativen (zumindest bis 1992) vor einem Ausverkauf ihrer Territorien. Zudem wurde eine Anzahl von Territorien während der Landreform, die sich letztlich von 1917 bis 1992 erstreckte, auch tatsächlich umverteilt.

Trotz alledem kann der solcherart durch Agrarbestimmungen erzielte Schutz eine wirkliche Anerkennung indigener Territorien *nicht* ersetzen. So wird bei der Zuteilung des Agrareigentums nicht auf indigene Siedlungsgewohnheiten bzw -muster Rücksicht genommen. Auch sind, wenn die indigenen Mitglieder einer Agrargemeinschaft eine Minderheit darstellen, ihre Interessen nur unzureichend geschützt; dies wird ja auch im Fall der Huicholgemeinden von Jalisco deutlich. Hinzu kommt, dass 1992 die Verfügungsbeschränkungen des Agrareigentums in Vorbereitung des NAFTA-Beitritts Mexikos stark reduziert worden sind.

In der Gesamtzusammenschau bietet also eine Anerkennung indigener Territorialrechte unter agrarischem „Label“ gewisse positive Schutzeffekte, für einen wahrlich kulturell adäquaten Schutz erscheint eine solche Anerkennung jedoch unzureichend.

14. Auch die indigenen **Selbstkontroll- und Partizipationsrechte** ihre Territorien betreffend sind in der mexikan. Verfassung nur sehr mangelhaft verankert. So ist zwar in Art 2A mex. Vfg (2001) nunmehr ein Recht auf *(Gemeinde)Autonomie* etabliert, die einzelnen Bereiche dieser Autonomie werden in der Folge jedoch so begrenzt normiert, dass keinerlei substantielle Selbstverwaltungsrechte indigener Völker in Bezug auf ihre Territorien ableitbar sind.

Ebenso wenig genügt die mögliche indigene *Partizipation* am gesamtpolitischen Entscheidungsprozess, um einen Schutz indigener Siedlungsgebiete zu erreichen. So normiert nur ein wenig effizienter Übergangsartikel die Berücksichtigung indigener Siedlungsmuster bei der Wahlbezirkseinteilung. Die in Art 2B mex. Vfg (2001) vorgesehenen gemeinsamen *Institutionen* haben wiederum zu wenig weitreichende Kompetenzen und einen zu detailliert vorgegebenen Aktionsradius, als dass sie den partizipierenden indigenen Völkern eine wirkliche Möglichkeit böten, solcherart auf Entscheidungen, die ihre Territorien betreffen, Einfluss zu nehmen. Auch die verfassungsrechtlich vorgesehene *Konsultation* indigener Völker in Bezug auf den nationalen Entwicklungsplan ist „zahnlos", da keinerlei zwingende Folgen an die indigene Meinung geknüpft sind.

15. Betrachtet man die mexikan. Normenlandschaft zum Schutz indigener Landrechte vor dem Hintergrund des von der mexikan. Regierung *Fox* propagierten **Plan Puebla Panamá** (PPP)[der eine Infrastrukturierung und die „Entwicklung" des Südens und Südostens Mexikos (über Großprojekte, Straßenbau, Industrieanlagen etc.) vorsieht und der aufgrund des Bedrohungspotentials, das er für indigene Territorien darstellt, auf den vehementen Widerstand indigener Völker trifft], so stellt sich heraus, dass mexikan. Gesetze wenig bis überhaupt keine Schutzmechanismen zur Verteidigung indigener Territorialinteressen bereitstellen. So ist beispielsweise ihr Recht auf Ressourcennutzung so vage formuliert, dass der Rechtsanwender (dh primär die mexikan. Verwaltungsbehörden, die ja der mexikan. Regierung, dem Hauptpromotor des PPP, weisungsunterworfen sind) eigentlich alles in die Bestimmung hineinlesen kann.

Das Schutzdefizit indigener Territorialrechte ist in Mexiko so schon in der *Gesetzeskonzeption* angelegt: Es fehlen die explizit formulierten subjektiven Eigentumsrechte indigener Völker an ihren traditionellen Siedlungsgebieten. Zur Störungsabwehr wie sie durch den PPP droht, sind national mexikan. Gesetze nicht wirklich zu gebrauchen.

16. Auf den Punkt gebracht könnte die mexikan. Politik zum Schutz indigener Territorien als **Politik des „Scheins"** mehr als des „Seins" umschrieben werden. Versprechungen werden gemacht (*Acuerdos de San Andrés*, etc.), internationale Verträge zum Schutz indigener Rechte ratifiziert (Konv 169), der Schein eines umfassenden Schutzes solcherart erzeugt. Zu einer effektiven Wahrung indigener Interessen und zu einem *konkreten* Schutz für indigene Völker und ihre Territorien führen diese Aktionen und Versprechungen jedoch nicht: die „Sein" Dimension fehlt. Die Territorien der indigenen Völker bleiben in der mexikan. Realität ohne wirklichen gesetzlichen und realen Schutz.

Es wäre dementsprechend zu wünschen, dass die **internationalen Menschenrechtsüberwachungsorgane** (der MRA ebenso wie die interamerikan. Organe) den mexikan. Staat für die mit der Ratifikation der diversen internationalen Verträge übernommenen Pflichten, die dann auf nationaler Ebene nicht eingehalten werden, zur Verantwortung ziehen. Der mexikan. Staat müsste mittels internationaler Druckausübung zur Umsetzung der diversen Bestimmungen und zur angemessenen Verwirklichung indigener Territorialrechte angehalten werden.

E. Nicaragua

17. In Nicaragua besteht ein *a priori* gutes **gesetzliches System** zum Schutz der Territorialrechte der indigenen Gemeinden der Atlantikküste. So sind in der Verfassung von 1987 ausdrücklich die kollektiven Eigentumsrechte der Gemeinden auf das traditionell von ihnen besiedelte Gebiet anerkannt, ebenso wie Veräußerungs- und Verfügungsbeschränkungen etabliert sind. Auch ein Amparo-Verfahren, ein Rechtsmittelverfahren, mit dem eine Verletzung verfassungsrechtlich gewährleisteter Rechte eingeklagt werden kann und das für eine adäquate Rechtsdurchsetzung der Territorialrechte der Gemeinden durch nicaraguan. Gerichte sorgen soll, ist verfassungsrechtlich vorgesehen.

Zudem genießt die Atlantikküste (das Hauptsiedlungsgebiet der indigenen Gemeinden) den Status der Regionalautonomie, der einer angemessenen indigenen Selbstverwaltung ihrer Territorien eigentlich zu Gute kommen sollte. So haben die Regionalparlamente heute schon die verfassungsrechtlich verankerte Möglichkeit (Art 181 nic. Vfg), jede von der zentralen Regierung in Managua auf dem Gebiet der Atlantikküste vergebene Konzession mit einem Veto zu belegen.

18. Tatsächlich ist aber das weitreichende System zum Schutz indigener Landrechte in Nicaragua in der Realität der Atlantikküste weder umgesetzt noch ist es gerichtlich durchsetzbar. Die Siedlungsgebiete der Gemeinden sind nicht demarkiert, Gerichte erweisen sich als unerreichbar für die indigenen Gemeinden. Deshalb war es auch möglich, dass das multinationale Unternehmen SOLCARSA die Territorialrechte der Awas Tingni Gemeinde durch Holzabbau verletzte.

Diese mangelnde Umsetzung lässt sich – bei einer Gesamtbetrachtung – primär auf den *fehlenden politischen Willen* der nicaraguan. Regierung und anderer Akteure zurückführen. So wurde ein ausgereifter Gesetzesentwurf zur Regulierung kommunalen Eigentums schon im September 2000 *von den Regionalparlamenten* eingebracht; der Nationalkongress approbierte aber erst im Jänner 2003 ein entsprechendes Gesetz. Die Regionalparlamente verwendeten ihre Vetomacht fallweise gegen die Interessen der indigenen Gemeinden der Atlantikküste, wie am Beispiel der Wiederaktivierung einer bereits höchstgerichtlich für nichtig erklärten Holzabbaukonzession ersichtlich wird.

19. Das Beispiel Nicaraguas zeigt, dass auch ein sehr weitreichendes und gut konzipiertes gesetzliches Schutzsystem nicht umgesetzt wird, wenn der politische Wille hiezu fehlt. Ein adäquates gesetzliches System erscheint somit als notwendiger *Ausgangspunkt* zum Schutz indigener Rechte, für ihre effektive Verwirklichung bietet es jedoch keine Garantie. Waren die weitreichenden Territorialrechte der Gemeinden der Atlantikküste 1987 von der sandinistischen Regierung in einer politischen Drucksituation – der Notwendigkeit, den Krieg gegen die Contras zu beenden – verliehen worden, so fehlte der Realisierungsdruck lange Zeit. Mehr noch, er verkehrte sich ins Gegenteil und gegenläufige, vor allem wirtschaftliche Erwägungen und Interessen bewirkten, dass die Umsetzung indigener Territorialrechte an der Atlantikküste Nicaraguas verhindert wurde.

20. Verschiedene, sich ergänzende **Strategien,** eine effektive Umsetzung der indigenen Territorialrechte zu erreichen, bieten sich an. Eine Möglichkeit ist, die nicaraguan. Regierung auf *internationaler Ebene* für die Nichtrealisierung der von ihr ratifizierten Menschenrechtsverträge zur Verantwortung zu ziehen. Dies hat den Vorteil, dass die politisch motivierte Nichtumsetzung der Landrechte der indigenen Gemeinden „verrechtlicht" und aus dem nationalen politischen Ränkespiel gehoben wird. Die Awas Tingni-Entscheidung des Interamerikan. Gerichtshofs [bei dem der Gerichtshof eine Verletzung des Art 21, 25 iVm 1(1), 2 ACHR durch Nicaragua feststellt und auch die Implementierung seines Urteils mittels eines ihm alle 6 Monate abzuliefernden Berichts überwachen will] und der durch das Urteil ausgeübte Druck auf die nicaraguan. Regierung kann hier als Beginn betrachtet werden. Die nunmehr geschaffene Kommission, die paritätisch aus Vertretern der Gemeinden und Regierungsvertretern zusammengesetzt ist, ist ein Beispiel hiefür. Die im Jänner 2003 erfolgte Verabschiedung des Reglementierungsgesetzes ein anderes.

Die jüngsten Entwicklungen in Nicaragua zeigen somit, was internationale Organe zur besseren Umsetzung der Landrechte der Gemeinden bewirken können.

21. Auf *nationaler Ebene* ist es vor allem die Stärkung der indigenen Völker selbst, der NGOs (Nichtregierungsorganisationen) und der lokalen Zivilbevölkerung, durch die eine verbesserte Realisierung der Landrechte der Gemeinden bewirkt werden kann. So sind auch *Bildung und Erziehung* indigener Völker ein essentieller Teil und Werkzeug zur besseren Verwirklichung ihrer Rechte. Ein **„grass roots empowerment"** ist nötig, um den indigenen Völkern der Atlantikküste die Möglichkeit zu geben, ihre Rechte wirklich einzufordern.

Als Artikulierungsmöglichkeit hiezu bietet sich eine bessere *politische* Einbindung der Gemeinden an. Konkret ist etwa die Verbindung zwischen den *Regionalparlamenten* und den *indigenen Gemeinden* zu verbessern. Wahlmodelle, die beispielsweise eine Persönlichkeitswahl favorisieren, erscheinen angebracht:

Der jeweilige Regionalparlamentarier könnte so direkt von seinen Wählern, den indigenen Gemeindemitgliedern, für seine politischen Entscheidungen zur Verantwortung gezogen werden. Auch eine Stärkung und ausdrückliche gesetzliche Fixierung der direkten Mitspracherechte der Gemeinden (wie etwa über verpflichtende Konsultationsverfahren – wann immer Entscheidungen ihre Territorien betreffen) sind notwendig und teilweise auch im Reglementierungsgesetz 2003 vorgesehen.

22. Als zusätzliche Akteure sind zu guter Letzt auch **multinationale Unternehmen** in die Strategien zur besseren Verwirklichung indigener Territorialrechte an der Atlantikküste miteinzubeziehen. So sind ja diese Großunternehmen an der (Nicht)Realisierung der Landrechte der Gemeinden entscheidend beteiligt und oft ursächlich verantwortlich. Letztlich kann somit auch die globale Zivilgesellschaft als Konsumenten den Schutz indigener Territorien propagieren und Unternehmen, die indigene Rechte missachten, durch Boykott ihrer Produkte „bestrafen".

Kurz, die effektive Verwirklichung der Territorialrechte der Gemeinden der Atlantikküste hat auf sehr breiter Basis zu erfolgen: nationale wie internationale, staatliche wie nichtstaatliche Akteure sind zu berücksichtigen.

F. Schlussüberlegungen

23. Die Beispiele Mexikos und Nicaraguas zeigen demgemäß, auf wie viele Faktoren zu achten ist und wie viele Akteure mit einzubeziehen sind, um einen adäquaten Schutz indigener Territorien zu erreichen. Ein gutes Gesetzeskonzept auf nationaler Ebene ist notwendiger Ausgangspunkt. Gerade für dessen realpolitische Umsetzung scheinen jedoch die indigenen Völker eines Staates auf *innerstaatlicher* Ebene oft zu wenig Einflussmöglichkeiten zu besitzen, um den starken gegenläufigen Interessen (multinationaler Konzerne etc.) gegenzusteuern.

24. Die Bedeutung von **internationaler Einflussnahme** zur Verwirklichung indigener Landrechte wird somit deutlich; und zwar auf zweifacher Ebene: Zum einen sind die *internationalen Überwachungsorgane*, die die einzelnen Staaten für die von ihnen in den internationalen Menschenrechtsverträgen übernommenen Verpflichtungen auf *rechtlich verbindlicher* Basis zur Verantwortung ziehen können, von entscheidender Relevanz.

Gleichzeitig sind jedoch vor allem auch die weniger formalisierten Möglichkeiten, Druck auszuüben, von essentieller Wichtigkeit. So kann über *politische, wirtschaftliche* und *gesellschaftliche* Kanäle ein Staat zur Umsetzung indigener Territorialrechte angehalten werden: durch Sanktionen und Druckausübung ebenso wie über technische Unterstützung und finanzielle Hilfe.

25. Letztgenannte flankierende Aktionen und Möglichkeiten der Einflussnahme erscheinen gerade in der Welt des Kapitalismus und der Globalisierung von entscheidender Bedeutung. Immer wichtigere Entscheidungen spielen sich gleichsam im „Rechtsvakuum" ab, sind von wirtschaftlichen Erwägungen durchdrungen und von Akteuren getragen, die rechtlich nur schwer (er)fassbar sind. So können andere Strategien erforderlich sein, um etwa multinationale Konzerne für die Verletzung indigener Territorialrechte zur Verantwortung zu ziehen, wenn es keinen geeigneten rechtlichen Sanktionsmechanismus gibt.

Die Verantwortung hiefür trifft jedoch nicht nur Staaten. So rückt ja mit der zunehmenden Bedeutung von nichtstaatlichen Akteuren auch die *globale Zivilgesellschaft* insgesamt ins Bild. Diese kann über Öffentlichkeitsarbeit, über das Publikmachen von Menschenrechtsverletzungen etwa, Druck auf alle involvierten Akteure (Staaten wie multinationale Unternehmen) ausüben. Durch bewusst agierende Konsumenten können wiederum Unternehmenspolitiken beeinflusst werden.

Im Zeitalter der Globalisierung, in einer rundum vernetzten Welt, ist die Internationalisierung der Probleme und die damit einhergehende **Verantwortung** – von allen – besonders spürbar. So paradox es klingen mag: Einen gewissen Beitrag zur Verwirklichung indigener Landrechte können alle, als globale Konsumenten und verantwortungsbewusste Bürger, leisten.

A. BIBLIOGRAFIE

(Soweit in den Fußnoten *Kurztitel* zitiert werden, finden sich dieser Literatur- und Dokumentenliste beim jeweiligen Autor bzw Nachweis in Klammer)

I. Systeme, Kommentare, Lehrbücher

Arteaga Nava, E., Derecho Constitucional, Colección textos jurídicos universitarios, México D.F: Oxford University Press, 1999.

Diccionario Jurídico Mexicano. Tomo VII. P-Reo. México: UNAM, 1984.

Escobar Fornos, I., Manual de Derecho Constitucional, 2. Aufl., Managua: Colección Textos Jurídicos, 1998.

Neuhold, H., Hummer, W., Schreuer, C., Österreichisches Handbuch des Völkerrechts, Band 1, Textteil, 3. neubearb. Aufl, Wien: Manz, 1997. (*Neuhold, Hummer, Schreuer,* Handbuch des Völkerrechts[3]).

Pernthaler, P., Allgemeine Staatslehre und Verfassungslehre, (2. Auflage, 1996).

II. Monografien und Sammelbände

Acosta, M. L., El Derecho de los Pueblos Indígenas de las Regiones Autónomas de la Costa Atlántica de Nicaragua al Aprovechamiento sostenible de sus Bosques: El Caso de la Comunidad Mayagna de Awas Tingni, Tesis per la Maestría en Medio Ambiente y Recursos Naturales, Managua: UNAN, UBA, Juni 2000. (*Acosta,* Derecho de Pueblos Indígenas de las Regiones Autónomas).

Anaya, J., Indigenous Peoples in International Law, New York, Oxford: Oxford University Press, 1996.

Angelos Arcos, Las velas Tateikietari ... invocando la lluvia y la lucha de un pueblo. Tesis doctoral, UAM, 2000.

Buergenthal, T., Shelton, D., Protecting Human Rights in the Americas, Cases and Materials, 4. überarb. Aufl., Kehl, Strasbourg, Arlington: Engel Publisher, 1995. (*Buergenthal, Shelton,* Protecting Human Rights in the Americas).

Burger, J., Report from the Frontier. The State of the World's Indigenous Peoples. London: Zed (Cultural Survival Report 28), 1987.

Cossío Díaz, J., R., Franco González Sals, J.F., Roldán Xopa, J., Derecho y cultura indígena. Los dilemas del debate jurídico, Porrúa, México D.F., 1998. (*Cossío Díaz, Franco González Sals, Roldán Xopa,* Derecho y cultura indígena).

Daes, E.-I., Indigenous Peoples an their Relationship to Land, UN-land-rights study, (Final Working Paper, E/CN.4/Sup.2/2001/21), 11. Juni 2001.

De Feyter, K., World Development Law: Sharing Responsibility for Development, Antwerpen, Groningen, Oxford: Intersentia, 2001. (*K. De Feyter*, World Development Law).

Defranceschi, P., Indigene Völker und ihr Menschenrechtsschutz im Lichte der ILO-Konvention Nr 169, Diplomarbeit der Rechtswissenschaftlichen Fakultät der Universität Innsbruck, 2000.

Deloria V., Lytle C., American Indians, American Justice. University of Texas Press, 1983.

Díaz Polanco, H., Autonomía Regional. La autodeterminación de los pueblos indios, México D.F: Siglo veintiuno editores, 1991.

Díaz Polanco, H., Indigenous Peoples in Latin America. The Quest for Self-Determination. (übers. von *Rayas, L.*), Oxord: Westview Press, 1997.

Díaz Polanco, H., Pueblos invisibles. La autonomía en México, México D.F. CIESAS, 1996. (*Díaz Polanco,* Pueblos invisibles).

Donnelly J., Human Rights in Theory and Practice, London: Cornell University Press, 1987.

Escarcéga Lopez, Botey Estapé, La Recomposición de la propiedad social como precondición necesaria para refuncionalizar el ejido en el orden econónomico-productivo, México: CEHAM, 1990.

Frantz, K.., Indian Reservations in the United States, The University of Chicago Press (1999).

Gonzales Galvan, J., La Conception socio-juridique de la Relation de l'Etat et les Ethnies nationales au Mexique. Eléments pour la Compréhension du Droit étatique et du Droit coutumier. Thèse pour le Diplôme d'Etudes Doctorales, Paris: Université Pantheon-Assas Paris II, 1993. (*Gonzales Galvan,* Relation de l'Etat et les Ethnies au Mexique).

Hilpold, P., Modernes Minderheitenrecht. Eine rechtsvergleichende Untersuchung des Minderheitenrechts in Österreich und in Italien unter besonderer Berücksichtigung völkerrechtlicher Aspekte, Wien, Baden-Baden, Zürich: Manz, Nomos, Schulthess, 2001.

IWGIA, El mundo indígena 1999/2000, Kopenhagen: IWGIA, 2000.

IWGIA, The Indigenous World 2000/2001, Kopenhagen: IWGIA, 2001.

MacKay, F., *IWGIA Handbook*, A Guide to Indigenous Peoples' Rights in the Inter-American Human Rights System, Copenhagen: IWGIA, 2002. *(MacKay*, Indigenous Peoples' Rights in the Inter-American System).

Olguín Martínez, G., Los mecanismos de control de la OIT en materia de derechos indígenas, México D.F.: Ce-Acatl, 2000. (*Olguín Martínez,* Mecanismos de Control de la OIT).

Plant, R., Land Rights and Minorities, London: MRG, 1994.

Roque Roldán O., Legalidad y Derechos Étnicos en la Costa Atlántica de Nicaragua, Colombia: Fundación Guía, 2000. (*Roque Roldan,* Legalidad y Derechos Étnicos).

Roque Roldán O., Pueblos Indígenas y Leyes en Colombia, Colombia: Tercer Mundo Editores, 2000.

Roy, C., Kaye, M., The International Labour Organisation: A Handbook for Minorities and Indigenous Peoples, London: MRG, Anti Slavery International, 2002.

Shelton, H., Land Rights and Indigenous Peoples: The Role of the Inter-American Commission on Human Rights, Essay prepared for the Seventh Annual International Human Rights Symposium and Research Conference, "Ethnicity and Rights: The Protection of Minorities", Centre for the Study of Human Rights, at Columbia University, June 9-13, 1986.

Shihata, I., The World Bank in a Changing World. Selected Essays and Lectures. Volume II, The Hague, Boston, London: Martinus Nijhoff, 1995.

Stavenhagen, R., The status and rights of the indigenous peoples of America, für die Interamerikan Menschenrechtskommission im Juli 1991 vorbereiteter Bericht.

Tanaka, A., Nagamine, Y., The International Convention on the Elimination of All Forms of Racial Discrimination: A Guide for NGOs, London, Tokyo: MRG, IMADR, 2001.

Tomei, M., Swepston, L., Indigenous and Tribal Peoples: A Guide to ILO Convention No. 169, Geneva, ILO, 1996. *(Tomei, Swepston*, ILO Guide).

Villiger, M., Customary International Law and Treaties. A Manual on the Theory and Practice of the Interrelation of Sources. 2., völlig neu bearb. Aufl., The Hague, London, Boston: Kluwer Law International, 1997.

III. Aufsätze in Zeitschriften und Büchern

Alcántara C., Die Erde und das Heilige – eine epistemologische Annäherung an die Territorialbeziehungen indigener Völker. In: Journal für Entwicklungspolitik XV/2, 1999, 103-114.

Alfredsson, G., Indigenous Peoples and Autonomy. In *M. Suksi* (Hrsg.), Autonomy, Applications and Implications, The Hague, Boston, London: Kluwer Law International, 1998, 125-137.

Alfredsson, G., Technical Cooperation in the Field of Economic, Social and Cultural Rights. In: *A. Eide, C. Krause, A. Rosas* (Hrsg.), Economic, Social and Cultural Rights, 2. überarb. Aufl., Dordrecht, Boston, London: Kluwer Law, Nijhoff Publishers, 2001, 473-477.

Alfredsson, G., The Right to Human Rights Education. In: *A. Eide, C. Krause, A. Rosas* (Hrsg.), Economic, Social and Cultural Rights, 2. überarb. Aufl., Dordrecht, Boston, London: Kluwer Law, Nijhoff Publishers, 2001, 273-288.

Anaya, J., Crider, T., Indigenous Peoples, the Environment and Commercial Forestry in Developing Countries: the Case of Awas Tingni, Nicaragua. In: Human Rights Quarterly vol. 18, 1996, 345-367.

Anaya, J., Williams, R., The Protection of Indigenous Peoples' Rights over Lands and Natural Resources under the Inter-American Human Rights System. In: Harvard Human Rights Journal vol. 14, 2001, 33-86. (*Anaya, Williams*, Protection of Indigenous Peoples' Rights in the Inter-American System).

Balboa, J., En Chiapas, guerra de baja intensidad, insiste el Centro Fray Bartolomé. In: *La Jornada* vom 13. Jänner 1997.

Barcenas, Territorios, tierras y recursos naturales de los pueblos indígenas en México, Referat auf der internationalen Tagung "Constitución y derechos indígenas", vom 14.-15. März 2001, organisiert von *J. Gonzalez Galvan* auf der UNAM, 66 – 85. (*Barcenas*, Territorios de los pueblos indígenas en México).

Barsh R., An Advocate's Guide to the Convention on Indigenous and Tribal Peoples. In: Oklahoma City University Law Review, vol. 15, 1990, 209- 236. (*Barsh*, Guide to Convention).

Barsh, R., Minorities: the struggle for a universal approach. In: *Alfredsson, Macalister, Smith* (Hrsg) The living law of Nations, Kehl, Strasbourg, Arlington: N.P. Engel Publisher, 1996, 143-155.

Buergenthal T., The American Human Rights Declaration: Random Reflections. In: *Hailbonner, K., Ress, G., Stein, T.* (Hrsg), Staat und Völkerrechtsordnung, 1989.

Burguete Cal y Mayor A., México, Bericht an IWGIA, 2001/02.

Chambers, I., El Convenio 169 de la OIT: avances y perspectivas. In *M. Gomez* (Hrsg), Derecho Indígena: Seminario Internacional realizado en el Auditorio "Fray Bernardino de Sahagún" del Museo Nacional de Antropología e Historia en la Ciudad de México del 26 al 30 de Mayo de 1997, México: INI, AMNU, 1997, 123-141.

Cortez Ruiz, C.: El sector forestal mexicano, entre la economía y la ecología? In: Comercio Exterior 4, Jg. 43 (1993), 370-377.

Craven, M., The Protection of Economic, Social and Cultural Rights under the inter-American System of Human Rights. In: *D. Harris, S. Livingston* (Hrsg.), The Inter-American System of Human Rights, Oxford: Clarendon, 1998, 289-321. (*Craven*, Economic, Social and Cultural Rights under the Inter-American System).

Díaz Polanco, H., Autonomía, territorialidad y comunidad indígena. Perspectivas del Estado multiétnico en México. In: *P. González Casanova, M. Roitman Rosenmann* (Hrsg), Democracia y Estado multiétnico en América Latina, México D.F.: UNAM, 1996, 139-175. (*Díaz Polanco*, Democracia y Estado Étnico).

Eide, A., Alfredsson, G., Introduction. In: *Alfredsson G., Eide A.* (Hrsg.), The Universal Declaration of Human Rights, A Common Standard of Achievement, The Hague, Boston, London: Nijhoff Publishers, 1999, XXV-XXXV. (*Krause, Alfredsson,* Article 17, in: *Alfredsson, Eide*, The Universal Declaration of Human Rights 359ff.)

Ermacora, F., Autonomie als innere Selbstbestimmung. In: *P. Kunig et al.* (Hrsg) Archiv des Völkerrechts, Bd 38, Heft 3, September 2000, 285-297.

Fabra, A., Indigenous Peoples, Environmental Degradation, and Human Rights: a Case Study. In: *A. Boyle, M. Anderson* (Hrsg.), Human Rights Approaches to Environmental Protection, Oxford: Clarendon Press, 1996, 245-263.

Fazio, C., Die transnationale Plünderung des mexikanischen Südostens. In: La Jornada vom 26 August 2002. (*Fazio*, Transnationale Plünderung).

Gabbert, W.: Chiapas – die Grenzen der Kooptation und der Aufstand von 1994. In: *K. Gabbert* (Hrsg), Land und Freiheit, Bad Honnef: Horlemann (Lateinamerika 21), 1997, 162-178.

Gilbert, J., The treatment of territory of Indigenous Peoples in International law. In *J. Castellino*, Title to territory in International Law, Ashgate, 2003, 199-228. (*Gilbert*, Territory of Indigenous Peoples in International law).

Gomez, M., Derecho indígena y constitucionalidad: el caso mexicano. In: *Gomez, M.* (Hrsg), Derecho Indígena: Seminario Internacional realizado en el Auditorio "Fray Bernardino de Sahagún" del Museo Nacional de Antropología e Historia en la Ciudad de México del 26 al 30 de Mayo de 1997, México: INI, AMNU, 1997, 273-304.

Gomez, M., Lectura Comentada del Convenio 169. In *M. Gomez* (Hrsg), Derecho Indígena: Seminario Internacional realizado en el Auditorio "Fray Bernardino de Sahagún" del Museo Nacional de Antropología e Historia en la Ciudad de México del 26 al 30 de Mayo de 1997, México: INI, AMNU, 1997, 15ff.

Gonzales Galvan, J., Debate nacional sobre derechos indígenas: lo que San Andrés Propone? San Lázaro Descompone? (Privater Emailverkehr, unveröffentlicht).

Gonzales Galvan, J., La validez del derecho indígena en el derecho nacional: de San Andrés a San Lázaro. Comentarios a la reforma constitucional en materia indígena. In *M. Carbonell, K. Pérez Portilla,* México, D.F., Instituto de Investigaciones Jurídicas (IIJ), UNAM, 2002, 37-50.

Gonzalez Galvan, J., Die Verpflichtungen Mexikos aus dem Übereinkommen No 169 der ILO über die Rechte eingeborener Völker. In: Journal für Entwicklungspolitik XV/2, 1999, 153-169.

González Márquez, Key Regional Perspectives on Public Participation: Mexico and Central America. In: *Zillman, Alastair, Pring* (Hrsg), Human Rights in natural Resource Development. Public Participation in the Sustainable Development of Mining and Energy Resources, Oxford, New York: Oxford University Press, 2002, 629-649.

Grote, R., The Status and Rights of Indigenous Peoples in Latin America. In: ZaöRV 1999, 497-528.

Hannum, H., Self-Determination in the Post Colonial Era. In: *Clark, Williamson*, Self-Determination: International Perspectives. Houndmills, Mac Millan Press, 1996. (*Hannum,* Self-Determination in the Post Colonial Era).

Hannum, H., The protection of indigenous rights in the Inter-American System. In: *D. Harris, S. Livingston* (Hrsg.), The Inter-American System of Human Rights, Oxford: Clarendon, 1998, 323- 343. (*Hannum,* Indigenous Rights in the Inter-American System).

Heintze, H. J., Wege zur Verwirklichung des Selbstbestimmungsrechts der Völker innerhalb bestehender Staaten. In: *H. J. Heintze* (Hrsg), Selbstbestimmung der Völker – Herausforderung der Staatenwelt, Bonn: Dietz, 1997, 16-59.

Heintze, H. J., Völkerrecht und Indigenous Peoples. In: ZaöRV 50 (1990), 39-70.

Hilpold, P., Sezession und humanitäre Intervention – völkerrechtliche Instrumente zur Bewältigung innerstaatlicher Konflikte? In: ZÖR 54 (1999), 529-602. (*Hilpold*, Sezession und humanitäre Intervention).

Jordan, A., Chiapas – eine Bestandsaufnahme. Daten, Fakten, Geschichte nebst einer ethnohistorischen Betrachtung des indianischen Widerstandes in seinem Kontext und der Entwicklung der Landproblematik von der Konquista bis zum Primer Congreso Indígena de Chiapas, Diplomarbeit, Universität Wien, Jänner 1997.

Kaller, M., Bauern zwischen Produktion und Subsistenz. Hintergründe zur Rebellion in Chiapas aus historischer Sicht. In: Nafta: Chiapas, Zeitschrift für Lateinamerika, Wien, No 46/47, 1994, 27-37.

Kingsbury, B., Restructuring self-determination: a relational approach. In: *P. Aikio, M. Scheinin* (Hrsg), Operationalizing the Right of Indigenous Peoples to Self-Determination, Åbo: Åbo Akademi University, 2000, 19-37.

Krause, C., Alfredsson, G., Article 17. In: *G. Alfredsson, A. Eide* (Hrsg.), The Universal Declaration of Human Rights, A Common Standard of Achievement, The Hague, Boston, London: Nijhoff Publishers, 1999, 359-378.

Kuppe, R., Religionsfreiheit und Schutz der kulturellen Identität im Widerspruch? In: österreichisches Archiv fuer recht & religion, heft 1, 2000, 48-79.

Marquardt, S., International law and indigenous peoples. In: International Journal on Group Rights 3, 1995, 47-76.

Márquez, G., Key Regional Perspectives on Public Participation: Mexico and Central America. In: *Zillman, Alastair, Pring (*Hrsg), Human Rights in natural Resource Development. Public Participation in the Sustainable Development of Mining and Energy Resources, Oxford, New York: Oxford University Press, 2002, 629ff.

Myntti, K., The right of indigenous peoples to self-determination and effective participation. In: *Aikio P., Scheinin M.* (Hrsg), Operationalizing the Right of Indigenous Peoples to Self-Determination, Åbo: Åbo Akademi University, 2000, 85-130.

Mzikenge Chirwa, D., A fresh commitment to implementing economic, social, and cultural rights in Africa. In: ESR Review, vol. 3 September 2002, 19-21.

Navarro, G., Los Procesos de Constitución de Territorios Indígenas en América Latina. In: Nueva Sociedad 153, 141-155.

Nowak, M., The Right to Education. In: *A. Eide, C. Krause, A. Rosas* (Hrsg.), Economic, Social and Cultural Rights, 2. überarb. Aufl., Dordrecht, Boston, London: Kluwer Law, Nijhoff Publishers, 2001, 245-271.

Nujiten, M., Agrarian Reform and the Ejido in Mexico; illegality within the framework of the law. In: Law and Anthropology, vol 9 (1997), 72-104.

Poth, R., Mehr Parfüm als Substanz. In: Südwind, Nr 11, November 2002, Wien, 30-31.

Ramoz Mendoza, J., Control Constitucional. In: *A. Casco Guido* (Hrsg.) Comentarios a la Constitución Política de Nicaragua, Managua: Hispamer, 1999, 249-265.

Rizo, M., Indian Rights in Nicaragua: State, Regional Autonomy and Indian Communities in 1998. In: America Indígena, vol. LVIII No 1-2, 1998, 115-146.

Santler, H., Der Kampf um das „S". In: *Gesellschaft für bedrohte Völker* (Hrsg), Land ist Leben. Bedrohte Völker im Kampf gegen die Umwelt, 1993, 248ff.

Scheinin, M., Recent Developments in the Application of the Right to Self-determination under the Covenant on Civil and Political Rights, Conference Paper, vorgestellt an der Universität von Tromssa, Norwegen, 28 Februar 2002.

Scheinin, M., The Right to Enjoy a Distinct Culture: Indigenous and Competing Uses of Land. In: *T. Orlin, A. Rosas, M. Scheinin* (Hrsg.), The Jurisprudence of Human Righs Law: a Comparative Interpretive Approach, Åbo: Åbo Akademi University, 2000, 159-222. (*Scheinin*, Right to enjoy a distinct culture).

Scheinin, M., The Right to Self-determination under the Covenant on Civil and Politicial Rights. In: *P. Aikio, M. Scheinin* (Hrsg.), Operationalizing the Right of Indigenous Peoples to Self-determination, Åbo: Åbo Akademi University, 2000, 179-199.

Schüren, U., „Land ohne Freiheit“: Mexikos langer Abschied von der Agrarreform. In: *Gabbert* (Hrsg), Land und Freiheit, Bad Honnef: Horleman, 1997, 33-65. (*Schüren*, „Land ohne Freiheit“).

Scott, C., Multinational Enterprises and Emergent Jurisprudence on Violations of Economic, Social and Cultural Rights. In: *A. Eide, C. Krause, A. Rosas* (Hrsg), Economic, Social and Cultural Rights, Dordrecht, Boston, London: Martinus Nijhoff, 2001, 563-595. (*Scott*, Multinational Enterprises and emergent jurisprudence on violations of economic, social and cultural rights).

Shelton, D., Inter-American Commission on Human Rights: Individual Case Resolutions. A Litigator's Perspective, In: The American University Journal of International Law and Policy, vol 10, No 1, 1994, 8ff.

Söfterstad, L., Indigenous Peoples and Land Rights: An Overview. In: Geographica Helvetica, No 4, 1988.

Style, S., Puebla-Panamá-Plan: Der neue Kolonialismus. In: The Ecologist, vom Juni 2001.

Taylor, C., Multiculturalism and the Politics of Recognition, Princeton, N.J.: Princeton University Press, 1993, 27-73.

Thornberry, P., Self-Determination and Indigenous Peoples. In: *Aikio P., Scheinin M.* (Hrsg.), Operationalizing the Right of Indigenous Peoples to Self-determination, Åbo: Åbo Akademi University, 2000, 39-64.

Triggs G., The Rights of Indigenous Peoples to Participate in Resource Development: An International Legal Perspective. In: *Zillman, Alastair, Pring* (Hrsg), Human Rights in natural Resource Development. Public Participation in the Sustainable Development of Mining and Energy Resources, Oxford, New York: Oxford University Press, 2002, 123-154. (*Triggs*, Indigenous Peoples and Resource Development).

Wiessner S., Rights and Status of Indigenous Peoples, a Global Comparative and International Legal Analysis. In: Harvard Human Rights Journal, vol. 12, 1999, 57-128.

Williams R., Encounters on the frontiers of international human rights law: redefining the terms of indigenous peoples' survival in the world. In: Duke Law Journal 1990, 660ff.

IV. Rechtstexte (Auswahl)

1. Internationale Instrumente

a) Universale Instrumente:

Internationaler Pakt bürgerlicher und politischer Rechte (Generalversammlungsresolution 2200A (XXI)) vom 16. 12. 1966, in Kraft getreten am 23. 3. 1976.

International Convention on the Elimination of All Forms of Racial Discrimination, General Assembly Resolution 2106 A (XX) vom 21. 12. 1965, in Kraft getreten am 4. 1. 1969.

Übereinkommen (Nr 29) über Zwangs- oder Pflichtarbeit *(Forced Labour Convention)*, 1930.

Übereinkommen (Nr 107) über eingeborene und in Stämmen lebende Bevölkerungsgruppen in Unabhängigen Ländern *(Convention (No 107) concerning Indigenous and Tribal Populations in Independent Countries)* angenommen durch die Generalkonferenz der ILO am 26. 6. 1957, in Kraft getreten am 2. 6. 1959.

Übereinkommen (Nr 169) über eingeborene und in Stämmen lebende Völker in Unabhängigen Ländern [*Convention (No 169) concerning Indigenous and Tribal Peoples in Independent Countries*], angenommen durch die Generalkonferenz der ILO am 27. 6. 1989, in Kraft getreten am 5. 9. 1991.

Draft United Nations Declaration on the Rights of Indigenous Peoples, agreed upon by the UN Working Group on Indigenous Populations at its 11th session, Geneva, July 1993; adopted by the U.N. Sub-Commission on Prevention of Discrimination and Protection of Minorities by its Resolution 1994/45, 26 8. 1994, UN. Doc. E/CN.4/1995/2/, E/CN.4/Sub.2/1994/2/Add. 1 (1994).

Rio Declaration on Environment and Development, UN Conference on Environment and Development, Rio de Janeiro, 13. 6. 1992, UN Doc. A/CONF.151/26 (vol.1, Annex 1 (1992).

Agenda 21, UN Conference on Environment and Development, Rio de Janeiro, 13. 6. 1992, UN. Doc. A/CONF.151/26 (vols. 1, 2&3), Annex 2 (1992).

Übereinkommen über die biologische Vielfalt (Convention on Biological Diversity), Rio de Janeiro, 5. 6. 1992, in Kraft getreten am 28. 12. 1993.

b) Regionale Instrumente:

African [Banjul] Charter on Human and Peoples' Rights, Banjul, 27. Juni 1981, OAU Doc. CAB/LEG/67/3 rev. 5, 21 I.L.M. 58 (1982), in Kraft getreten am 21. 10. 1986.

Proposed American Declaration on the Rights of Indigenous Peoples, angenommen von der Interamerikan. Menschenrechtskommission am 26. 2. 1997, OEA/Ser.L/V/III.95.doc.7, rev. 1997, (Proposed American Decl on Indigenous Peoples). Zugänglich unter http://www.cidh.oas.org/Indigenous.htm.

American Declaration of the Rights and Duties of Man, OAS Resolution XXX vom 2. Mai 1948, angenommen von der 9. Konferenz amerikan Staaten in Bogotá, Kolumbien. (American Decl(aration)).

American Convention on Human Rights, San José, 20. 11. 1969, in Kraft getreten am 18. 7. 1978.

Statute of the Inter-American Commission on Human Rights, Generalversammlungsbeschluß der OAS Nr 447, der neunten Session in La Paz, Bolivien, Oktober 1979.

Europäische Menschenrechtskonvention, Konvention zum Schutz der Menschenrechte und Grundfreiheiten, Rom, 4. 11. 1950, in Kraft getreten am 3. 9. 1953.

2. Nationale Gesetze

a) Mexiko

Die mexikan Gesetze sind unter http://www.cddhcu.gob.mx/leyinfo/ abrufbar.

Constitución Política de los Estados Unidos Mexicanos vom 5. 2. 1917, idF vom 12. 11. 2002.

Ley Agraria 1992, veröffentlicht im Diario Oficial de la Federación am 26. 2. 1992.

Ley de Amparo, Reglementaria de los artículos 103 y 107 de la Constitución Política de los Estados Unidos Mexicanos, veröffentlicht im Diario Oficial de la Federación am 10. 1. 1936, idF vom 17. 5. 2001.

Ley Forestal, veröffentlicht im Diario Oficial de la Federación am 22. 12. 1992, idF 31. 12. 2001.

Reformas a la Ley Forestal, veröffentlicht im Diario Oficial de la Federación am 20. 5. 1997.

Ley General de Equilibrio Ecológico y la Protección al Ambiente, veröffentlicht im Diario Oficial de la Federación am 28. 1. 1988 idF 13. 6. 2003.

b) Nicaragua

Constitución Política de la República de Nicaragua de 1987, teilweise reformiert durch das Ley No 192 o Ley de Reforma Parcial a la Constitución Política de Nicaragua im Jahr 1995, und durch das Ley No 330 im Jahr 2000.

Estatuto de la Autonomía de las Regiones de la Costa Atlántica de Nicaragua, Ley No. 28 veröffentlicht in La Gaceta, Diario Oficial No 238, am 30. 10. 1987.

Ley de Reforma Agraria, Decreto No. 782 vom 19. 7 1981, reformiert durch das Ley No. 14, veröffentlicht in La Gaceta, Diario Oficial No. 8, am 13. 1. 1986.

Ley de Amparo, Ley N° 49, veröffentlicht in La Gaceta, Diaro Oficial No 241, am 20. 12. 1988.

Ley Electoral, Ley No. 211, vom 8. 1.1996, reformiert durch das Ley No 266 vom 9. 11. 1999.

Anteproyecto de Ley Especial que Regula el Régimen de Propiedad Comunal de las Etnias de la Costa Atlántica y BOSAWAS, von Präsident *Alemán* am 26. 2. 1998 im nicaraguan Nationalkongress eingebracht.

Entwurf des *Ley del Régimen del a Propiedad Comunal de los Pueblos Indígenas y Comunidades Étnicas del a Costa Atlántica, de los Ríos Bocay, Coco e Indio Maíz*, von den beiden Regionalparlamenten des RAAN und RAAS am 6. September 2000 im Nationalkongress eingebracht. (Gesetzesentwurf 2000).

Ley del Regimen de Propiedad Comunal de los Pueblos Indígenas y Comunidades Étnicas de las Regiones Autónomas de la Costa Atlántica de Nicaragua y de los Ríos Bocay, Coco, Indio y Maíz, Ley No 445, vom 23. 1. 2003 (Reglementierungsgesetz 2003).

V. Fälle, Berichte und andere Dokumente der internationalen Überwachungsorgane

1. Menschenrechtsausschuss, MRA, HRC

Bernard Ominayak, Chief of the Lubicon Lake Band v. Canada, CCPR/C/38/D167/1984 (views adopted in March 1990), (Lubicon Lake Band v. Canada, Lubicon Lake Band-Fall).

General Comment No. 23 (60) on Art 27, angenommen am 8. April 1994.

Länsman et al. v. Finland, CCPR/C/52/D/511/1992 (views adopted in October 1994) (Länsman-Fälle).

J.E. Länsmann v. Finland, CCPR/C/58/D/671/1995 (views adopted in October 1996) (Länsman-Fälle).

Hopu and Bessert v. France, CCPR/C/60/D/549/1993 (views adopted in July 1997).

Diergaardt et al. v. Namibia, CCPPR/C/69/D/760/1997 (views adopted in July 2000).

Mahuika et al. v. New Zealand, CCPR/C70/D/547/1993 (views adopted in October 2000).

Jonussen et al. v. Norway, CCPR/C/76/D/942/2000 (views adopted in October 2002).

Concluding Observations zum Staatenbericht von Chile, CCPR/C/79/Add.104, 1999.

Concluding Observations zum Staatenbericht von Canada, CCPR/C/79/Add.105, 1999.

Concluding Observations zum Staatenbericht von Norwegen, CCPR/C/79/Add.112, 1999.

2. CERD-Komitee

General Recommendation No XXIII on Indigenous Peoples, angenommen am 8. August 1997, auf der 51. Session, in doc A/52/18, annex V.

Findings on the Native Title Amendment Act 1998, CERD/C/54/Misc.40/Rev.2 (1999).

Decision 2(54) on Australia-Concluding observations' comments, 18. 3. 1999. CERD/C/54/Misc.40./Rev.2 (1999).

Concluding observations zum Staatenbericht von Finnland, 48th session, 26. 2. – 15. 3. 1996 CERD/C/304/Add.7.

Concluding observations zum Staatenbericht von Mexiko, 51st session, 4. – 22. 8. 1997, CERD/C/304/Add.30.

3. ILO-Organe

Huicholen-Fall: Report of the Committee set up to examine the representation alleging non-observance by México of the Indigenous and Tribal Peoples Convention, 1989 (No 169), made under article 24 of the ILO Constitution by the Trade Union Delegation, D-III-57, section XI of the National Trade Union of Education Workers (SNTE), Radio Education, 1998 (Doc: GB.272/7/2), (abrufbar unter www.ilo.org über die Datenbank ILOLEX) (Bericht des Expertenkomitees).

Report of the Committee set up to examine the representation alleging non-observance by México of the Indigenous and Tribal Peoples Convention, 1989 (No 169), made under article 24 of the ILO Constitution by the Radical Trade Union of Metal and Associated Workers 1998, (Doc: GB.273/15/6), (abrufbar unter www.ilo.org über die Datenbank ILOLEX).

CEACR, Individual Observation concerning Convention No 169, Indigenous and tribal Peoples, 1989 Mexico (ratification: 1990), veröffentlicht 1999 (abrufbar unter www.ilo.org über die Datenbank ILOLEX).

CEACR, Individual Observation concerning Convention No 169, Indigenous and tribal Peoples, 1989 Mexico (ratification: 1990), veröffentlicht 2000 (abrufbar unter www.ilo.org über die Datenbank ILOLEX).

CEACR, Individual Observation concerning Convention No 169, Indigenous and tribal Peoples, 1989 Mexico (ratification: 1990), veröffentlicht 2002 (abrufbar unter www.ilo.org über die Datenbank ILOLEX).

4. Interamerikanische Menschenrechtskommission; IACHR:

Resolution on „special protection for indigenous peoples“ (Annual Report 1972, OEA/Ser.L/V/II/.27, doc. 11 rev).

IACHR, Annual Report 1988-9.

Ache Tribe Case, Case 1802 (Paraguay) (1977) (Ten Years of Activities 1971-81; http://www.oas.org/)

Yanomami Case, Case 7615 (Brazil), Res 12/85, OEA/Ser.L/V/II.66, doc. 10 rev. 1 (1985) (Yanomami- Fall).

Report on the Situation of Human Rights of A Segment of the Nicaraguan Population of Miskito origin, Case 794 (Nicaragua), OEA/Ser.L/V/II.62, doc. 10 rev. 3 (1983).

Report on the Situation of Human Rights in Ecuador, OEA/Ser.L/V/II.96, doc. 10 rev.1 (1997). (Ecuador Bericht).

Informe sobre la situación de los derechos humanos en México, OEA /Ser.L/V/II.100, doc. 7 rev.1 (1998).

Third Report on the Situation in Colombia, OEA/Ser.L/V/II.102 doc. 9 rev.1 (1999).

Second Report on the Human Rights Situation in Peru, OEA/Ser.L/V/II.106 doc. 59 rev. (2000).

Fifth Report on the Situation of Human rights in Guatemala, OEA/Ser.L/V/II.111 doc. 21 rev. (2001).

5. Interamerikanischer Gerichtshof für Menschenrechte

Advisory Opinion OC-10/89, July 1989, Interpretation of the American Declaration of the Rights and Duties of Man within the Framework of Article 64 of the American Convention, Serie A No 10.

The Mayagna (Sumo) Awas Tingni Community v. The Republic of Nicaragua, Judgment of 31. August 2001, Serie C No 79. (Awas Tingni-Entscheidung, Awas Tingni v. Nicaragua).

6. Andere Entscheidungen

a) Internationale Entscheidungen

IGH, Advisory Opinion on the Western Sahara, 16. 10. 1975.

(Text abgedruckt auf der Website des IGH, http://www.icj-cij.org/icjwww/idecisions/isummaries/isasummary751016.htm).

StIG, Ost- Grönland – Fall, (Dänemark v. Norwegen), 5. 4. 1933, in PCIJ, Series A/B, 22ff.

IGH; Ost-Timor- Fall (Portugal v. Australia), 30. 6. 1995, in: ICJ Reports 1995, 90ff.

European Commission of Human Rights, E. and G. v. Norway, Application No 9278/81, 9415/81, Decisions and reports, vol. 35 (1984).

African Commission, Social and Economic Rights Action Centre (SERAC) and the Centre for Economic and Social Rights v. Nigeria, Communication No. 55 von 1996 (2001).

b) Nationale Entscheidungen

Australian High Court, Mabo and others v. the State of Queensland, 175 C.L.R., 1992.

Supreme Court of Canada, Delgamuukw v. British Columbia, 3 S.C.R. 1010, 1997.

Kolumbianisches Verfassungsgericht, Sentencia T-428/92 vom 24. Juni 1992 [Corte Constitucional] Urteil abrufbar unter: http://bib.minjusticia.gov.co/jurisprudencia/CorteConstitucional/1992/Tutela/T-428-92.htm.

Kolumbianisches Verfassungsgericht, Sentencia SU-039 vom 3. Februar 1997 [Corte Constitucional] (U'wa-Fall), Urteil abrufbar unter: http://www.elaw.org/resources/text.asp?ID=1314.

Oberster Gerichtshof Mexikos (Corte Suprema Mexicana), Amparo civil en revisión 1929/48, Urteil der Corte Suprema Mexicana vom 21. April 1950.

Oberster Gerichtshof Nicaraguas (Corte Suprema de Justicia de Nicaragua), Sentencia No 11 vom 27. Februar 1997 im Amparo Verfahren, eingeleitet von der Awas Tingni Community v. *M. Caldera Cardenal*, Minister of MARENA et al..

Oberster Gerichtshof Nicaraguas (Corte Suprema de Justicia de Nicaragua), Sentencia No 163 vom 14. Oktober 1998 im Amparo Verfahren eingeleitet von der Awas Tingni Community v. *R. Stadhaguen*, Minister of MARENA et al.

VI. Sonstige Dokumente und Interviews

1. Andere Dokumente

a) Allgemein

Agrarian Reform and Human Rights. Seminar Report. 15-17 April 2002, Maastricht, The Netherlands. Organised by 11.11.11, Via Campesina, FIAN, Maastricht Centre for Human Rights.

Brundtland, G., Our Common Future, Oxford University Press, 1987.

ECOSOC, Permanent Forum on Indigenous Issues, etabliert mit der ECOSOC-Resolution E/RES/2000/22 am 28. Juli 2000.

Global Compact, vorgestellt von UN-Generalsekretär *Kofi Annan* auf dem World Economic Forum, Davos, 31. 1. 1999.

ILO, Recent Developments Concerning Indigenous and Tribal Peoples, Genf, ILO, November 2002.

Lund Recommendations on the Effective Participation of National Minorities in Public Life & Explanatory Note, September 1999, Foundation on Inter-Ethnic Relations.

Martínez Cobo, J., Study of the Problem of Discrimination against Indigenous Populations, UN Doc. E/CN.4/Sub.2/1986/7/Add.3. (*Martinez Cobo*, UN-Study on Indigenous Populations).

Office of the United Nations High Commissioner for Human Rights, Status of Ratification of the Principal International Human Rights treaties, Stand vom 7. Juli 2003. Abrufbar unter http://www.unhchr.ch/pdf/report.pdf.

Sub-Commission on Prevention of Discrimination and Protection of Minorities, Resolution 2 (XXXIV) vom 8. September 1981.

Sub-Commission on the Promotion and Protection of Human Rights, Indigenous Peoples and their Relationship to Land, Final Working Paper vorbereitet von *E.-I. Daes*, E/CN.4/Sub.2/2001/21, 11. Juni 2001. (*Daes*, Indigenous Peoples and their Relationship to Land, UN-land-rights study, UN-Studie über die Beziehung indigener Völker zu ihrem Land).

Vienna Declaration and Programme of Action, angenommen auf der World Conference on Human Rights in Wien, 25. Juni 1993, UN Doc. A/CONF.157/23, 12. Juli 1993.

World Bank, Operational Directive 4.20 on Indigenous Peoples (September 1991), abrufbar auf der Website der World Bank unter http://lnweb18.worldbank.org/ESSD/sdvext.nsf/63ByDocName/Policies.

World Bank, Operational Directive 4.30 on Involuntary Resettlement (Juni 1990). abrufbar auf der Website der World Bank unter http://www.worldbank.org/html/fpd/em/power/wbpolicy/430OD.stm.

Generalversammlung der UN, Declaration on the Right to Development, Resolution 41/128 vom 4. 12. 1986.

b) Mexiko

Alpizár Durán, L., Sandoval Terán A., (Hrsg), La situación de los derechos económicos, sociales y culturales en México. Informe alternativo de organizaciones civiles, sociales, y redes mexicanas al Tercer Informe Periódico del gobierno mexicano ante el Comité de las Naciones Unidas sobre Derechos Económicos, Sociales y Culturales, México D.F., 1999.

Bartolomei de la Cruz, H., Reclamacion de los Huicholes, 1993.

Burguete Cal y Mayor A., Bericht an IWGIA, México, 2001/02.

Congreso Nacional Indígena, Documento de Resolutivos, México, 1996.

Instituto Indígenista Interamericano, Indicadores Socioeconómicos de los Pueblos Indígenas de México, I.N.I., Dirección de Investigación y Promoción Cultural. Subdirección de Investigación, 1993.

Mexikanische Regierung (Ejécutivo), Síntesis del Plan Puebla Panamá (zusammenfassender Entwurf des PPP), vorgestellt am 17. Mai 2001 in México, (Síntesis Ejécutiva).

Poder Judicial de la Federación, Suprema Corte de Justicia de la Nación, IUS 2000, Jurisprudencia y Tesis Aisladas 1917-2000. (CD-Rom).

c) Nicaragua

CALPI (Centro de Asistencia Legal a Pueblos Indígenas), Propuestas de CALPI a IWGIA, 2000, mehr Information unter http://calpi.nativeweb.org (Propuestas de CALPI a IWGIA).

Central American and Caribbean Research Council, General Diagnostic Study on Land Tenure in the Indigenous Communities of the Atlantic Coast, General Framework, 1998. (General Diagnostic Study on Land Tenure).

Equipo Wani, Aportes de un Diagnóstico General sobre la Tenencia de la Tierra en la Costa Atlántica, in WANI No 25 Oct/Dec 2000, 22-35.

INEC, Censos Nacionales, Datos de Población y Vivienda, Managua, 1998.

ILO, Recent Developments Concerning Indigenous and Tribal Peoples, Genf, ILO, November 2002.

Indian Law Resource Centre, International Human Rights Law Group, La implementación del caso Awas Tingni. Resumen informativo de las negociaciones entre la comunidad Awas Tingni y el estado de Nicaragua, 15. 5. 2002.

Bericht: El Caso Awas Tingni: Quince meses después. Los retos del proceso de implementación de la sentencia de la Corte Interamericana de derechos humanos, Jänner 2003.

2. Interviews

a) Mexiko

Interview mit *Francois Lartigue*, Forscher von CIESAS, durchgeführt am 20. Februar, 2001 in México D.F..

Interview mit *Jorge Gonzales Galvan,* # Professor und Forscher der UNAM, durchgeführt am 25. Februar 2001 in Mexico D.F.

Interview mit *Consuelo Sanchez*, Anthropologin, Forscherin der ENAH, durchgeführt am 6. März 2001 in Mexico City (Mexico).

b) Nicaragua

Interviews mit *Lottie Cunningham*, Anwältin, Leiterin einer NGO in Puerto Cabezas, durchgeführt im Juli 2001 in Puerto Cabezas (RAAN, Nicaragua).

Interviews mit *Edda Moreno*, Anthropologin, Forscherin auf IEPA-URACCAN, durchgeführt in Juli 2001 in Puerto Cabezas.

Interview mit *Avelino Cox*, Mitglied des Regionalparlament des RAAN 1994-98, durchgeführt am 26. Juli 2001 in Puerto Cabezas.

Interviews mit Mitgliedern von *Francis Sirpaj*, durchgeführt am 28. and 29. Juli 2001, in the Gemeinde von Francis Sirpaj (RAAN, Nicaragua).

Interview mit *Mario Rizo*, Anthropologe und Jurist, Forscher auf der Universidad Centroamericana (UCA), durchgeführt am 3· August 2001 in Managua (Nicaragua).

Email Verkehr mit *César Paíz Coleman*, Direktor von IEPA-URACCAN, den 18. April 2002 and den 3. Oktober 2002.

Interview mit *Francois Lartigue*, Forscher von CIESAS, durchgeführt am 20. Februar 2001 in Mexiko D.F..

B. RELEVANTE RECHTSDOKUMENTE

I. DRAFT UNITED NATIONS DECLARATION ON THE RIGHTS OF INDIGENOUS PEOPLES

Sub-Commission Resolution 1994/45, 26. August 1994

Quelle: http://www. unhchr. ch/indigenous/documents.htm#draft

Affirming that indigenous peoples are equal in dignity and rights to all other peoples, while recognizing the right of all peoples to be different, to consider themselves different, and to be respected as such,

Affirming also that all peoples contribute to the diversity and richness of civilizations and cultures, which constitute the common heritage of humankind,

Affirming further that all doctrines, policies and practices based on or advocating superiority of peoples or individuals on the basis of national origin, racial, religious, ethnic or cultural differences are racist, scientifically false, legally invalid, morally condemnable and socially unjust,

Reaffirming also that indigenous peoples, in the exercise of their rights, should be free from discrimination of any kind,

Concerned that indigenous peoples have been deprived of their human rights and fundamental freedoms, resulting, inter alia, in their colonization and dispossession of their lands, territories and resources, thus preventing them from exercising, in particular, their right to development in accordance with their own needs and interests,

Recognizing the urgent need to respect and promote the inherent rights and characteristics of indigenous peoples, especially their rights to their lands, territories and resources, which derive from their political, economic and social structures and from their cultures, spiritual traditions, histories and philosophies,

Welcoming the fact that indigenous peoples are organizing themselves for political, economic, social and cultural enhancement and in order to bring an end to all forms of discrimination and oppression wherever they occur,

Convinced that control by indigenous peoples over developments affecting them and their lands, territories and resources will enable them to maintain and strengthen their institutions, cultures and traditions, and to promote their development in accordance with their aspirations and needs,

Recognizing also that respect for indigenous knowledge, cultures and traditional practices contributes to sustainable and equitable development and proper management of the environment,

Emphasizing the need for demilitarization of the lands and territories of indigenous peoples, which will contribute to peace, economic and social progress and development, understanding and friendly relations among nations and peoples of the world,

Recognizing in particular the right of indigenous families and communities to retain shared responsibility for the upbringing, training, education and well-being of their children,

Recognizing also that indigenous peoples have the right freely to determine their relationships with States in a spirit of coexistence, mutual benefit and full respect,

Considering that treaties, agreements and other arrangements between States and indigenous peoples are properly matters of international concern and responsibility,

Acknowledging that the Charter of the United Nations, the International Covenant on Economic, Social and Cultural Rights and the International Covenant on Civil and Political Rights affirm the fundamental importance of the right of self-determination of all peoples, by virtue of which they freely determine their political status and freely pursue their economic, social and cultural development,

Bearing in mind that nothing in this Declaration may be used to deny any peoples their right of self-determination,

Encouraging States to comply with and effectively implement all international instruments, in particular those related to human rights, as they apply to indigenous peoples, in consultation and cooperation with the peoples concerned,

Emphasizing that the United Nations has an important and continuing role to play in promoting and protecting the rights of indigenous peoples,

Believing that this Declaration is a further important step forward for the recognition, promotion and protection of the rights and freedoms of indigenous peoples and in the development of relevant activities of the United Nations system in this field,

Solemnly proclaims the following United Nations Declaration on the Rights of Indigenous Peoples:

PART I

Article 1

Indigenous peoples have the right to the full and effective enjoyment of all human rights and fundamental freedoms recognized in the Charter of the United Nations, the Universal Declaration of Human Rights and international human rights law.

Article 2

Indigenous individuals and peoples are free and equal to all other individuals and peoples in dignity and rights, and have the right to be free from any kind of adverse discrimination, in particular that based on their indigenous origin or identity.

Article 3

Indigenous peoples have the right of self-determination. By virtue of that right they freely determine their political status and freely pursue their economic, social and cultural development.

Article 4

Indigenous peoples have the right to maintain and strengthen their distinct political, economic, social and cultural characteristics, as well as their legal systems, while retaining their rights to participate fully, if they so choose, in the political, economic, social and cultural life of the State.

Article 5

Every indigenous individual has the right to a nationality.

PART II

Article 6

Indigenous peoples have the collective right to live in freedom, peace and security as distinct peoples and to full guarantees against genocide or any other act of violence, including the removal of indigenous children from their families and communities under any pretext.

In addition, they have the individual rights to life, physical and mental integrity, liberty and security of person.

Article 7

Indigenous peoples have the collective and individual right not to be subjected to ethnocide and cultural genocide, including prevention of and redress for:

(a) Any action which has the aim or effect of depriving them of their integrity as distinct peoples, or of their cultural values or ethnic identities;

(b) Any action which has the aim or effect of dispossessing them of their lands, territories or resources;

(c) Any form of population transfer which has the aim or effect of violating or undermining any of their rights;

(d) Any form of assimilation or integration by other cultures or ways of life imposed on them by legislative, administrative or other measures;

(e) Any form of propaganda directed against them.

Article 8

Indigenous peoples have the collective and individual right to maintain and develop their distinct identities and characteristics, including the right to identify themselves as indigenous and to be recognized as such.

Article 9

Indigenous peoples and individuals have the right to belong to an indigenous community or nation, in accordance with the traditions and customs of the community or nation concerned. No disadvantage of any kind may arise from the exercise of such a right.

Article 10

Indigenous peoples shall not be forcibly removed from their lands or territories. No relocation shall take place without the free and informed consent of the indigenous peoples concerned and after agreement on just and fair compensation and, where possible, with the option of return.

Article 11

Indigenous peoples have the right to special protection and security in periods of armed conflict.

States shall observe international standards, in particular the Fourth Geneva Convention of 1949, for the protection of civilian populations in circumstances of emergency and armed conflict, and shall not:

(a) Recruit indigenous individuals against their will into the armed forces and, in particular, for use against other indigenous peoples;

(b) Recruit indigenous children into the armed forces under any circumstances;

(c) Force indigenous individuals to abandon their lands, territories or means of subsistence, or relocate them in special centres for military purposes;

(d) Force indigenous individuals to work for military purposes under any discriminatory conditions.

PART III

Article 12

Indigenous peoples have the right to practise and revitalize their cultural traditions and customs. This includes the right to maintain, protect and develop the past, present and future manifestations of their cultures, such as archaeological and historical sites, artifacts, designs, ceremonies, technologies and visual and performing arts and literature, as well as the right to the restitution of cultural, intellectual, religious and spiritual property taken without their free and informed consent or in violation of their laws, traditions and customs.

Article 13

Indigenous peoples have the right to manifest, practise, develop and teach their spiritual and religious traditions, customs and ceremonies; the right to maintain, protect, and have access in privacy to their religious and cultural sites; the right to the use and control of ceremonial objects; and the right to the repatriation of human remains.

States shall take effective measures, in conjunction with the indigenous peoples concerned, to ensure that indigenous sacred places, including burial sites, be preserved, respected and protected.

Article 14

Indigenous peoples have the right to revitalize, use, develop and transmit to future generations their histories, languages, oral traditions, philosophies, writing systems and literatures, and to designate and retain their own names for communities, places and persons.

States shall take effective measures, whenever any right of indigenous peoples may be threatened, to ensure this right is protected and also to ensure that they can understand and be understood in political, legal and administrative proceedings, where necessary through the provision of interpretation or by other appropriate means.

PART IV

Article 15

Indigenous children have the right to all levels and forms of education of the State. All indigenous peoples also have this right and the right to establish and control their educational systems and institutions providing education in their own languages, in a manner appropriate to their cultural methods of teaching and learning.

Indigenous children living outside their communities have the right to be provided access to education in their own culture and language.

States shall take effective measures to provide appropriate resources for these purposes.

Article 16

Indigenous peoples have the right to have the dignity and diversity of their cultures, traditions, histories and aspirations appropriately reflected in all forms of education and public information.

States shall take effective measures, in consultation with the indigenous peoples concerned, to eliminate prejudice and discrimination and to promote tolerance, understanding and good relations among indigenous peoples and all segments of society.

Article 17

Indigenous peoples have the right to establish their own media in their own languages. They also have the right to equal access to all forms of non-indigenous media.

States shall take effective measures to ensure that State-owned media duly reflect indigenous cultural diversity.

Article 18

Indigenous peoples have the right to enjoy fully all rights established under international labour law and national labour legislation.

Indigenous individuals have the right not to be subjected to any discriminatory conditions of labour, employment or salary.

PART V

Article 19

Indigenous peoples have the right to participate fully, if they so choose, at all levels of decision-making in matters which may affect their rights, lives and destinies through representatives chosen by themselves in accordance with their own procedures, as well as to maintain and develop their own indigenous decision-making institutions.

Article 20

Indigenous peoples have the right to participate fully, if they so choose, through procedures determined by them, in devising legislative or administrative measures that may affect them.

States shall obtain the free and informed consent of the peoples concerned before adopting and implementing such measures.

Article 21

Indigenous peoples have the right to maintain and develop their political, economic and social systems, to be secure in the enjoyment of their own means of subsistence and development, and to engage freely in all their traditional and other economic activities. Indigenous peoples who have been deprived of their means of subsistence and development are entitled to just and fair compensation.

Article 22

Indigenous peoples have the right to special measures for the immediate, effective and continuing improvement of their economic and social conditions, including in the areas of employment, vocational training and retraining, housing, sanitation, health and social security.

Particular attention shall be paid to the rights and special needs of indigenous elders, women, youth, children and disabled persons.

Article 23

Indigenous peoples have the right to determine and develop priorities and strategies for exercising their right to development. In particular, indigenous peoples have the right to determine and develop all health, housing and other economic and social programmes affecting them and, as far as possible, to administer such programmes through their own institutions.

Article 24

Indigenous peoples have the right to their traditional medicines and health practices, including the right to the protection of vital medicinal plants, animals and minerals.

They also have the right to access, without any discrimination, to all medical institutions, health services and medical care.

PART VI

Article 25

Indigenous peoples have the right to maintain and strengthen their distinctive spiritual and material relationship with the lands, territories, waters and coastal seas and other resources which they have traditionally owned or otherwise occupied or used, and to uphold their responsibilities to future generations in this regard.

Article 26

Indigenous peoples have the right to own, develop, control and use the lands and territories, including the total environment of the lands, air, waters, coastal seas, sea-ice, flora and fauna and other resources which they have traditionally owned or otherwise occupied or used. This includes the right to the full recognition of their laws, traditions and customs, land-tenure systems and institutions for the development and management of resources, and the right to effective measures by States to prevent any interference with, alienation of or encroachment upon these rights.

Article 27

Indigenous peoples have the right to the restitution of the lands, territories and resources which they have traditionally owned or otherwise occupied or used, and which have been confiscated, occupied, used or damaged without their free and informed consent. Where this is not possible, they have the right to just and fair compensation. Unless otherwise freely agreed upon by the peoples concerned, compensation shall take the form of lands, territories and resources equal in quality, size and legal status.

Article 28

Indigenous peoples have the right to the conservation, restoration and protection of the total environment and the productive capacity of their lands, territories and resources, as well as to assistance for this purpose from States and through international cooperation. Military activities shall not take place in the lands and territories of indigenous peoples, unless otherwise freely agreed upon by the peoples concerned.

States shall take effective measures to ensure that no storage or disposal of hazardous materials shall take place in the lands and territories of indigenous peoples.

States shall also take effective measures to ensure, as needed, that programmes for monitoring, maintaining and restoring the health of indigenous peoples, as developed and implemented by the peoples affected by such materials, are duly implemented.

Article 29

Indigenous peoples are entitled to the recognition of the full ownership, control and protection of their cultural and intellectual property.

They have the right to special measures to control, develop and protect their sciences, technologies and cultural manifestations, including human and other genetic resources, seeds, medicines, knowledge of the properties of fauna and flora, oral traditions, literatures, designs and visual and performing arts.

Article 30

Indigenous peoples have the right to determine and develop priorities and strategies for the development or use of their lands, territories and other resources, including the right to require that States obtain their free and informed consent prior to the approval of any project affecting their lands, territories and other resources, particularly in connection with the development, utilization or exploitation of mineral, water or other resources. Pursuant to agreement with the indigenous peoples concerned, just and fair compensation shall be provided for any such activities and measures taken to mitigate adverse environmental, economic, social, cultural or spiritual impact.

PART VII

Article 31

Indigenous peoples, as a specific form of exercising their right to self-determination, have the right to autonomy or self-government in matters relating to their internal and local affairs, including culture, religion, education, information, media, health, housing, employment, social welfare, economic activities, land and resources management, environment and entry by non-members, as well as ways and means for financing these autonomous functions.

Article 32

Indigenous peoples have the collective right to determine their own citizenship in accordance with their customs and traditions. Indigenous citizenship does not impair the right of indigenous individuals to obtain citizenship of the States in which they live.

Indigenous peoples have the right to determine the structures and to select the membership of their institutions in accordance with their own procedures.

Article 33

Indigenous peoples have the right to promote, develop and maintain their institutional structures and their distinctive juridical customs, traditions, procedures and practices, in accordance with internationally recognized human rights standards.

Article 34

Indigenous peoples have the collective right to determine the responsibilities of individuals to their communities.

Article 35

Indigenous peoples, in particular those divided by international borders, have the right to maintain and develop contacts, relations and cooperation, including activities for spiritual, cultural, political, economic and social purposes, with other peoples across borders.

States shall take effective measures to ensure the exercise and implementation of this right.

Article 36

Indigenous peoples have the right to the recognition, observance and enforcement of treaties, agreements and other constructive arrangements concluded with States or their successors, according to their original spirit and intent, and to have States honour and respect such treaties, agreements and other constructive arrangements. Conflicts and disputes which cannot otherwise be settled should be submitted to competent international bodies agreed to by all parties concerned.

PART VIII

Article 37

States shall take effective and appropriate measures, in consultation with the indigenous peoples concerned, to give full effect to the provisions of this Declaration. The rights recognized herein shall be adopted and included in national legislation in such a manner that indigenous peoples can avail themselves of such rights in practice.

Article 38

Indigenous peoples have the right to have access to adequate financial and technical assistance, from States and through international cooperation, to pursue freely their political, economic, social, cultural and spiritual development and for the enjoyment of the rights and freedoms recognized in this Declaration.

Article 39

Indigenous peoples have the right to have access to and prompt decision through mutually acceptable and fair procedures for the resolution of conflicts and disputes with States, as well as to effective remedies for all infringements of their individual and collective rights. Such a decision shall take into consideration the customs, traditions, rules and legal systems of the indigenous peoples concerned.

Article 40

The organs and specialized agencies of the United Nations system and other intergovernmental organizations shall contribute to the full realization of the provisions of this Declaration through the mobilization, inter alia, of financial cooperation and technical assistance. Ways and means of ensuring participation of indigenous peoples on issues affecting them shall be established.

Article 41

The United Nations shall take the necessary steps to ensure the implementation of this Declaration including the creation of a body at the highest level with special competence in this field and with the direct participation of indigenous peoples. All United Nations bodies shall promote respect for and full application of the provisions of this Declaration.

PART IX

Article 42

The rights recognized herein constitute the minimum standards for the survival, dignity and well-being of the indigenous peoples of the world.

Article 43

All the rights and freedoms recognized herein are equally guaranteed to male and female indigenous individuals.

Article 44

Nothing in this Declaration may be construed as diminishing or extinguishing existing or future rights indigenous peoples may have or acquire.

Article 45

Nothing in this Declaration may be interpreted as implying for any State, group or person any right to engage in any activity or to perform any act contrary to the Charter of the United Nations.

II. PROPOSED INTER-AMERICAN DECLARATION ON THE RIGHTS OF INDIGENOUS PEOPLES

(Approved by the Inter-American Commission on Human Rights on February 26, 1997, at its 1333rd session, 95th regular session)

OEA/Ser.L/V/III.95.doc7, rev.1997
Quelle: http://www.cidh.oas.org/Indigenous.htm

PREAMBLE

1. Indigenous institutions and the strengthening of nations

The member states of the OAS (hereafter the states),

Recalling that the indigenous peoples of the Americas constitute an organized, distinctive and integral segment of their population and are entitled to be part of the national identities of the countries of the Americas, and have a special role to play in strengthening the institutions of the state and in establishing national unity based on democratic principles; and,

Further recalling that some of the democratic institutions and concepts embodied in the constitutions of American states originate from institutions of the indigenous peoples, and that in many instances their present participatory systems for decision-making and for authority contribute to improving democracies in the Americas.

Recalling the need to develop their national juridical systems to consolidate the pluricultural nature of our societies.

2. Eradication of poverty and the right to development

Concerned about the frequent deprivation afflicting indigenous peoples of their human rights and fundamental freedoms; within and outside their communities, as well as the dispossession of their lands, territories and resources, thus preventing them from exercising, in particular, their right to development in accordance with their own traditions, needs and interests.

Recognizing the severe impoverishment afflicting indigenous peoples in several regions of the Hemisphere and that their living conditions are generally deplorable.

And recalling that in the Declaration of Principles issued by the Summit of the Americas in December 1994, the heads of state and governments declared that in observance of the International Decade of the World's Indigenous People, they will focus their energies on improving the exercise of democratic rights and the access to social services by indigenous peoples and their communities.

3. Indigenous culture and ecology

Recognizing the respect for the environment accorded by the cultures of indigenous peoples of the Americas, and considering the special relationship between the indigenous peoples and the environment, lands, resources and territories on which they live and their natural resources.

4. Harmonious Relations, Respect and the Absence of Discrimination

Reaffirming the responsibility of all states and peoples of the Americas to end racism and racial discrimination, with a view to establishing harmonious relations and respect among all peoples.

5. Territories and Indigenous Survival

Recognizing that in many indigenous cultures, traditional collective systems for control and use of land, territory and resources, including bodies of water and coastal areas, are a necessary condition for their survival, social organization, development and their individual and collective well-being; and that the form of such control and ownership is varied and distinctive and does not necessarily coincide with the systems protected by the domestic laws of the states in which they live.

6. Security and indigenous areas

Reaffirming that the armed forces in indigenous areas shall restrict themselves to the performance of their functions and shall not be the cause of abuses or violations of the rights of indigenous peoples.

7. Human Rights instruments and other advances in international law

Recognizing the paramouncy and applicability to the states and peoples of the Americas of the American Declaration of the Rights and Duties of Man, the American Convention on Human Rights and other human rights instruments of inter-American and international law; and

Recognizing that indigenous peoples are a subject of international law, and mindful of the progress achieved by the states and indigenous organizations, especially in the sphere of the United Nations and the International Labor Organization, in several international instruments, particularly in the ILO Convention 169.

Affirming the principle of the universality and indivisibility of human rights, and the application of international human rights to all individuals.

8. Enjoyment of Collective Rights

Recalling the international recognition of rights that can only be enjoyed when exercised collectively.

9. Advances in the provisions of national instruments

Noting the constitutional, legislative and jurisprudential advances achieved in the Americas in guaranteeing the rights and institutions of indigenous peoples.

DECLARE:

SECTION ONE. INDIGENOUS PEOPLES

Article I. Scope and definitions

1. This Declaration applies to indigenous peoples as well as peoples whose social, cultural and economic conditions distinguish them from other sections of the national community, and whose status is regulated wholly or partially by their own customs or traditions or by special laws or regulations.

2. Self identification as indigenous shall be regarded as a fundamental criterion for determining the peoples to which the provisions of this Declaration apply.

3. The use of the term "peoples" in this Instrument shall not be construed as having any implication with respect to any other rights that might be attached to that term in international law.

SECTION TWO. HUMAN RIGHTS

Article II. Full observance of human rights

1. Indigenous peoples have the right to the full and effective enjoyment of the human rights and fundamental freedoms recognized in the Charter of the OAS, the American Declaration of the Rights and Duties of Man, the American Convention on Human Rights, and other international human rights law; and nothing in this Declaration shall be construed as in any way limiting or denying those rights or authorizing any action not in accordance with the instruments of international law including human rights law.

2. Indigenous peoples have the collective rights that are indispensable to the enjoyment of the individual human rights of their members. Accordingly the states recognize inter alia the right of the indigenous peoples to collective action, to their cultures, to profess and practice their spiritual beliefs, and to use their languages.

3. The states shall ensure for indigenous peoples the full exercise of all rights, and shall adopt in accordance with their constitutional processes such legislative or other measures as may be necessary to give effect to the rights recognized in this Declaration.

Article III. Right to belong to indigenous peoples

Indigenous peoples and communities have the right to belong to indigenous peoples, in accordance with the traditions and customs of the peoples or nation concerned.

Article IV. Legal status of communities

Indigenous peoples have the right to have their legal personality fully recognized by the states within their systems.

Article V. No forced assimilation

1. Indigenous peoples have the right to freely preserve, express and develop their cultural identity in all its aspects, free of any attempt at assimilation.

2. The states shall not undertake, support or favour any policy of artificial or enforced assimilation of indigenous peoples, destruction of a culture or the possibility of the extermination of any indigenous peoples.

Article VI. Special guarantees against discrimination

1. Indigenous peoples have the right to special guarantees against discrimination that may have to be instituted to fully enjoy internationally and nationally-recognized human rights; as well as measures necessary to enable indigenous women, men and children to exercise, without any discrimination, civil, political, economic, social, cultural and spiritual rights. The states recognize that violence exerted against persons because of their gender and age prevents and nullifies the exercise of those rights.

2. Indigenous peoples have the right to fully participate in the prescription of such guarantees.

SECTION THREE. CULTURAL DEVELOPMENT

Article VII. Right to Cultural integrity

1. Indigenous peoples have the right to their cultural integrity, and their historical and archeological heritage, which are important both for their survival as well as for the identity of their members.

2. Indigenous peoples are entitled to restitution in respect of the property of which they have been dispossessed, and where that is not possible, compensation on a basis not less favorable than the standard of international law.

3. The states shall recognize and respect indigenous ways of life, customs, traditions, forms of social, economic and political organization, institutions, practices, beliefs and values, use of dress, and languages.

Article VIII. Philosophy, outlook and language

1. Indigenous peoples have the right to indigenous languages, philosophy and outlook as a component of national and universal culture, and as such, shall respect them and facilitate their dissemination.

2. The states shall take measures and ensure that broadcast radio and television programs are broadcast in the indigenous languages in the regions where there is a strong indigenous presence, and to support the creation of indigenous radio stations and other media.

3. The states shall take effective measures to enable indigenous peoples to understand administrative, legal and political rules and procedures, and to be understood in relation to these matters. In areas where indigenous languages are predominant, states shall endeavor to establish the pertinent languages as official languages and to give them the same status that is given to non-indigenous official languages.

4. Indigenous peoples have the right to use their indigenous names, and to have the states recognize them as such.

Article IX. Education

1. Indigenous peoples shall be entitled: a) to establish and set in motion their own educational programs, institutions and facilities; b) to prepare and implement their own educational plans, programs, curricula and materials; c) to train, educate and accredit their teachers and administrators. The states shall endeavor to ensure that such systems guarantee equal educational and teaching opportunities for the entire population and complementarity with national educational systems.

2. When indigenous peoples so decide, educational systems shall be conducted in the indigenous languages and incorporate indigenous content, and they shall also be provided with the necessary training and means for complete mastery of the official language or languages.

3. The states shall ensure that those educational systems are equal in quality, efficiency, accessibility and in all other ways to that provided to the general population.

4. The states shall take measures to guarantee to the members of indigenous peoples the possibility to obtain education at all levels, at least of equal quality with the general population.

5. The states shall include in their general educational systems, content reflecting the pluricultural nature of their societies.

6. The states shall provide financial and any other type of assistance needed for the implementation of the provisions of this article.

Article X. Spiritual and religious freedom

1. Indigenous peoples have the right to freedom of conscience, freedom of religion and spiritual practice, and to exercise them both publicly and privately.

2. The states shall take necessary measures to prohibit attempts to forcibly convert indigenous peoples or to impose on them beliefs against their will.

3. In collaboration with the indigenous peoples concerned, the states shall adopt effective measures to ensure that their sacred sites, including burial sites, are preserved, respected and protected. When sacred graves and relics have been appropriated by state institutions, they shall be returned.

4. The states shall encourage respect by all people for the integrity of indigenous spiritual symbols, practices, sacred ceremonies, expressions and protocols.

Article XI. Family relations and family ties

1. The family is the natural and basic unit of societies and must be respected and protected by the state. Consequently the state shall recognize and respect the various forms of indigenous family, marriage, family name and filiation.

2. In determining the child's best interest in matters relating to the protection and adoption of children of members of indigenous peoples, and in matters of breaking of ties and other similar circumstances, consideration shall be given by courts and other relevant institutions to the views of the peoples, including individual, family and community views.

Article XII. Health and well-being

1. Indigenous peoples have the right to legal recognition and practice of their traditional medicine, treatment, pharmacology, health practices and promotion, including preventive and rehabilitative practices.

2. Indigenous peoples have the right to the protection of vital medicinal plants, animal and mineral in their traditional territories.

3. Indigenous peoples shall be entitled to use, maintain, develop and manage their own health services, and they shall also have access, on an equal basis, to all health institutions and services and medical care accessible to the general population.

4. The states shall provide the necessary means to enable the indigenous peoples to eliminate such health conditions in their communities which fall below international accepted standards for the general population.

Article XIII. Right to environmental protection

1. Indigenous peoples have the right to a safe and healthy environment, which is an essential condition for the enjoyment of the right to life and collective well-being.

2. Indigenous peoples have the right to be informed of measures which will affect their environment, including information that ensures their effective participation in actions and policies that might affect it.

3. Indigenous peoples shall have the right to conserve, restore and protect their environment, and the productive capacity of their lands, territories and resources.

4. Indigenous peoples have the right to participate fully in formulating, planning, managing and applying governmental programmes of conservation of their lands, territories and resources.

5. Indigenous peoples have the right to assistance from their states for purposes of environmental protection, and may receive assistance from international organizations.

6. The states shall prohibit and punish, and shall impede jointly with the indigenous peoples, the introduction, abandonment, or deposit of radioactive materials or residues, toxic substances and garbage in contravention of legal provisions; as well as the production, introduction, transportation, possession or use of chemical, biological and nuclear weapons in indigenous areas.

7. When a State declares an indigenous territory as protected area, any lands, territories and resources under potential or actual claim by indigenous peoples, conservation areas shall not be subject to any natural resource development without the informed consent and participation of the peoples concerned.

SECTION FOUR. ORGANIZATIONAL AND POLITICAL RIGHTS

Article XIV. Rights of association, assembly, freedom of expression and freedom of thought

1. Indigenous peoples have the right of association, assembly and expression in accordance with their values, usages, customs, ancestral traditions, beliefs and religions.

2. Indigenous peoples have the right of assembly and to the use of their sacred and ceremonial areas, as well as the right to full contact and common activities with their members living in the territory of neighboring states.

Article XV. Right to self government

1. Indigenous peoples have the right to freely determine their political status and freely pursue their economic, social, spiritual and cultural development , and accordingly, they have the right to autonomy or self-government with regard to inter alia culture, religion, education, information, media, health, housing, employment, social welfare, economic activities, land and resource management, the environment and entry by nonmembers; and to determine ways and means for financing these autonomous functions.

2. Indigenous peoples have the right to participate without discrimination, if they so decide, in all decision-making, at all levels, with regard to matters that might affect their rights, lives and destiny. They may do so directly or through representatives chosen by them in accordance with their own procedures. They shall also have the right to maintain and develop their own indigenous decision-making institutions, as well as equal opportunities to access and participate in all state institutions and fora.

Article XVI. Indigenous Law

1. Indigenous law shall be recognized as a part of the states' legal system and of the framework in which the social and economic development of the states takes place.

2. Indigenous peoples have the right to maintain and reinforce their indigenous legal systems and also to apply them to matters within their communities, including systems related to such matters as conflict resolution, crime prevention and maintenance of peace and harmony.

3. In the jurisdiction of any state, procedures concerning indigenous peoples or their interests shall be conducted in such a way as to ensure the right of indigenous peoples to full representation with dignity and equality before the law. This shall include observance of indigenous law and custom and, where necessary, use of their language.

Article XVII. National incorporation of indigenous legal and organizational systems

1. The states shall facilitate the inclusion in their organizational structures, the institutions and traditional practices of indigenous peoples, and in consultation and with consent of the peoples concerned.

2. State institutions relevant to and serving indigenous peoples shall be designed in consultation and with the participation of the peoples concerned so as to reinforce and promote the identity, cultures, traditions, organization and values of those peoples.

SECTION FIVE. SOCIAL, ECONOMIC AND PROPERTY RIGHTS

Article XVIII. Traditional forms of ownership and cultural survival. Rights to land, territories and resources

1. Indigenous peoples have the right to the legal recognition of their varied and specific forms and modalities of their control, ownership, use and enjoyment of territories and property.

2. Indigenous peoples have the right to the recognition of their property and ownership rights with respect to lands, territories and resources they have historically occupied, as well as to the use of those to which they have historically had access for their traditional activities and livelihood.

3. i) Subject to 3.ii.), where property and user rights of indigenous peoples arise from rights existing prior to the creation of those states, the states shall recognize the titles of indigenous peoples relative thereto as permanent, exclusive, inalienable, imprescriptible and indefeasible.

ii) Such titles may only be changed by mutual consent between the state and respective indigenous peoples when they have full knowledge and appreciation of the nature or attributes of such property.

iii) Nothing in 3.i.) shall be construed as limiting the right of indigenous peoples to attribute ownership within the community in accordance with their customs, traditions, uses and traditional practices, nor shall it affect any collective community rights over them.

4. Indigenous peoples have the right to an effective legal framework for the protection of their rights with respect to the natural resources on their lands, including the ability to use, manage, and conserve such resources; and with respect to traditional uses of their lands, interests in lands, and resources, such as subsistence.

5. In the event that ownership of the minerals or resources of the subsoil pertains to the state or that the state has rights over other resources on the lands, the governments must establish or maintain procedures for the participation of the peoples concerned in determining whether the interests of these people would be adversely affected and to what extent, before undertaking or authorizing any program for planning, prospecting or exploiting existing resources on their lands. The peoples concerned shall participate in the benefits of such activities, and shall receive compensation, on a basis not less favorable than the standard of international law for any loss which they may sustain as a result of such activities.

6. Unless exceptional and justified circumstances so warrant in the public interest, the states shall not transfer or relocate indigenous peoples without the free, genuine, public and informed consent of those peoples, but in all cases with prior compensation and prompt replacement of lands taken, which must be of similar or better quality and which must have the same legal status; and with guarantee of the right to return if the causes that gave rise to the displacement cease to exist.

7. Indigenous peoples have the right to the restitution of the lands, territories and resources which they have traditionally owned or otherwise occupied or used, and which have been confiscated, occupied, used or damaged, or when restitution is not possible, the right to compensation on a basis not less favorable than the standard of international law .

8. The states shall take all measures, including the use of law enforcement mechanisms, to avert, prevent and punish, if applicable, any intrusion or use of those lands by unauthorized persons to take possession or make use of them. The states

shall give maximum priority to the demarcation and recognition of properties and areas of indigenous use.

Article XIX. Workers rights

1. Indigenous peoples shall have the right to full enjoyment of the rights and guarantees recognized under international labor law and domestic labor law; they shall also have the right to special measures to correct, redress and prevent the discrimination to which they have historically been subject.

2. To the extent that they are not effectively protected by laws applicable to workers in general, the states shall take such special measures as may be necessary to:

a. effectively protect the workers and employees who are members of indigenous communities in respect of fair and equal hiring and terms of employment;

b. to improve the labor inspection and enforcement service in regions, companies or paid activities involving indigenous workers or employees;

c. ensure that indigenous workers:

i) enjoy equal opportunity and treatment as regards all conditions of employment, job promotion and advancement; and other conditions as stipulated under international law;

ii) enjoy the right to association and freedom for all lawful trade union activities, and the right to conclude collective agreements with employers or employers' organizations;

iii) are not subjected to racial, sexual or other forms of harassment;

iv) are not subjected to coercive hiring practices, including servitude for debts or any other form of servitude, even if they have their origin in law, custom or a personal or collective arrangement, which shall be deemed absolutely null and void in each instance;

v) are not subjected to working conditions that endanger their health and safety;

vi) receive special protection when they serve as seasonal, casual or migrant workers and also when they are hired by labor contractors in order that they benefit from national legislation and practice which must itself be in accordance with established international human rights standards in respect of this type of workers, and,

vii) as well as their employers are made fully aware of the rights of indigenous workers, under such national legislation and international standards, and of the recourses available to them in order to protect those rights.

Article XX. Intellectual property rights

1. Indigenous peoples have the right to the recognition and the full ownership, control and protection of their cultural, artistic, spiritual, technological and scientific heritage, and legal protection for their intellectual property through trademarks, patents, copyright and other such procedures as established under domestic law; as well as to special measures to ensure them legal status and institutional capacity to develop, use, share, market and bequeath that heritage to future generations.

2. Indigenous peoples have the right to control, develop and protect their sciencies and technologies, including their human and genetic resources in general, seed, medicine, knowledge of plant and animal life, original designs and procedure.

3. The states shall take appropriate measures to ensure participation of the indigenous peoples in the determination of the conditions for the utilization, both public and private, of the rights listed in the previous paragraphs 1. and 2.

Article XXI. Right to development

1. The states recognize the right of indigenous peoples to decide democratically what values, objectives, priorities and strategies will govern and steer their development course, even where they are different from those adopted by the national government or by other segments of society. Indigenous peoples shall be entitled to obtain on a non-discriminatory basis appropriate means for their own development according to their preferences and values, and to contribute by their own means, as distinct societies, to national development and international cooperation.

2. Unless exceptional circumstances so warrant in the public interest, the states shall take necessary measures to ensure that decisions regarding any plan, program or proposal affecting the rights or living conditions of indigenous peoples are not made without the free and informed consent and participation of those

peoples, that their preferences are recognized and that no such plan, program or proposal that could have harmful effects on those peoples is adopted.

3. Indigenous peoples have the right to restitution or compensation no less favorable than the standards of international law, for any loss which, despite the foregoing precautions, the execution of those plans or proposals may have caused them; and measures taken to mitigate adverse environmental, economic, social, cultural or spiritual impact.

SECTION SIX. GENERAL PROVISIONS

Article XXII. Treaties, Acts, agreements and constructive arrangements

Indigenous peoples have the right to the recognition, observance and enforcement of treaties, agreements and constructive arrangements, that may have been concluded with states or their successors, as well as historical Acts in that respect, according to their spirit and intent, and to have states honor and respect such treaties, agreements and constructive arrangements as well as the rights emanating from those historical instruments. Conflicts and disputes which cannot otherwise be settled should be submitted to competent bodies.

Article XXIII.

Nothing in this instrument shall be construed as diminishing or extinguishing existing or future rights indigenous peoples may have or acquire.

Article XXIV.

The rights recognized herein constitute the minimum standards for the survival, dignity and well-being of the indigenous peoples of the Americas.

Article XXV.

Nothing in this instrument shall be construed as granting any rights to ignore boundaries between states.

Article XXVI.

Nothing in this Declaration may be construed as permitting any activity contrary to the purposes and principles of the OAS, including sovereign equality, territorial integrity and political independence of states.

Article XXVII. Implementation

The Organization of American States and its organs, organisms and entities, in particular the Inter-American Indian Institute, the Inter-American Commission of Human Rights shall promote respect for and full application of the provisions in this Declaration.

III. Übereinkommen 169 – Übereinkommen über eingeborene und in Stämmen lebende Völker in unabhängigen Ländern, 1989

Quelle: http://www.ilo.org/ilolex/english/convdisp1.htm

Die Allgemeine Konferenz der Internationalen Arbeitsorganisation, die vom Verwaltungsrat des Internationalen Arbeitsamtes nach Genf einberufen wurde und am 7. Juni 1989 zu ihrer sechsundsiebzigsten Tagung zusammengetreten ist,
verweist auf die internationalen Normen in dem Übereinkommen und der Empfehlung über eingeborene und in Stämmen lebende Bevölkerungsgruppen, 1957;
erinnert an die Allgemeine Erklärung der Menschenrechte, den Internationalen Pakt über wirtschaftliche, soziale und kulturelle Rechte, den Internationalen Pakt über bürgerliche und politische Rechte und die vielen internationalen Übereinkünfte über die Verhütung von Diskriminierung;
stellt fest, daß die Entwicklungen, die seit 1957 im internationalen Recht eingetreten sind, sowie die Entwicklungen in der Lage eingeborener und in Stämmen lebender Völker in allen Regionen der Welt es geboten erscheinen lassen, neue einschlägige internationale Normen anzunehmen, um die auf Assimilierung abzielende Ausrichtung der früheren Normen zu beseitigen;
anerkennt die Bestrebungen dieser Völker, im Rahmen der Staaten, in denen sie leben, Kontrolle über ihre Einrichtungen, ihre Lebensweise und ihre wirtschaftliche Entwicklung auszuüben und ihre Identität, Sprache und Religion zu bewahren und zu entwickeln;
stellt fest, daß in vielen Teilen der Welt diese Völker nicht in der Lage sind, ihre grundlegenden Menschenrechte im gleichen Umfang auszuüben wie die übrige Bevölkerung der Staaten, in denen sie leben, und daß ihre Gesetze, Werte, Bräuche und Perspektiven oft ausgehöhlt worden sind;
verweist auf den besonderen Beitrag der eingeborenen und in Stämmen lebenden Völker zur kulturellen Vielfalt und sozialen und ökologischen Harmonie der Menschheit sowie zur internationalen Zusammenarbeit und zum internationalen Verständnis;
stellt fest, daß die nachstehenden Bestimmungen in Zusammenarbeit mit den Vereinten Nationen, der Ernährungs- und Landwirtschaftsorganisation der Vereinten Nationen, der Organisation der Vereinten Nationen für Erziehung, Wissenschaft und Kultur und der Weltgesundheitsorganisation sowie dem Interamerikanischen Indianischen Institut auf entsprechender Ebene und in ihrem jeweiligen Tätigkeitsbereich ausgearbeitet worden sind und daß beabsichtigt ist, diese Zusammenarbeit bei der Förderung und Sicherstellung der Anwendung dieser Bestimmungen fortzusetzen;
hat beschlossen, verschiedene Anträge anzunehmen betreffend die Teilrevision des Übereinkommens (Nr. 107) über eingeborene und in Stämmen lebende Be-

völkerungsgruppen, 1957, eine Frage, die den vierten Gegenstand ihrer Tagesordnung bildet, und

dabei bestimmt, daß diese Anträge die Form eines internationalen Übereinkommens zur Neufassung des Übereinkommens über eingeborene und in Stämmen lebende Bevölkerungsgruppen, 1957, erhalten sollen.

Die Konferenz nimmt heute, am 27. Juni 1989, das folgende Übereinkommen an, das als Übereinkommen über eingeborene und in Stämmen lebende Völker, 1989, bezeichnet wird.

Teil I. Allgemeine Grundsätze

Artikel 1

1. Dieses Übereinkommen gilt für

a) in Stämmen lebende Völker in unabhängigen Ländern, die sich infolge ihrer sozialen, kulturellen und wirtschaftlichen Verhältnisse von anderen Teilen der nationalen Gemeinschaft unterscheiden und deren Stellung ganz oder teilweise durch die ihnen eigenen Bräuche oder Überlieferungen oder durch Sonderrecht geregelt ist;

b) Völker in unabhängigen Ländern, die als Eingeborene gelten, weil sie von Bevölkerungsgruppen abstammen, die in dem Land oder in einem geographischen Gebiet, zu dem das Land gehört, zur Zeit der Eroberung oder Kolonisierung oder der Festlegung der gegenwärtigen Staatsgrenzen ansässig waren und die, unbeschadet ihrer Rechtsstellung, einige oder alle ihrer traditionellen sozialen, wirtschaftlichen, kulturellen und politischen Einrichtungen beibehalten.

2. Das Gefühl der Eingeborenen- oder Stammeszugehörigkeit ist als ein grundlegendes Kriterium für die Bestimmung der Gruppen anzusehen, auf die die Bestimmungen dieses Übereinkommens Anwendung finden.

3. Die Verwendung des Ausdrucks „Völker" in diesem Übereinkommen darf nicht so ausgelegt werden, als hätte er irgendwelche Auswirkungen hinsichtlich der Rechte, die nach dem Völkerrecht mit diesem Ausdruck verbunden sein können.

Artikel 2

1. Es ist Aufgabe der Regierungen, mit Beteiligung der betreffenden Völker koordinierte und planvolle Maßnahmen auszuarbeiten, um die Rechte dieser Völker zu schützen und die Achtung ihrer Unversehrtheit zu gewährleisten.

2. Im Rahmen dieser Aufgabe sind Maßnahmen vorzusehen, deren Zweckes ist,

a) sicherzustellen, daß die Angehörigen dieser Völker von den Rechten und Möglichkeiten, welche die innerstaatliche Gesetzgebung anderen Angehörigen der Bevölkerung gewährt, gleichberechtigt Gebrauch machen können;

b) die volle Verwirklichung der sozialen, wirtschaftlichen und kulturellen Rechte dieser Völker unter Achtung ihrer sozialen und kulturellen Identität, ihrer Bräuche und Überlieferungen und ihrer Einrichtungen zu fördern;

c) den Angehörigen der betreffenden Völker dabei zu helfen, das zwischen eingeborenen und anderen Angehörigen der nationalen Gemeinschaft gegebenenfalls bestehende sozioökonomische Gefälle in einer Weise zu beseitigen, die mit den Bestrebungen und der Lebensweise dieser Völker vereinbar ist.

Artikel 3

1. Die eingeborenen und in Stämmen lebenden Völker müssen in den vollen Genuß der Menschenrechte und Grundfreiheiten ohne Behinderung oder Diskriminierung kommen. Die Bestimmungen des Übereinkommens sind ohne Diskriminierung auf männliche und weibliche Angehörige dieser Völker anzuwenden.

2. Es darf keine Form von Gewalt oder Zwang in Verletzung der Menschenrechte und Grundfreiheiten der betreffenden Völker, einschließlich der in diesem Übereinkommen enthaltenen Rechte, angewendet werden.

Artikel 4

1. Es sind gegebenenfalls besondere Maßnahmen zum Schutz der Einzelpersonen, der Einrichtungen, des Eigentums, der Arbeit, der Kultur und der Umwelt der betreffenden Völker zu ergreifen.

2. Diese besonderen Maßnahmen dürfen nicht im Widerspruch zu den frei geäußerten Wünschen der betreffenden Völker stehen.

3. Diese besonderen Maßnahmen dürfen die Ausübung der allgemeinen Staatsbürgerrechte, die nicht durch unterschiedliche Behandlung geschmälert werden darf, in keiner Weise beeinträchtigen.

Artikel 5

Bei der Durchführung der Bestimmungen dieses Übereinkommens

a) sind die sozialen, kulturellen, religiösen und geistigen Werte und Gepflogenheiten dieser Völker anzuerkennen und zu schützen und ist der Natur der Probleme, denen sie sich als Gruppen und als Einzelpersonen gegenübergestellt sehen, gebührend Rechnung zu tragen;

b) ist die Unversehrtheit der Werte, Gepflogenheiten und Einrichtungen dieser Völker zu achten;

c) sind mit Beteiligung und Unterstützung der betroffenen Völker Maßnahmen zur Milderung der Schwierigkeiten zu ergreifen, denen diese Völker angesichts neuer Lebens- und Arbeitsbedingungen begegnen.

Artikel 6

1. Bei der Durchführung der Bestimmungen dieses Übereinkommens haben die Regierungen

a) die betreffenden Völker durch geeignete Verfahren und insbesondere durch ihre repräsentativen Einrichtungen zu konsultieren, wann immer gesetzgeberische oder administrative Maßnahmen, die sie unmittelbar berühren können, erwogen werden;

b) Mittel zu schaffen, durch die diese Völker sich im mindestens gleichen Umfang wie andere Teile der Bevölkerung ungehindert auf allen Entscheidungsebenen an auf dem Wahlprinzip beruhenden Einrichtungen sowie an Verwaltungs- und sonstigen Organen beteiligen können, die für sie betreffende Maßnahmen und Programme verantwortlich sind;

c) Mittel zu schaffen, die es diesen Völkern ermöglichen, ihre eigenen Einrichtungen und Initiativen voll zu entfalten, und in geeigneten Fällen die für diesen Zweck erforderlichen Ressourcen bereitzustellen.

2. Die in Anwendung dieses Übereinkommens vorgenommenen Konsultationen sind in gutem Glauben und in einer den Umständen entsprechenden Form mit dem Ziel durchzuführen, Einverständnis oder Zustimmung bezüglich der vorgeschlagenen Maßnahmen zu erreichen.

Artikel 7

1. Die betreffenden Völker müssen das Recht haben, ihre eigenen Prioritäten für den Entwicklungsprozeß, soweit er sich auf ihr Leben, ihre Überzeugungen, ihre Einrichtungen und ihr geistiges Wohl und das von ihnen besiedelte oder anderweitig genutzte Land auswirkt, festzulegen und soweit wie möglich Kontrolle über ihre wirtschaftliche, soziale und kulturelle Entwicklung auszuüben. Darüber hinaus haben sie an der Aufstellung, Durchführung und Bewertung von Plänen und Programmen für die nationale und regionale Entwicklung mitzuwirken, die sie unmittelbar berühren können.

2. Die Verbesserung der Lebens- und Arbeitsbedingungen sowie des Gesundheits- und Bildungsstandes der betreffenden Völker mit ihrer Beteiligung und Unterstützung muß in den allgemeinen Plänen für die wirtschaftliche Entwicklung der von ihnen bewohnten Gebiete Vorrang haben. Auch die besonderen Entwicklungspläne für diese Gebiete sind so zu gestalten, daß sie diese Verbesserung begünstigen.

3. Die Regierungen haben sicherzustellen, daß in Zusammenarbeit mit den betreffenden Völkern gegebenenfalls Untersuchungen durchgeführt werden, um die sozialen, geistigen, kulturellen und Umweltauswirkungen geplanter Entwicklungstätigkeiten auf diese Völker zu beurteilen. Die Ergebnisse dieser Untersuchungen sind als grundlegende Kriterien für die Durchführung dieser Tätigkeiten anzusehen.

4. Die Regierungen haben in Zusammenarbeit mit den betreffenden Völkern Maßnahmen zu ergreifen, um die Umwelt der von ihnen bewohnten Gebiete zu schützen und zu erhalten.

Artikel 8

1. Bei der Anwendung der innerstaatlichen Gesetzgebung auf die betreffenden Völker sind deren Bräuche oder deren Gewohnheitsrecht gebührend zu berücksichtigen.

2. Diese Völker müssen das Recht haben, ihre Bräuche und Einrichtungen zu bewahren, soweit diese mit den durch die innerstaatliche Rechtsordnung festgelegten Grundrechten oder mit den international anerkannten Menschenrechten nicht unvereinbar sind. Erforderlichenfalls sind Verfahren festzulegen, um Konflikte zu lösen, die bei der Anwendung dieses Grundsatzes entstehen können.

3. Durch die Anwendung der Absätze 1 und 2 dieses Artikels dürfen Angehörige dieser Völker nicht daran gehindert werden, die allen Bürgern zuerkannten Rechte auszuüben und die entsprechenden Pflichten zu übernehmen.

Artikel 9

1. Soweit dies mit der innerstaatlichen Rechtsordnung und den international anerkannten Menschenrechten vereinbar ist, sind die bei den betreffenden Völkern üblichen Methoden zur Ahndung der von Angehörigen dieser Völker begangenen strafbaren Handlungen zu achten.

2. Die strafrechtlichen Bräuche dieser Völker sind von den zuständigen Behörden und Gerichten in Betracht zu ziehen.

Artikel 10

1. Werden Strafen, die in der allgemeinen Gesetzgebung vorgesehen sind, gegen Angehörige dieser Völker verhängt, so sind deren wirtschaftliche, soziale und kulturelle Besonderheiten zu berücksichtigen.

2. Andere Methoden der Bestrafung sind dem Freiheitsentzug vorzuziehen.

Artikel 11

Mit Ausnahme der gesetzlich für alle Staatsbürger vorgesehenen Fälle ist es unter Strafandrohung zu verbieten, daß Angehörige der betreffenden Völker zwangsweise in irgendeiner Form zu persönlichen Dienstleistungen, gleich ob entgeltlicher oder unentgeltlicher Art, verpflichtet werden.

Artikel 12

Die betreffenden Völker sind gegen den Mißbrauch ihrer Rechte zu schützen und müssen die Möglichkeit haben, entweder individuell oder durch ihre Vertretungsorgane, ein Gerichtsverfahren einzuleiten, um den wirksamen Schutz dieser Rechte sicherzustellen. Es sind Maßnahmen zu treffen, um dafür zu sorgen, daß Angehörige dieser Völker in einem Gerichtsverfahren verstehen und verstanden werden können, nötigenfalls mit Hilfe eines Dolmetschers oder durch andere wirksame Mittel.

Teil II. Grund und Boden

Artikel 13

1. Bei der Durchführung der Bestimmungen dieses Teils des Übereinkommens haben die Regierungen die besondere Bedeutung, die die Beziehung der betreffenden Völker zu dem von ihnen besiedelten oder anderweitig genutzten Land oder den von ihnen besiedelten oder anderweitig genutzten Gebieten, oder gegebenenfalls zu beiden, für ihre Kultur und ihre geistigen Werte hat, und insbesondere die kollektiven Aspekte dieser Beziehung, zu achten.

2. Die Verwendung des Ausdrucks „Land" in den Artikeln 15 und 16 schließt den Begriff der Gebiete ein, der die gesamte Umwelt der von den betreffenden Völkern besiedelten oder anderweitig genutzten Flächen umfaßt.

Artikel 14

1. Die Eigentums- und Besitzrechte der betreffenden Völker an dem von ihnen von alters her besiedelten Land sind anzuerkennen. Außerdem sind in geeigneten Fällen Maßnahmen zu ergreifen, um das Recht der betreffenden Völker zur Nutzung von Land zu schützen, das nicht ausschließlich von ihnen besiedelt ist, zu dem sie aber im Hinblick auf ihre der Eigenversorgung dienenden und ihre traditionellen Tätigkeiten von alters her Zugang haben. Besondere Aufmerksamkeit ist diesbezüglich der Lage von Nomadenvölkern und Wanderfeldbauern zu schenken.

2. Die Regierungen haben, soweit notwendig, Maßnahmen zu ergreifen, um das von den betreffenden Völkern von alters her besiedelte Land zu bestimmen und um den wirksamen Schutz ihrer Eigentums- und Besitzrechte zu gewährleisten.

3. Im Rahmen der innerstaatlichen Rechtsordnung sind angemessene Verfahren festzulegen, um Landforderungen der betreffenden Völker zu regeln.

Artikel 15

1. Die Rechte der betreffenden Völker an den natürlichen Ressourcen ihres Landes sind besonders zu schützen. Diese Rechte schließen das Recht dieser Völker ein, sich an der Nutzung, Bewirtschaftung und Erhaltung dieser Ressourcen zu beteiligen.

2. In Fällen, in denen der Staat das Eigentum an den mineralischen oder unterirdischen Ressourcen oder Rechte an anderen Ressourcen des Landes behält, haben die Regierungen Verfahren festzulegen oder aufrechtzuerhalten, mit deren Hilfe sie die betreffenden Völker zu konsultieren haben, um festzustellen, ob und in welchem Ausmaß ihre Interessen beeinträchtigt werden würden, bevor sie Programme zur Erkundung oder Ausbeutung solcher Ressourcen ihres Landes durchführen oder genehmigen. Die betreffenden Völker müssen wo immer möglich an dem Nutzen aus solchen Tätigkeiten teilhaben und müssen einen angemessenen Ersatz für alle Schäden erhalten, die sie infolge solcher Tätigkeiten erleiden.

Artikel 16

1. Vorbehaltlich der nachstehenden Absätze dieses Artikels dürfen die betreffenden Völker aus dem von ihnen besiedelten Land nicht ausgesiedelt werden.

2. Falls die Umsiedlung dieser Völker ausnahmsweise als notwendig angesehen wird, darf sie nur mit deren freiwilliger und in voller Kenntnis der Sachlage erteilter Zustimmung stattfinden. Falls ihre Zustimmung nicht erlangt werden kann, darf eine solche Umsiedlung nur nach Anwendung geeigneter, durch die innerstaatliche Gesetzgebung festgelegter Verfahren, gegebenenfalls einschließlich öffentlicher Untersuchungen, stattfinden, die den betreffenden Völkern Gelegenheit für eine wirksame Vertretung bieten.

3. Wann immer möglich, müssen diese Völker das Recht haben, in ihr angestammtes Land zurückzukehren, sobald die Umsiedlungsgründe nicht mehr bestehen.

4. Ist eine solche Rückkehr nicht möglich, wie einvernehmlich oder mangels Einvernehmens durch geeignete Verfahren festgestellt, ist diesen Völkern in allen in Frage kommenden Fällen als Ersatz für ihren früheren Landbesitz Grund

und Boden von mindestens gleich guter Beschaffenheit und mit mindestens gleich gutem Rechtsstatus zuzuweisen, dessen Ertrag ihre gegenwärtigen Bedürfnisse deckt und ihre künftige Entwicklung sicherstellt. Ziehen die betreffenden Völker eine Entschädigung in Form von Geld- oder Sachleistungen vor, so ist ihnen eine solche Entschädigung unter Gewährung angemessener Garantien zuzusprechen.

5. Den auf diese Weise umgesiedelten Personen ist für jeden durch die Umsiedlung entstandenen Verlust oder Schaden voller Ersatz zu leisten.

Artikel 17

1. Die von den betreffenden Völkern festgelegten Verfahren für die Übertragung von Rechten an Grund und Boden unter Angehörigen dieser Völker sind zu achten.

2. Die betreffenden Völker sind zu konsultieren, wenn ihre Befugnis geprüft wird, ihr Land zu veräußern oder auf andere Weise ihre Rechte daran an Personen außerhalb ihrer eigenen Gemeinschaft zu übertragen.

3. Personen, die diesen Völkern nicht angehören, sind daran zu hindern, deren Bräuche oder deren Gesetzesunkenntnis auszunützen, um Eigentums-, Besitz- oder Nutzungsrechte an deren Grund und Boden zu erwerben.

Artikel 18

Durch Gesetz sind angemessene Strafen für das unbefugte Eindringen in das Land der betreffenden Völker oder seine unbefugte Nutzung festzulegen, und die Regierungen haben Maßnahmen zu ergreifen, um solche strafbaren Handlungen zu verhindern.

Artikel 19

In staatlichen Agrarprogrammen ist den betreffenden Völkern eine gleich günstige Behandlung wie den übrigen Teilen der Bevölkerung zu sichern in bezug auf

a) die Zuweisung weiteren Landes, wenn die diesen Völkern zur Verfügung stehenden Bodenflächen zur Gewährleistung einer normalen Lebensführung oder im Hinblick auf ihren künftigen Bevölkerungszuwachs nicht ausreichen;

b) die Gewährung der erforderlichen Mittel zur Hebung der Ertragsfähigkeit des bereits im Besitz dieser Völker befindlichen Bodens.

Teil III. Anwerbung und Beschäftigungsbedingungen

Artikel 20

1. Die Regierungen haben im Rahmen der innerstaatlichen Gesetzgebung und in Zusammenarbeit mit den betreffenden Völkern besondere Maßnahmen zu treffen, um einen wirksamen Schutz der den betreffenden Völkern angehörenden Arbeitnehmer in bezug auf Anwerbung und Beschäftigungsbedingungen zu gewährleisten, soweit sie durch die für die Arbeitnehmer allgemein geltenden Gesetze nicht wirksam geschützt sind.

2. Die Regierungen haben alles zu unternehmen, was in ihrer Macht steht, um jede unterschiedliche Behandlung der den betreffenden Völkern angehörenden Arbeitnehmer gegenüber anderen Arbeitnehmern zu verhindern, insbesondere in bezug auf:

a) die Zulassung zur Beschäftigung, einschließlich der Facharbeit, sowie Beförderungs- und Aufstiegsmaßnahmen;

b) gleiches Entgelt für gleichwertige Arbeit;

c) ärztliche und soziale Betreuung, Arbeitsschutz, alle Leistungen der Sozialen Sicherheit und andere berufsbezogene Leistungen sowie Unterbringung;

d) das Vereinigungsrecht und die freie Ausübung jeder rechtmäßigen Gewerkschaftstätigkeit sowie das Recht zum Abschluß von Gesamtarbeitsverträgen mit Arbeitgebern oder Arbeitgeberverbänden.

3. Die getroffenen Maßnahmen haben Maßnahmen zu umfassen, um sicherzustellen,

a) daß die den betreffenden Völkern angehörenden Arbeitnehmer, einschließlich der in der Landwirtschaft und in anderen Bereichen beschäftigten Saison-, Gelegenheits- und Wanderarbeitnehmer sowie der von Arbeitskräftevermittlern beschäftigten Arbeitnehmer, den Schutz genießen, den die innerstaatliche Gesetzgebung und Praxis anderen solchen Arbeitnehmern in den gleichen Sektoren gewährt, und daß sie über ihre Rechte auf Grund der Arbeitsgesetzgebung und über die ihnen zur Verfügung stehenden Rechtsmittel umfassend unterrichtet werden;

b) daß die diesen Völkern angehörenden Arbeitnehmer nicht Arbeitsbedingungen ausgesetzt sind, die ihre Gesundheit gefährden, insbesondere durch die Exposition gegenüber Pestiziden oder anderen giftigen Stoffen;

c) daß die diesen Völkern angehörenden Arbeitnehmer nicht Zwangsanwerbungssystemen unterworfen werden, einschließlich der Schuldknechtschaft in allen ihren Formen;

d) dass die diesen Völkern angehörenden Arbeitnehmer Chancengleichheit und Gleichbehandlung in der Beschäftigung für Männer und Frauen und Schutz vor sexueller Belästigung genießen.

4. Besondere Beachtung ist der Einrichtung ausreichender Arbeitsaufsichtsdienste in Gebieten zu schenken, wo den betreffenden Völkern angehörende Arbeitnehmer einer entlohnten Beschäftigung nachgehen, um sicherzustellen, daß die Bestimmungen dieses Teils des Übereinkommens eingehalten werden.

Teil IV. Berufsbildung, Handwerk und ländliche Gewerbe

Artikel 21

Den Angehörigen der betreffenden Völker sind mindestens die gleichen Berufsbildungsmaßnahmen zu bieten wie den übrigen Staatsbürgern.

Artikel 22

1. Es sind Maßnahmen zu treffen, um die freiwillige Teilnahme von Angehörigen der betreffenden Völker an allgemeinen Berufsbildungsprogrammen zu fördern.

2. Soweit die bestehenden allgemeinen Berufsbildungsprogramme den besonderen Bedürfnissen der betreffenden Völker nicht gerecht werden, haben die Regierungen mit Beteiligung dieser Völker für die Bereitstellung besonderer Ausbildungsprogramme und -möglichkeiten zu sorgen.

3. Grundlage der besonderen Ausbildungsprogramme müssen das wirtschaftliche Umfeld, die sozialen und kulturellen Verhältnisse und die tatsächlichen Bedürfnisse der betreffenden Völker sein. In diesem Zusammenhang vorge-

nommene Untersuchungen sind in Zusammenarbeit mit diesen Völkern durchzuführen, die zur Planung und Durchführung solcher Programme anzuhören sind. Wo dies durchführbar ist, haben diese Völker schrittweise die Verantwortung für die Planung und Durchführung dieser besonderen Ausbildungsprogramme zu übernehmen, falls sie dies beschließen.

Artikel 23

1. Handwerk, ländliche und gemeinschaftliche Gewerbe sowie der Eigenversorgung dienende und traditionelle Tätigkeiten der betreffenden Völker, wie Jagen, Fischen, Fallenstellen und Sammeln, sind als wichtige Faktoren in der Bewahrung ihrer Kultur und in ihrer wirtschaftlichen Eigenständigkeit und Entwicklung anzuerkennen. Die Regierungen haben, mit Beteiligung dieser Völker und falls angebracht, dafür zu sorgen, daß diese Tätigkeiten gestärkt und gefördert werden.

2. Auf Verlangen der betreffenden Völker ist, falls möglich, geeignete technische und finanzielle Unterstützung zu gewähren, wobei die traditionellen Techniken und kulturellen Besonderheiten dieser Völker sowie die Bedeutung einer tragfähigen und gerechten Entwicklung zu berücksichtigen sind.

Teil V. Soziale Sicherheit und Gesundheitswesen

Artikel 24

Die Systeme der Sozialen Sicherheit sind schrittweise auf die betreffenden Völker auszudehnen und anzuwenden, ohne diese zu diskriminieren.

Artikel 25

1. Die Regierungen haben dafür zu sorgen, daß den betreffenden Völkern ausreichende Gesundheitsdienste zugänglich gemacht werden, oder haben ihnen die Mittel zur Verfügung zu stellen, um es ihnen zu ermöglichen, solche Dienste in eigener Verantwortung und unter eigener Kontrolle zu gestalten und bereitzustellen, damit sie den höchstmöglichen Stand körperlicher und geistig-seelischer Gesundheit erreichen können.

2. Die Gesundheitsdienste müssen soweit wie möglich gemeinschaftsnah sein. Diese Dienste sind in Zusammenarbeit mit den betreffenden Völkern zu planen und zu verwalten und haben ihren wirtschaftlichen, geographischen, sozialen

und kulturellen Verhältnissen sowie ihrer traditionellen Gesundheitsvorsorge und ihren traditionellen Heilverfahren und -mitteln Rechnung zu tragen.

3. Das Gesundheitssystem hat der Ausbildung und Beschäftigung von Gesundheitspersonal der örtlichen Gemeinwesen Vorrang einzuräumen und das Schwergewicht auf die gesundheitliche Grundversorgung zu legen, wobei gleichzeitig enge Verbindungen mit anderen Ebenen der Gesundheitsdienste aufrechtzuerhalten sind.

4. Die Bereitstellung dieser Gesundheitsdienste ist mit der Durchführung anderer sozialer, wirtschaftlicher und kultureller Maßnahmen im Land zu koordinieren.

Teil VI. Bildungswesen und Kommunikationsmittel

Artikel 26

Es sind Maßnahmen zu treffen, um sicherzustellen, daß den Angehörigen der betreffenden Völker mindestens die gleichen Bildungsmöglichkeiten aller Stufen zur Verfügung stehen wie der übrigen Bevölkerung des Landes.

Artikel 27

1. Die Bildungsprogramme und -dienste für die betreffenden Völker sind in Zusammenarbeit mit ihnen zu entwickeln und durchzuführen, um ihren speziellen Bedürfnissen Rechnung zu tragen, und haben ihre Geschichte, ihre Kenntnisse und Techniken, ihre Wertsysteme und ihre weiteren sozialen, wirtschaftlichen und kulturellen Bestrebungen einzubeziehen.

2. Die zuständige Stelle hat für die Ausbildung von Angehörigen dieser Völker und ihre Beteiligung an der Aufstellung und Durchführung von Bildungsprogrammen zu sorgen, damit die Verantwortung für die Leitung dieser Programme gegebenenfalls schrittweise auf diese Völker übertragen werden kann.

3. Darüber hinaus haben die Regierungen das Recht dieser Völker anzuerkennen, ihre eigenen Bildungseinrichtungen und -möglichkeiten zu schaffen, vorausgesetzt, daß diese Einrichtungen die von der zuständigen Stelle in Beratung mit diesen Völkern festgelegten Mindestnormen erfüllen. Zu diesem Zweck sind angemessene Mittel bereitzustellen.

Artikel 28

1. Der Unterricht im Lesen und Schreiben für Kinder der betreffenden Völker hat, falls durchführbar, in deren Eingeborenensprache oder in der von der Bevölkerungsgruppe, der sie angehören, am meisten verwendeten Sprache zu erfolgen. Ist dies nicht durchführbar, haben die zuständigen Stellen Konsultationen mit diesen Völkern vorzunehmen, um Maßnahmen festzulegen, die die Erreichung dieses Ziels gestatten.

2. Es sind ausreichende Maßnahmen zu treffen, um dafür zu sorgen, daß diese Völker die Gelegenheit haben, die Landessprache oder eine der Amtssprachen des Landes so zu erlernen, daß sie sie fließend beherrschen.

3. Es sind Maßnahmen zu treffen, um die Entwicklung und den Gebrauch der Eingeborenensprachen der betreffenden Völker zu schützen und zu fördern.

Artikel 29

Die Bildung hat darauf abzuzielen, den Kindern der betreffenden Völker allgemeine Kenntnisse und Fertigkeiten zu vermitteln, die ihnen eine volle und gleichberechtigte Beteiligung in ihrer eigenen Gemeinschaft und in der nationalen Gemeinschaft erleichtern.

Artikel 30

1. Die Regierungen haben den Überlieferungen und Kulturen der betreffenden Völker entsprechende Maßnahmen zu treffen, um sie über ihre Rechte und Pflichten, insbesondere auf dem Gebiet der Arbeit, der wirtschaftlichen Möglichkeiten, der Bildungs- und Gesundheitsangelegenheiten, der sozialen Dienste und der sich aus diesem Übereinkommen ergebenden Rechte, aufzuklären.

2. Erforderlichenfalls hat dies durch schriftliche Übersetzungen und Massenkommunikationsmittel in den Sprachen dieser Völker zu geschehen.

Artikel 31

Unter allen Teilen der Bevölkerung, insbesondere dort, wo die unmittelbarste Berührung mit den betreffenden Völkern besteht, sind erzieherische Maßnahmen zu treffen, um gegebenenfalls bestehende Vorurteile gegen diese Völker zu beseitigen. Zu diesem Zweck sind Anstrengungen zu unternehmen, um sicherzustellen, daß die Geschichtsbücher und das sonstige Bildungsmaterial eine gerechte, genaue und informative Darstellung der Gesellschaften und Kulturen dieser Völker bieten.

Teil VII. Grenzüberschreitende Kontakte und Zusammenarbeit

Artikel 32

Die Regierungen haben geeignete Maßnahmen zu ergreifen, auch mittels internationaler Vereinbarungen, um grenzüberschreitende Kontakte und die grenzüberschreitende Zusammenarbeit zwischen eingeborenen und in Stämmen lebenden Völkern zu erleichtern, einschließlich Tätigkeiten im wirtschaftlichen, sozialen, kulturellen, geistigen und Umweltbereich.

Teil VIII. Verwaltung

Artikel 33

1. Die Behörde, welche für die in diesem Übereinkommen behandelten Angelegenheiten zuständig ist, hat sicherzustellen, daß zur Durchführung der Programme, die die betreffenden Völker berühren, Verwaltungsstellen oder andere geeignete Mechanismen bestehen und daß diese die zur ordnungsgemäßen Erfüllung der ihnen übertragenen Aufgaben erforderlichen Mittel haben.

2. Diese Programme haben zu umfassen:

a) die Planung, Koordinierung, Durchführung und Bewertung der in diesem Übereinkommen vorgesehenen Maßnahmen in Zusammenarbeit mit den betreffenden Völkern;

b) die Unterbreitung von Vorschlägen betreffend gesetzgeberische und andere Maßnahmen an die zuständigen Stellen sowie die Überwachung der Durchführung der getroffenen Maßnahmen in Zusammenarbeit mit den betreffenden Völkern.

Teil IX. Allgemeine Bestimmungen

Artikel 34

Art und Umfang der zur Durchführung dieses Übereinkommens zu treffenden Maßnahmen sind flexibel zu gestalten, wobei auf die besonderen Verhältnisse jedes Landes Rücksicht zu nehmen ist.

Artikel 35

Die Anwendung der Bestimmungen dieses Übereinkommens darf sich auf die Rechte und Vorteile der betreffenden Völker aus anderen Übereinkommen und Empfehlungen, internationalen Übereinkünften, Verträgen oder innerstaatlichen Gesetzen, Schiedssprüchen, Bräuchen oder Vereinbarungen nicht nachteilig auswirken.

Teil X. Schlußbestimmungen

Artikel 36

Durch dieses Übereinkommen wird das Übereinkommen über eingeborene und in Stämmen lebende Bevölkerungsgruppen, 1957, neugefaßt.

Artikel 37

Die förmlichen Ratifikationen dieses Übereinkommens sind dem Generaldirektor des Internationalen Arbeitsamtes zur Eintragung mitzuteilen.

Artikel 38

1. Dieses Übereinkommen bindet nur diejenigen Mitglieder der Internationalen Arbeitsorganisation, deren Ratifikation durch den Generaldirektor eingetragen ist.

2. Es tritt, zwölf Monate nachdem die Ratifikationen zweier Mitglieder durch den Generaldirektor eingetragen worden sind, in Kraft.

3. In der Folge tritt dieses Übereinkommen für jedes Mitglied zwölf Monate nach der Eintragung seiner Ratifikation in Kraft.

Artikel 39

1. Jedes Mitglied, das dieses Übereinkommen ratifiziert hat, kann es nach Ablauf von zehn Jahren seit seinem erstmaligen Inkrafttreten durch förmliche Mitteilung an den Generaldirektor des Internationalen Arbeitsamtes kündigen. Die Kündigung wird von diesem eingetragen. Sie wird erst ein Jahr nach der Eintragung wirksam.

2. Jedes Mitglied, das dieses Übereinkommen ratifiziert hat und binnen eines Jahres nach Ablauf der in Absatz 1 genannten zehn Jahre von dem in diesem Artikel vorgesehenen Kündigungsrecht keinen Gebrauch macht, bleibt für weitere zehn Jahre gebunden. In der Folge kann es dieses Übereinkommen jeweils nach Ablauf von zehn Jahren nach Maßgabe dieses Artikels kündigen.

Artikel 40

1. Der Generaldirektor des Internationalen Arbeitsamtes gibt allen Mitgliedern der Internationalen Arbeitsorganisation Kenntnis von der Eintragung aller Ratifikationen und Kündigungen, die ihm von den Mitgliedern der Organisation mitgeteilt werden.

2. Der Generaldirektor wird die Mitglieder der Organisation, wenn er ihnen von der Eintragung der zweiten Ratifikation, die ihm mitgeteilt wird, Kenntnis gibt, auf den Zeitpunkt aufmerksam machen, zu dem dieses Übereinkommen in Kraft tritt.

Artikel 41

Der Generaldirektor des Internationalen Arbeitsamtes übermittelt dem Generalsekretär der Vereinten Nationen zur Eintragung nach Artikel 102 der Charta der Vereinten Nationen vollständige Auskünfte über alle von ihm nach Maßgabe der vorausgehenden Artikel eingetragenen Ratifikationen und Kündigungen.

Artikel 42

Der Verwaltungsrat des Internationalen Arbeitsamtes erstattet der Allgemeinen Konferenz, wann immer er es für nötig erachtet, einen Bericht über die Durchführung dieses Übereinkommens und prüft, ob die Frage seiner gänzlichen oder teilweisen Neufassung auf die Tagesordnung der Konferenz gesetzt werden soll.

Artikel 43

1. Nimmt die Konferenz ein neues Übereinkommen an, welches das vorliegende Übereinkommen ganz oder teilweise neufaßt, und sieht das neue Übereinkommen nichts anderes vor, so gilt folgendes:

a) Die Ratifikation des neugefaßten Übereinkommens durch ein Mitglied hat ungeachtet des Artikels 39 ohne weiteres die Wirkung einer sofortigen Kündigung des vorliegenden Übereinkommens, sofern das neugefaßte Übereinkommen in Kraft getreten ist.

b) Vom Zeitpunkt des Inkrafttretens des neugefaßten Übereinkommens an kann das vorliegende Übereinkommen von den Mitgliedern nicht mehr ratifiziert werden.

2. In jedem Fall bleibt das vorliegende Übereinkommen nach Form und Inhalt für diejenigen Mitglieder in Kraft, die dieses, nicht jedoch das neugefaßte Übereinkommen ratifiziert haben.

Artikel 44

Der französische und der englische Wortlaut dieses Übereinkommens sind in gleicher Weise verbindlich.

IV. AUTONOMY STATUTE FOR THE REGIONS OF THE ATLANTIC COAST OF NICARAGUA (LAW No. 28)

Quelle: http://calpi.nativeweb.org/doc_3_english.html

THE PRESIDENT OF THE REPUBLIC OF NICARAGUA

makes known to the people of Nicaragua that:

THE NATIONAL ASSEMBLY OF NICARAGUA IN CONSIDERATION OF THE FACT:

I

That in Latin America and other regions of the world, the Indian populations having been subjected to a process of impoverishment, segregation, marginality, assimilation, oppression, exploitation, and extermination are demanding a dep- going political, economic, and cultural transformation so that they can effectively achieve their demands and have their aspirations met.

II

That the Atlantic Region of Nicaragua makes up approximately 50% of the nation's territory and, with close to 300,000 inhabitants represents 9.5% of the total population. This number includes 182,000 Spanish- speaking mestizos, 75,000 Miskitos with their own language, 26,000 English- speaking Creoles, 9,000 Sumus with their own language, 1,750 Garifunas, most of whom have lost their language, and 850 Ramas, of whom only 35 have retained their language.

III

That the multi-ethnic identity of the Nicaraguan people is greatly inspired by the exploits of Indian- American heroes like Diriangen, Cuauhtemoc, Caupolican, and Tupac Amaru who never backed down, and by the deeds of Augusto C. Sandino who gave hope and determination to the Indians of the Rio Coco with their agricultural and mining cooperatives, and who proclaimed proudly to the world:

"I am Nicaraguan and I am proud because, more than anything else, Indian blood courses through my veins which atavistically contains the mystery of being patriotic, loyal, and sincere."

IV

That the revolutionary struggle of the Nicaraguan people to build a new multi-ethnic, multi-cultural, and multi-lingual nation based on democracy, pluralism, anti-imperialism, and the elimination of all forms of social exploitation and oppression, requires the institutionalization of the Autonomy process of the Communities of the Atlantic Coast whereby the political, economic, social, and cultural rights of its' inhabitants are recognized, and which ensures equality in diversity, strengthens national unity and the territorial integrity of the nation, enriching the democratic principles of the Revolution, and which thoroughly transforms the very essence of the dependent and exploitative society we inherited from the past.

V

That the Autonomy process enriches our national culture; recognizes and strengthens ethnic identity; respects the particular aspects of the cultures of the different Communities of the Atlantic Coast and preserves their history; recognizes the right to religious freedom; and, without deepening differences, recognizes the different identities which lay the basis for building national unity.

VI

That the experience gained with the Autonomy process is showing that only to the extent that the struggle for the specific demands of the ethnic communities remains linked to that of the workers and other exploited and oppressed sectors of the nation will a genuine solution be reached.

VII

That Autonomy makes possible the effective exercise of the right of the Communities of the Atlantic Coast to participate in working out how to make use of the region's natural resources and how to reinvest the benefits from these in the Atlantic Coast and the nation, thereby creating the material basis for the survival and development of the cultural expressions.

VIII

That the new constitutional order of Nicaragua establishes that the Nicaraguan people are by nature multi-ethnic; recognizes the rights of the Communities of the Atlantic Coast to preserve their languages, religions, art, and culture, to use and enjoy the communal waters, forests, and lands, to create programs which further their development and ensure the rights of these Communities to organize themselves and to live in the ways which correspond to their legitimate traditions (Art. 8, 11, 49, 89, 90, 91, 92, 121, 180, and 181 of the Constitution).

THEREFORE

In use of its powers

Has issued

The following:

AUTONOMY STATUTE FOR THE REGIONS OF THE ATLANTIC COAST OF NICARAGUA

Title I
BASIC PRINCIPLES

Chapter I
AUTONOMOUS REGIONS

Art. 1. This Statute establishes the Rule of Autonomy for the Regions inhabited by the communities of the Atlantic Coast of Nicaragua, and recognizes the rights and responsibilities which correspond to its inhabitants, in conformity with the Political Constitution.

Art. 2. The Communities of the Atlantic Coast are an indissoluble part of the indivisible State of Nicaragua, and their inhabitants enjoy all the Rights and Responsibilities which correspond to them as Nicaraguans, in accordance with the Political Constitution.

Art. 3. It is a principle of the Revolution and of Autonomy to promote and preserve unity, fraternity, and solidarity between the inhabitants of the communities of the Atlantic Coast of Nicaragua.

Art. 4. The Regions inhabited by the communities of the Atlantic Coast enjoy — within the unity of the Nicaraguan State — the Rule of Autonomy which ensures them the effective exercise of their historical and other rights, as stated in the Political Constitution.

Art. 5. Spanish, the official language of the State, and the languages of the Communities of the Atlantic Coast will have official status in the Autonomous Regions.

Chapter II

POLITICAL AND ADMINISTRATIVE REGIME FOR THE AUTONOMOUS REGIONS AND THEIR INTERNAL TERRITORIAL DIVISION

Art. 6. For the full exercise of the right to Autonomy of the Communities of the Atlantic Coast, two Autonomous Regions are established in the area making up the Department of Zelaya:
1. "The North Atlantic Autonomous Region" has jurisdiction over the territory of Special Zone I and the adjacent Islands and Keys. Its administrative seat is in the city of Puerto Cabezas.

2. "The South Atlantic Autonomous Region" has jurisdiction over the territory of Special Zone II and the adjacent Islands and Keys. Its administrative seat is in the city of Bluefields.

Under extraordinary circumstances, the regional administrations can function in other parts of their respective territories.

Art. 7. The territory of each Autonomous Region will be divided for administrative purposes into municipalities to the extent possible, in keeping with community traditions, and they shall be subject to the laws established for this purpose. The administrative sub-division of the municipalities shall be established and organized by the corresponding Regional Councils, in accordance with their traditions.

Art. 8. The Autonomous Regions established by this Statute will have legal personality in public Law, and are subject to the relevant aspects of their national policies, plan, and orientations. Through their administrative bodies they have the following general faculties:

1. To effectively participate in the preparation and implementation of plans and programs for national development with the region, in order to bring them into harmony with the interests of the Communities of the Atlantic Coast.

2. To administer programs for health, education, culture, supply and distribution, transport, community services, etc. in coordination with the corresponding State Ministries.

3. To promote their own economic, social, and cultural projects.

4. To promote the rational use and enjoyment of the communal waters, forests, and lands and the defense of their ecological system.

5. To promote the study, fostering, development, preservation, and dissemination of information about the traditional cultures of the Communities of the Atlantic Coast, as well as their historical, artistic, linguistic, and cultural heritage.

6. To promote national culture in the communities of the Atlantic Coast.

7. To foster the traditional trade with the nations and peoples of the Caribbean, in accordance with the national laws and procedures established for this purpose.

8. To promote connections with the intra- and inter-regional market, thereby contributing to the consolidation of the national market.

9. To establish regional taxes in accordance with the laws established for this purpose.

Art. 9. The right to own communal lands shall be recognized in the rational use of the mineral, forest, fishing, and other natural resources of the Autonomous Regions, and said use should benefit the inhabitants equitably, by means of the agreements between the Regional Government and the Central government.

Chapter III

ON THE RIGHTS, RESPONSIBILITIES, AND GUARANTEES OF THE INHABITANTS OF THE COMMUNITIES OF THE AUTONOMOUS REGIONS

Art. 10. In the territory of the Autonomous Regions, all Nicaraguans enjoy the rights, responsibilities, and guarantees which correspond to them, in accordance with the Political Constitution and this Statute.

Art. 11. The inhabitants of the Communities of the Atlantic Coast have the following rights:

1. Absolute equality of rights and responsibilities, regardless of the size of their population and level of development.

2. To preserve and develop their language, religions, and cultures.

3. To use, enjoy, and benefit from the communal waters, forests, and lands, within the plans for national development.

4. To freely develop their social and productive organizations, in accordance with their own values.

5. Education in their mother tongue and in Spanish, by means of programs which include their historical heritage, their value system, and the traditions and characteristics of their environment, all in accordance with the national education system.

6. Communal, collective, or individual forms of property, and the transfer of said property.

7. To elect their own authorities, or be elected as such in the Autonomous Regions.

8. To scientifically safeguard and preserve the knowledge of natural medicine accumulated throughout their history, in coordination with the national health system.

Art. 12. The members of the Communities of the Atlantic Coast have the right to define and decide upon their own ethnic identity.

Art. 13. The defense of the country, life, justice, and peace for the development of the nation is a fundamental responsibility of the inhabitants of the Communities of the Atlantic Coast.

Art. 14. In Nicaragua, the defense of the nation lies in the organized strength of all the people. In the Autonomous Regions, defense will be led by the Sandinista People's Army and the bodies in charge of the security and internal order of the State. The inhabitants of these communities have priority in the defense of sovereignty in these regions.

Title II

ON REGIONAL ADMINISTRATION

Chapter 1

ON THE INSTITUTIONS OF REGIONAL ADMINISTRATION

Art. 15. In each of the Autonomous Regions of the Atlantic Coast there shall be, subject to the Political Constitution of Nicaragua and this Statue, the following administrative institutions:

1. Regional Council.

2. Regional Coordinator.

3. Municipal and community authorities.

4. Other authorities corresponding to the administrative sub-division of the municipalities.

Art. 16. The Regional Council and Coordinator shall be the highest authorities in their respective Autonomous Region in their respective spheres of activity.

Art. 17. Municipal governments shall be subject to the provisions of this Statute and the relevant laws. The other authorities shall be subject to the resolutions issued by the corresponding Regional Council.

Art. 18. The Administration of Justice in the Autonomous Regions shall be subject to special regulations which reflect the particularities of the cultures of the

Communities of the Atlantic Coast, in accordance with the Political Constitution of Nicaragua.

Chapter II

ON THE REGIONAL COUNCIL

Art. 19. Each Regional Council will be made up of 45 members elected by universal suffrage which will be direct, free, and secret. All the ethnic communities of the respective Autonomous Region must be represented, in accordance with the system worked out in the Electoral Law.

Art. 20. The Representatives to the National Assembly from each Autonomous Region shall also be voting members of their respective Regional Council.

Art. 21. To be a Member of the Regional Council, it is necessary: to have been born on the Atlantic Coast or be the child of a mother or father born in the Region; to be at least 21 years of age; to have full enjoyment of one's civil and political rights; and, to have resided in the respective region for at least one year immediately prior to the elections. Nicaraguans from other regions must have resided in the respective regions for at least five consecutive years immediately prior to the election.

Art. 22. The right to vote in the election for Members of the Regional Council shall be held by all citizens who- in addition to meeting the requirements stipulated in the Electoral Law- have resided in the respective Region during the three months prior to the elections and who were born there or have a mother or father from the Region, or when they are Nicaraguans from other regions of the country they have resided for at least one year in the respective Region immediately prior to the election.

Art. 23. The attributes of the Regional Council shall be:
1. To regulate those regional affairs assigned by means of resolutions and ordinances, in accordance with Article 8 of this Statute.
2. To prepare the Regional Tax Plan for the Region.
3. To participate in the formulation, planning, implementation, and supervision of the economic, social, and cultural policies and programs which affect or concern the Region.
4. To resolve boundary disputes between the different communities of the respective Region.
5. To draft the Regional Budget.

6. To ensure the correct use of the special fund for the development and social progress of the Region which shall be set up using domestic and foreign funding and other extraordinary funds.
7. To prepare the draft law for the Municipal Demarcation and organization of the respective Region, taking into account its social, cultural, and economic characteristics.
8. To elect the Regional Coordinator from among its members and to find a replacement if and when necessary.
9. To define by means of resolutions the administrative sub-divisions of the municipalities in its Region.
10. To prepare draft legislation concerning the rational use and conservation of the Region's natural resources.
11. To request reports from, or question the delegates from the State Ministries and agencies operating in the Region and from the regional officials.
12. To elect a Board of Directors from among its members.
13. To receive and accept, when necessary, all resignations tendered by its Members or those of the Board of Directors.
14. To promote the integration, development, and participation of women in all aspects of the political, social, cultural, and economic life of the region.
15. To draft and pass its own internal regulations.
16. All other faculties assigned by this Statute and other laws.

Art. 24. The resolutions and ordinances enacted by the Regional Councils should be in accordance with the Political Constitution and the Laws of the Republic of Nicaragua.

Art. 25. The term of office for the Regional Council members shall be four years, beginning from the date of their investiture, to be determined in accordiance with Article 40 of this Statute.

Art. 26. Quorum for the Regional Council meetings shall be met with the presence of more than half of its Members, and the resolutions should have more than half the votes of those present, except in the special cases established by the Regulations.

Chapter III

ON THE BOARD OF DIRECTORS OF THE REGIONAL COUNCILS

Art. 27. The Board of Directors of each Regional Council shall be composed of one president, two vice-presidents, two secretaries, and two regular members. Each of the ethnic groups of the respective region shall be represented on the Board. Its term of office shall be two years, and it will have the functions stipulated in this Statute and the respective Regulations.

Art. 28. The attributes of the Board of Directors of the Regional Council shall be:

1. To coordinate its activities and those of the Council with the Regional Coordinator and, through the Coordinator, with the other regional officials of the different branches of the government.

2. Through its President, to call the Regional Council to ordinary and extraordinary sessions, and to prepare the agenda for said sessions.

3. To appoint standing and special committees to analyze and decide upon matters concerning the administration of the region.

4. To carry out the tasks necessary for the interest, well- being, and development of the Region.

5. All other attributes conferred by this Statute and other laws regulations.

Chapter IV

ON THE REGIONAL COORDINATOR

Art. 29. The executive functions of the Region shall be the responsibility of the Regional Coordinator.

Art. 30. The functions of the Regional Coordinator will be:
1. To represent the respective Region.
2. To appoint the executive officials for regional administration.
3. To organize and direct the executive activities of the Region.
4. To conduct all affairs within his area of responsibility before the national authorities.

5. To comply with, and have others comply with the policies, directives, and dispositions of the Executive Branch, in accordance with this Statute, laws, and regulations.
6. To administer the special fund for development and social progress, in accordance with the policy set by the Regional Council, and to make periodic reports through the Board of Directors about the activities carried out.
7. To comply with, and have others comly with the ordinances of the Regional Council.
8. All other attributes conferred by this Statute and the law.

Art. 31. The office of the Regional Coordinator is compatible with the office of the representative of the Presidency of the Republic in the Region.

Title III

ON THE BUDGET OF THE AUTONOMOUS REGIONS

Chapter I

Art. 32. The Regional Council shall prepare, in coordination with the Ministry of Finance, the draft budget for its Autonomous Region in order to finance the regional projects. Said budget shall consist of:

1. The regional taxes, in accordance with the Regional Tax Plan, which shall include taxes on the profits of the companies operating in the Region.

2. Funds derived from the General Budget of the Republic.

Art. 33. A Special Fund for Development and Social Promotion will be established, derived from internal and external resources and other extraordinary income not contemplated in the budget, which will be destined to social, productive and proper cultural investments of the Autonomous Region.

Title IV

ON THE PATRIMONY OF THE REGIONS AND THE COMMUNAL PROPERTY

Chapter I

Art. 34. Considered as Patrimony of the Autonomous Region are all property, rights and duties acquired through any title as legal personality in Public Law.

Art. 35. The Autonomous Region possesses total capacity to acquire, administer and dispose properties integrated as its Patrimony, according to this Statute and the laws.

Art. 36. The communal property is constituted by the land, waters and forests which traditionally has belonged to the communities of the Atlantic Coast, and which are subject to the following dispositions:

1. The communal lands are indissoluble; they cannot be donated, sold, leased nor taxed, and they are eternal.

2. The inhabitants of the communities possess the right to work parcels of the communal property and the right to the benefits of the results of the work they realize.

Art. 37. The other forms of property in the Region are those recognized by the Political Constitution of Nicaragua and the laws.

Title V

ON REFORMING THE STATUTE

Chapter I

Art. 38. Two thirds of both Regional Councils may together solicit reforms of the present Statute, according to mechanisms established by the Political Constitution of Nicaragua, the General Statutes of the National Assembly and its Internal Regulations.

Title VI

FINAL AND TRANSITORY DISPOSITIONS

Chapter I

Art. 39. The National Assembly, after having approved the present Statute, calls for election of members of the Regional Council in each of the Autonomous Regions. The Supreme Electoral Council proceeds to organize, direct and to proclaim and publish the results and hand over the credentials to the elected.

Art. 40. The National Assembly establishes the date of installation of each Regional Council. The President of the Supreme Electoral Council takes the oath of the law of the members declared elected, gives the possession of their function and presides the election of the Board.

Art. 41. A special commission of each Regional Council proceeds to organize the ceremony of induction with the presence of the President of the Republic or his delegate, and of the Presidents of the National Assembly, of the Supreme Court of Justice and of the Supreme Electoral Council or their delegates.

Art. 42. The zones presently under other jurisdiction will be incorporated in their respective Autonomous Region under the possible circumstances and these will be efined and determined by the respective Autonomous Region in coordination with the Central Government.

Art. 43. The authorities exercising functions in each Region at the date of implementation of this statute, continues to do so while those that will substitute them according to the new dispositions do not take position.

Art. 44. The present Statute shall be regulated and amply publicized in the entire National Territory, in Spanish, and the languages of the Communities of the Atlantic Coast

Art. 45. The present Statute comes into effect the date it is published in La Gaceta, Official Publication. Given at the Session Room of the National Assembly the second of the month of September of the year of one thousand nine hundred and eighty seven. Here, nobody surrenders!- Carlos Nuñez Tállez, President of the National Assembly- Rafael Solís Cerda, Secretary of the National Assembly.

Accepted as Law of the Republic- Published and Executed- Managua, seventh of September of one thousand nine hundred and eighty seven- "Here, nobody surrenders." Daniel Ortega Saavedra, President of the Republic.

V. Constitución Política de los Estados Unidos Mexicanos

Quelle: http://www.cddhcu.gob.mx/leyinfo/

Artículo 2

La nación mexicana es única e indivisible.

La nación tiene una composición pluricultural sustentada originalmente en sus pueblos indígenas que son aquellos que descienden de poblaciones que habitaban en el territorio actual del país al iniciarse la colonización y que conserva sus propias instituciones sociales, económicas, culturales y políticas o parte de ellas.

La conciencia de su identidad indígena deberá ser criterio fundamental para determinar a quienes se aplican las disposiciones sobre los pueblos indígenas.

Son comunidades integrantes de un pueblo indígena, aquellas que formen una unidad social, económica y cultural, asentadas en un territorio y que reconocen autoridades propias de acuerdo con sus usos y costumbres.

El derecho de los pueblos indígenas a la libre determinación se ejercerá en un marco constitucional de autonomía que asegure la unidad nacional. El reconocimiento de los pueblos y comunidades indígenas se hará en las constituciones y leyes de las entidades federativas, las que deberán tomar en cuenta, además de los principios generales establecidos en los párrafos anteriores de este artículo, criterios etnolingüísticos y de asentamiento físico.

A. Esta Constitución reconoce y garantiza el derecho de los pueblos y las comunidades indígenas a la libre determinación y, en consecuencia, a la autonomía para:

I. Decidir sus formas internas de convivencia y organización social, económica, política y cultural.

II. Aplicar sus propios sistemas normativos en la regulación y solución de sus conflictos internos, sujetándose a los principios generales de esta Constitución, respetando las garantías individuales, los derechos humanos y, de manera relevante, la dignidad e integridad de las mujeres. La ley establecerá los casos y procedimientos de validación por los jueces o tribunales correspondientes.

III. Elegir de acuerdo con sus normas, procedimientos y prácticas tradicionales, a las autoridades o representantes para el ejercicio de sus formas propias de gobierno interno, garantizando la participación de las mujeres en condiciones de equidad frente a los varones, en un marco que respete el Pacto Federal y la soberanía de los estados.

IV. Preservar y enriquecer sus lenguas, conocimientos y todos los elementos que constituyan su cultura e identidad.

V. Conservar y mejorar el hábitat y preservar la integridad de sus tierras en términos establecidos en esta Constitución.

VI. Acceder, con respeto a las formas y modalidades de propiedad y tenencia de la tierra establecidas en esta Constitución y a las leyes de la materia, así como a los derechos adquiridos por terceros o por integrantes de la comunidad, al uso y disfrute preferente de los recursos naturales de los lugares que habitan y ocupan las comunidades, salvo aquellos que corresponden a las áreas estratégicas, en términos de esta Constitución. Para estos efectos las comunidades podrán asociarse en términos de ley.

VII. Elegir, en los municipios con población indígena, representantes ante los ayuntamientos.

Las constituciones y leyes de las entidades federativas reconocerán y regularán estos derechos en los municipios, con el propósito de fortalecer la participación y representación política, de conformidad con sus tradiciones y normas internas.

VIII. Acceder plenamente a la jurisdicción del Estado. Para garantizar ese derecho, en todos los juicios y procedimientos en que sean parte, individual o colectivamente,, se deberán tomar en cuenta sus costumbres y especificidades culturales respetando los preceptos de esta Constitución. Los indígenas tienen en todo tiempo el derecho a ser asistidos por intérpretes y defensores que tengan conocimiento de su lengua y cultura.

Las constituciones y leyes de las entidades federativas establecerán las características de libre determinación y autonomía que mejor expresen las situaciones y aspiraciones de los pueblos indígenas en cada entidad, así como las normas para el reconocimiento de las comunidades indígenas como entidades de interés público.

B. La Federación, los estados y los municipios, para promover la igualdad de oportunidades de los indígenas y eliminar cualquier práctica discriminatoria, establecerán las instituciones y determinarán las políticas necesarias para garantizar la vigencia de los derechos de los indígenas y el desarrollo integral de sus pueblos y comunidades, las cuales deberán ser diseñadas y operadas conjuntamente con ellos.

Para abatir las carencias y rezagos que afectan a los pueblos y comunidades indígenas, dichas autoridades tienen la obligación de:

I. Impulsar el desarrollo regional de las zonas indígenas, con el propósito de fortalecer las economías locales y mejorar las condiciones de vida que sus pueblos, mediante acciones coordinadas entre los tres órdenes de gobierno, con la participación de las comunidades. Las autoridades municipales determinarán equitativamente las asignaciones presupuestales que las comunidades administrarán directamente para fines específicos.

II. Garantizar e incrementar los niveles de escolaridad, favoreciendo la educación bilingüe e intercultural, la alfabetización, la conclusión de la educación básica, la capacitación productiva y la educación media superior y superior. Establecer un sistema de becas para los estudiantes indígenas en todos los niveles. Definir y desarrollar programas educativos de contenido regional que reconozcan la herencia cultural de sus pueblos, de acuerdo con las leyes de materia y en consulta con las comunidades indígenas. Impulsar el respeto y conocimiento de las diversas culturas existentes en la nación.

III. Asegurar el acceso efectivo a los servicios de salud mediante la ampliación de la cobertura del sistema nacional, aprovechando debidamente la medicina tradicional, así como apoyar la nutrición de los indígenas mediante programas de alimentación, en especial para la población infantil.

IV. Mejorar las condiciones de las comunidades indígenas y de sus espacios para la convivencia y recreación, mediante acciones que faciliten el acceso al financiamiento público y privado para la construcción y mejoramiento de vivienda, así como ampliar la cobertura de los servicios sociales básicos.

V. Propiciar la incorporación de las mujeres indígenas al desarrollo, mediante el apoyo a los proyectos productivos, la protección de salud, el otorgamiento de estímulos para favorecer su educación y su participación en la toma de decisiones relacionadas con la vida comunitaria.

VI. Extender la red de comunicaciones que permita la integración de las comunidades, mediante la construcción y ampliación de vías de comunicación y telecomunicación. Establecer condiciones para que los pueblos y las comunidades indígenas puedan adquirir, operar y administrar medios de comunicación, en los términos que las leyes de la materia determinen.

VII. Apoyar las actividades productivas y el desarrollo sustentable de las comunidades indígenas mediante acciones que permitan alcanzar la suficiencia de sus ingresos económicos, la aplicación de estímulos para las inversiones públicas y privadas que propicien la creación de empleos, la incorporación de tecnologías para incrementar su propia capacidad productivas, así como para asegurar el acceso equitativo a los sistemas de abasto y comercialización.

VIII. Establecer políticas sociales para proteger a los migrantes de los pueblos indígenas, tanto en el territorio nacional como en el extranjero, mediante acciones para garantizar los derechos laborales de los jornaleros agrícolas; mejorar las condiciones de salud de las mujeres; apoyar con programas especiales de educación y nutrición a niños y jóvenes de familias migrantes; velar por el respeto de sus derechos humanos y promover la difusión de sus culturas.

IX. Consultar a los pueblos indígenas en la elaboración del Plan Nacional de Desarrollo y de los estatales y municipales y en su caso, incorporar las recomendaciones y propuestas que realicen.

Para garantizar el cumplimiento de las obligaciones señaladas en este apartado, la Cámara de Diputados del Congreso de la Unión, las legislaturas de las entidades federativas y los ayuntamientos, en el ámbito de sus respectivas competencias, establecerán las partidas específicas destinadas al cumplimiento de estas obligaciones en los presupuestos de egresos que aprueben, así como las formas y procedimientos para que las comunidades participen en el ejercicio y vigilancia de las mismas.

Sin perjuicio de los derechos aquí establecidos a favor de los indígenas, sus comunidades y pueblos, toda comunidad equiparable a aquellos tendrá en lo conducente los mismos derechos tal y como lo establezca la ley.

==========

Peter Lang · Europäischer Verlag der Wissenschaften

Stefanie Rothenberger

Die angemessene Nutzung gemeinschaftlicher Ressourcen am Beispiel von Flüssen und speziellen Ökosystemen

Eine vergleichende Betrachtung zum modernen Verständnis eines klassischen völkerrechtlichen Nutzungsprinzips

Frankfurt am Main, Berlin, Bern, Bruxelles, New York, Oxford, Wien, 2003.
XVII, 299 S.
Schriften zum internationalen und zum öffentlichen Recht.
Herausgegeben von Gilbert Gornig. Bd. 50
ISBN 3-631-50084-X · br. € 45.50*

Die Arbeit beschäftigt sich mit dem modernen Verständnis des völkerrechtlichen Prinzips der angemessenen Nutzung gemeinschaftlicher Ressourcen in der jüngeren völkerrechtlichen Vertragspraxis. Grundlage der Untersuchung sind die jüngsten Vertragswerke zur Nutzung internationaler Binnengewässer sowie das internationale Übereinkommen zum Schutz der Alpen. Im Rahmen der Vertragsanalyse geht die Arbeit sowohl auf die materiellrechtliche als auch auf die verfahrensrechtliche Komponente der Verträge ein. Sie kommt zu dem Ergebnis, dass das Prinzip der angemessenen Nutzung nicht mehr ausschließlich als distributorisches Prinzip zur Befriedigung nationaler Interessen, sondern zunehmend als Instrument internationalen Ökosystemschutzes verstanden wird. Es wird ein vertragliches Grundraster entworfen, welches als Anhaltspunkt für eine zukunftsweisende völkervertragliche Gestaltung dienen könnte.

Aus dem Inhalt: Die gemeinschaftliche Ressource und ihre angemessene Nutzung nach klassischem völkerrechtlichen Verständnis · Grundelemente einer effektiven Vertragsgestaltung zur angemessenen Nutzung gemeinschaftlicher Ressourcen

Frankfurt am Main · Berlin · Bern · Bruxelles · New York · Oxford · Wien
Auslieferung: Verlag Peter Lang AG
Moosstr. 1, CH-2542 Pieterlen
Telefax 00 41 (0) 32 / 376 17 27

*inklusive der in Deutschland gültigen Mehrwertsteuer
Preisänderungen vorbehalten

Homepage http://www.peterlang.de

FSC
www.fsc.org
MIX
Papier | Fördert gute Waldnutzung
FSC® C083411

Kolibri 360 GmbH
Ferdinand-Jühlke-Straße 7
99095 Erfurt, Deutschland
produktsicherheit@kolibri360.de

Druck:
CPI Druckdienstleistungen GmbH
im Auftrag der
Kolibri 360 GmbH
Ferdinand-Jühlke-Str. 7
99095 Erfurt